北京海关年鉴

2022

《北京海关年鉴（2022）》编纂委员会——编著

中国海关出版社有限公司
·北京·

图书在版编目（CIP）数据

北京海关年鉴. 2022 /《北京海关年鉴（2022）》编纂委员会编著. —北京：中国海关出版社有限公司，2023.3

（中国海关史料丛书）

ISBN 978-7-5175-0667-6

Ⅰ. ①北… Ⅱ. ①北… Ⅲ. ①海关—北京—2022—年鉴 Ⅳ. ① F752.55-54

中国国家版本馆 CIP 数据核字 (2023) 第 046223 号

北京海关年鉴（2022）

BEIJING HAIGUAN NIANJIAN (2022)

作　　者：《北京海关年鉴（2022）》编纂委员会
责任编辑：刘　婧
出版发行：中国海关出版社有限公司
社　　址：北京市朝阳区东四环南路甲 1 号　　邮政编码：100023
编 辑 部：01065194242-7544（电话）
发 行 部：01065194221/4238/4246/5127（电话）
社办书店：01065195616（电话）
https://weidian.com/? userid=319526934（网址）
印　　刷：北京盛通印刷股份有限公司　　经　　销：新华书店
开　　本：889mm × 1194mm　1/16
印　　张：24.75　　字　　数：442 千字
版　　次：2023 年 3 月第 1 版
印　　次：2023 年 3 月第 1 次印刷
书　　号：ISBN 978-7-5175-0667-6
定　　价：260.00 元

《北京海关年鉴（2022）》编纂委员会

《北京海关年鉴（2022）》编辑部

总　　编	尹鹏飞　冯　斌
副 总 编	李武军　曹永斌　陈海东　袁少权　于　枫
执行主编	于　枫
执行副主编	董敬民　崔立年
编　　辑	刘欣奕　杨晓晨　石婷婷　陈晓琳　张翔宇 刘月国　房一鸣　何佳慧

编辑说明

一、《北京海关年鉴》是在海关总署统一部署下，由北京海关组织领导、《北京海关年鉴》编纂委员会统筹编辑，记录北京海关发展历程的史料文献和专业性、权威性工具书，每年出版一卷。

二、《北京海关年鉴（2022）》全面反映2021年北京海关工作的总体情况及取得的成绩；系统记述北京海关工作的重大事件和业绩，为相关部门、人士提供翔实的参考依据和有价值的信息资料。

三、《北京海关年鉴（2022）》设有特载、专记、政治建设、业务建设、政务及综合保障、隶属海关单位、事业单位、大事记、附录共9个类目，类目下设“分目”“条目”。

四、《北京海关年鉴（2022）》的文字内容采用文章和条目两种体裁，以条目为主；行文使用规范语体，记述直陈其事，文字力求言简意赅。

五、《北京海关年鉴（2022）》所载文章、条目、照片，由全关各单位（部门）撰写、提供有关材料，由《北京海关年鉴》编辑部统一编辑，并经《北京海关年鉴》编纂委员会审核。

前　言

北京海关前身是津海关北平分关，1949 年改组为津海关北平办事处，1951 年 1 月正式设立中华人民共和国北京关，1980 年 2 月升格为中华人民共和国北京海关。

2018 年 4 月，根据党中央、国务院关于深化党和国家机构改革的决策部署，按照海关总署关于海关机构改革的具体要求，北京海关整合了原北京海关、原北京出入境检验检疫局的职责和队伍，正式组建成立，以新的面貌、新的作为，迈上建设新北京海关的新征程。按照《中华人民共和国海关法》（以下简称《海关法》）和其他有关法律、法规，北京海关的主要职责是对北京地区进出境运输工具、货物、行李物品、邮递物品实施监管，征收关税和其他税费，实施出入境检验检疫，查缉走私，编制海关统计，还承担着维护贸易安全与便利、政治保卫、知识产权边境保护等任务。

截至 2021 年 12 月 31 日，北京海关共有正处级内设机构 18 个［办公室（党委办公室）、法规处、综合业务处、关税处、卫生检疫处、动植物检疫处、进出口食品安全处、商品检验处、口岸监管处、行邮监管处、统计分析处、企业管理处、稽查处、财务处、科技处、督察内审处、人事处（党委组织部）、教育处］，其他正处级工作机构 3 个［机关党委（思想政治工作办公室、党委宣传部、党委巡察工作办公室）、监察室（党委纪检组）、离退休干部办公室］，正处级党委派驻纪检组 8 个（党委第一派驻纪检组、党委第二派驻纪检组、党委第三派驻纪检组、党委第四派驻纪检组、党委第五派驻纪检组、党委第六派驻纪检组、党委第七派驻纪检组、党委第八派驻纪检组），副厅局级隶属海关单位 2 个［首都机场海关、海关总署税收征管局（京津）］，正处级隶属海关单位 16 个（北京大兴国际机场海关、北京车站海关、北京邮局海关、中关村海关、北京东城海关、北京西城海关、丰台海关、海淀海关、通州海关、顺义海关、亦庄海关、天竺海关、北京朝阳海关、平谷海关、北京会展中心海关、北京海关风险防控分局）。副厅局级缉私局 1

个（北京海关缉私局）。正处级事业单位 5 个［中国电子口岸数据中心北京分中心、北京海关后勤管理中心、海关总署（北京）国际旅行卫生保健中心（北京海关口岸门诊部）、北京海关动物隔离场、中国质量认证中心北京海关评审中心］。

作为首都国门卫士，北京海关位置特殊、职责重要。在海关总署的领导下，在北京市委市政府的支持下，北京海关与时俱进、开拓进取，积极投身于国家对外开放及首都经济社会发展大局当中，立足空、海、陆、邮全方位、立体化的监管格局，把关监管严密到位，通关服务快捷高效，为保障首都高水平开放、高质量发展、高标准安全作出积极贡献，多次得到署市领导的充分肯定，并获得关区进出口企业和行政相对人的广泛好评。

《北京海关年鉴（2022）》在编辑工作中，得到了各单位（部门）的鼎力支持，在此深表谢意。存在的疏漏和不足之处，敬请批评指正。

目　录

第四篇　业务建设

第五篇　政务及综合保障

第六篇 隶属海关单位

第七篇　事业单位

第八篇　大事记

第九篇　附　录

“中国海关史料丛书”编委会

海关专题图片

领导活动

▲2021年2月1日，北京海关召开关区工作会议暨全面从严治党工作会议

▲2021年3月12日，北京海关召开“现场监管与外勤执法权力寻租”专项整治工作动员部署会

▲ 2021 年 5 月 6 日，北京海关关领导进行队列训练

▲ 2021 年 1 月 1 日，党委书记、关长高玉潮（右二）在首都机场海关物流监控处慰问值守关员并督导内部防护工作

▲2021年6月21日，党委书记、关长高玉潮（左一）为老同志颁发“光荣在党50年”纪念章

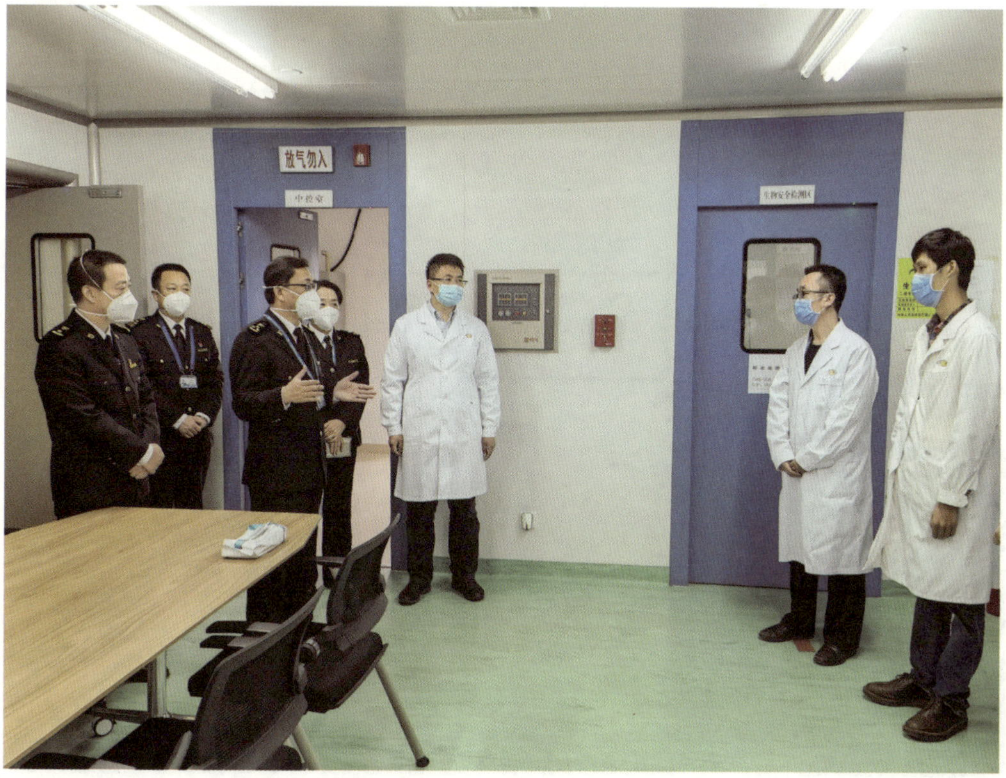

▲2021年10月10日，党委书记、关长高玉潮（左三）到首都机场T2航站楼生物安全二级实验室调研指导工作

▲ 2021 年 5 月 1 日，党委副书记、副关长（正厅局级）杨杰（左一）在首都机场海关慰问调研

▲ 2021 年 12 月 30 日，党委委员、副关长（正厅局级）李春风（右二）主持召开督察内审座谈会

▲ 2021 年 9 月 3 日，党委委员、海关总署税收征管局（京津）局长孙仁宏（右）在北京西城海关调研集中验估办理情况

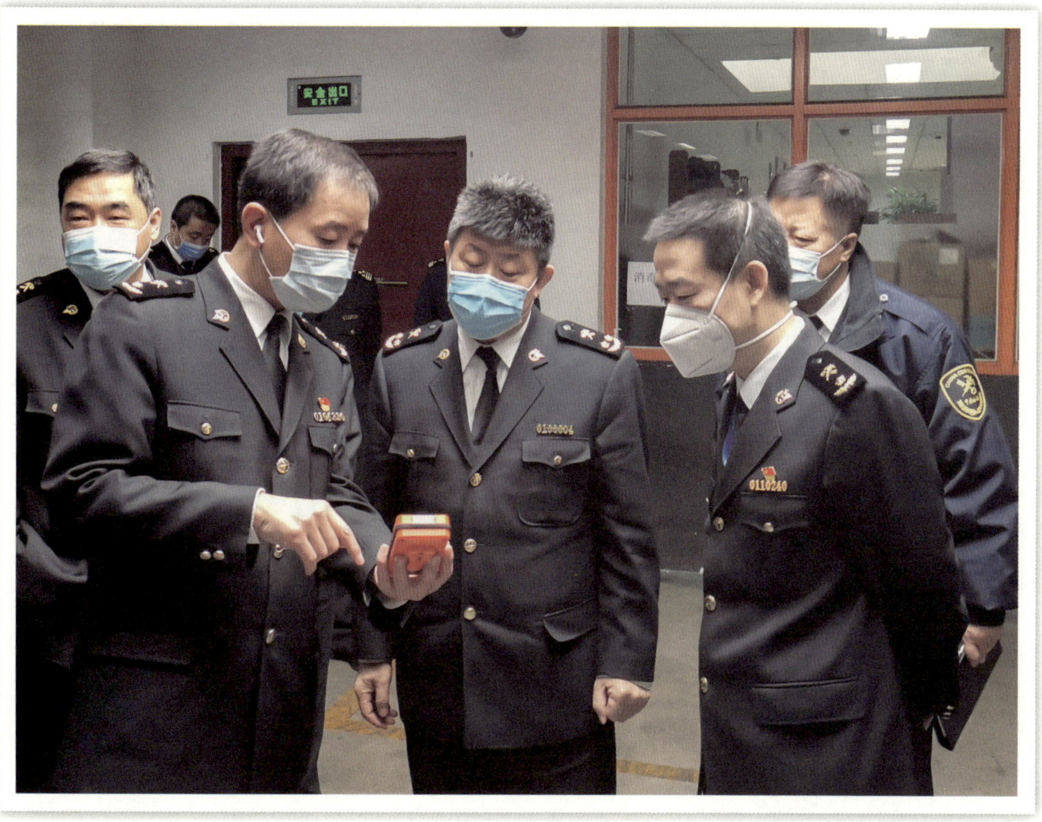

▲ 2021 年 3 月 5 日，党委委员、副关长高瑞峰（中）在首都机场海关调研

▲ 2021 年 5 月 28 日，党委委员、副关长刘旭（左一）参加海关总署政策法规司“美好生活·民法典相伴”线上主题活动

▲ 2021 年 6 月 24 日，党委委员、政治部主任尹鹏飞（左）慰问离休干部

▲ 2021 年 6 月 25 日，党委委员、副关长林劲松（中）参加通州海关查检一科党支部主题党日活动

▲ 2021 年 4 月 9 日，党委委员、党委纪检组组长石文来（右三）到北京朝阳海关调研

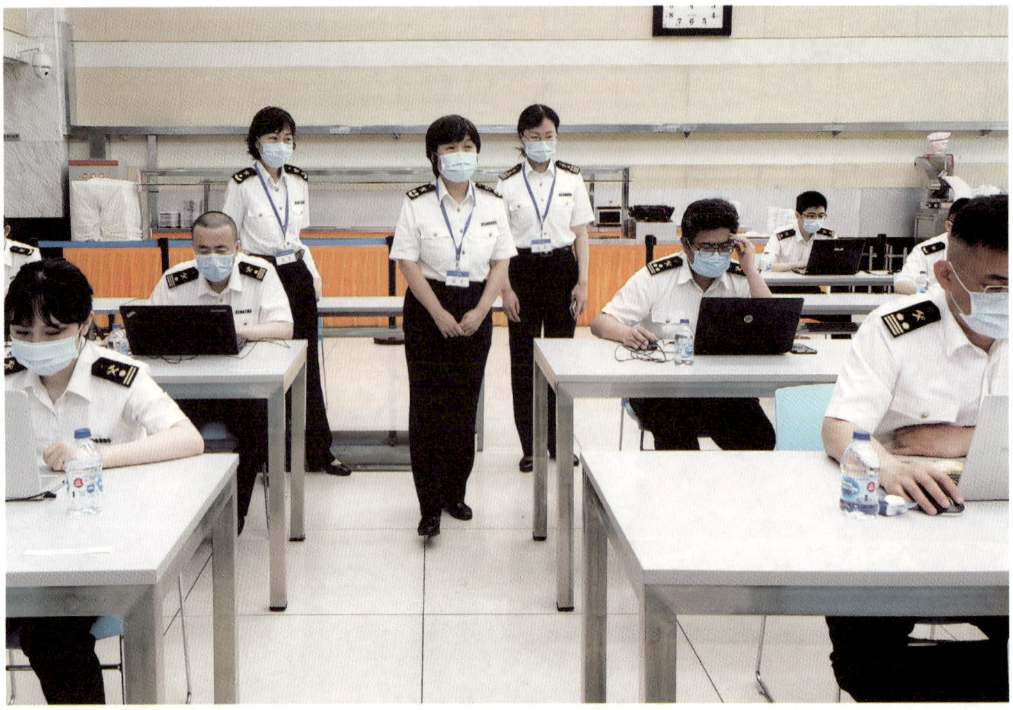

▲ 2021 年 5 月 28 日，党委委员、副关长冷艳梅（中）巡考北京海关进出口危险货物及其包装检验监管资质考试

▲ 2021 年 4 月 9 日，党委委员、缉私局负责人周中华（右）主持召开北京海关缉私局全面从严治党工作例会

▲ 2021 年 4 月 22 日，党委委员、副关长孙铭辉（右一）参加北京知识产权保护状况新闻发布会

党的建设

▲ 2021 年 5 月 19 日，北京海关关员作为全国海关 4 名基层优秀党员代表之一，参加中共中央宣传部举行的“当好让中央放心、让人民满意的国门卫士”中外记者见面会

▲ 2021 年 5 月 24 日，首都机场海关举办“学史·铸魂”红色讲坛

▲ 2021 年 5 月 27 日，北京海关组织先进典型代表传唱“颂歌献给党”红色歌曲

▲ 2021 年 6 月 18 日，北京海关举行“学党史、践初心”庆祝中国共产党成立 100 周年党史、党务知识竞赛决赛

▲ 2021 年 6 月 18 日，海关总署税收征管局（京津）征税二处与中国产业用纺织品行业协会开展党建交流并签署合作备忘录

▲ 2021 年 7 月 13 日，北京海关党史学习教育专题读书班赴中国共产党历史展览馆参观学习

▲ 2021 年 7 月 14 日，北京海关关员参观党建品牌展示长廊

▲ 2021 年 12 月，北京西城海关组织录制“我想对党说”视频，党员分享入党初心

业务建设

▲ 2021 年 1 月 14 日，北京朝阳海关关员在国家速滑馆验放冬奥会物资

▲ 2021 年 2 月 23 日，北京海关商品检验处关员到首都机场海关调研并跟班作业

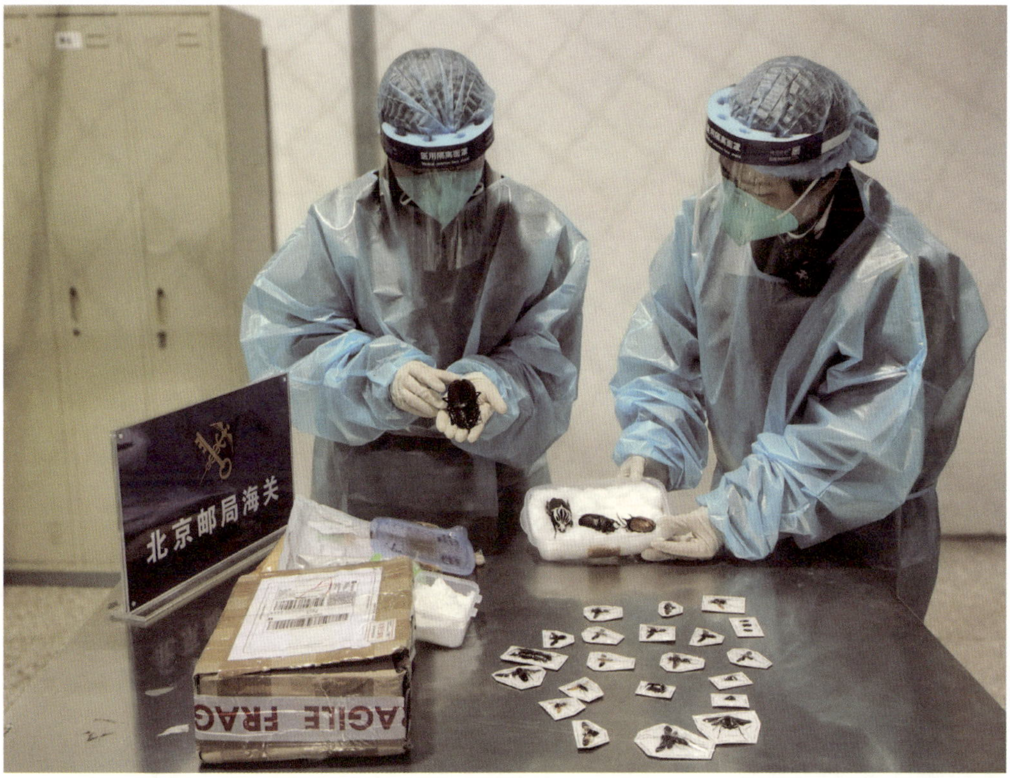

▲ 2021 年 3 月，北京邮局海关关员在进境邮件中查获泰坦大天牛标本

▲ 2021 年 3 月 1 日，首都机场海关关员查获西班牙进境辣椒种子

▲ 2021 年 3 月 25 日，天竺海关关员在冬奥会主物流中心对冬奥会物资进行查验

▲ 2021 年 3 月 26 日，北京大兴国际机场海关关员验放出口疫苗

▲ 2021 年 3 月 26 日，天竺海关关员在保税仓库进行现场监管

▲ 2021 年 4 月 1 日，北京海关办公室开展 2020 年度纸质档案的收集整理归档

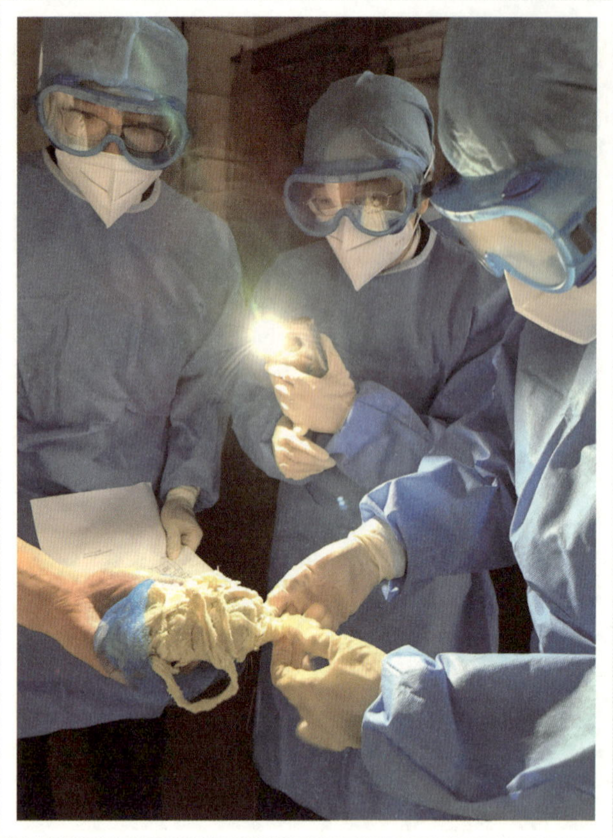

◀2021 年 4 月 6 日，北京海关关员赴企业开展核查作业

▲2021 年 4 月 14 日，北京车站海关关员在北京西站出入境联检厅前开展国门生物安全日宣传活动

▲ 2021 年 4 月 16 日，通州海关开展国门生物安全进校园活动

▲ 2021 年 4 月 29 日，首都机场海关关员引导入境旅客接受体温监测

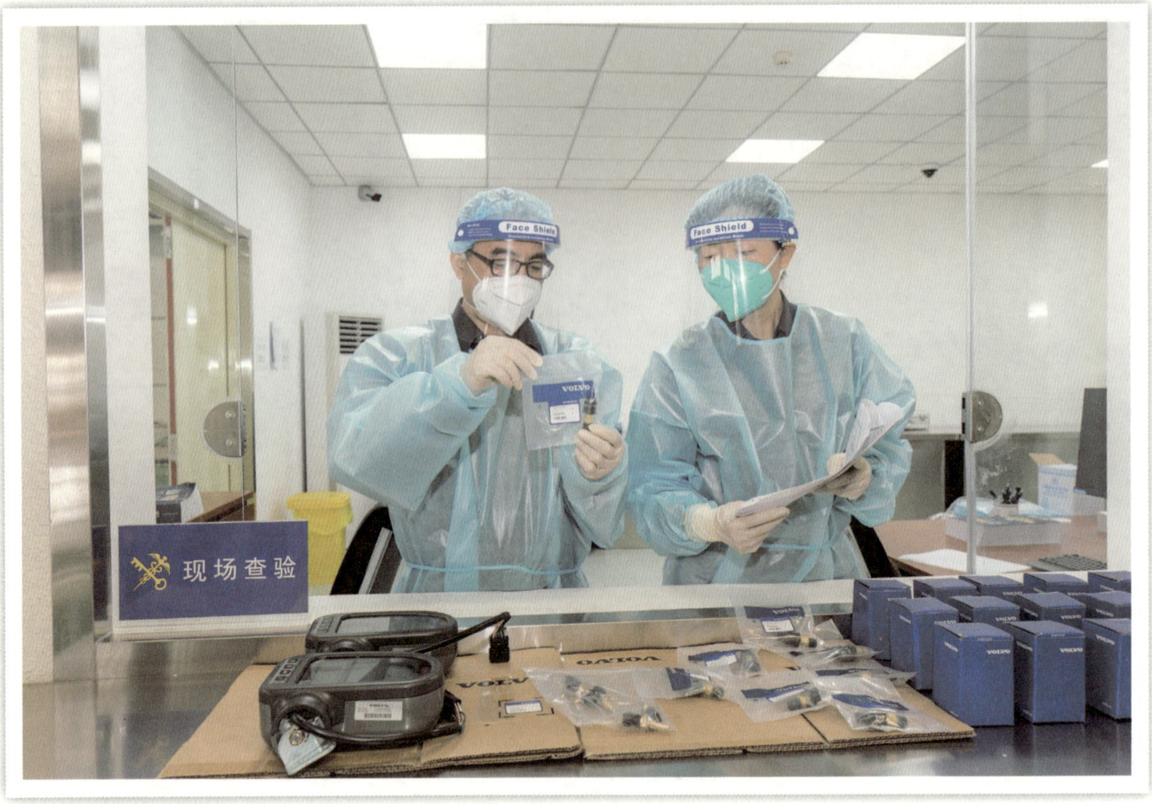

▲ 2021 年 5 月 12 日，首都机场海关关员对涉嫌侵犯知识产权汽车配件进行查验

▲ 2021 年 5 月 20 日，丰台海关关员对出口航空煤油进行查验

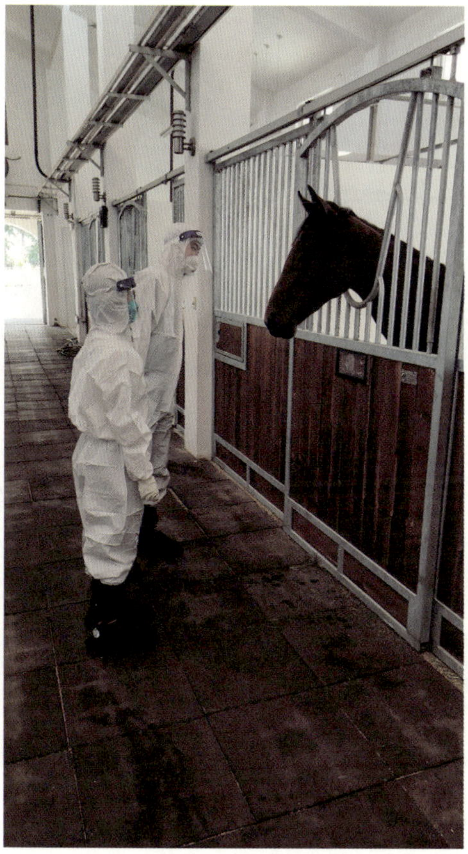

◀ 2021 年 5 月 24 日，动物隔离场工作人员对隔离检疫的进境种马进行日常巡查

▲ 2021 年 5 月 25 日，北京海关关员开展外来有害生物监测工作

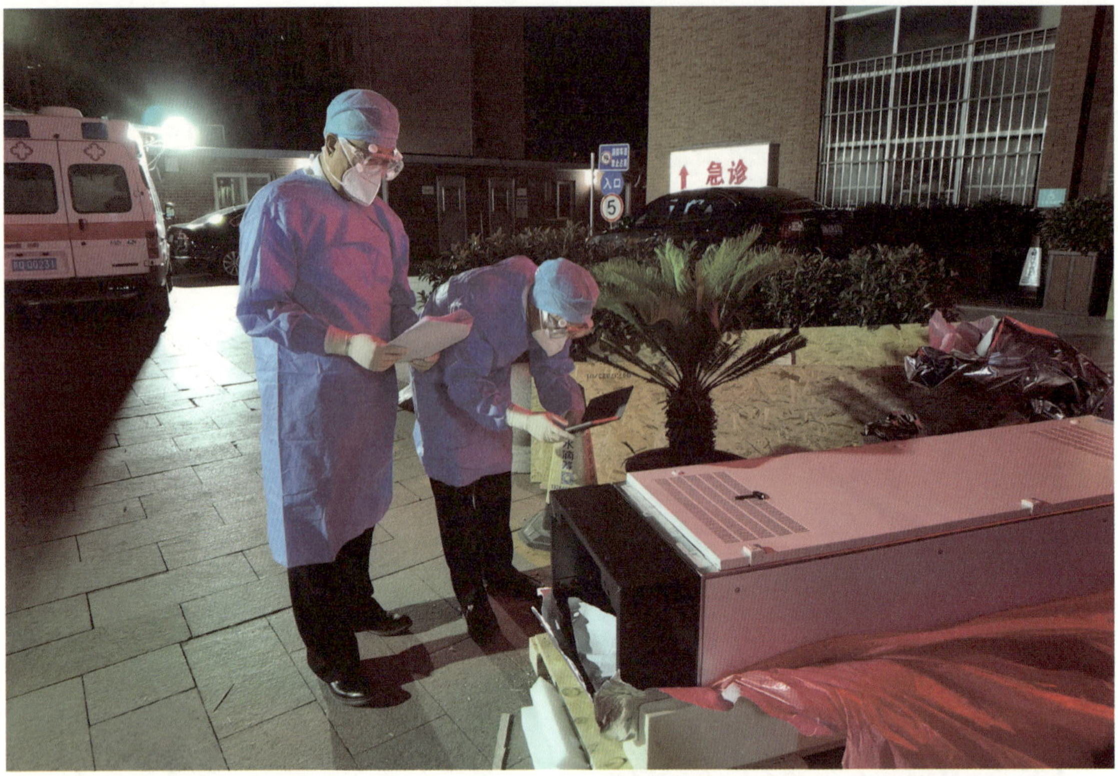

▲ 2021 年 5 月 25 日，亦庄海关关员凌晨查验临床急需进口医疗器械

▲ 2021 年 6 月 10 日，首都机场海关关员正在观察吸蚊器收集的蚊虫

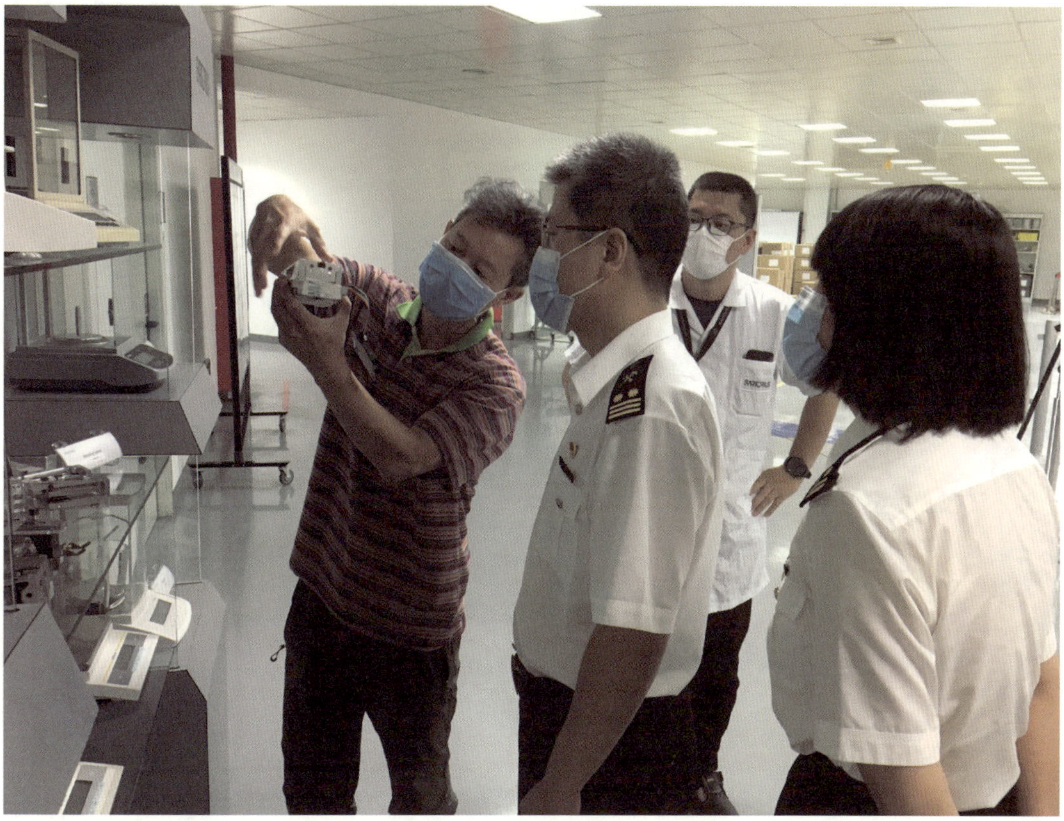

▲ 2021 年 6 月 10 日，北京东城海关关员到企业调研

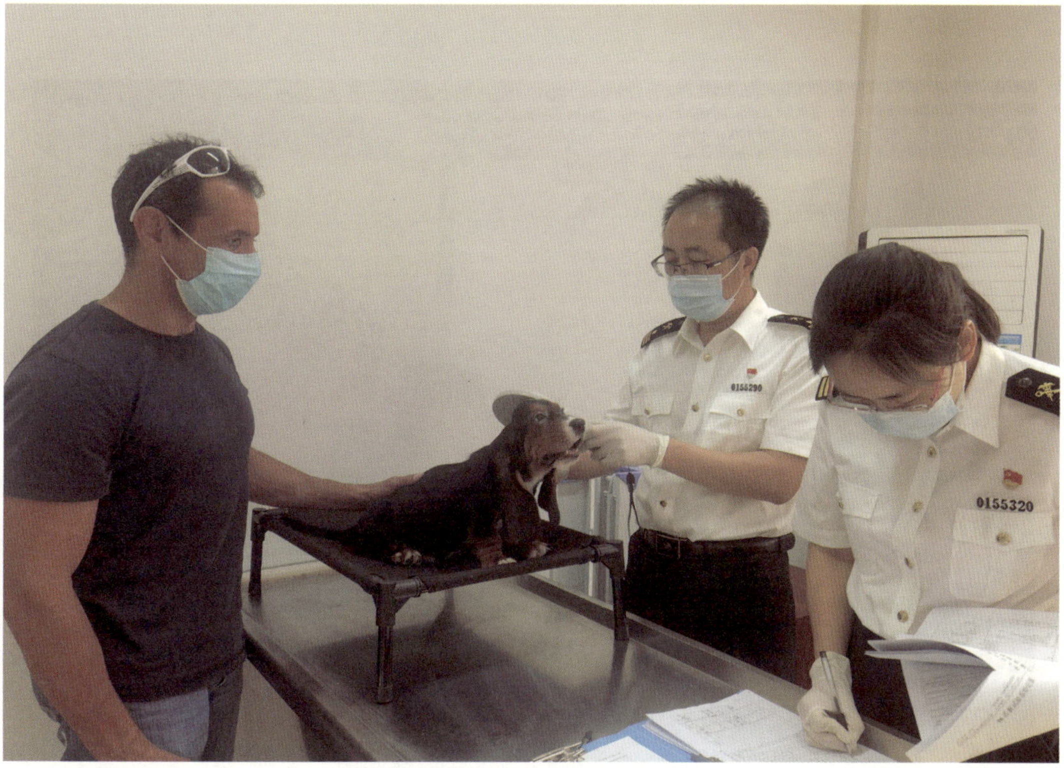

▲ 2021 年 6 月 19 日，通州海关关员办理出境伴侣动物检疫手续

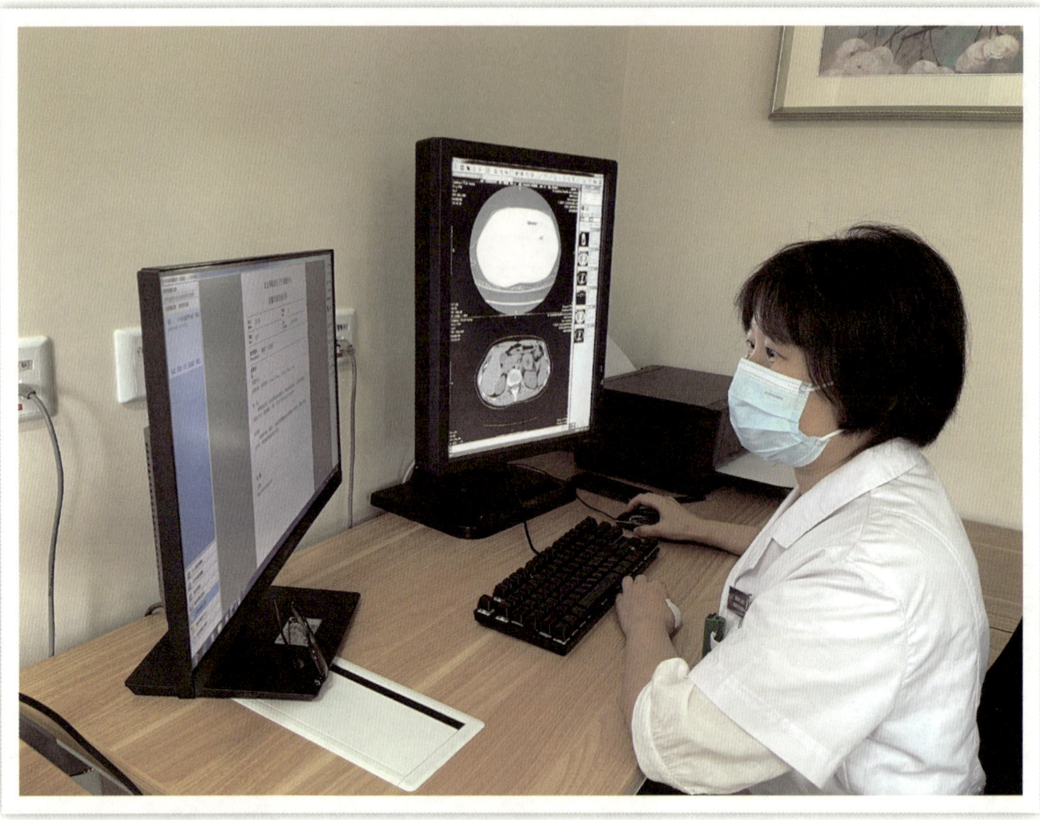

▲ 2021 年 6 月 29 日，海关总署（北京）国际旅行卫生保健中心（北京海关口岸门诊部）工作人员正在进行健康检查

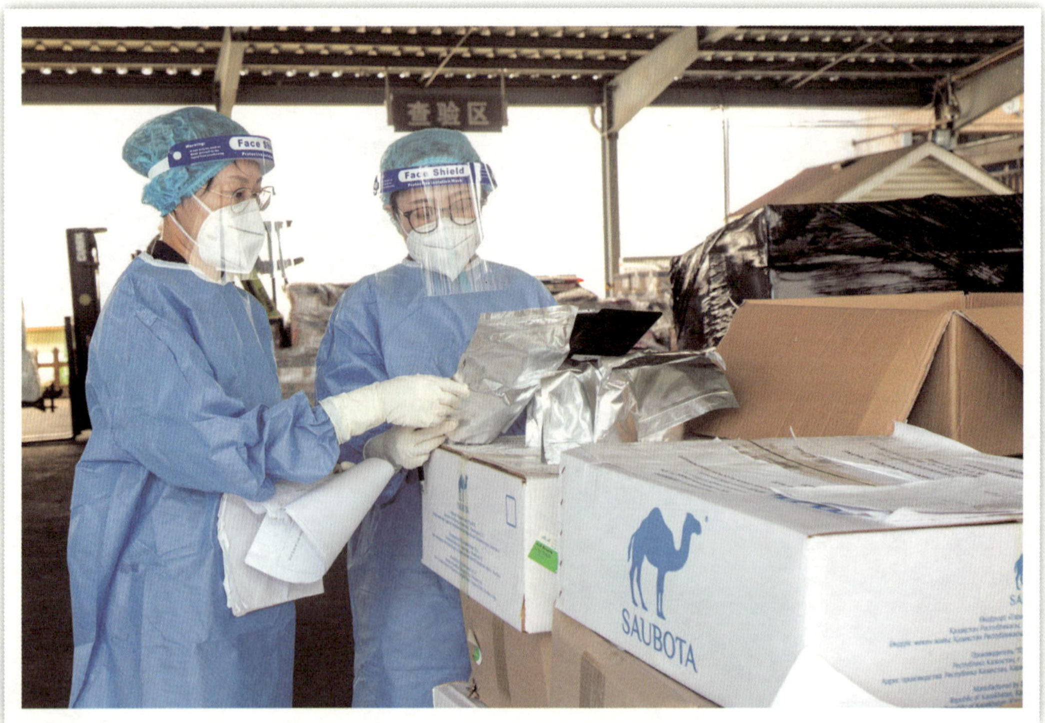

▲ 2021 年 7 月 5 日，首都机场海关关员查获菌落超标进口驼奶粉

▲ 2021 年 8 月，北京海关关员对进口咖啡进行目的地检验

▲ 2021 年 8 月 13 日，海淀海关举办内部新冠肺炎疫情防护知识培训和操作演练

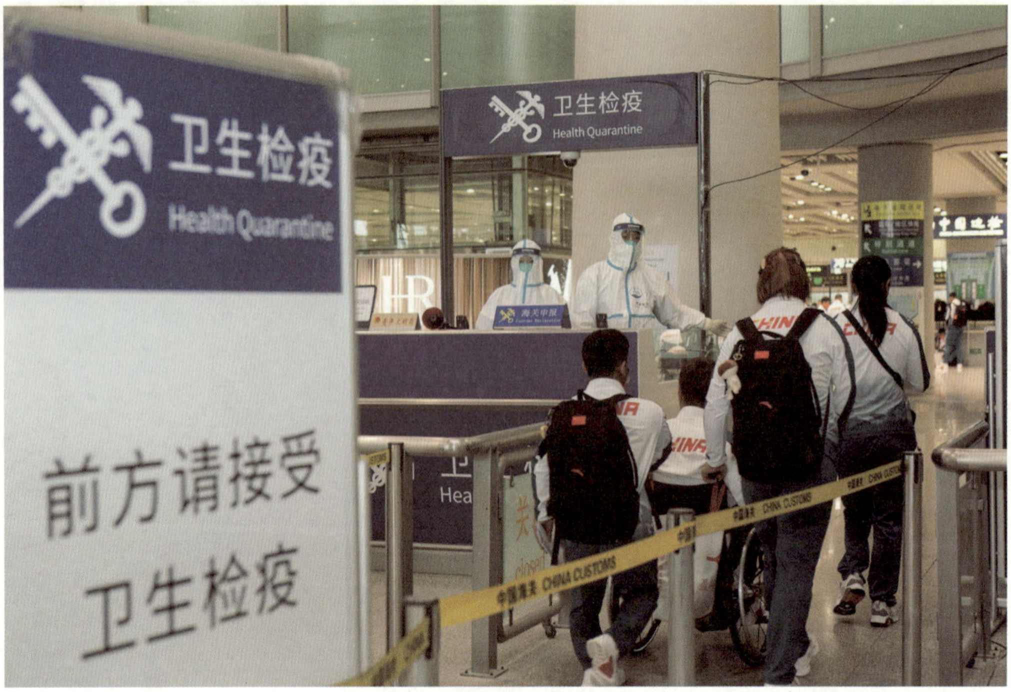

▲ 2021 年 8 月 19 日，首都机场海关关员引导中国体育代表团成员及工作人员有序通过红外测温通道，出征东京残奥会

▲ 2021 年 8 月 19 日，北京电子口岸服务热线“95198”客服人员正在接听企业电话咨询

▲ 2021 年 9 月 3 日，北京会展中心海关关员在中国国际服务贸易交易会现场对进口展品进行监管

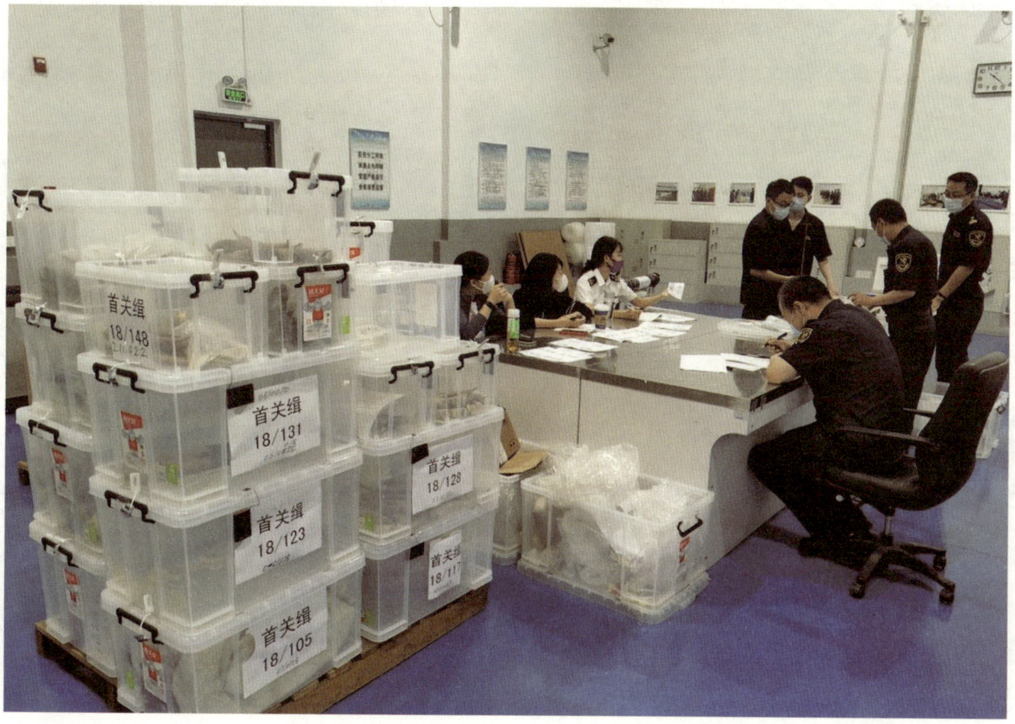

▲ 2021 年 9 月 7 日，北京海关关员进行濒危动植物制品移交

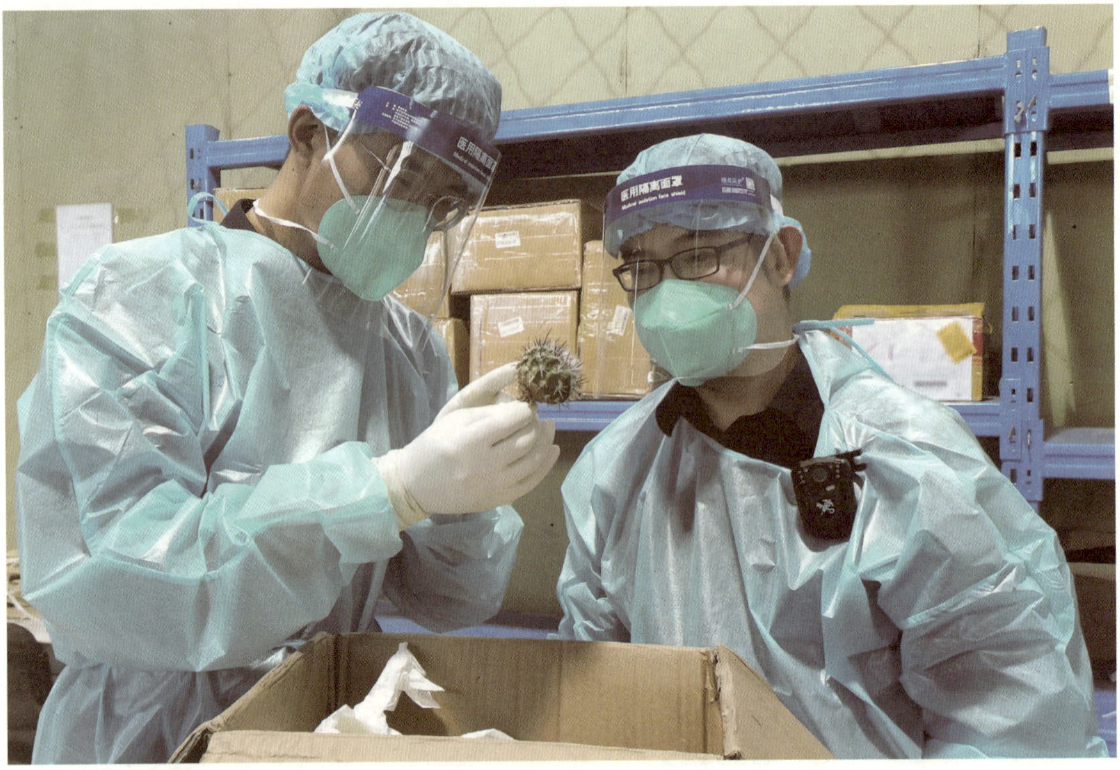

▲ 2021 年 9 月 17 日，北京邮局海关关员截获仙人掌科濒危植物

▲ 2021 年 9 月 22 日，亦庄海关关员现场检验出口冬奥会火炬接力物资

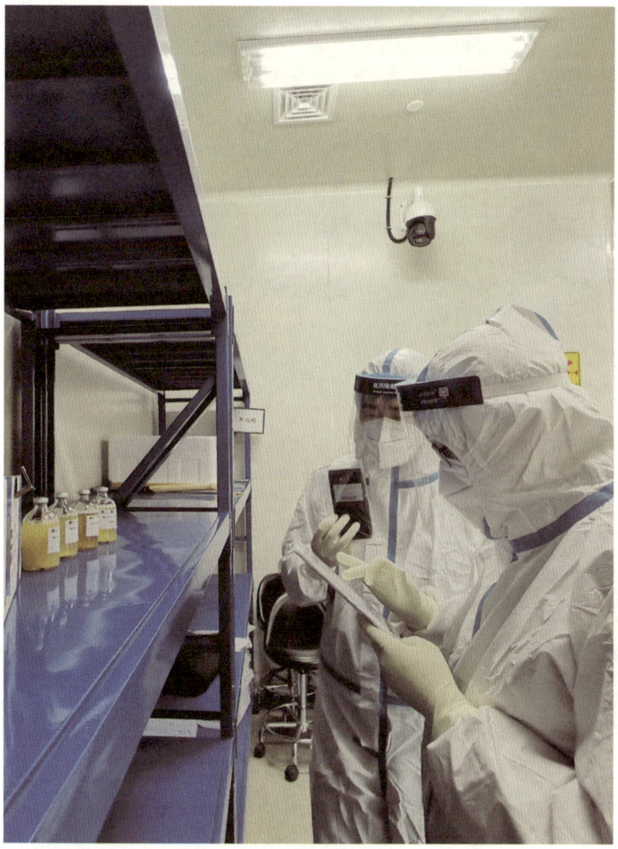

◀2021 年 9 月 24 日，中关村海关关员对进口生物材料进行查验

▲2021 年 9 月 27 日，平谷海关助力辖区蜂蜜生产企业出口

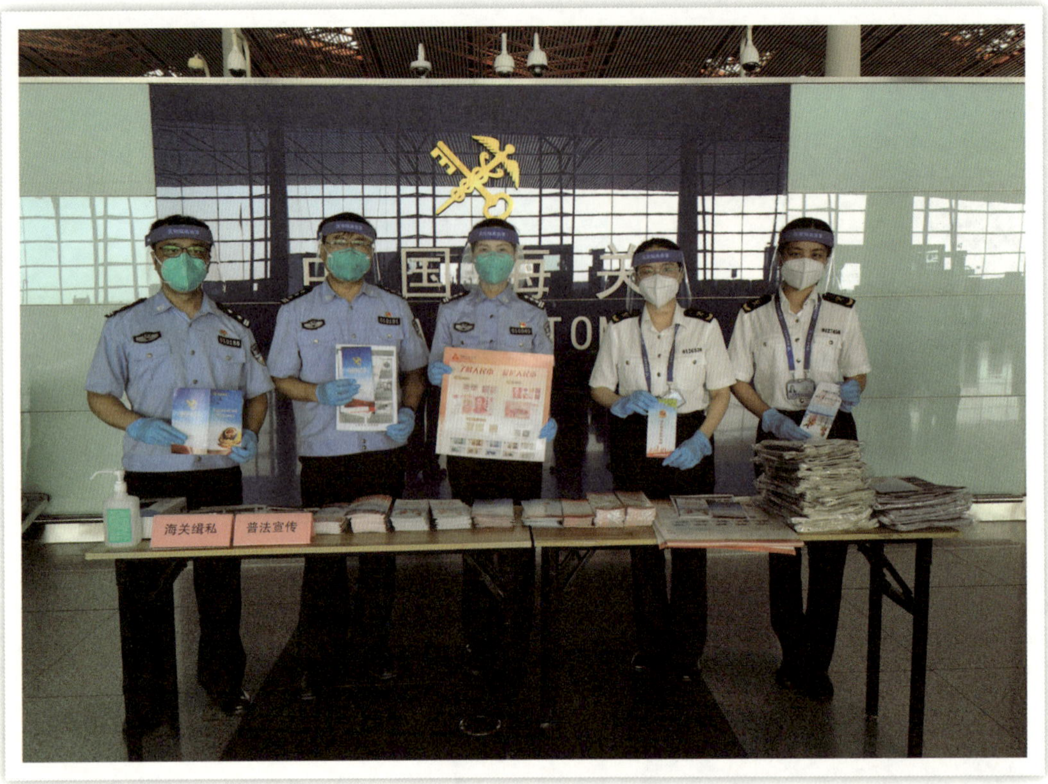

▲ 2021 年 9 月 29 日，北京海关缉私局联合首都机场海关在北京首都国际机场开展普法宣传

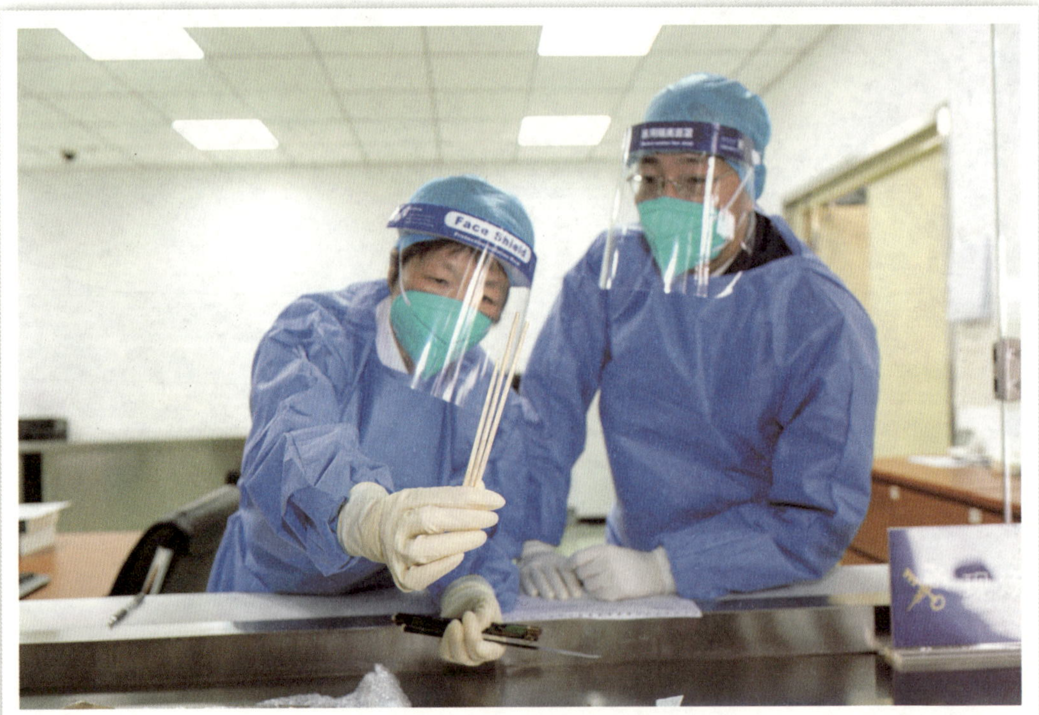

▲ 2021 年 10 月 14 日，首都机场海关关员查获象牙筷子

▲ 2021 年 10 月 18 日，北京海关关员在冬奥会赛场调试设备

◀ 2021 年 10 月 28 日，北京海关统计分析处关员整理报关单证档案

▲ 2021 年 10 月 29 日，北京海关卫生检疫处联合综合业务处、口岸监管处和中关村海关赴企业进行特殊物品相关政策宣讲

▲ 2021 年 11 月 1 日，北京海关督察内审处组织开展内控培训

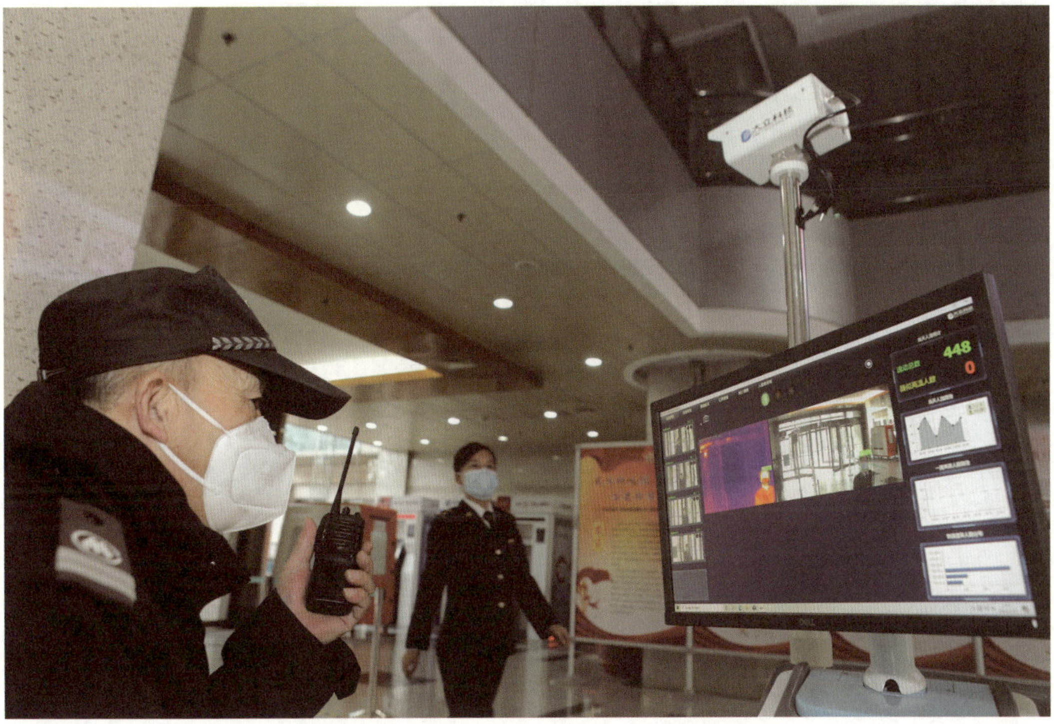

▲ 2021 年 11 月 2 日，后勤管理中心职工对进入办公区人员进行测温

▲ 2021 年 11 月 26 日，顺义海关关员赴企业开展出口食品检验

▲ 2021 年 11 月 29 日，北京海关法规处开展普法进校园活动

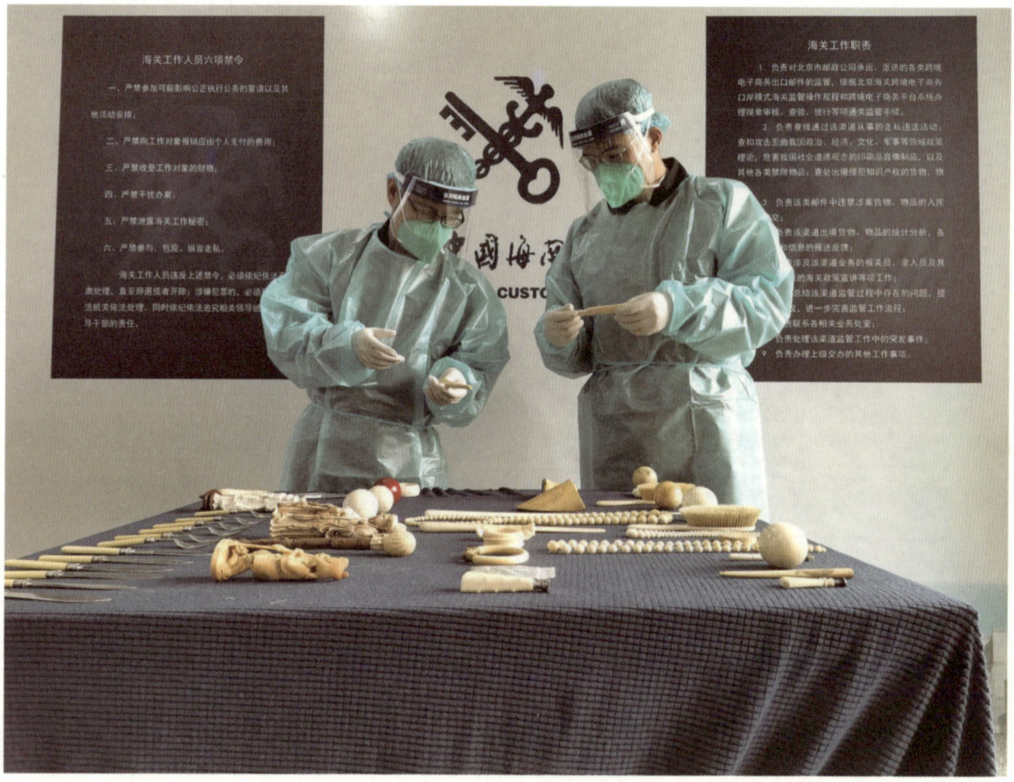

▲ 2021 年 12 月，北京邮局海关查获 7 批象牙制品

▲ 2021 年 12 月 2 日，北京海关办公室关员答复咨询

▲ 2021 年 12 月 3 日，北京海关口岸布控场所首次联线全国海关会议

▲ 2021 年 12 月 10 日，北京海关企业管理处、海淀海关赴企业开展 AEO 实地认证

▲ 2021 年 12 月 29 日，北京海关关税处开展 RCEP 线上政策宣讲暨专题培训

队伍建设

▲ 2021 年 3 月 20—21 日，北京海关进行 2021 年度考录公务员面试工作

▲ 2021 年 4 月 1 日，北京海关准军教员参加队列教学法集训

▲ 2021 年 4 月 8 日，海淀海关开展队列训练

▲ 2021 年 9 月，北京海关组织开展 2021 年新录用公务员自主集中培训

▲ 2021 年 10 月 11 日，中关村海关开展常态化队列训练

第一篇

特载

在 2021 年北京海关工作会议上的讲话

北京海关党委书记、关长　高玉潮

（2021 年 2 月 1 日）

这次会议的主要任务是：学习贯彻 2021 年全国海关工作会议精神，总结工作、分析形势、明确思路，部署今年工作任务。

一、回顾工作，总结成绩

2020 年，是北京海关发展历程中极不平凡的一年。一年来，我们坚持以习近平新时代中国特色社会主义思想为指导，认真贯彻落实海关总署党委、北京市委市政府的各项部署要求，忠诚履职、担当奉献，真抓实干、攻坚克难，经受了严峻复杂的考验，取得了来之不易的成绩。

这一年，我们进一步提高政治站位，扎实推进政治大关建设。始终把学习宣传贯彻习近平新时代中国特色社会主义思想作为首要政治任务，进一步增强“四个意识”、坚定“四个自信”、做到“两个维护”，全年共开展党委中心组学习 21 次，自觉用习近平新时代中国特色社会主义思想武装头脑、指导实践、推动工作。坚决贯彻落实习近平总书记重要指示批示精神，第一时间打响新冠肺炎疫情口岸防控阻击战，深入开展“国门利剑 2020”“蓝天 2020”专项行动，严厉打击“洋垃圾”、象牙等濒危动植物及其制品走私。持续强化政治机关建设，发挥政治建设统领作用，坚持全面从严治党、全面从严治关，巩固深化“不忘初心、牢记使命”主题教育成果，开展“灯下黑”问题专项整治，坚决叫响敢担当、抓落实，努力营造担当作为、干事创业的良好氛围。

这一年，面对新冠肺炎疫情的大战大考，我们众志成城、严防死守，实现了“三个零”目标。全关上下以最坚决的态度、最有力的行动，确保首都口岸新冠肺炎疫情防控工作始终有力有序有效向前推进。首都机场海关卫生检疫工作组、旅检一处党总支被中共中央、国务院、中央军委授予“全国抗击新冠肺炎疫情先进集体”荣誉称号。7个集体、21名同志分别获北京市、全国海关系统抗击新冠肺炎疫情先进集体、先进个人荣誉称号。我们加强口岸卫生检疫。突出“精准、严格、规范、高效、协同”，严格落实“三查三排一转运”和各项口岸防控措施，下大功夫提升采样、检测能力，构建起多层次、全链条、立体化的闭环管理防控体系，实现了“卫生检疫零遗漏”。我们严格细致抓好进口冷链食品及高风险货物检疫。坚持“人”“物”同防，强化风险监测，采取“100%加严检疫、100%核酸检测、100%消杀灭毒”防控措施，严格规范实施抽样核酸检测，严格监督落实口岸环节高风险非冷链集装箱货物预防性消毒措施，严防新冠病毒通过货物传入风险。我们采取顶格措施做好内部防护。强化一线人员安全防护培训和实战演练，建立全员每日健康排查制度，对重点人员开展常态化核酸检测，实行网格化管理，制定应急处置流程和回溯排查方案，认真做好各办公场所、查验场地的消毒工作，加大内部防护监督检查力度，以严之又严、严上加严的顶格防护措施，确保了“干部职工零感染”。我们持续优化服务保障防疫物资通关。在口岸一线设立防疫物资专用窗口，简化通关流程，实行接单审核、登记放行、后续处置“零等待”，实现了“通关服务零投诉”。我们全力做好防疫抗疫各项保障。扎实做好一线人员保障，加强人力资源调配，充实疫情防控力量。加强经费物资保障，配齐配全实验室检测设备，在首都机场T2航站楼建成全国首家设立在口岸隔离区的P2实验室，进一步提升口岸卫生检疫能力水平。全力支援全国海关疫情防控工作，参与海关总署专家指导组赴有关海关现场指导。

这一年，我们提速降费、帮扶企业，在助推首都高质量发展高水平开放方面作出了新贡献。扎实做好“六稳”工作、全面落实“六保”任务，出台了支持进出口企业复工复产24项措施，推动外贸促稳提质。我们全力“提速度”，深化“放管服”改革，持续推进“两步申报”“两段准入”，实施“一减一公开三提升”，进一步压缩整体通关时间。北京关区进、出口整体通关时间均创历史最好水平。我们全力“降成本”，帮助企业减负增效，落实优贸协定税收优惠政策，推广实施关税保证保险、汇总征税等政策措施。我们全力“促开放”，深入落实北京“两区”［国家服务业扩大开放综合示范区和中国（北京）自由贸易试验区］建设涉及海关的各项工作任务，两项创新措施入选商务部最佳实践案例。大兴国际机场综合保税区顺利获批，筹建工作稳步推进。我们全力“扩优势”，深化“保税物流供应链为单元”的航材保税监管模式，扎实推进AEO认证和特定资质备案工作。

这一年，我们紧盯事关北京海关事业发展和人民群众切身利益的工作，深入推进“三大工程”“十件实事”。用钉钉子的精神和啃硬骨头的决心，深入开展业务改革强关工程、民生惠民利民工程、准军强基提质工程，挂图作战、倒排工期，一项一项地狠抓落实，坚持把实事办实、好事办好。具有北京海关鲜明特色的监管模式基本确立，形成了“七领域、一中心”整体框架，业务运行效能显著增强。科技应用水平大幅提升，基础设施智能化、业务监管智能化、行政办公信息化建设成效良好，科技冬奥快速通关项目取得阶段性研究成果。监管场所场地全面升级，首都机场旅检现场、快件监管中心场地改造顺利完成，北京邮局海关、通州海关搬迁工作取得积极进展。抓实“内务规范强化月”，深入开展“关有示范、处有红旗、科有标兵”的内务品牌建设，准军事化纪律部队建设不断强化。持续推进精神文明创建，14 个集体、26 名个人获得中央、海关总署、北京市授予的各项荣誉称号，5 个单位荣膺全国文明单位。建立了具有北京海关鲜明特色的考核评价机制，进一步树立了敢担当、讲实干、重实效的鲜明导向。

这一年，困难比预料的多，挑战比预想的大，我们蹄疾步稳、真抓实干，各项工作都有了新发展。安全保障稳健有力。“两会”、服贸会等重大活动通关安保工作圆满完成，冬奥会雪车雪橇中心场地认证活动、冬奥国际单项体育联合会考察团的通关保障优质高效。知识产权保护“龙腾行动 2020”成效明显；国门生物安全防控持续加强；质量安全监管扎实有效。业务建设稳中提质。税收入库排名创历史新高，实际监管持续加严，打击走私成效显著。缉私业务领导和综合保障进一步强化，反走私综合治理效能明显加强。统计监测预警作用充分发挥，数据管理使用更加严密规范。队伍建设稳步提升。全面从严治党深入推进，主体责任进一步压紧压实。深入开展纠治形式主义、官僚主义“四项行动”，为基层减负成效显著。以“四强”党支部建设为引领，加强基层党支部建设，6 个党支部荣获海关总署 2019 年度海关基层党建品牌。干部工作全面加强，全员培训深入开展，队伍履职能力和执法水平明显提升。坚持“四管齐下”抓监督，深入运用监督执纪“四种形态”，开展重大决策部署专项督察，强化内部审计监督，严肃查处违纪违法行为。同时，机关办公综合水平不断提高，法治建设取得良好成效，财务保障坚实有力，工青妇、离退休干部工作进一步加强，学会协会等社团组织工作稳中有进，发挥了积极作用。

成绩的取得得益于海关总署党委的周密部署和从容驾驭，得益于北京市委市政府对海关工作的关心关爱和大力支持，得益于历届班子打下的坚实基础，得益于北京海关党委班子全体同志的凝心聚力，归功于北京海关全体干部职工的辛勤劳动和无私奉献。在此，我代表关党委，向所有关心、支持北京海关工作的各级领导，向全关全体干部职工和离退休老同志，表示衷心感谢并致以崇高的敬意！

2020年是“十三五”收官之年，全年任务的顺利完成为“十三五”时期北京海关工作画上了圆满句号。在过去的五年里，北京海关的历史开启了新篇章，按照党中央、国务院关于机构改革的重大部署，根据海关总署党委的统一要求，原北京海关和原北京出入境检验检疫局组建了新北京海关，实现了革命性变革和跨越式发展。工作取得了新成绩，紧紧围绕“单项争第一、综合创一流”的目标，全力以赴“保安全、促发展、推改革、抓建设”，强化监管、优化服务，北京海关在首都经济社会发展大局中的地位、作用和影响明显提高，多次得到署市领导的肯定表扬。改革迈出了新步伐，深入推进关检业务深度融合，积极落实海关全面深化业务改革2020框架方案，探索实施了一系列具有北京海关鲜明特色的改革措施，为海关制度创新和治理能力建设作出积极贡献。作风实现了新转变，党委班子践行五项履职承诺，公道正派的主旋律更加响亮，敢担当、抓落实的旗帜更加鲜明，纠治形式主义、官僚主义成效显著，准军事化纪律部队建设持续抓紧抓实，严谨务实的工作作风更加凸显。队伍展现了新风采，一批事关北京海关事业发展的大事、难事正在得到解决，越来越多想干事、能干事、干成事的同志走上了重要岗位，先进集体、先进个人持续涌现，风清气正的政治生态正在形成，人心思稳、人心思上、人心思和的氛围更加浓厚，奋发有为、昂扬向上的精神进一步提振。

回首五年来，特别是新北京海关成立以来的工作，我们深切体会到：政治建关是根本，必须坚定不移地用习近平新时代中国特色社会主义思想武装头脑，不折不扣贯彻落实习近平总书记重要指示批示精神和党中央重大决策部署。服务大局是主线，必须将北京海关工作深深植入首都经济社会发展和安全大局之中，在助推首都更高质量发展、更高水平开放、更高标准安全方面持续发挥海关作用。担当落实是前提，必须始终坚持“单项争第一、综合创一流”，敢担当、抓落实，办实事、求实效，勇于面对前进道路上的各种困难和挑战。强抓严管是保障，必须全面从严治党、从严治关，持续提升队伍执行力、战斗力，打造一支能打胜仗的准军队伍。

二、分析形势，明确思路

今年是建党100周年，是“十四五”开局之年，也是全面建设社会主义现代化国家开启之年。做好今年各项工作具有重要的政治意义和历史意义。

从国际看，当今世界正经历百年未有之大变局，和平与发展仍是时代主题，但保护主义、单边主义抬头，国际形势的不稳定性不确定性明显增加。特别是受新冠肺炎疫情影响，世界经济衰退低迷，全球产业链加速调整，国际经贸规则重构给深化改革扩大开放带来更大压力。从国内看，我国已进入高质量发展阶段，制度优势显著，治理效能提升，经济长期向好，发展韧性强大，具有多方面优势和条件，仍处于重要战略机遇期。2020年我国GDP逆势增长，首破100万亿元大关，外贸进出口总值超过32万亿元，同比增长1.9%，成为全球唯一实现货物贸易增长的主要经济体。同时，我国经济面临周期性因素和结构性因素叠加等多重影响，发展不平衡不充分问题仍然突出。心怀国之大者，我们服务大局的任务更重、压力更大、要求更高。

当前和今后一个时期，各种可以预见和难以预见的风险因素明显增多，传统安全与非传统安全风险交织叠加。新冠肺炎疫情仍在全球加速蔓延，病毒发生新的变异，国内多地接连发生局部聚集性疫情。境外其他重大疫情疫病多发高发，输入渠道更加多样，疫情防控形势依然严峻复杂，大考大战仍在继续。北京作为首都，处在防范重大风险的前沿阵地，“两会”、冬奥会等重大活动的口岸安保工作容不得半点闪失，维护政治安全、文化安全、意识形态安全的压力不减，维护进出口食品、危化品等重点商品安全任务艰巨。身处国门一线，我们保安全的任务更重、压力更大、要求更高。

北京市委十二届十五次全会提出，北京要在新发展阶段的奋斗征程上走在全国前列，做到“六个更加突出”，实现“六个明显提升”，特别强调要更加突出开放发展、更加突出安全发展。今年北京市政府工作报告提出，要大力加强“四个中心”功能建设，提高“四个服务”水平，以高水平对外开放打造国际合作和竞争新优势，高标准推进“两区”建设，持续深化4.0版营商环境改革，高水平办好服贸会等重大活动，构筑高质量发展新优势，确保“十四五”开好局、起好步。作为首都海关，我们促发展的任务更重、压力更大、要求更高。

今年全国海关工作会议提出，到2035年基本建成社会主义现代化海关的远景目标，要求我们不断丰富“五关”建设新内涵，牢牢守住安全底线，积极促进高水平对外开放，提升制度创新和治理能力，提升监管服务能力，提高科技创新应用水平，持续推进从严治关，建设让党中央放心、让人民群众满意的模范机关。锚定目标规划，我们推改革、抓建设的任务更重、压力更大、要求更高。

根据新形势新任务新要求，关党委研究确定今年北京海关工作的总体思路是：以习近平新时代中国特色社会主义思想为指导，深入贯彻党的十九大和十九届二中、三中、四中、五中全会精神，准确把握新发展阶段，深入贯彻新发展理念，服务构建新发展格局，认真落实全国海关工作会议精神，坚持以“单项争第一、综合创一流”为目标，锲而不舍、一以贯之，稳中求进、严防死守，做到政治站位再提高、疫情防控再加严、保障安全再升级、促进发展再发力、推动改革再深化、工作作风再务实、自身建设再加强，推动北京海关各项工作迈上新台阶，以优异成绩庆祝建党100周年。

三、部署工作，提出要求

（一）旗帜鲜明讲政治，在学习贯彻习近平新时代中国特色社会主义思想上再有新提升。

坚持把政治建设摆在北京海关各项工作的首位，进一步强化政治机关意识，切实提高政治判断力、政治领悟力、政治执行力。一是持续深入学习贯彻习近平新时代中国特色社会主义思想。将其作为首要政治任务，不断增强“四个意识”、坚定“四个自信”、做到“两个维护”，组织好党委中心组学习，开展党的十九届五中全会精神轮训，不断提高理论素养、政治能力，在学懂弄通做实上下功夫，切实做到融会贯通、学以致用。二是坚决落实习近平总书记重要指示批示精神。时刻关注习近平总书记强调什么、要求什么，继续坚持“第一议题”制度，以高度的政治责任感、坚定坚决的态度、严谨务实的作风、迅速有力的行动，扭住不放、狠抓落实，走好“两个维护”第一方阵。三是开展建党100周年系列活动。以庆祝中国共产党成立100周年为契机，开展形式多样、内容丰富的纪念活动，把爱党爱国热情转化为履职尽责、锐意进取的实际行动。

（二）严防死守战疫情，在打赢新冠肺炎疫情阻击战中再立新功。

坚持新冠肺炎疫情防控工作“三个零”目标，更加严格、更加迅速落实各项疫情防控措施，坚决交出合格答卷。一是严格做好入境人员检疫筛查。坚持慎之又慎、严上加严，建立更加科学、严格的人员风险监测和筛查机制，加强重点布控，规范做好健康申明卡验核、入境测温、流行病学调查、登临检疫、采样检测等各环节工作。二是严格做好进口冷链食品及高风险货物风险监测和预防性消毒。健全进口冷链食品疫情防控机制，强化源头管控，继续坚持“100%加严检疫、100%核酸检测、100%消杀灭毒”等防控措施，加强对高风险货物的风险监测布控，严格做好采样消毒，最大限度阻断病毒传播。三是严格做好内部防控。继续在人员管控、症状排查、测温设备、环境消毒等方面强化内部防护，督促干部职工增强个人防护意识、落实防控措施，确保“打胜仗、零感染”。四是严格做好常态化疫情防控综合保障。做好打持久战的准备，提升口岸检疫设备设施的智能化、信息化水平，充实防疫一线人员力量，在资金、物资、后勤、交通等方面提供有力支持。同时，要密切关注全球传染病疫情，严防埃博拉、拉沙热、鼠疫等重大传染病传入。全面加强动植物检疫，防范非洲猪瘟、高致病性禽流感、沙漠蝗等动植物疫病传入传出和外来物种入侵，严防疫情叠加。

（三）千方百计保安全，在筑牢首都安全屏障上再作新贡献。

坚持统筹发展和安全，进一步增强忧

患意识、底线思维，牢牢守住不发生系统性风险底线，下好先手棋，打好主动仗，扎实做好防风险、保安全、护稳定各项工作。一是全力做好重大活动安全保障。深入贯彻落实习近平总书记考察冬奥会筹备工作时的重要讲话精神，全力做好冬奥会、冬残奥会通关服务保障工作，设立测试赛物资专用报关窗口及旅检快速通道，为物资快速通关及相关人员抵离提供优质高效的服务。做好“两会”、服贸会等各类重大活动的通关保障和口岸安保工作。二是持续增强开放监管能力。深化税收征管改革，加强协调联动，坚持“量质效”并举，不断提高税收征管质量，提升征管水平，全力以赴完成全年税收预算目标。加强口岸监管，提高查验规范性、有效性，继续推进行李物品、免税品、邮递物品监管智能化、规范化建设，完善旅检“无感通关”模式。严格进出口贸易禁限管控，加强口岸环节反恐维稳，坚决将核生化爆、枪支弹药、毒品等拒于国门之外。健全进出口食品安全体系，持续推进进口食品“国门守护”行动。完善进出口商品质量安全风险预警和快速反应监管体系，强化进出口危化品等重点敏感商品的检验监管。实施安全生产专项整治，坚决防范各类安全事故发生。强化知识产权海关保护，遏制侵权态势。三是提升风险整体防控水平。进一步发挥风险分析的先导性作用，抓好重大安全准入风险防控。加强情报研判与应用，建立风险情报信息网络，提升布控针对性和有效性。加强首都口岸安全风险联合研判和协同处置，进一步增强工作合力。四是保持打私高压态势。切实承担起领导负责关区打击走私工作职责，推进全员打私，强化专业打击，认真组织开展“国门利剑2021”专项行动，构建防控、监管、打击一体化的海关打私体系，深化反走私源头治理、综合治理。五是提高后续监管效能。深化信用管理体系建设，推进属地查检业务改革，推广“互联网＋稽核查”监管，开展涉税、涉检等重点领域专项稽核查。

（四）一心一意促发展，在全力助推首都高质量发展高水平开放上再有新作为。

坚持将北京海关工作放到海关事业发展和首都建设大局中去思考、谋划和把握，最大程度发挥海关作为国内国际双循环的交汇枢纽作用，助力构建新发展格局。一是服务好北京“两区”建设。把服务“两区”建设作为助推“十四五”时期北京开放发展的重要抓手，确保涉及我关各项任务落实落地。一方面，凡是符合首都城市战略定位的海关政策措施，都要争取在京落地，做到“人有我优”。另一方面，围绕“两区”建设高水平制度型开放需求，主动探索研究，形成更多可复制可推广的京关经验，实现“人无我有”。进一步推动海关特殊监管区域建设，支持天竺综合保税区港产城融合发展，确保大兴综合保税区建设按期封关运行。二是全力服务稳外贸稳外资。突出“降”，坚决落实减税降费政策，做到应免尽免、应退尽退、应降尽降、应惠尽惠，巩固深化涉企收费清理整治成果，坚决杜绝擅立项目、提高标准、扩大范围等乱收费行为，切实为企业减负增效。突出“快”，深化4.0版营商环境改革，落实好新一轮跨境贸易便利化专项行动，进一步巩固压缩整体通关时间成效。突出“先”，争取更多的改革项目、政策措施在京先行先试，深化以“保税物流供应链为单元”的航材保税监管模式，优化“免税保税政策相衔接”业务模式改革，打造一批具有北京海关鲜明特色的监管创新制度。突出“优”，深化“放管服”改革，实施企业“服务包”政策，做到一企一策、精准服务，重点做好中小企业帮扶，及时帮助企业解决通关过程中的困难和问题，营造市场化、法治化、国际化的口岸营商环境。三是支持重点优势产业开放发展。对接国际科技创新中心建设，统筹用好各项海关扶持政策，支持信息技术、健康医疗、集成电路等重点战略产业做大做强。服务北京数字经济发展，促进货物贸易和服务贸易融合发展。积极探索实施高端制造业全产业链保税模式。加大海关AEO高级认证企业培育，增强引领作用和竞争优势，推动形成更多的头部企业、领军企业。加强外贸形势研判，强化统计分析和监测预警，为宏观决策提供有力支撑。

（五）积极稳妥推改革，在全面提升监管服务能力上再求新突破。

增强系统观念，深化改革创新，优化资源配置，进一步提高北京海关整体业务能力水平。一是深入推进各项业务改革。推进海关全业务领域一体化，巩固“中心—现场式”运行模式，发挥好税管局职能作用。完善提前申报、“两步申报”“两轮驱动”“两段准入”“两类通关”“两区优化”等改革措施。深化关检业务全面融合，强化业务结合部协调联动。推动具有北京海关鲜明特色的监管模式从筑基垒台、立柱架梁向系统集成、协同高效迈进，形成一批更具系统性、先进性的制度成果，努力打造全国海关的样本和示范。二是进一步强化科技创新应用。推进业务科技融合发展，加强现代技术手段运用。深化“智慧通关”特色监管模式，实现“智慧旅检”等业务场景应用。推进关区视频监控系统升级改造，提升应急研判智能化水平。实现业务应用在线云管理，增强移动办公效能。加强实验室仪器设备投入和技能培训，促进实验室技术能力提升。三是强化基础设施建设。推动关区监管场所的升级改造。推动首都机场货运园区物流管理系统建设，实现“两场”统一。加快推进邮运监管新场地建设。支持大兴国际机场指定监管场所报批工作。持续推进通州海关搬迁。继续配合做好“单一窗口”应用推广和服务保障。推动京津两地监管信息、物流信息互联共享，实现口岸“通关＋物流”一体化，增强整体合力。

（六）严管厚爱强队伍，在建设高素质干部队伍上再有新成效。

深入贯彻新时期党的组织路线，落实

海关总署党委关于推进干部工作“五大体系”建设的意见，把各级领导班子和干部队伍建好用好。一是选优配强各级领导班子。加强班子建设规划，健全领导班子和领导干部动态分析研判机制，加大选配和调整力度。坚持20字好干部标准，继续加大干部选拔任用力度，大力培养选拔优秀年轻干部，加强执法一线科长队伍建设，分步分批，压茬推进，强力实施。二是加强人才队伍建设。统筹用好职级职数，继续做好各个职级的晋升工作，加快工作进度，释放政策红利。深入推进公务员分类管理，完善海关专家制度，优化专业技术岗位设置。深入开展教育培训，构建全方位人才培育体系。三是强化绩效考核。进一步发挥考核的指挥棒、风向标作用，进一步突出北京海关鲜明特色，完善考核评价体系，加强考核结果运用，实现奖优罚劣，激励担当作为。四是优化人力资源配置。开展机构改革“回头看”，根据各单位、各部门职能履行和业务运行情况，优化完善职责划分、编制分配和科级机构设置。五是统筹推进事业单位的改革发展。推进事业单位聘用制度和薪酬制度改革，组织开展事业单位公开招聘工作。

（七）聚精会神抓建设，在强纪律、转作风、提效能上再创新局面。

一是加强准军事化纪律部队建设。深入落实“政治坚定、业务精通、令行禁止、担当奉献”要求，巩固学习培训成果，狠抓日常习惯养成，继续开展内务规范强化月等活动，抓好仪式教育，强化号令意识，坚决做到令行禁止。二是加强基层组织建设。持续深化“强基提质工程”，加强和改进思想政治工作，总结提炼党建工作特色做法，继续抓好“四强”党支部建设，培树一批党建品牌，提升党建标准化规范化水平，实现由“支部建在科上”向“支部强在科上”的转变。开展优秀共产党员、优秀党务工作者和先进基层党组织评选活动。深入推进海关文化建设，高标准推动文明单位、青年文明号创建工作。继续发挥好工青团妇、学会协会等各类群团组织的积极作用。三是加强行风政风作风建设。锲而不舍落实中央八项规定及其实施细则精神，毫不松懈纠治“四风”，加强“八小时”内外监督，坚决杜绝酒驾醉驾问题。深入开展党的优良传统和作风教育，深化整治形式主义、官僚主义四项行动，全面检视、靶向纠治，规范各项督查检查考核，开展“指尖上的形式主义”排查，减少基层报文报表，持续治理反映强烈的不用心不务实、拖沓推诿、不担当慢作为等问题。四是加强法治建设。强化法治意识，推动依法决策、规范执法、全员守法，不断降低违法风险。加强行政复议应诉工作，规范权力运行，不断提升依法治理能力和水平。加大普法宣传力度，提升全员法治素养。五是加强综合保障建设。加强政务保障，巩固深化精文减会成果，进一步提升机关运转效能。加强财务管理，严格落实“过紧日子”要求，提升预算执行效能，为重点工作和民生项目提供资金支持。巩固内控机制建设成效，加大督察审计整改力度。加强对离退休干部的关心关爱，进一步提高服务水平。

（八）全面从严治党，在清廉海关建设上再有新举措。

关于全面从严治党，党风廉政建设和反腐败斗争，在下午的全面从严治党工作会议上还要作专门部署，这里我先强调几点。一是“严”字当头，认真落实十九届中央纪委五次全会精神，把严的主基调长期坚持下去，扎实推进党风廉政和反腐败斗争，进一步传导压力、严格措施、狠抓落实，做到态度不变、决心不减、尺度不松。各级党委要坚决扛起主责，专题研究部署，强化跟踪问效，加强对全面从严治党正风反腐各项工作的领导和管理监督。二是守土有责，各单位、各部门主要负责同志是“第一责任人”，要当好家、看好门、管好人。聚焦责任落实，盯住“关键少数”，推动一级抓一级，层层传导压力，用好约谈提醒、述责述廉、民主生活会监督等方式，从小事小节管起，及时发现并处置苗头性倾向性问题，确保队伍整体稳定。三是监督尽责，推进纪检监察、党委巡察、督察内审、政务督查协调贯通，监察室和派驻纪检组要充分发挥作用，用好“四种形态”，加强警示教育，提升以案促改质量。加强“制度＋科技”反腐成果运用，坚持打私反腐“一案双查”，突出“惩、治、防”，确保发现一起、查处一起、决不姑息，一体推进不敢腐、不能腐、不想腐，营造风清气正的政治生态，为北京海关各项事业发展提供坚实保障。

面对光荣而艰巨的历史使命和繁重的工作任务，需要各级领导班子和领导干部身先士卒，团结带领大家齐心协力、共同奋斗。关党委将继续坚持履行各项履职承诺和加强自身建设的意见，团结带领全关干部职工，全力以赴推动北京海关各项事业发展迈上新台阶。借此机会，向各级领导干部提几点希望和要求：

一是保持“稳”的定力。要增强信心、坚定底气，集中精力、稳中求进，把困难估计得更充分一些，把问题思考得更深入一些，做到有备无患、遇事不慌，风雨不动安如山。

二是增强“进”的锐气。牢牢把握“四个走在前列”的目标要求，保持越是艰险越向前的奋斗姿态。各级领导干部，特别是“一把手”，要自觉主动地当好排头兵、领头雁，带头争第一、创一流，以更高标准、更严要求做好各项工作。

三是砥砺“实”的作风。增强抓落实的思想自觉和行动自觉，进一步叫响说实话、办实事，做到抓铁有痕、踏石留印。发扬孺子牛、拓荒牛、老黄牛精神，扑下身子、一抓到底，不折不扣地推动各项工作尽快落地见效。

四是严守“铁”的纪律。严格遵守廉

洁自律各项规定，筑牢防线、修身律己，自重自省、自警自励，清白做人、干净做事，持之以恒正风肃纪，带好队伍，保一方平安。

新的一年，让我们坚定信心、锐意进取，马上就办、真抓实干，锲而不舍、一以贯之，奋力在“五关”建设中走在全国海关前列，确保“十四五”开好局、起好步，以更加优异的成绩庆祝建党100周年！

在 2021 年北京海关全面从严治党工作会议上的讲话

北京海关党委书记、关长　高玉潮

（2021 年 2 月 1 日）

这次会议的主要任务是：深入学习贯彻习近平新时代中国特色社会主义思想，学习贯彻十九届中央纪委五次全会精神和全国海关全面从严治党工作会议精神，总结 2020 年北京海关全面从严治党、党风廉政建设和反腐败工作，安排部署 2021 年工作任务。

一、2020 年工作回顾

一年来，北京海关党委认真贯彻落实全面从严治党各项要求，始终把全面从严作为保安全、促发展、推改革、抓建设的根本保障和强大动力，坚持以政治建设为统领，切实履行管党治党责任，持续强化正风肃纪反腐，全面从严治党、党风廉政建设和反腐败工作取得新成效。

（一）强化政治引领，践行“两个维护”更加坚定自觉。

关党委始终把政治建设放在首位，不断深化对习近平新时代中国特色社会主义思想的学习宣传贯彻。一是持续强化理论武装。发挥党委理论学习中心组示范引领作用，全年组织集体学习 21 次。组织处级领导干部参加党的十九届四中全会精神学习轮训 3 期共 358 人次。围绕学习党的十九届五中全会精神，关党委开展调研 13 次，组织集中宣讲 4 次，实现党员干部学习宣讲全覆盖。二是坚决贯彻落实中央重大决策部署。坚决把贯彻落实习近平总书记重要指示批示精神作为党委会、形势分析及工作督查例会首要任务、“第一议题”制度。第一时间打响新冠肺炎疫情口岸防控阻击战，全面落实“六稳”“六保”工作部署。始终保持查缉濒危动植物及其制品高压态势，持续强化进口固体废物监管。三是不断加强党委班子自身建设。围绕全面从严治党向全关郑重作出 4 项承诺，提出了进一步加强自身建设的 4 点意见，自党接受干部职工监督。进一步修订“三重一大”决策实施办法，不断完善党委工作制度。四是大力推进政治机关建设。制订专项工作方案，强化政治机关意识教育，推进模范机关建设。聚焦“灯下黑”开展专项整治，自查形成问题清单并逐项整改落实。将意识形态工作与理论学习、业务工作和经常性思想政治工作相融合，认真落实意识形态责任制，严把政治方向，严守阵地关口，为北京海关凝聚共识、攻坚克难提供了强大思想动力。

（二）聚焦主责主业，管党治党政治责任进一步压实。

坚持把党建工作与业务工作同谋划、同部署、同推进、同考核。一是强化统筹推进。坚持高位谋划，召开关区工作会议和全面从严治党工作会议，研究制定关区重点工作和全面从严治党工作任务分解，统一部署、同步发力，保障北京海关各项工作高质量开展。年内3次召开专题党委会研究全面从严治党工作。召开北京海关全面从严治党推进会，研判工作形势，推进任务落实。二是压实主体责任。深入学习贯彻《党委（党组）落实全面从严治党主体责任规定》，研究制定北京海关各级党委主体责任清单，明确“两级三类”主体的责任内容，逐项设置量化指标，推进全面从严治党各项要求落实落细。三是加强督导检查。聚焦管党治党责任落实，部署开展党建工作专题调研，召开党建工作高质量发展推进会，听取6名党组织书记现场述职评议，切实加强对下级党组织的督促指导。以支部品牌建设、“四强”党支部考核评选为抓手，深入推进“强基提质工程”，把全面从严治党责任压实至“最后一公里”。

（三）加强纪律建设，作风持续向好。

一是持续纠治形式主义、官僚主义。制发深入整治形式主义、官僚主义的指导意见。细化纠治形式主义、官僚主义4项行动具体措施。深入排查我关存在的形式主义、官僚主义突出问题，检视基层减负的具体成效，对2019年排查出的突出问题进行“回头看”。二是持续抓好准军建设。以“三个一”内务品牌为牵引，深化“内务规范强化月”活动成果。持续开展“四管齐下”纪律作风大检查大整改。严肃处理损害群众利益的行为。三是大力弘扬北京海关T3-D优良作风。在突如其来的新冠肺炎疫情阻击战中，全体干部职工闻令而动、遵令而行，先进典型的辐射效应和引领作用有力发挥。2个集体荣获全国抗击新冠肺炎疫情先进集体，7个集体、21名个人受到北京市和全国海关系统专项表彰。关区精神文明建设成果显著，23家单位荣膺首都文明单位（标兵）称号，其中5家单位荣膺全国文明单位称号。

（四）加强权力运行监督，有力防范系统风险。

一是继续深化“制度+科技”运用。加大新海廉系统应用力度，协助总署优化完善系统功能，年内共开展新海廉绩效培训30余次。加强新海廉平台与“新一代查管”等系统对接，推广协同平台开发测试及使用。健全完善内控制度，制发关级节点6个，建立关区岗位清单节点评估体系，扩大节点成效覆盖面，有效促进权力规范运行。二是加强廉政监督。严格执行廉政纪律，组织对基层单位外出执法、礼品礼金上交等工作统计检查，强化日常廉政监督；积极推进海关政务服务“好差评”系统上线运行，提升办件评价率；积极发挥社会特约监督员外部监督作用，对征求到的17条意见建议跟踪督办，窗口作风进一步提升。三是紧盯“关键少数”。积极推进规范领导干部配偶、子女及其配偶经商办企业行为试点。进一步规范领导干部配偶、子女及其配偶从业行为，对处级领导干部申报情况进行抽查；抓好领导干部个人有关事项查核和专项整治工作，促进领导干部廉洁从政、廉洁用权。

（五）完善巡察工作机制，发挥巡察利剑作用。

一是聚焦监督重点，打好常规巡察、专项巡察和巡察“回头看”的“组合拳”。年内先后完成3轮对13个单位部门的巡察任务，在机关6个职能处室开展整治形式主义、官僚主义专项巡察，推动工作中一些“痼疾顽症”的解决。开展危化品进出口监管专项巡察，严格检查危化品监管法规及指令现场执行情况，确保安全生产万无一失。二是强化建章立制，修订《北京海关党委巡察工作实施细则》。进一步完善巡察协作配合机制、强化巡察队伍建设制度。把巡察岗位作为培养锻炼干部的重要平台，坚持“以干代训”，推动巡察工作制度化、规范化、长效化。三是坚持问题导向，加强巡察整改成果运用。对照“问题清单、责任清单、整改清单”，加强对被巡察单位整改落实情况跟踪问效，督促被巡察单位领导班子、领导干部切实负起整改责任。建立巡察问题“三公开”制度，将发现全部问题、共性问题、严重问题在不同层级公开公示，实现“巡察一处、警示一片”的效果。

（六）持续正风肃纪，反腐败综合效应持续深化。

一是廉政教育不断深化。年内组织拟提任领导干部任前廉政考试193人次，关党委委员进行任前廉政谈话61人次。以警示教育月为抓手，深化党规党纪教育，组织廉政文化展览，营造风清气正浓厚氛围。聚焦重点时间节点，持续做好节假日廉政教育。二是纪检监督作用凸显。全年共开展监督34轮，编制内部文件50期，制发监督建议书23份。围绕中央重大决策部署落实情况开展专题政治监督，见人见事查找问题88个，持续跟踪问效；坚持把疫情防控监督作为政治监督的重中之重，开展拉网式监督21轮。纪检监督作用有力发挥，各项工作部署在纪律监督下落地见效。三是执纪问责从严从实。推动关区规范运用“四种形态”特别是第一种形态，形成失责必问、问责必严的浓厚氛围。

回顾一年来的工作实践，我们深深感到，关区全面从严治党工作坚定稳妥、扎实有效，在高质量发展上取得新的成效，关键在于示范引领，关党委对全面从严治党治关提出要求，加强自身建设，带头承诺践诺，抓全面从严治党基础牢固、重点突出、导向鲜明，“头雁”引领的辐射效应有力发挥，人心思稳、人心思上、人心思和的氛围更加浓厚；根本在于责任担当，各级党委把全面从严治党作为重要政治责任、领导责任、工作责任，将认真履行主体责任落实到履职尽责的全过程、各方面，守土有责、守土担责、守土尽责的责任链条更加明晰；重点在于从严执纪，纪检监察部门坚持靠前监督、主动监督，坚持推动政治监督、专项监督、日常监督具体化常态化，坚持运用“四种形态”，推动“四责协同”，落实“一案双查”，推进监督执纪更加常态、更加聚焦、更加精准、更加有力；基础在于过硬队伍，面对始终艰巨繁重的党建任务和依然严峻复杂的斗争形势，全关广大党员干部提高站位、找准定位，提升能力、保持定力，通过锲而不舍、久久为功的思想淬炼、政治历练、实践锻炼、专业训练，持续强化敢于亮剑的斗争精神，不断提升防范风险的素质本领，政治坚定、作风过硬、能力突出、能打硬仗的准军事化纪律部队更加过硬，想干事、能干事、干成事的氛围日益浓厚。

二、关区全面从严治党形势分析

党的十九大以来，以习近平同志为核心的党中央以前所未有的勇气推进全面从严治党，不断健全党和国家监督体系，推动新时代纪检监察工作高质量发展，推动党和国家各项事业取得新的重大成就，为中国特色社会主义事业劈波斩浪、勇毅前行提供坚强保障，充分彰显党的领导和中国特色社会主义制度的显著优势。特别是站在中国共产党成立100周年这个历史重要节点，面对中华民族伟大复兴战略全局和世界百年未有之大变局，在防控疫情斗争、决胜全面建成小康社会、决战脱贫攻坚中，党旗高高飘扬，党组织政治功能和组织功能在斗争一线充分发挥作用，全面从严治党成为我们党在新形势下进行伟大斗争的根本保证。

尽管党风廉政建设和反腐败斗争取得了历史性成就，但形势依然严峻复杂。习近平总书记指出，腐败这个党执政的最大风险仍然存在，存量还未清底，增量仍有发生。腐蚀和反腐蚀斗争长期存在，稍有松懈就可能前功尽弃，反腐败没有选择，必须知难而进。政治问题和经济问题交织，威胁党和国家政治安全。传统腐败和新型腐败交织，贪腐行为更加隐蔽复杂。腐败问题和不正之风交织，“四风”成为腐败滋长的温床。这些问题的存在让我们对“腐蚀”“围猎”有了清醒的认识，也坚定了我们把严的主基调长期坚持下去的决心。

进入新阶段、开启新征程，方向清、目标明，才能行动敏。习近平总书记在十九届中央纪委第五次全体会议上深刻阐述了全面从严治党新形势新任务，从充分发挥全面从严治党的引领保障作用，到全面从严治党首先要从政治上看；从加强政治监督、不断提高政治判断力、政治领悟力、政治执行力，到一刻不停推进反腐败斗争；从党中央重大决策部署到哪里，监督检查就跟进到哪里，到持续整治群众身边腐败和作风问题；从毫不松懈纠治“四风”，到推动监督更好融入国家治理体系——传递出全面从严治党的一系列新思想、新举措、新要求，为我们指明了全面从严治党的“主攻方向”。

三、2021 年主要任务

2021 年北京海关全面从严治党工作的总体思路是：以习近平新时代中国特色社会主义思想为指导，全面贯彻党的十九大和十九届二中、三中、四中、五中全会精神，按照全国海关全面从严治党工作会议部署，以党的政治建设为统领，从系统观念出发，夯实政治根基、涵养政治生态、防范政治风险，坚定不移推进全面从严治党，态度不变决心不减尺度不松，一体推进不敢腐、不能腐、不想腐，努力践行“四个走在前列”要求，锻造准军事化纪律部队，为建设让党中央放心、让人民群众满意的模范机关提供有力保障，以优异成绩庆祝中国共产党成立 100 周年。重点做好以下 7 个方面工作：

（一）自觉践行“两个维护”，服务保障“十四五”规划顺利实施。

北京海关地处首都，讲政治始终是第一位要求，要把旗帜鲜明讲政治贯彻到北京海关工作各方面全过程，要立足“两个大局”，心怀“国之大者”，自觉践行“两个维护”。要以庆祝建党 100 周年为契机，持续深入学习习近平新时代中国特色社会主义思想，抓好党的十九届五中全会精神系统学习，认真学习党史、新中国史、改革开放史、社会主义发展史。认真落实意识形态责任制，巩固深化“不忘初心、牢记使命”主题教育成果，增强履职尽责的责任感使命感。要自觉把“两个维护”作为最高政治原则和根本政治规矩，全面落实“第一议题”制度，建立完善学习、传达、督促、落实的闭环链条，持续抓好常态化疫情防控、继续保持打击象牙等濒危动植物及其制品、“洋垃圾”走私力度、推动外贸高质量发展等各项重点工作，确保贯彻落实习近平总书记重要指示批示精神和党中央决策部署坚决迅速、有效有力。要围绕贯彻落实党的十九届五中全会精神，把党的建设贯穿到北京海关“十四五”发展各项工作部署中去，充分发挥三级党委体制优势，严明政治纪律和政治规矩，提高党员干部政治判断力、政治领悟力、政治执行力，全力做好“十四五”开局各项工作。

（二）突出“惩、治、防”，构建一体推进不敢腐、不能腐、不想腐体制机制。

不敢腐、不能腐、不想腐是一个有机整体，要运用系统观念，深化标本兼治，用好治标利器，夯实治本基础，一体推进。要严肃查处不收敛不收手的违纪违法问题。重遏制、强高压、长震慑，保持“惩”的力度、巩固“严”的氛围。坚持惩前毖后、治病救人，加强对受处分人员跟踪回访。为敢于担当的干部撑腰打气，严肃查处诬告陷害行为，对失实检举控告及时澄清正名。鼓励各单位自我查发问题。要深化标本兼治，聚焦“关键少数”、重点领域和重点岗位，突出“制度+科技”运用，加强执法一线廉政风险防控，完善打私反腐“一案双查”工作机制，不断强化反走私反腐败合力。用好“四种形态”特别是第一种形态，加强干部“八小时”内外监督，严格落实纠治酒驾醉驾问题常态化措施。要坚持以案促改，常态化抓好廉政教育。持续抓好思想道德和党纪国法教育，加强廉政文化建设，营造崇关尚誉、崇廉爱廉的浓厚氛围。继续开展警示教育月活动，坚持用身边事教育身边人，引导党员干部知敬畏、存戒惧、守底线。

（三）深化整治形式主义、官僚主义，驰而不息转作风树新风。

作风建设永远在路上，要以马不离鞍、缰不松手的定力反复抓、抓反复。要锲而不舍落实中央八项规定精神，坚持不懈纠治“四风”，继续保持标准不降、力度不减，以“钉钉子”精神一纠到底，防止反弹回潮、隐形变异。坚持“过紧日子”，开展节约型机关创建行动。坚决遏制公款消费中的违规违纪违法现象。自觉反对特权思想和特权行为，严格管好家属子女，严格家教家风。要持续加强突出问题整治力度。紧盯老问题、关注新表现，坚持抓节点、强监督、促整改，巩固拓展精文减会成果，规范督导检查，警惕化简为繁、层层加码、重“迹”轻“绩”等现象，推动基层减负常态化。要继续深化“放管服”改革，加大力度推进“单一窗口”建设，用好12360服务热线，用好海关政务服务“好差评”系统，加强评价运用，优化口岸营商环境，增强企业群众满意度。要持续发扬敢担当、善担当的精神，巩固“三大工程”“十件实事”成果，继续为广大干部职工办实事、解难事、做好事，让改革发展得利，让干部职工满意。

（四）坚持高标准严要求，锻造全面过硬的准军事化纪律部队。

对标“政治坚定、业务精通、令行禁止、担当奉献”要求，以更高标准推进准军建设。要严明纪律规矩，强化纪律意识。狠抓日常养成，以视频检查、内务规范强化月为抓手，强化升国旗、晋升关衔、宪法宣誓等仪式教育成果。严格干部管理监督，严把选人用人关，进一步提升领导干部个人有关事项如实报告率，严格规范领导干部配偶、子女及其配偶从业行为。要加强岗位练兵，锤炼过硬队伍。以岗位练兵为抓手，加强业务训练，提高业务技能。加强思想淬炼、政治历练、实践锻炼，培养一支高素质专业化干部队伍，推动北京海关事业高质量发展。要培树先进典型，激励担当作为。突出实干实绩选人用人，及时把愿干事、真干事、干成事的干部发现出来、任用起来，以正确用人导向引领干事创业。大力弘扬北京海关T3-D优良作风，结合庆祝建党100周年做好典型培树，发挥典型示范作用。推动海关精神文明创建，做深做细思想政治工作，加强人文关怀和心理疏导，增强干部职工的职业荣誉感归属感。

（五）贯彻巡察工作方针，切实提高监督质量。

坚守政治巡察职责定位，持续发挥巡察利剑震慑作用。要突出重点。聚焦“四个落实”，紧扣职能职责、领导班子和“关键少数”、主要矛盾，围绕党中央决策部署、总署总关重点任务布置等深入开展政治监督，做到全覆盖、零容忍。要注重创新。把常规巡察与专项巡察和巡察“回头看”贯通起来、穿插使用，提高全覆盖质量；推动巡察与政务督查、纪检监察、督察内审等监督统筹衔接、协作配合，“四管齐下”形成监督合力。要联动整改。按照融入日常工作、融入深化改革、融入全面从严治党、融入班子队伍建设的要求，加强巡察整改、扩大成果运用，进一步压紧压实被巡察单位整改工作的主体责任；进一步强化纪检监察、组织人事部门的巡察整改日常监督责任，派驻纪检组专责监督责任，以及职能部门的管理责任，推动上下联动共同整改；完善监督检查机制，对重点整改事项开展实地督导；探索整改评估机制和整改评估标准，切实推动巡察成果落地见效。要夯实基础。提升巡察工作规范化水平，加强巡察队伍建设，配齐配强巡察专职干部，动态调整巡察人才库，建立巡察组日常工作机制和实地巡察指导督导机制，改进巡察工作绩效评估模式，落实巡视巡察上下联动工作要求，推动巡察工作高质量发展。

（六）运用系统思维防风险，增强权力运行监督制约效果。

紧紧抓住风险管理这条主线，从整体上、系统上认识风险、把控风险，有效增强权力运行监督制约。要将防腐措施与改革举措同谋划、同部署、同落实，及时关注新兴业态伴生风险，加强风险整体防控和精准防控。着力提高权力运行法治化水平。深入学习贯彻习近平法治思想，贯彻落实中央全面依法治国工作会议精神，加强普法教育，统筹推进海关规章立改废释，用法治给权力定规矩、划界限。落实权责清单，使权力归属更加清晰、运行流程更加规范。要加强“制度＋科技”应用。深化“双随机、一公开”，开展重点领域风险排查，推进信息系统向邮递、旅检等领域拓展，从制度机制层面压缩自由裁量权。深化内控机制建设，落实执法评估制度，充分发挥“新海廉”平台监督功能，防范执法风险向廉政风险转化。要高度重视非执法领域风险，持续加强对财务管理、招标采购、信息化建设、基建工程等重点环节的管控。进一步严肃财经纪律，严肃处理私设“小金库”、违规收费、违规占用滥用疫情防控物资等行为。

（七）强化担当引领，确保管党治党责任落到实处。

压紧压实全面从严治党责任，必须突出关键少数，强化担当引领，扣紧责任链条，实施精准问责。要狠抓责任落实。各级党委要坚决扛起主体责任，加强对本单位全面从严治党各项工作的领导。党委书记必须做好表率，尽职尽责，管班子、带队伍、抓落实；党委委员要认真履行“一岗双责”，全面抓好分管部门、分管领域全面从严治党工作。纪检监察部门要履行好监督专责，有针对性地开展重点监督和专项监督，协助党委推进全面从严治党、加强党风廉政建设。职能部门要主动承担起职责范围内和所管辖业务领域全面从严治党相关工作。要强化责任传导。今年重点是主体责任清单的落实，通过完善指标体系，抓实考核检查，强化结果运用。切实加强对党委“一把手”和领导班子的监督，推动一级抓一级。用好约谈提醒、述责述廉、民主生活会监督等方式，使监督和被监督成为自觉。要提高问责质量。聚焦责任落实，盯住“关键少数”，对责任不落实或落实不到位的严肃追责问责。坚持集体讨论、严格把关、规范程序，开展精准问责。坚持“三个区分开来”，健全容错纠错机制，鼓励党员干部敢于担当、踏实做事。要旗帜鲜明、毫无保留地支持监督执纪工作，加强纪检监察队伍建设，提升专业化水平，推动纪检监察工作高质量发展，画好“两个责任”的“同心圆”，凝聚管党治党的强大合力。

我党百年风华正茂，站在新征程新起点，让我们更加紧密地团结在以习近平同志为核心的党中央周围，初心不改、砥砺前行，时刻保持昂扬向上的劲头，锲而不舍、一以贯之，不断开创北京海关全面从严治党、党风廉政建设和反腐败工作新局面，为建设社会主义现代化新海关提供坚强保证，以优异成绩庆祝中国共产党成立100周年。

第二篇

专　记

庆祝中国共产党成立 100 周年系列活动和党史学习教育

2021 年，根据党中央部署，海关总署（以下简称“总署”）党委和北京市委具体工作安排，北京海关以“党的盛典，人民的节日”为主基调，策划系列活动，弘扬京关人崇关尚誉、爱岗敬业、砥砺前行、接续奋斗的精神，激励和动员全关干部职工立足本职、立足岗位，不忘初心、牢记使命，开拓奋进、攻坚克难，为海关事业发展而努力奋斗。

庆祝中国共产党成立 100 周年系列活动

【学习教育】2021 年，北京海关主要负责人、先进典型代表现场参加庆祝中国共产党成立 100 周年大会；组织关员收看庆祝中国共产党成立 100 周年大会，学习习近平总书记的重要讲话；开展庆祝中国共产党成立 100 周年理论文章征文；发挥青年理论学习小组辐射作用，组织开展“读好书　增智慧　汲力量”读书分享会活动，选树推广一批青年理论学习品牌，引导广大青年关员做中国特色社会主义的坚定信仰者、忠实实践者；组织新党员宣誓、“四强”党支部表彰、优秀党课展示、“学党史、践初心”党史知识竞赛活动等系列活动。

2021 年，北京海关通过多种形式组织开展“学史・铸魂”红色讲坛，邀请专家学者、老党员、关区先进典型，开展政治理论宣讲、革命传统教育，分享爱岗敬业、担当奉献的感人故事。用好海关和北京市红色资源，组织党员干部瞻仰参观革命遗址遗迹、革命博物馆、纪念场馆，就近就便开展体验式学习教育，传承红色基因。组织传唱《没有共产党就没有新中国》《歌唱祖国》《社会主义好》等红色歌曲，举办“庆祝中国共产党成立 100 周年主题摄影书画作品展”。各基层党组织收听收看优秀党课课件，开展“红色电影”展播等活动。

【特色活动】2021 年，北京海关系统总结评估“强基提质工程”实施情况，开展“合格支部回头看、我为支部献一策”活动，在推动问题解决中实现提质增效。

持续开展“四强”党支部创建和党建品牌评选，建立先进带后进、结对帮扶工作机制。走访慰问获得荣誉表彰的党员、退休老党员和困难党员。加大先进典型宣传力度，组织拍摄“国门卫士有话对党说”宣传片，向总署和北京市直机关工委报送；选树基层党员干部特别是优秀年轻干部的先进典型，宣传他们坚守一线、扎根基层的感人事迹。

【专题党课】2021年，北京海关在“七一”前夕组织参加总署党委书记、署长倪岳峰讲专题党课视频会议。党委书记、关长高玉潮以“学习党史　汲取力量　担当向前　为北京海关事业更快发展作出更大贡献”为题，为党员干部作“七一”专题党课辅导；北京海关党委委员为所在支部讲专题党课，参加基层联系点主题党日活动，既谈学习体会收获又讲群众普遍关心问题；各基层党组织书记、先进典型精心策划，认真备课，广泛开展专题党课宣讲，择优向总署推荐报送。关区《关徽闪耀同心圆　党旗飘扬堡垒坚》获评全国海关第二批基层党组织书记“微党课”视频展播“最佳微党课奖”。

【主题党日】2021年，北京海关各基层党组织结合实际，开展主题突出、特色鲜明的主题党日活动，包括学习习近平新时代中国特色社会主义思想、重温入党誓词、为党员过“政治生日”、录制《我想对党说》微视频、红色教育活动等。

【主题宣传】2021年，北京海关在内网办公平台开设“庆祝中国共产党成立100周年”专栏，充分展示党的百年光辉历程、京关人庆祝建党百年活动风采。各单位各部门张贴、悬挂或在LED屏展示庆祝中国共产党成立100周年宣传标语口号，营造浓厚氛围。各单位各部门充分利用党员学习园地，宣传展示党建品牌、先进典型、党员风采、活动瞬间等内容。配合总署做好党委书记、纪检组组长访谈，“党旗下的海关人”系列采访活动，展示京关人良好风貌。组织开展“光荣在党50年”纪念章颁发、推荐优秀党员参加北京市“三优一先”（优秀共产党员、优秀党务工作者、优秀基层党组织书记和先进基层党组织）评选表彰，首都机场海关1名党员获评北京市优秀共产党员。同时，做好基层党建品牌宣传、廉政文化优秀作品报送工作。

党史学习教育

2021年，北京海关把党史学习教育作为重大政治任务和统揽全局工作的纽带，提高站位、强化担当，以首善标准推进党史学习教育走深走实，做到学史明理、学史增信、学史崇德、学史力行，学党史、悟思想，为办实事、开新局凝聚力量，汇聚动能。

【组织推动】2021年，北京海关成立北京海关党史学习教育领导小组、工作专班，制订实施方案，扎实有序推进。北京海关党委带头宣讲辅导，带头躬身实践，发挥“头雁效应”，全年共开展中心组学习28次，围绕“‘七一’重要讲话学习心得”“树立正确党史观”“持续抓好疫情防控工作和北京海关冬奥会服务保障工作”等主题开展6次专题研讨，党委成员人人发言谈体会，交流读书学习心得。选拔骨干组建4个巡回指导组，指导关区各单位、各部门开展学习教育。各单位、各部门根据实际制订学习方案或学习计划。举办学习贯彻“七一”重要讲话精神读书班、党的十九届六中全会专题学习班。组织青年关员认真学习习近平总书记重要讲话，邀请中央党校党史专家作“七一”重要讲话专场辅导。

【教育载体】2021年，北京海关开设党史学习教育专栏，发布党中央、总署党委、北京市委最新要求，组织召开党史学习教育推进会，总结和推动阶段性工作。制发13期“党史学习教育工作指引”、12期“主题党日活动指南”，指导各级党组织利用首都丰富红色资源，开展沉浸式学习、带入式教育，在党史馆里增信仰、在英烈墓前学精神、在先辈故居悟家风、在关史馆里强使命，组织关员在各类红色革命纪念地上好“特殊党课”。广大干部职工自发开展“党史教育进我家”活动，利用休息日走进红色纪念馆，把党史学习教育向家庭延伸。召开离退休干部座谈会，开展“我看建党百年新成就”调研，将调研成果作为精神财富宣传推广。用好、维护好北京海关关史荣誉室，将其作为京关人传承红色基因、弘扬伟大抗疫精神的“实景课堂”，作为新入职关员的“关史学堂”，作为向系统内外展示和传播红色基因的“宣传讲堂”，关史荣誉室开展以来，共接待系统内外各级参观120余次，1,500余人。

【强化学习】2021年，北京海关坚持把学习习近平新时代中国特色社会主义思想贯穿学习教育始终，把“七一”重要讲话、党的十九届六中全会精神作为重点内容，通过北京海关党委理论学习中心组学习、宣讲会、处级领导干部轮训、党史知识竞赛、应知应会考核等形式提升学习效果。各级党组织通过“三会一课”、主题党日等多种形式开展学习教育，举办“学史·铸魂”红色讲坛112场，组织关区专题宣讲6场，党组织书记、班子成员、先进典型等讲党课696场次；各单位、各部门自主创建“五步学习法”“通勤10分钟”“三级阶梯”等20多种学习方法和机制。高质量开好专题组织生活会，引导广大党员自觉增强“四个意识”、坚定“四个自信”、做到“两个维护”。坚持把实施“青年理论提升工程”作为促进成长成才、建强干部队伍、推动改革发展的有力抓手，开展“读好书　增智慧　汲力量”读书分享，参加庆祝中国共产党成立100周年理论文章征集，共报送论文64篇，多名青年关员在北京市党史知识竞赛、青年技能大赛中取得佳绩，2名青年同志代表总署参加中央国家机关党史知识竞赛获得季军。

【彰显成效】2021年，北京海关树立鲜明的问题导向、目标导向和效果导向，从最突出的问题抓起，从企业群众的急难愁盼干起，以实际工作业绩检验学习教育成效。全力保障新冠病毒疫苗出口，通过建立专用通道、开展“点对点”服务等一系列措施服务疫苗出口企业，在疫苗出口量激增3倍的情况下，实现了在疫苗生产完成20分钟内即可完成海关查检，确保疫苗快速通关。全力保障北京冬奥会、冬残奥会，在“严格把关、安全第一”的前提下，采取便利化监管服务举措，打造冬奥智能通关平台，实现冬奥会物资的网上审批、无缝衔接、秒级放行。在全国率先实现12360海关服务热线与12345北京市政服务热线对接，年内受理解答各类问题5万余条。从业务建设、领导班子和队伍建设、惠民利民着手，推进北京海关改革发展，解决干部职工养老、户口、就医、入托等难题。

“我为群众办实事”实践活动

2021年，北京海关按照党史学习教育中央第二十一指导组调研时提出的“用心用情抓小事、以点带面促深化、志愿服务走在前”三方面要求，立足主责主业，着眼小切口、见成效，推动“我为群众办实事”实践活动走深走实。

【“实”处发力强推动】2021年，北京海关围绕党中央重大决策部署、服务首都经济发展、海关业务改革、疫情防控、基层党建等重点工作开展专题调研，制定包含35项、108条措施的关级“实事清单”。各级党委通过实地走访、座谈交流等方式开展调研120余次，制定包含409项、683条措施的“实事清单”并进行动态优化。在关区成立4个巡回指导组，对各单位各部门“办实事”力度、进度、效度开展实时指导和监督。将职能部门、隶属海关单位实事清单在内网进行公示，“实事清单”变“服务清单”“成绩清单”，接受群众评议。组织召开办实事工作推进会和关长办公会，协调各方力量集中攻坚克难。建立畅通网上网下、简单便捷、多渠道问题收集反馈机制，主动了解和解决群众最关心最直接最现实的问题，在干部职工思想动态调研中，办实事工作成效满意度为96.21%。组织3批北京海关“我为群众办实事”优秀案例评选，推选出优秀案例21个，其中3个案例入选全国海关党史学习教育“我为群众办实事”百佳项目，办实事工作经验先后在中央党史学习教育官方网站和内部文件上推广。

【“微”处入手解民忧】2021年，北京海关试点缩短进口SPF豚鼠隔离检疫期，帮助企业解决疫苗研发过程中出现的实验鼠短缺问题。简化实验室交换样本风险评估材料要求，将中关村生物医药检验检疫试验区政策推广至北京市中小企业，对符合条件的低风险特殊物品进出口实施智能审批，助力生物医药产业链补链强链。为解决企业运营难题，制定进口成套设备管理六步法，调配人力资源全天候保障进口设备即到即查。

2021 年，北京海关通过“一人一策”解决特殊时期留学回国人员申请购买国产免税车资格认定难的问题，为受新冠肺炎疫情影响的留学回国人员办理购买免税车业务。为有效提升“双 11”邮件通关效率，上线“进出境邮递物品通关服务平台”，向用户提供邮件通关状态实时查询服务，指导收件人办理邮递物品补充申报、缴纳税款等通关手续。

2021 年，北京海关设立“惠民利民工程”，关心关爱口岸一线封闭管理人员，开展“一对一”结对帮扶，解决封闭管理人员送老人去医院等家庭困难并由心理咨询专班提供专业心理健康咨询服务。持续抓好现有公有住房的改造工作，科学制定并严格实施集体宿舍管理办法，为单身职工及住房困难职工提供保障。以功能完备、设施齐全为目标，精心规划、加大投入，增设影音室等，加强离退休干部文化活动场所设施的优化改造。

【“精”处深耕抓长效】2021 年，北京海关坚持“三智”（智慧海关、智能边境、智享联通）理念，加强科技支撑和普及应用。为进一步简化市场主体退出程序，北京海关打造全国首个直属海关与市场监督管理部门企业注销便利化电子平台，实现跨区域、跨部门的企业基本登记信息和相关信用信息交换传递与数据共享机制。针对减免税年报数据量大、纸面统计准确率低、数据易错漏等申请单位的自身问题，中关村海关研发了全国首个“减免税年报无纸化管理系统”，帮助申请单位将完成年报时间由 2 个月缩短为 1 周。为解决隶属海关信息化设备领取的实际需求，北京海关科技处探索实行“一次受理、集成服务”的模式，隶属海关提出设备需求并经审核通过后，科技部门承担设备的购买、安装、调试等全流程服务，充分利用成熟的社会物流服务和高度整合的运维模式。中关村海关原产地管理科党支部制作“实事记录本”，将企业通过电话、现场咨询提出的各类问题记录下来，注明具体时间、企业名称、诉求内容和处理情况，由经办人详细记录并签字确认，坚持每天梳理解决，坚决将问题清零，确保“记一件、做一件、成一件”。坚持“需求导向”，针对疫情影响下航空运输业亏损严重，亟须大力缩减成本情况，首创“以保税物流供应链为单元”的航材保税监管模式，航材送修周期由传统模式的 60 天以上大幅缩短至 35 天左右，单次航班航材保障成本相比传统航材保障模式降低 20% 以上。

【“需”处着手进社区】2021 年，北京海关坚持服务社会送课上门。一方面把课堂“搬进”校园，赴北京市汇文第一小学讲解玩具安全知识，赴中国农业大学、北京林业大学普及海关生物安全法规。另一方面把课堂“搬到”群众身边，在航站楼、车站、体检中心等地宣传疟疾防控知识，通过视频会议、现场宣讲等形式，为企业详细解答《区域全面经济伙伴关系协定》（RCEP）、进出口便利通关政策等，提供专业咨询服务。全年，北京海关共开展“送课上门”服务50余次。关心关爱特殊群体。连续16年对辛庄户村走访慰问，关心关爱孤寡老人；连续9年开展“蓝丝带”志愿服务，帮扶社区残障人士；连续7年为北京市盲人提供志愿服务。2021年6月，北京海关了解到盲校要将爱国主义教育绘本译成盲文教材需求，主动帮助校对和整理，确保盲文版爱国主义绘本如期送到孩子们手中。助力首都文明创建。组织2,000余名党员干部回社区报到，参与“垃圾分类”桶前值守、爱老敬老慰问等公益活动；组织“党员献爱心”，筹集捐款17.8万余元人民币（以下简称“元”）；组织开展“文明礼让斑马线”路口值守，每月组织党员干部在首都5个重点路口开展志愿服务。

（撰稿人：王文娟　王　力　王紫梁）

统筹口岸疫情防控和促进外贸稳增长工作

统筹口岸疫情防控工作

2021年，北京海关落实总署党委、北京市委市政府及各级联防联控协调机制决策部署和工作要求，坚持“外防输入，内防反弹”总策略，坚持“多病共防”、“人、物、环境”同防，精准施策，严查严排，抓好口岸疫情防控各项工作，筑牢首都口岸检疫防线。

落实口岸疫情防控各项措施

【组织保障】2021年，北京海关在2020年北京海关统筹口岸疫情防控和促进外贸稳增长工作指挥部及相关工作组、工作专班基础上，先后成立疫情防控工作组（下设：综合组、口岸防控组、科技支撑组、宣传外事组、人员保障组、后勤保障组、物资通关保障组、冷链防控组、促进外贸稳增长工作组9个工作组）、督察组以及口岸疫情防控前方指挥专班、内部防护工作专班、封闭管理工作专班，建立了“指挥部＋十组三专班”的全方位组织架构体系。建立“一线人员、预备人员、应急人员”三个梯队人力资源保障机制，制定《北京海关常态化疫情防控人员调配应急预案》。制定《北京海关常态化疫情防控物资保障管理办法》，完善经费和防控物资保障机制，形成分级分类的防控物资储备体系，优先确保防疫一线和实验室的各项需要。

【制度建设】2021年，北京海关制订关区新冠肺炎疫情防控方案和突发事件应急处置预案及相关业务文件。各口岸隶属海关制订有针对性的口岸疫情防控工作方案，对重点航班以及特殊包机实施“一机一策”，建立“总体方案预案＋各口岸防控方案＋重点航班针对性方案”的三级防控制度体系。首都机场海关针对冬奥会疫情防控工作梳理出4类79种应急场景并开展演练。

【风险信息收集评估】2021年，北京海关与公安、边检、疾控、民航等单位协作，提前获取人员信息，采取针对性措施。组建重大传染病疫情监测小组，对新冠肺炎等全球重大传染病疫情信息进行持续关注和风险研判。编发4期《全球新冠肺炎疫情形势分析报告》、4期《北京口岸公共卫生风险评估报告》；编写3期《北京2022年冬奥会和冬残奥会口岸公共卫生风险评估报告》。

【人员检疫】2021年，北京海关持续落实“三查三排一转运”，协同边检、航空公司等部门，关注旅客在国外的风险信息、登机前的核酸检测和测温情况，实施布控航班登临检疫，按照最新版技术方案和操作指南，严格落实登临检疫、健康申报验核、体温监测、医学巡查、采样检测、120转运、信息通报等各项措施。

【航空器入境检疫】2021年，北京海关做好入境客运航班的终末消毒监督工作，落实总署终末消毒和固液体废弃物监督作业指南要求，制定航空器终末消毒监督作业流程，组织开展3次消毒监督视频培训。

【人、物同防】2021年，北京海关对高风险非冷链集装箱货物开展抽样检测和预防性消毒监督工作。落实新冠病毒阳性复核及上报工作要求。运用视频监控、音视频执法记录仪等设备，严格监督现场非冷链货物采样作业、预防性消毒监督及个人安全防护等工作。执行北京口岸进口冷链食品管控措施，更新北京海关落实措施和作业指导书，做好一线人员技能培训、实操演练和应急演练。以北京首都国际机场、北京大兴国际机场为核心区域，督促市场经营主体用好“北京冷链”平台，落实市场领域新冠肺炎疫情防控要求，自2020年11月以来持续开展专项检查和常态化检查。

【实验室检测安全管理】2021年，北京海关建立并完善实验室生物安全管理体系，制定实验室生物安全管理制度、人员防护、人员准入、消毒和废弃物管理、危险物质溢洒、职业暴露应急处置、生物安全事件应急处置等方面制度。人员和货物样品分别在海关总署（北京）国际旅行卫生保健中心（北京海关口岸门诊部）（以下简称“保健中心”）和中国海关科学技术研究中心（以下简称“海科中心”）具有新冠病毒核酸检测资质的实验室实施检测。严控核酸检测、消毒处理、样本保存处置等生物安全风险点，确保检测准确可追溯。推动实验室严格执行每日三级巡查制度，重点巡查整改个人防护、检测关键设备运行等高风险环节；以“视频+现场”方式开展每周督查，深入检查实验室检测流程和防护措施。

【安全防护】2021年，北京海关成立安全防护督查组，建立安全防护组织领导体系，形成防控合力。将《海关新冠肺炎疫情防控工作人员安全防护工作手册》印制成口袋书。切实做到“每客一消”“每环节一消”，避免职业暴露和感染。成立指挥部下属的封闭管理工作专班，制订封闭管理工作方案和相关应急预案。指挥部下设疫情防控内部防护工作专班，按照总署和属地要求制定和调整内部防护措施，做好新冠肺炎疫情内部防控工作。

【疫情防控数据报送】2021年，北京海关组建综合组数据专班，协调建立与总署、北京市卫生健康委、北京冬奥组委等部门的信息通报机制，持续强化7×24小时疫情防控信息报送审核模式，做好入境人员及新冠病毒阳性病例信息通报工作。加强数据报送质量管理，落实双人两级审核、定期通报和业务培训制度，印发两版《北京海关新冠疫情数据报送及审核工作细则》。全年数据专班共审核报送新冠肺炎疫情防控日报告365份，近95万数据项，各类专报712份。

持续深化有首都特色的疫情防控模式

【提升科技把关效能】2021年，北京海关提升全国首个口岸新冠肺炎疫情防控专区——北京首都国际机场T3航站楼"T3-D专区"口岸防控效能，实现入境人员专区检疫、分级监管、闭环处置，完成T3-D海关疫情防控专区扩容改造，按旅客风险等级、国内外机组等设置5类通道。启用海关系统首家机场口岸隔离区内生物安全二级实验室，压缩采样检测用时40%。推进"智慧旅检"系统升级改造，开发自助申报一体机和验放闸机，强化数据智能分析，推进健康申明卡"云端"申报和"无接触式"验核。推动"冬奥版"申报验核功能的开发应用，并升级配置自助健康申报验核一体机和智能验核通道。

【筑牢联防联控封闭管理】2021年，北京海关派员入驻设立在北京首都国际机场口岸的北京口岸入境管理联防联控前方指挥部，与成员单位构建全方位防控体系：与边检部门形成重点关注旅客名单，拦截多名确诊病例；与卫健部门协调建立检测结果共享、健康申报信息通报、转院人员交接机制；与组织部、政法委协调完善旅客和机组人员交接流程；与外事部门协调外交人员检疫工作；与北京首都国际机场协调转机旅客封闭管理、待转运人员应急保障等问题，实现入境人员封闭管理。

【提升核酸采样检测能力】2021年，北京海关持续强化采样业务培训，建立全部由一线关员组成经考核后具有总署颁发采样资质证书的专业采样队伍，选拔组建关级采样专家队伍，并建立重点航班、日常督导等监督机制，持续提升采样质量，同时以科研标准严格做好实验室检测，严格落实口咽拭子+鼻咽拭子"双采样"，以及两种核酸检测试剂"双检测"的"双采双检"模式。

【做好重大活动卫生检疫保障】2021年，北京海关针对庆祝中国共产党成立100周年、冬奥会及冬残奥会等重大活动，提前研判部署，细化保障方案，兼顾疫情防控与通关保障。

【执行"首都标准"加严防控】2021年，北京海关在全国海关首个开展入境客运航班环境及物品、手提行李样本采集检测工作。在口岸建立监测站点，统筹做好埃博拉病毒病、中东呼吸综合征、人感染动物源性流感等重大传染病口岸监测工作，加强对重点国家、重点航班、重点人群卫生检疫和实验室检测。

【加强监督检查】2021年，北京海关成立新冠肺炎疫情工作督察组，全面摸排各级领导班子特别是“一把手”学习、部署和落实各项防疫措施情况。在驻署纪检监察组统一部署下，党委纪检组成立由监察室、派驻纪检组和事业单位纪检机构组成的监督工作组，开展日常监督，全关各单位、各部门开展自查自纠。

【保障新冠病毒疫苗出境】2021年，北京海关制定《北京海关新冠病毒疫苗出境监管工作作业流程》，建立新冠病毒疫苗检疫审批通关专用通道，保障审批通关“零延时”；建立联络员制度，为新冠病毒疫苗生产企业提供海关政策解读、出境流程指导；实行“5+2”工作制度，对符合条件的新冠病毒疫苗出境申请即到即办。同时做好多批次新冠病毒变异株样本入境卫生检疫审批。

促进外贸稳增长工作

2021年，北京海关贯彻落实总署、北京市委市政府关于统筹推进疫情防控和经济社会发展工作的部署要求，坚持“首善”标准，推进稳外资稳外贸、推动贸易高质量发展，全力保畅通、稳链条、降成本、减负担，聚焦中小企业诉求，激发市场主体活力，为北京外贸发展注入新动能。

【稳外贸稳外资措施】2021年，北京海关推动总署《关于统筹做好口岸疫情防控和通关便利化工作措施清单》和《关于应对疫情影响　促进外贸稳增长的十条措施》的落实，做好疫情常态化防控工作，结合企业反映的突出问题，推进各项措施的落地落实，有效降低新冠肺炎疫情对经济的影响；印发《北京海关关于进一步深化落实稳外贸稳外资工作措施的通知》，出台促进通关便利化、降低进出口环节成本、保障产业链供应链畅通运转、培育新的贸易增长点以及推进高水平开放5个方面42项工作措施；贯彻落实总署关于推动贸易高质量发展的20条重点任务，制发工作方案，落实各项工作任务。按照北京市关于以创新为主线推动贸易高质量发展行动的工作要求，制定6方面18项改革措施，促进贸易创新发展。

【防疫物资通关保障】2021年，北京海关开通防疫物资通关绿色通道，设立专用窗口，简化通关流程，实现接单审核、登记放行、后续处置“零等待”。加速进口急需医疗器械和研发用材料试剂、设备通关，明确不同用途和种类医疗器械进口通关联网核查要求，对包括医疗器械在内的急需物资实行快速通关。提升研发用材料试剂的检疫审批时效，加快新冠病毒疫苗和试剂出口通关速度，对新冠病毒疫苗出境申请实行7×24小时即到即办。

【激发市场主体活力】2021年，北京海关降低企业运营成本，做好延期缴税、防疫物资减免税和对美加征关税排除，引导进出口企业用足用好政策性退税、税款滞纳金减免等政策。对开展“主动披露”的企业，符合税款滞纳金减免条件的应减尽减。加强对进出口企业政策性退税的政策宣传和业务指导，通过12360热线、网上信箱等途径解决退税业务问题。落实调整加工贸易内销申报纳税时限，暂免征收内销缓税利息，支持加工贸易企业开拓国内市场。开展“量体裁衣”式信用培育孵化工作，引导进出口企业提升海关信用等级，全年共对85家新申请“经认证经营者”（AEO）认证企业开展了培育孵化工作。加快通关验放速度，对于需查验的有特殊要求的货物，采取预约查验、上门查验、免到场查验等方式，减少货物搬运和企业查验等待时间；做好对免予办理强制性产品认证的进口汽车零部件实施“先声明、后验证”的便利化措施，完善重点商品第三方检验结果采信工作。

【保障产业链和供应链稳定】2021年，北京海关围绕国际运输、口岸处理和国内转运3个环节，综合运用快速通关、灵活查验、便捷出证、减税降费、保税物流、信用培育、提速审批备案等政策的叠加组合，支持北京医疗设备制造、生物医药、石油石化、航空物流等重点产业复工复产。对产业链龙头企业及其配套企业开展“一企一表”重点摸排和“一企一策”重点帮扶。简化加工贸易延期办理手续和保税手账册核销手续。推动医疗器械、医药品等科技防疫物资扩大出口，编写中医药品出口通关指引，助力中医药产品打入国际市场。

【支持中小企业发展】2021年，北京海关贯彻落实《中华人民共和国中小企业促进法》和《北京市促进中小企业发展条例》，发挥海关职能优势，落实知识产权海关保护、技术性贸易措施咨询服务、关税保证保险改革、跨境电商等新业态发展、为出入境人员提供便利、加大对中小企业的AEO认证工作力度等6项改革举措。聚焦中小企业发展诉求，围绕减税降费、加快验放、先行先试、优化服务4个方面，出台15项改革举措，加快通关速度，降低企业通关成本。

【推动企业高质量发展】2021年，北京海关围绕“产业+区域+要素”，助力构建以“两区”为基础的首都开放型经济发展新平台。发挥北京“双枢纽”航空货运优势，助力打造口岸特色功能新平台。协助地方政府在大兴机场口岸设立进境肉类、冰鲜水产品、食用水生动物、水果、植物种苗5类指定监管场地，其中进境食用水生动物、植物种苗指定监管场地已获批；推动北京市整车进口、二手车出口，提前布局汽车平行进口保税仓储等特色业务发展，形成以航空货运为牵引的产业聚集效应；加快北京天竺综合保税区创新升级，推动北京大兴国际机场综合保税区创建“京冀共建、港区一体”发展模式，推动亦庄综合保税区、中关村综合保税区申建，打造特色鲜明、错位发展的开放型平台布局。

【助力外向型经济发展】2021年，北京海关优化出口原产地证“集中审核，就近签证”业务模式，北京海关关区出口原产地证由一个隶属海关进行集中审核，企业就近选择关区13个业务现场打印证书；推出原产地证书的智能审核、自助打印、预约办理等便捷化措施。推广应用RCEP原产地管理信息化应用项目3.0版。对重点企业定制“服务包”，提供价格、归类、原产地预裁定、设立原产地专项协调员等服务。编制《出口原产地海关业务问答》手册，解答企业最需要了解的18个问题。围绕关税减让表、原产地规则等4大类内容开展多轮线上政策宣讲，参加企业超过700家。推动12360热线、电子口岸95198热线、业务专家三方联动，形成“简单问题一线解决、疑难问题二线专家解决”的两级咨询电话答复体系，有效应对RCEP实施前咨询量集中的局面。

（撰稿人：凌　岚　李　凯　康　凯
刘　佳　周　睿　马千里
刘　慧　刑海宁　许力华
张慧媛　朱家林　王娉珊）

服务保障2022年北京冬奥会和冬残奥会

2021年，北京海关作为冬奥会主办地海关之一，深入贯彻习近平总书记“简约、安全、精彩”的重要指示批示精神，与北京冬奥组委密切联系配合，做好各项冬奥会保障任务，确保检疫监管严密准确，现场通关便捷高效。

【组织架构】2020年8月，北京海关组建北京冬奥会工作领导小组。2021年7月，将领导小组改设为冬奥会工作指挥部，组建了“一办十一组”的工作架构。与天津海关、石家庄海关就冬奥会工作建立了联络沟通机制、工作联席会机制，并签署了三关冬奥会工作合作备忘录。

在国家层面，在第24届冬奥会工作领导小组设立18个专项工作议事协调机构中，北京海关参与北京冬奥会机场服务保障工作协调小组下设的值机柜台前移工作专班、北京冬奥会安全保卫工作协调小组下设的北京安保指挥中心的工作。在北京市层面，北京2022年冬奥会和冬残奥会北京市运行保障指挥部下设“一办十三组”，北京海关参与礼宾及机场协调保障组、赛事综合保障组下设的食品安全部的工作；北京冬奥会（北京地区）食品供应安全工作领导小组下设“一办二十组”，北京海关为其成员单位。在冬奥组委层面，北京2022年冬奥会和冬残奥会组织委员会内设28个部门，北京海关参与由抵离中心领导的机场运行团队、由运动会服务部成立的北京冬奥会及测试赛工作专班及餐饮服务保障指挥中心的工作；在总署层面，北京海关参与总署北京冬奥会工作领导小组的工作。

【制度设计】2021年2月，北京海关配合总署发布了《北京2022年冬奥会和冬残奥会海关通关须知》，为北京冬奥会人员、物资通关提供政策支持和详细指引；2019年、2020年，先后5次派员参加北京2022年冬奥会和冬残奥会物流业务领域研讨会；与国际奥委会、冬奥组委保持联系沟通，配合总署向国际奥委会官员介绍海关通关政策，制定并发布《冬奥防疫手册》《冬奥通关货运指南》；制订13个北京海关冬奥会专项工作方案与10个应急预案，将具体任务分工细化到岗，落实到人，进一步规范工作流程。

【进出境监管】截至2021年12月31日，北京海关共监管冬奥会进境航班88架次，出境航班68架次。

北京海关与冬奥组委机场运行团队、抵离中心密切协作，提前掌握进出境人员信息，优化通关流程，完善北京冬奥会进出境航班通关保障工作方案，针对每架包机制订保障方案，定岗定责，合理调配人力，统筹对接各环节。多渠道、多方式向外方宣传提示海关健康申报要求，在北京首都国际机场通关现场添置自助申报一体机和验放闸机、移动平板等设备，为出境旅客健康申报提供便利。成立值机柜台前移工作组派员进驻冬奥村，开展柜台前移海关申报及验核工作。

【物资保障】2021年，北京海关作为冬奥会主办地海关之一，针对冬奥会物资量大且种类繁杂的特点，为冬奥会量身打造了一系列便利化举措。北京冬奥会暂时进境物资由冬奥组委统一向北京海关提供税款担保，免于逐票担保；打造冬奥无纸化通关管理系统，企业可线上完成物资清单和物资证明函的审批办理，实时做到“一次申报、三方确认”；设立奥运物资专用通道，落实“5+2”预约通关制度，优先办理通关、查验手续，对命中采消指令的物资采取即来即采、顺势消毒、快速验放；拓宽ATA单证册适用范围，对用于冬奥会比赛及训练等必需的体育用品，可使用ATA单证册办理暂时进境海关手续；施行卡口通道专用、物流服务专线、应急力量专配、综合协调专员、外围安全同防，畅通冬奥会主物流中心物资仓储配送。与天津海关密切配合，确保冬奥会物资顺畅便利通关；派员前往主物流中心、主媒体中心对冬奥会暂时进境物资开展实地监管，核查冬奥会物资申报情况与实际使用情况。

【卫生检疫】2021年，北京海关根据航班情况实施“一机一策”保障方案，尽力压缩涉奥人员的通关时间；启用首都机场T2航站楼生物安全二级实验室，并根据检测工作量启用移动生物安全二级实验室+方舱实验室，充实采样检测力量，实现涉奥人员样本即采即送即检，确保“检得快、检得准”；由联防联控机制牵头，北京海关、北京市疾病预防控制中心、张家口市疾病预防控制中心及冬奥组委等部门共同建立新冠病毒核酸阳性结果信息通报机制，确保信息畅通高效，实现及时处置；做好7×24小时冬奥会疫情防控数据报送工作，进一步强化新冠病毒阳性信息报送审核；定期开展冬奥会口岸公共卫生风险评估，研提相关防控措施和冬奥会保障建议。

【检验检疫】2021年，北京海关提请冬奥会工作领导小组专题研究制订进境赛时工作犬保障方案，制定冬残奥会赛时工作犬进境应急处置措施；圆满完成2020年9月至2021年12月“相约北京”系列冰上、雪上测试赛保障任务及测试活动期间参与餐饮服务等相关事务的服务保障；

联系北京市运行保障指挥部赛事综合保障组食品安全部、北京冬奥会（北京地区）食品供应安全工作领导小组、北京冬奥组委运动会服务部餐饮服务处等部门，就供冬奥会进口食品和相关产品便利通关和检验检疫、餐饮业务领域相关进口业务、建立应急供应协调机制、涉冬奥会空港食品等工作的互通工作进展进行协调沟通；多次就冬奥会场馆业主单位对强制性产品认证、特种设备、进口旧机电等方面的问题，解答奥组委政策咨询；对不便运输的大型设备、急于投入使用的冬奥会转播设备等，量身制订“即查即放”查验工作预案，确保冬奥会设备快速通关。为冬奥会火炬物资涉及的危险化学品出口提供便利化措施，完成冬奥会火炬出口任务。

【安保工作】2021 年，北京海关持续推进“冬奥会口岸快速通关智能监管技术及装备”项目建设。在货检和旅检现场应用智能审图技术及装备、口岸传染病快速筛查技术及装备、核因子全息定位系统、多模式痕量气味嗅探仪等多套现代化智能装备，提高口岸传染病人员的快速筛查鉴定、核辐射因子的全息定位追踪、行李包裹的智能机检审图识别和常见化学类违禁品非介入智能侦检能力。

组织开展冬奥会安保枪爆、核生化爆等专项培训，主动对接北京市公安局刑事侦查总队、中国海关管理干部学院，邀请各业务领域专家，从枪爆基础知识、常见枪爆物品识别、核辐射探测基础与防护、探测设备使用、生化突发事件处置等方面进行授课。运用远程视频直播模式开展培训，组织全关 13 个部门、单位 600 余人次远程参加培训。

对接北京市公安局出入境管理局、北京市人民政府外事办公室、中共北京市委政法委员会、北京市反恐怖工作领导小组办公室等部门，严格落实北京市有关冬奥会、冬残奥会期间各项安保措施；与冬奥组委、国家体育总局、首都机场公安局等部门建立工作联系配合机制，实现冬奥会安保统筹联动。编发反恐资料，作为经验推广至各相关单位参考借鉴。

【应急演练】2021 年，北京海关研究制定《北京海关 2022 年冬奥会和冬残奥会专项工作组应急预案》，明确应急指挥体系、处置原则和工作要求；首都机场海关研究完善了 78 个风险场景处置预案，包括航空器监管类 13 个、货物监管类 31 个、口岸卫生监督类 4 个、旅客监管类 30 个。围绕应急场景，每周循环开展应急演练；结合进出境人员疑似病例处置、高风险非冷链货物采样、涉新冠病毒样本处置、干部职工出现新冠肺炎症状处置等主题开展实战演练；统筹发挥党委巡察、纪检监察、督察内审、政务督查作用，开展全方位监督。

【科技应用】2021 年，北京海关在首都机场海关 T3-D 航站楼通关现场配置 140 台套主机设备，辅助开展入境旅客现场申报、采样工作；为首都机场海关现场配发

18套智能眼镜（含5套红外测温智能眼镜）装备、2套通用消毒柜、2台雾化机器人；为首都机场海关T3-D进境现场安装54路摄像头，配置1套视频会议终端和2套视频会议软终端；做好移动生物安全二级实验室进京工作，将涉奥日检测能力提升到3,000人份以上；基于现有指挥系统，以多终端感知、融合通信技术为支撑，初步建立一套灵活部署、反应灵敏、协同联动、高效调度的融合指挥系统；推动应用“科技冬奥”成果。在口岸防疫一线部署应用核辐射全息定位系统、通用消毒柜、痕量气味嗅探仪、智能巡检机器人等10种设备设施，将科技部冬奥专项成果落地转化为实际监管成效；研发“旅检信息化应用集成平台卫生检疫模块2.0”版本，并配套80台申报验核一体机。

【人力保障】2021年，北京海关对测试赛阶段和冬奥会期间新冠肺炎疫情防控一线保障人力资源需求开展调研，细化提出20条工作措施，重点筛选具有旅检工作经历、货物监管经历、医学专业背景、登临检疫专业能力的骨干力量，建立“一线、预备、应急”3个梯队人力资源保障机制，协调3个梯队人员总计1,425人；向总署争取小语种人才库支持，为冬奥会进境高峰期间语言支持提供后备力量；将具有医学专业背景的人员安排在首都机场海关开展轮岗实习工作，提供人力支持。

【思想工作】2021年，北京海关持续强化党建引领，精准部署封闭管理人员，抓紧抓实各项工作；筑牢支部堡垒，成立1个临时党总支、10个临时党支部，持续抓好党员政治建设、思想建设、组织建设、作风建设、纪律建设；与封闭管理人员开展“一对一”交流谈话，有针对性地进行思想摸排和心理疏导；注重关心关爱，向春节值守的工作人员送视频祝福，为其家人发放慰问物资，持续关注封闭期间用餐质量，配发文体慰问品。

【新闻宣传】2021年，北京海关发挥冬奥会通关监管主战场作用，提前布局，全方位、多渠道、高质量组织开展冬奥会、冬残奥会新闻宣传报道。《新闻联播》全年5次报道北京海关高效保障涉冬奥会人员物资顺利通关的工作情况，《东方时空》《朝闻天下》《中国新闻》等8档栏目播发报道14次。新华社、《科技日报》、《法治日报》、《经济参考报》等中央权威媒体及《北京日报》、北京广播电视台《北京新闻》等地方主要媒体报道北京海关支持服务冬奥会工作127篇次。

【风险分析】2021年，北京海关牵头天津海关、石家庄海关风险防控部门组成课题组，形成《北京冬奥会和冬残奥会风险布控操作指引》《在我国举办的重大赛事及国际活动风险防控操作指引》《从北京冬奥会风险防控研究实践探索重大赛事及国际活动海关监管风险防控工作模式》。年底，三地海关在总署风险管理司的统一指导下，组建北京2022年冬奥会和冬残奥会风险防控京津冀工作专班。按照贸易、寄递、旅商渠道风险分析、风险处置、信息情报、数据应用、风险预警、综合事务和应急保障等职责分工设立9个工作小组。确定重点关注的疫情疫病、暴恐等五类风险信息，提前开展涉及冬奥会海关监管风险信息的收集、分析、研判和预警工作，提升涉奥风险综合分析研判精准性。持续强化新冠肺炎疫情态势监测分析，密切关注全球疫情发展态势，开展风险评估并及时发布预警提示。

（撰稿人：殷　喆　康　凯　李　蕾
孙晓东　王　竞　刘　慧
王竞辉　王祎玥　谢馨艾
任盛达　申　彬　周泽宇）

优化口岸营商环境

2021年，北京海关推进跨境贸易便利化专项行动，巩固完善市级层面跨境贸易工作机制，发挥商务、海关双牵头作用，加强同天津市政府的协调联动、同天津海关的沟通协作，聚焦世界银行营商环境评价和中国营商环境评价，对标国际先进水平，全面深化跨境贸易便利化领域改革创新。推进北京市优化营商环境4.0版、5.0版工作任务，承接国务院创新试点城市工作任务。聚焦空港跨境贸易便利化提升，联合北京市商务局开展北京空港口岸跨境贸易环境“百日攻坚”专项行动。

【跨境贸易便利化专项行动】2021年1—4月，北京海关开展推进跨境贸易便利化专项行动，召开部署工作会议。围绕“精简、快速、协同、实效”4个方面，印发《北京海关2021年促进跨境贸易便利化工作方案》，出台29条政策措施。发布北京海关1号公告，公布简化单证、提升备案速度等3个方面16项措施。发布京津联合第8号公告，推出进一步简化单证办理、持续推进通关监管模式改革、推进京津口岸业务协同、推进国际贸易“单一窗口”特色应用、加快智慧港口建设、进一步规范港口收费等6方面25项措施。巩固京津联合工作机制，建立京津两地海关联合跨境贸易便利化专项行动工作专班，参加京津两地跨境贸易工作组调度会、集中工作40余次，推进“两段准入”协同化监管、探索建立京津海关关税职能多方位协作模式等协同事项，确保在政策发布、通关协作、联动处置、对外宣传等方面步调一致、形成合力。

发挥“提前申报+两步申报+汇总征税”的政策叠加优势，配套容错机制和企业协调员制度，为企业提供多元化通关模式选择。推进“风险+信用”监管模式落地，优化风险布控规则，降低守法企业和低风险商品查验率。加强关区认证企业培育力度，落实认证企业便利化措施。固化新冠肺炎疫情期间海关便企查验措施，实施预约、延时、下厂、入库等灵活查验方式。加强京津海关“两段准入”信息化协同监管，为企业提供转场、附条件提离、合并检查等监管模式选择。探索建立京津海关关税职能多方位协作模式，强化两关同步协调配合制度和关税技术认定互认机制，联合深挖“直提直装”模式潜力，扩大“关港集疏港智慧平台”在北京企业中的应用范围。北京海关跨境贸易便利化专项行动得到总署和北京市的充分肯定，取得了一批典型经验和典型案例，为做好世界银行营商环境迎评现场磋商工作和中国营商环境迎评工作提供了有力的政策支撑和数据支撑。

【世界银行营商环境迎评准备】2021年，北京海关围绕世界银行2021年全球营商环境报告中国改革采纳的情况说明，联合北京市商务局共同组织召开京津专班工作会议50余次，全面梳理评估周期内促进跨境贸易便利化相关改革措施的落实情况、典型案例、统计数据等佐证材料，研究支撑跨境贸易指标优化的改革亮点，深入研讨预设问题及备答口径，准备“一稿一表”佐证材料，开展多轮跨境贸易指标世界银行营商环境迎评磋商预演。6月18日，参加世界银行磋商，重点介绍“两步申报”和“精简报关随附单证”等海关改革措施，展示改革成果，完成2021中国北京—世界银行营商环境评价政策磋商。

关注世界银行营商环境评估的发展方向，掌握世界银行营商环境评估工作最新进展，加强同总署国家口岸管理办公室、北京市发展和改革委员会、北京市商务局等相关部门的联系，为应对世界银行重启评估、建立新评估体系，确保“空窗期”内优化营商环境改革的方向不变、力度不减。

【中国营商环境迎评准备】2021年，北京海关做好中国营商环境迎评准备工作。学习借鉴广州、深圳等标杆城市的经验做法，形成任务清单，逐项梳理政策文件、典型案例、系统截图、图片信息等佐证材料。结合跨境贸易指标部门问卷，完善改革措施佐证材料。逐题研判跨境贸易指标材料要求，在信息检索的基础上再梳理、再完善，扩充工作亮点，规范文件格式。加强同北京市商务局的协同配合，发挥商务、海关“双牵头”作用，协助做好填报工作。

【北京市优化营商环境工作】2021年，北京海关推进北京市培育和激发市场主体活力持续优化营商环境工作，落实优化海关通关作业流程各项措施，压缩整体通关时间、推进“提前申报”“两步申报”、优化海关监管服务、推进“风险+信用”监管模式落地、推进京津海关业务协同等7项牵头任务全部提前完成。配合北京市全面启动优化营商环境5.0版改革措施，提出海关创新举措，回应北京市在优化营商环境方面的政策诉求，梳理涉及海关职责的任务20项，重点推进3项牵头任务。参与5.0版改革贸易投资便利化专场新闻发布会，提升营商环境的社会参与度和公众知晓率。

承接国家营商环境创新试点任务。吸纳借鉴其他城市先进经验，在创新试点城市的横向比较中形成北京优势，助力打造全国口岸营商环境示范高地和标杆城市。在牵头的改革任务中，明确改革路径和落实举措，倒排工期、“挂图作战”，进出口货物“提前申报”“两步申报”“船边直提”“抵港直装”等改革已取得阶段性成效。

【跨境贸易环境“百日攻坚”专项行动】2021年8月至11月，北京海关会同北京市商务局，联合北京天竺综合保税区管委会、首都机场集团等单位，围绕推进“双枢纽”空港口岸全环节信息化建设、优化一二级库监管物流流程等重点，开展“百日攻坚”专项行动。联合印发《2021年优化北京空港口岸跨境贸易营商环境“百日攻坚”行动计划》，与北京市商务局召开调度会10次，实地督导4次。专项行动主要围绕开展跟单调研摸清底数、推进空港信息化建设、建立服务质量标准、建立口岸通关时效评估机制、优化首都机场物流操作流程、提升跨境电商出口通关便利化、规范口岸收费等7个方面，明确18项工作任务。海关参与的工作包括上线海关物流监管平台基础功能、助力升级双枢纽空港电子货运平台、对标大兴国际机场建设智能卡口、升级卡口软硬件设施，实现无纸化线上办理转场查验等操作、推进二级库数据联通，实现信息电子化流转等，以及配合开展规范口岸收费工作。

【国务院督查迎检工作】2021年，国务院优化营商环境督查调研组对北京市开展了实地督查，北京海关会同北京市商务局做好国务专项督查相关材料梳理和督查准备工作。对督查反馈中涉及的“海关职责随附单证仍需提交”和“容错机制有待完善”2个问题，完成整改。

做好国务院第八次大督查迎检工作，落实《北京市2021年国务院第八次大督查通关便利化迎检工作方案》要求，梳理“通关便利化”业务风险点及工作任务清单19项，形成优化营商环境政策文件清单，全面自查改革政策落地情况，开展政策执行情况评估。对照出台的最新优化营商环境政策，清理规范业务现场海关政策公告，更新官方网站的相关事项目录、办事流程、办事指南，重点开展对外业务办理系统运行状况自查，确保审批、审核、备案、预约、咨询等各项网办业务和对企服务事项运转有序。加强对业务现场关员的政策培训，对关注度高，尤其是涉及世界银行营商环境迎评、国务院督查整改等重点改革措施，编制重点政策应知应会手册。

【政策培训宣传】2021年，北京海关为进出口企业进行线上线下政策解读20余次，涉及企业1,000余家。依托报关协会、中小企业协会开展线上企业培训，围绕2021年度优化营商环境政策作介绍，重点对简化单证、“提前申报”、“两步申报”、“两段准入”、京津协作模式做全面详尽的解读，引导报关企业用好用足便利化改革措施。各隶属海关会同所在区县商务部门开展跨境贸易营商环境企业培训，发放优化营商环境重点政策宣传折页。利用新闻媒体平台，对优化营商环境、促进跨境贸易便利化推出的改革举措进行宣传。

（撰稿人：朱家林　王娉珊）

严防外来物种通过口岸入侵

2021年，北京海关坚决贯彻落实习近平生态文明思想和习近平总书记关于筑牢口岸检疫防线、防范外来物种入侵等重要指示批示精神，充分认识到做好外来入侵物种防控是维护国家生物安全、推进生态文明建设的必然要求，高度重视外来物种入侵防控工作。在总署的领导下，组织开展北京口岸“国门绿盾2021”专项行动，严厉打击非贸渠道非法引进外来物种和种子种苗等行为，有效防范了北京口岸外来物种入侵。

落实各项要求　筑牢口岸防线

【组织领导】2021年，外来物种入侵防控工作启动以来，北京海关克服新冠肺炎疫情防控任务重、压力大的困难，组织召开全关外来物种入侵防控工作部署会，成立外来物种入侵防控工作领导小组，制订《北京海关强化外来入侵物种口岸防控工作方案》，加强防控工作组织领导，组织开展外来物种入侵防控工作。指导北京海关各隶属海关进一步强化对进境货物、运输工具、旅客行李、寄递物、跨境电商等领域的外来物种口岸防控管理。

【工作机制】2021年，北京海关梳理外来物种入侵防控重点工作，建立信息上报、应急管理、宣传管理等多项工作制度，分期分批逐项抓好贯彻落实，协调北京海关各单位、各部门协同推进外来物种入侵口岸防控工作。特别是针对非贸渠道截获重要外来物种情形，编制印发《关于报送非贸渠道重要外来物种截获信息的通知》规范隶属海关上报工作，形成“隶属海关—直属海关—总署”3级信息上报机制。

【监测预警】2021年，北京海关编制印发《2021年度北京关区国门生物安全监测方案（植物检疫部分）》，组织开展北京地区监测工作。根据新调整的监测方案，北京海关加大对外来物种的监测力度，不断提升非贸渠道植物疫情和外来物种监测，结合北京口岸贸易渠道货物进口情况和北京地区特点，在北京关区范围内对外来有害生物开展监测，同时在北京关区内18个进境粮食储备库和加工厂及周边开展检疫性杂草监测。建立外来物种入侵预警机制，2021年度未发现重大生物安全隐患和外来物种入侵情形。

【检疫审批】2021年，北京海关按照总署统一部署，强化动植物种质资源引进和科研用途动植物检疫特许审批的风险评估，完善和规范种质资源、检疫禁止进境物引进程序。严格按审批申请落实企事业单位主体责任，督促做好全过程外来物种入侵和疫情防控。严格要求特许审批申请单位加强外来物种引入管理和无害化处理措施实施，防止引入物种逃逸、扩散。同时，从检疫准入和检疫审批两个方面进一步强化了外来物种引入管理。《中华人民共和国生物安全法》（以下简称《生物安全法》）实施后，在原有检疫准入的基础上进一步强化《生物安全法》规定的动植物及其产品、高风险生物因子国家准入制度，对尚未准入的上述检疫物，北京海关均报请总署开展检疫准入评估；加强国家检疫禁止进境物特许检疫审批的办理和管理，规范审批办理程序要求，严把进境动植物检疫审批关；直属海关加强审批初审、备案审核与现场考核，确保引入审批基础工作做实做细，确保风险可控。

【口岸查验】2021年，北京海关运用X光机、智能审图、先期机检、风险信息自动识别提示等数字信息化手段，聚焦重点来源国家重点航班重点人员及进境快件、邮件渠道，严防携带、邮寄外来物种和禁止进境动植物及其产品入境。全年共从邮件、快件渠道截获外来物种133种205种次，其中，首都机场海关、北京邮局海关截获的迅捷箭蚁（*Cataglyphis velox*）、华拉斯托尼鬼艳锹甲（*Odontolabis wollastoni*）等29种外来物种为非贸渠道全国首次截获。

【信息管理】2021年，北京海关落实总署要求，及时、规范做好外来入侵物种口岸截获统计上报。建立北京海关与各隶属海关专项联络机制，专人负责汇总、上报上一月截获数据。加强对隶属海关的监督指导，将截获上报纳入绩效考核，强化对进境动植物及其产品、运输工具、木质包装、旅客携带物、寄递物等传带外来物种风险的分析和研判，优化风险布控，强化防控措施。

【技术保障】2021年，北京海关加强口岸查验设施设备配备，全年为首都机场海关、北京邮局海关等口岸一线配备物质快速识别仪、气味探测仪、显微镜、培养箱等动植物检疫查验设备。加大科技攻关，“非贸渠道入侵物种、濒危物种溯源鉴定技术研究”获总署科研项目立项批准。组织北京邮局海关开展应急演练，组织动植检岗位资质能力提升培训，并对业务相对薄弱的口岸现场进行“送教上门”，组织隶属海关学习总署印发的相关案例汇编材料。

开展专项行动　打击非法行为

2021年，北京海关开展“国门绿盾2021”专项行动，印发《北京海关关于开展打击非法引进外来物种和种子苗木“国门绿盾2021”行动的通知》。通过制定防控工作方案、强化口岸查验与督导、加大关区业务培训、开展截获宣传报道、密切海关与地方部门、科研院所等沟通协作等一系列举措，取得了较好的行动成效。全年共截获上报外来物种信息133种205种次，同比分别增长216.7%和279.6%。全年在北京口岸截获多种甲虫、火蝾螈、种子苗木以及检疫性有害生物盖罩大蜗牛和具有检疫意义的某新种植物病毒等各类外来物种和有害生物。北京海关作为海关系统唯一代表在2021年全国外来入侵物种防控工作视频会上做典型发言。

打造首都特色　保障国门安全

【参与政策制定】2021年，北京海关参与《外来入侵物种管理办法（草案）》征求意见工作和《中华人民共和国禁止携带、寄递进境的动植物及其产品和其他检疫物名录》（农业农村部　海关总署公告第470号）制修订工作，多次参与国家外来物种入侵防控政策制定过程，就加强国门生物安全建设的系统性、强化动植物疫情和外来入侵物种口岸监测评估预警及应急处置体系建设等，向总署提出工作建议。参与北京市加强外来物种入侵防控工作方案的起草，研提修改意见。参加北京市外来物种入侵防控和监测预警相关工作部署、研讨。

【监督指导】2021年，北京海关结合关区特点，多措并举开展口岸防控外来物种入侵工作。对重点来源国家重点航班重点人员和邮快件加大检查力度，堵截外来物种非法入境。加强绩效考核与评比通报，定期通报查获情况。结合现场查获、疫情监测、缉私情报等信息开展综合风险研判，重点关注分拆票闯关、伪报瞒报、异宠养殖等目标，加强检疫布控拦截，提升查获精准度和截获率。提高查验智能化，运用X光机、智能审图、先期机检、风险信息自动识别提示等数字信息化手段，提升查验质量。加大对隶属海关防控工作的检查督导力度，开展现场业务检查指导，促进业务水平提升。对业务相对薄弱的口岸现场进行“送教上门”，组织隶属海关学习总署印发的相关案例汇编材料。

【信息宣传】2021年，北京海关加大新闻信息宣传力度，通过新媒体、网络报道、“全民国家安全教育日”系列宣传活动等途径和契机，宣传报道首都外来物种口岸防控工作。北京海关在口岸截获19只火蝾螈的新闻，在抖音、微信和传统网络、电视等多渠道报道，抖音平台点击率数千万，扩大了北京海关外来物种入侵防控工作的影响力。通过“全民国家安全教育日”系统宣传活动，与中国农业大学、北京林业大学开展交流互动，讲授国门生物安全和外来物种引进有关政策规定，普及国家有关生物安全知识。结合普法宣传教育，走进北京市第二中学经开区学校、北京亦庄实验学校等校园，开展国门生物安全普法教育宣传。

【部门协作】2021 年，北京海关与相关科研院所和北京市相关部门建立地方外来物种入侵协调沟通机制。加大外来物种的检测鉴定力度，针对截获的外来物种，加强后续的实验室检测鉴定，联系中科院动物所、北京自然博物馆、海科中心等单位开展物种鉴定，并选取富有代表性的物种制作标本，为日后科研宣传技术交流做好储备；与北京市农业农村局建立合作机制，签署合作文件，共同推进首都外来物种入侵、动植物疫情联防联控工作。

2021 年北京口岸外来物种截获典型案例

【全国口岸首次截获迅捷箭蚁】9 月 23 日，首都机场海关快件监管现场在对进境快件进行重点查验时，发现一快件面单申报品名为“艺术课学习教材（玻璃管、棉签、棉花）”的货物，结合快件的品名、大小、重量等特点，现场关员判断该快件很有可能伪报品名并有较高的检疫风险，立即开箱查验，发现该快件内含 5 个玻璃管，且均装有活体蚂蚁，共计 150 余只，经鉴定为迅捷箭蚁（*Cataglyphis velox*），为在全国口岸首次截获。

【首次截获盖罩大蜗牛】5 月 14 日，北京邮局海关印刷品监管现场在对进境邮件进行重点查验时，发现一邮件面单申报信息不详，根据邮件外包装大小、重量、X 光机图像等情况，现场关员判断该邮件具有较高的检疫风险。通过人工查验，查获昆虫 29 头，经鉴定为检疫性有害生物盖罩大蜗牛（*Helix pomatia*），该物种为北京海关口岸首次截获。

【邮寄渠道截获多种仙人掌】9 月 22 日，北京邮局海关普通邮件监管现场通过 X 光机影像查验发现，一进境邮件内有疑似植物，经鉴定，实际为智利球属黑冠球（*Neoporteria paucicostata*）54 株、智利球属（*Neoporteria* sp.）其他种 15 株、多棱球属（*Echinofossulocactus* sp.）6 株、南国玉属（*Parodia* sp.）3 株。11 月 23 日，北京邮局海关普通邮件监管现场在机检查验中再次发现疑似仙人掌 34 株，经鉴定，实际为龟甲牡丹（*Ariocarpus fissuratus*）3 株、勃氏牡丹（*Ariocarpus bravoanus*）3 株、钢钉（*Coryphantha tripugionacantha*）5 株、凤舞（*Coryphantha kracikii*）6 株、武藏野（*Opuntia articulata vat.Didematus*）7 株、习志野（*Tephrocactus geometricus*）3 株和鸾凤兜（*Astrophytum hybrid*）7 株。上述植物中，龟甲牡丹和勃氏牡丹属于《濒危野生动植物种国际贸易公约》（CITES 公约）附录 I 内的仙人掌科濒危植物。

【邮寄渠道截获活体火蝾螈】4 月 25 日，北京邮局海关快递邮件监管现场在对进境邮件进行重点查验时，通过 X 光机影像查验发现，一进境邮件内装有塑料盒、塑料瓶，且内有疑似物体。现场关员开箱查验后发现类似蜥蜴的爬行动物，经鉴定该物种为火蝾螈（*Salamandra salamandra*），其中雌性活体9个、幼崽10个，是典型的外来生物。

【邮寄渠道截获进境甲虫】6月10日，北京邮局海关快递邮件监管现场在对进境邮件进行重点查验时，通过X光机影像查验发现一进境邮件内有异常。现场关员审核面单发现，该邮件申报信息为“护肤品”，开箱查验后发现，邮件内装有数个塑料盒子，内有活体甲虫共计约23只。经鉴定内有金龟科（*Scarabaeoidea*）幼虫10只、大雨伞竖角兜（*Golofa claviger*）幼虫13只。

【邮寄渠道截获日本青鳉】4月19日，北京邮局海关快递邮件监管现场在对进境邮件进行重点查验时，发现5个邮件面单申报品名均为“健康饮品”，通过X光机影像查验发现邮件异常，结合邮件的大小、重量及易查获动植物邮件特点，现场关员判断该邮件很有可能伪报品名并有较高的检疫风险。现场关员立即开箱查验，发现内均含注水塑料袋，袋内有活体鱼苗39条，经鉴定为日本青鳉。

【邮寄渠道截获玫瑰根茎】3月19日，北京邮局海关普通邮件监管科在进境邮件进行重点查验时，通过X光机影像查验发现一进境邮件内装有数个类似植物植株。该邮件面单申报品名为“Accessories（配件）”，结合邮件的大小、重量等特点，现场关员判断该邮件很有可能伪报品名并有较高的检疫风险。经开箱查验，发现邮件内装植物植株15株，经鉴定，为玫瑰根茎（*Rosa rugosa Thunb*）。

【快件渠道截获玉露种子】2月18日，首都机场海关快件现场在联邦快递公司承运进口C类货物中查发玉露种子500粒。该票货物由马来西亚发往甘肃兰州，申报品名为“图书”。经现场关员开箱查验，发现杂志中夹藏5包玉露种子，共计500粒。

（撰稿人：王欣月　王　骁）

服务北京“两区”建设

2021 年，北京海关坚持将工作放到首都建设大局中去思考、谋划和把握，把服务“两区”建设作为助推“十四五”时期北京开放发展的重要抓手。

【成立领导小组】2021 年，北京海关成立“两区”建设工作领导小组，负责统筹推进北京海关“两区”建设，落实《国务院关于深化北京市新一轮服务业扩大开放综合试点建设国家服务业扩大开放综合示范区工作方案的批复》《中国（北京）自由贸易试验区总体方案》《中国（河北）自贸试验区总体方案》中涉及河北自贸试验区大兴机场（北京大兴）片区海关工作；落实海关总署和北京市委市政府关于“两区”建设的具体要求；研究审议相关工作方案、创新举措、年度重点工作安排，协调解决重大问题；督促检查关区重大事项、创新举措的落实情况；联系协调北京市委市政府及相关委办局解决推广建设期间具体问题。

【成立专项工作组】2021 年，北京海关成立国家服务业扩大开放综合示范区和中国（北京）自由贸易试验区两个专项工作组。国家服务业扩大开放综合示范区专项工作组负责统筹推进落实国家服务业扩大开放综合示范区建设的海关工作任务，做好与海关总署及北京市有关部门的协调配合。中国（北京）自由贸易试验区专项工作组负责统筹推进落实北京地区自贸试验区建设各项海关工作任务，着重做好中国（河北）自由贸易试验区海关业务改革方案和制度设计，探索以负面清单管理的差别化监管手段，推动相关监管服务创新举措落地并取得成效，做好与总署、北京市相关部门的协调配合。

【建立推进机制】2021 年，北京海关抓好日常调度，每月召开“两区”专项工作调度会，研究审议北京海关“两区”建设创新举措、重点工作推进情况；议定重点工作安排；协调解决“两区”推进工作中遇到的重大、疑难问题；督促检查全关“两区”重大事项、创新举措的落实情况；加强形势研判，开展问题研究；评估“两区”形成的改革创新经验，推动创新举措落地，研究部署创新成果复制推广等工作。

【制订工作方案】2021年，北京海关制订《北京海关推进国家服务业扩大开放综合示范区和中国（北京）自由贸易试验区"两区"建设方案》，推进"两区"发展，提升海关监管法治化、便利化、智能化水平，形成可复制可推广的海关创新监管举措，为北京建设科技创新中心、服务业扩大开放先行区、数字经济试验区营造良好的口岸营商环境，推动京津冀海关协同发展，助力打造改革开放的"北京样板"。制订《北京海关支持"两区"建设工作措施》，共计25项工作措施，为北京市各领域改革开放和创新发展提供更加便捷、顺畅、高效的通关要素支撑。

【落实牵头任务】2021年，在国务院批复的251项任务中，涉及北京海关任务37项（示范区12项、自贸区25项），其中第一牵头任务12项（示范区2项、自贸区10项），12项牵头任务均按期完成。

【创新综合保税区展品担保监管模式】2021年，北京海关探索创新综合保税区内国际高端艺术展品担保监管模式，优化艺术品出区展示交易业务中担保及延期审批环节，将总担保期限从6个月延长至2年，办理延期手续时，保税展示交易货物不再要求回区。开展艺术品保税存储的，实行综合保税区与境外进出货物的申报环节免验相关批准文件。打造暂时进出境展览品免税款担保驻场监管模式，为保证金数额巨大、缴纳困难的企业依申请免于担保并派员驻场监管。精简国际展览品检疫审批流程，暂时进境展览品免于检验，对入境强制性认证展览品实施备案管理免予提供强制性认证。

【京津冀海关特殊监管区域多式联运】2021年，北京海关积极推动京津冀海关特殊监管区域多式联运协同发展，构建服务京津冀、辐射全国的陆海空口岸体系。海关特殊监管区域之间开展保税货物流转的企业可选择多种方式开展自行运输。全国通关一体化改革实现了企业自主选择口岸报关的诉求，进出口企业可以根据自身需求自主选择申报、纳税口岸，天津、河北货物可以直接在北京申报，无须转关。

【自贸试验区海关税款保证保险试点】2021年，根据《海关总署关于在部分海关开展关税保证保险试点的通知》《海关总署银保监会关于开展关税保证保险通关业务试点的公告》，符合条件的北京市属地企业均可开展此业务。2021年全年共为312家企业备案担保税款金额169亿元。

【综合保税区内研发机构进口免税】2021年，北京海关对综合保税区内企业生产所需机器、设备，从境外进入综合保税区的，海关免征进口关税和进口环节海关代征税。对于符合相关政策规定的科研机构、技术开发机构及学校等进口符合政策规定范围的科研、科技开发和教学用品，享受免税政策。针对市、区两级事业单位性质科研院所、市属转制院所、科技类民办非企业单位性质和事业单位性质的社会研发机构享受"十四五"科技创新税收优惠政策资格的认定工作与相关部门共商共议，为共同开展政策宣讲、搭建服务平台、形成后续监管合力建言献策，助力北京市科技创新发展。

【医疗器械和试剂、设备通关保障】2021年，北京海关制定进口医疗器械通关作业操作指引（2021版），对用于科研测试但不用于人体诊断治疗的进口医疗器械免于提供医疗器械注册/备案证明。实施进境SPF豚鼠检疫监管改革措施，进口SPF豚鼠“边隔离边实验”，将进口SPF豚鼠隔离检疫期由30天缩短至14天。开通防疫物资通关“绿色通道”，对医疗器械在内的急需物资快速通关，助力生物医药、医疗设备、跨境生鲜等行业企业恢复、扩大进出口。做好疫苗出口通关保障工作，严格单证审核，提高验放效率。做好中关村生物医药检验检疫试验区政策的推广应用，针对符合条件企业低风险特殊物品进出口实施“智能审批”，审批产业范围由D级特殊物品扩展至C级特殊物品，由出口扩展到进口，审批“零等待”。创新科研用高风险样本风险评估模式，对进口急需使用的、小批量科研用样本采取快速风险评估模式，简化评估流程，缩短后续检疫审批和通关前期等待时间。

【航空器材包修转包修理业务便利化措施】2021年，北京海关支持航空维修企业借助综合保税区通关实行增值税免抵退税，通过免去包修转包修理航材实际进出境环节，提高企业送修返还效率。扩大适用企业至国航、深航、川航3家，扩大适用修理商品至飞机发动机、起落架、APU等，在新的运营模式下，每台发动机的平均运输时间由15天缩减到1天，往返运输费节省约300万元，同时大幅降低了转运过程中的风险成本。2021年，共验放包修转包修理业务飞机发动机53台，货值3.20亿美元。

【优化航材保税监管】2021年，北京海关全国首创“以保税物流供应链为单元”的航材保税监管模式，已验收北京分拨中心及北京、上海等5个分拨站。2021年，试点企业在该模式下进口航材共计1,105件，货值1.34亿美元，缴纳保修费税款共计4,014万元，单次航班航材保障成本相比传统航材保障模式降低20%以上，平均送修周期由以往60天缩短至35天。

【公务机包修报关试点】2021年，北京海关将公务机所有人、运营人及委托代理公司纳入试点申请主体范围。对符合试点要求的公务机所有人、运营人及委托代理公司，引导其按照政策在自贸区范围内开展相关业务。对华龙航空公司试点开展公务机包修监管模式，备案2份包修合同，进口航材申报金额6.09万美元。

【“单一窗口”功能拓展】2021年，北京海关积极配合商务部门在国际贸易“单一窗口”标准版增加航空、铁路舱单申报功能，空运舱单应用率达100%。开发冬奥会应用专区，构建冬奥会智慧通关平台系统，实现冬奥会物资进出境申报、冬奥会物资证明函电子审批、冬奥会银行保函自动核销、账册管理等全流程电子化。开展中国—新加坡原产地电子信息联网，实时传输《中国—新加坡自由贸易协定》原产地证书电子数据、《中国—东盟全面经济合作框架协议》项下新加坡签发原产地证书和流动证明电子数据，以及经新加坡中转的未再加工证明电子数据，进一步便利自由贸易协定项下货物的合规通关。

【汽车平行进口保税仓储业务试点】2021 年，北京海关拟定《北京海关汽车平行进口保税仓储监管方案》，待北京获批汽车平行进口试点城市后，可在海关特殊监管区域和保税物流中心（B 型）开展汽车平行进口保税仓储业务。平行进口汽车将不再急需缴税清关，而是允许进入综合保税区内保税存储，与此同时，平行进口汽车保税仓储不设期限，将有利于进口企业资金的合理配置，大大降低平行进口汽车企业的物流和运营成本。

【首创“免税、保税、跨境电商政策相衔接”业务模式】2021 年，北京海关综合运用海关特殊监管区域政策、跨境电商政策与免税品政策，未销售完的免税品可退运至北京天竺综合保税区转为保税货物，解决了免税品积压关键问题，并在后续以跨境电商网购保税进口方式出区销售，帮助免税品经营企业实现“线下免税品销售 + 线上跨境电商销售”的多元化经营模式，促进消费回流和潜力释放。该模式创新是全国率先试点，截至 2021 年年底，已审核确定 5 家符合要求的试点企业，有力支持试点企业在疫情期间复工达产。

【北京天竺综合保税区通关模式试点】2021 年，北京海关在北京天竺综合保税区试点“库门管理”便捷模式，将传统的卡口管理模式变更为企业库门管理模式，减少企业往返卡口人力和时间消耗，提高效率。在北京天竺综合保税区试点实施“按库位分类监管”，推进保税和非保税货物共同存放的分类监管政策落地。区内已设立分类监管仓库 20 个，在分类监管基础上创新试点库位监管模式，取消物理分隔，保税和非保税货物精细到货架储位管理，提高了仓库的库容利用率，使试点企业整体仓储物流运作成本降低 20% 以上。

（撰稿人：刘　龙　王娉珊）

第三篇

政治建设

党建工作

概况

2021年，北京海关坚持以习近平新时代中国特色社会主义思想为指导，认真贯彻习近平总书记在中央和国家机关党的建设工作会议上的重要讲话精神，持续强化政治机关建设，纵深推进“强基提质工程”，进一步巩固深化精神文明建设成效，深刻践行准军事化海关纪律部队要求，一体推进清廉海关建设，马上就办、真抓实干，切实发挥党建围绕中心、建设队伍、服务群众作用，以高质量机关党建推动北京海关各项工作迈向新台阶。首都机场海关物流监控处党总支获评北京市先进基层党组织，1人获评北京市优秀共产党员，1人获评北京市先进工作者。文明单位创建成果丰硕，北京海关（机关）、首都机场海关、中关村海关、亦庄海关、北京朝阳海关5个单位部门获评全国文明单位；北京海关（机关）、首都机场海关、中关村海关、北京西城海关、丰台海关、海淀海关、顺义海关、亦庄海关、北京朝阳海关、北京会展中心海关、保健中心11个单位部门获评首都文明单位标兵；北京海关缉私局、首都机场海关缉私分局、海关总署税收征管局（京津）、北京大兴国际机场海关、北京车站海关、北京邮局海关、北京东城海关、通州海关、天竺海关、北京海关风险防控分局、北京海关后勤管理中心11个单位部门获评首都文明单位。北京海关机关获评“第十一届书香中国·北京阅读季”书香机关称号，保健中心获得首都劳动奖状。

学习宣传

【理论学习】2021年，北京海关持续做好党委理论学习中心组学习，把学习贯彻习近平总书记重要指示批示精神作为“第一议题”，制定北京海关党委理论学习中心组学习安排，统筹学习方式内容，增强学习计划性。充分利用首都红色资源，通过专家授课、专题培训、研讨交流、参观见学、视频观摩等多种方式，创新生动开展党委理论学习中心组学习，年内北京海关党委理论学习中心组学习28次，专题研讨6次，举办习近平总书记在庆祝中国共产党成立100周年大会上的重要讲话精神读书班和党的十九届六中全会精神专题学习班2个。做好北京海关关区理论学习保障，迅速跟进学习热点、落实学习要求，第一时间订购发放《论中国共产党历史》等学习资料，组织党报党刊征订，《人民日报》《北京日报》实现支部全覆盖。

【宣传工作】2021年，北京海关向海关总署思想政治工作办公室、北京市直机关撰写上报各类信息840余篇；编辑刊发各类信息、资料、简报900余篇；撰写的新闻稿件先后52次被《北京日报》、《中国青年报》、《北京支部生活》、“学习强国”等各类媒体平台刊载。开设“党旗耀京关”“中国精神”等大型展览3场，制作党建宣传阵地展板3期12幅；制作发布“京关e家人”微信公众号169篇，重启刊发《战“疫”实录》11期。推选党员代表参加中共中央宣传部举办的中外记者见面会；《北京日报》专题报道北京海关“最美退役军人”候选人；拍摄“最美心声”《一句誓言 一生追寻》微视频，在北京市委市政府集中办公点展播；组织先进典型录制的《没有共产党就没有新中国》MV在“央视频”“学习强国”播出；开展“我的政治生日 我想对党说”感言征集和微视频录播。

基层组织建设

【组织建设】2021年，北京海关组建基层党建专家库，开展“送教上门”“集中会诊”，累计召开座谈会23场、访谈140余人次、发放问卷1,390余份，收集各类问题42个，意见建议18条。开展党建基础工作专项整治，制订《北京海关党建基础工作专项整治方案》，落实全国海关党建工作专题培训会议要求，形成问题清单，明确自查整改要求，系统解决基层党建工作中存在的普遍性、倾向性问题。加强基层组织建设，全关目前共有基层党组织311个，其中党的基层委员会4个、党总支29个、党支部278个，“四强”党支部占比26%，实现支部建在科上。

【强基提质工程】2021年，北京海关总结2020年第一批“四强”党支部考核经验，创新组织年内“四强”党支部评选考核，明确14方面33项具体创建指标，设置10个考核环节，以现场考核、实地检查代替集中述评，52个党支部获评北京海关“四强”党支部。丰富党建品牌的内涵和工作法，探索建立与中心工作贴得紧、与业务工作融合深的党建品牌，全部实现了“一支部一品牌”，开展支部品牌创建评选，13个党支部获评选出基层党建示范品牌，27个党支部获评培育品牌，6个党支部被授予全国海关基层党建示范品牌和培育品牌。夯实党建宣传阵地，开展“党旗耀京关”基层党建品牌展示，集中展示近两年来评选出的“四强”党支部，配套健全与业务深度融合的徽标、内涵、工作法的支部党建品牌。北京海关关区《关徽闪耀同心圆 党旗飘扬堡垒坚》获评全国海关第二批基层党组织书记“微党课”视频展播“最佳微党课奖”。

【破解党建业务“两张皮”】2021年，北京海关推动实施“书记项目”试点工作，围绕“国境口岸重大疫情下发挥基层党建引领作用，破解党建与业务‘两张皮’问题初探”主题进行课题研究。组织党建基础工作专题调研，覆盖21个职能部门、22个隶属海关单位及事业单位。开展支部书记“百问百答”征集活动，“对政治理论学习的问答”入选全国海关“百问百答”项目。中关村海关“点滴寸草心 报得三春晖”案例入选首批15个全国海关基层党建创新案例。有力有序推动创建模范机关，细化节点目标，制定创建模范机关工作方案，明确4方面34项创建工作要点和6项评选标准，召开创建模范机关工作推进会，邀请总署相关工作负责人辅导授课，开展创建工作交流研讨，推动创建模范机关工作走深走实。

【党员教育管理】2021年，北京海关分设3大阶段组织开展基层党建培训工作，通过视频授课、课前自学、课上讲授、课后研讨方式促进学习走深走实。开展主题党日活动示范观摩、党建品牌交流会、党建工作座谈，“理论+实操”锻造政治过硬的党员干部队伍。建立发展对象积分培养机制，完成发展对象集中培训考核，细化党员发展流程，规范党员发展材料，印制工作手册供支部学习参考，全年发展党员40名。

【重点任务保障】2021年，北京海关完成庆祝中国共产党成立100周年系列活动组织保障。选派党员代表参与冬奥会、冬残奥会观众组织工作。贯彻落实北京市关于举全党全社会之力推动乡村振兴的工作要求，选派人员担任驻村党组织第一书记。

【统一战线工作】2021年，北京海关派员参加统战工作培训，加强统战工作人员自身建设。组织开展党外人士建言献策征文活动，面向党外人士广泛征求意见建议。切实做好民主党派成员、无党派人士和党外高级知识分子基本信息统计工作。

党风廉政工作

【主体责任落实】2021年，北京海关党风廉政建设工作落实北京海关全面从严治党工作会议要求，梳理《全面从严治党工作任务分解表》，细化7大类41项具体任务，明确责任单位、责任领导和完成时限，及时跟进完成情况，定期梳理汇报，切实推进全面从严治党各项要求落实落细。组织召开全面从严治党推进会，强化责任传导，做好履责提醒。组织开展党委书记述责述廉述党建，压实“明责、履责、督责、考责”的责任链条。聚焦“关键少数”，落实党中央和总署党委关于加强对“一把手”和领导班子成员监督的要求，制发北京海关5类42项具体任务措施，推动“5个强化”监督内容落实落地。结合各单位工作履责情况拍摄“书记组长谈责任”访谈视频并报送总署。

【党风廉政教育】2021年，北京海关聚焦关键节点，持续做好元旦、春节、清明、五一、国庆等节假日廉政教育，严防“四风”问题反弹回潮和“黄赌毒”、酒驾醉驾等违法违纪问题发生。结合“现场监管与外勤执法权力寻租”专项整治活动，制作《执法权力寻租不可以》系列教育视频，丰富专项整治教育形式、提升教育效果。组织开展警示教育月活动，通报典型案例，组织党规党纪、法律法规、全面从严治党规范性制度学习。组织2,500余人参与纪法知识线上测试。

【准军事化纪律部队建设】2021年，北京海关围绕内务规范具体化、准军工作责任化、责任落实高效化目标，开展准军专题调研。建立内务建设每月检查通报、季度队列训练、半年示范观摩、年终绩效考核工作机制，创新推出常态化队列训练举措，通过全覆盖、多波次检查督导强力整改5大类12方面突出问题，分别在基层和机关举办内务建设示范观摩。深化以“关有一个示范点、处有一面流动红旗、科有一名内务标兵”为主要内容的“三个一”内务品牌建设。开展“内务规范强化月”活动，组织关区准军教员队列教学法集训，举办强化月活动成果展，相关经验做法被海关总署宣传推广。

【日常监督管理】2021年，北京海关持续做好日常廉政监督工作，严格落实外出执法廉政监督、礼品礼金上交相关规定，制发《礼品礼金交接登记表》，细化礼品移交相关流程，定期完成相关情况统计。规范领导干部配偶、子女及其配偶从业行为，组织自查申报，开展处级干部从业情况筛查，对干部家属从业情况重点进行数据比对，对多家企业进行重点核实，向存在廉政风险的干部所在单位提出加强提醒监督建议。加强外部监督，积极发挥社会特约监督员作用，主动征求意见建议。深化政务服务“好差评”系统应用，及时跟进新增可评价事项公开，编发《“好差评”升级　期待您的参与》，加强宣传推广；建立“好差评”办件联系单工作机制，加强对办件的跟踪督办，先后制发办件联系单34份。

【运用监督执纪“第一种形态”】2021年，北京海关持续推动基层规范运用监督执纪“四种形态”特别是第一种形态，扎实做好季度数据梳理统计，进一步强化分析运用。

巡视整改工作

【巡视整改】4月6日—6月10日，总署党委第一巡视组对北京海关党委开展常规巡视。8月4日，总署党委第一巡视组向北京海关党委反馈巡视意见。北京海关党委召开专题扩大会议研究部署巡视整改工作，成立巡视整改工作领导小组，制定实施巡视整改“两方案一清单”，制定挂账销号审核、定期会议、专题研究、巡视整改联动、跟踪督办“五项机制”。北京海关党委召开巡视整改专题民主生活会，严肃开展批评和自我批评，带头认领整改任务，切实抓好问题整改。开展隶属海关党委工作质量专项整治和基层党建工作专项整治。对巡视相关问题开展责任分析。北京海关党委纪检组、人事处和机关党委加强日常监督。3个月集中整改期内，133项措施完成整改121项；针对未完成整改措施，进行重点跟踪督办，每月更新整改情况台账，每季度提交推进情况报告，对已完成整改措施开展“回头看”，将巡视整改情况纳入巡察和审计监督重点，结合巡视反馈问题强化干部监督和纪律监督。

巡察工作

【专项巡察】5月12—18日，根据总署党委第一巡视组关于开展巡视巡察上下联动的建议书要求，北京海关党委确定对北京大兴国际机场海关党委、北京邮局海关党委、中关村海关党委、北京东城海关党委、北京西城海关党委和海淀海关党委6个隶属海关党委以及后勤管理中心党委和保健中心党委2个事业单位党委开展“基层海关党委工作规范化建设”专项巡察。第一轮巡察共组建4个巡察组，开展个别谈话160人次、查阅各类资料1,202份，发现66个问题，提出立行立改建议6个，完成巡察报告8份。5月28日，北京海关党委巡察工作领导小组召开会议，审议通过专项巡察报告，总署党委第一巡视组参会。经2个月巡察整改，被巡察单位均按时提交巡察整改情况报告。10月，首次在被巡察单位干部职工中进行满意度问卷调查，共组织填写533份调查问卷，对巡察整改工作情况的总体满意率为97.2%。

【常规巡察】10月15—29日，北京海关党委组建3个巡察组进驻关税处、进出口食品安全处、商品检验处、行邮监管处、教育处、离退休干部办公室6个内设处室，按照“三个聚焦”要求，围绕落实巡视整改工作情况、开展“现场监管与外勤执法权力寻租”专项整治情况、推动“三大工程、十二件实事”实施进展情况、党史学习教育开展情况等开展常规巡察。其间共开展个别谈话76人次、查阅各类资料437份，共查发问题56个，提出意见建议18个，完成巡察报告6份。12月13日，北京海关党委巡察工作领导小组召开会议，审议通过巡察报告。被巡察部门对巡察反馈的问题照单全收，对标对表巡视整改要求，逐条逐项研究制定并落实整改措施，均按时报送整改方案及责任清单。

【巡察基础工作】2021年，北京海关巡察工作落实总署党委《关于加强巡视巡察上下联动的实施意见》要求，完善巡察办运行机制，成立巡察办党支部。组织北京海关关区巡视巡察干部参加全国海关巡视巡察干部专题学习网上培训班。动态调整巡察人才库，当前组长库69人，组员库65人。探索优秀处、科级领导干部到巡视巡察岗位接受锻炼工作机制，年内共推荐5人次参加总署党委巡视工作，其中3人经总署巡视组综合评价被评为优秀。参加总署“提高巡察发现问题能力”课题研究，课题报告《问题导向融贯巡察全程　靶向思维提高查发能力》获评三等奖。配合天津特派办做好巡视巡察上下联动专题书面调研和现场调研。建立协作配合机制，进一步加强巡察机构与督审、人事、政工和纪检监察部门的协作配合，推动信息、资源和监督成果共享共用，促进各类监督贯通融合。

群团工作

【共青团工作】2021年，北京海关共青团工作持续加强组织建设，根据青年团员分布情况，调整关区团组织设置，新设8个支部并指导首都机场海关团委完成团组织调整。推动年度专题组织生活会和团支部对标评级工作。完善青年理论学习机制，明确“三级联动”运行机制、“双线互联”学习形式和“1+4+X”学习内容。推进“青年理论提升工程”，成立23个青年理论学习小组，打造“半月谈”“知春晖”“西语堂”“兴青年”“丰·彩”等12个学习品牌，组织开展红色讲坛等活动100余场次。搭建青年展示平台，发动全关青年积极参与北京市第五届青年技能大赛，获得北京市机关第五届青年技能大赛最佳组织奖，3名青年关员获奖。组织参加第七届“我为改革献一策”活动，为首都发展献计献策。开展青年文明号创建和复审工作，北京会展中心海关获评2019—2020年度全国青年文明号，首都机场海关旅检一处、首都机场海关通关处一站式报关厅、亦庄海关报关厅、北京会展中心海关报关厅4个集体获评2020—2021年度北京市青年文明号。

【工会工作】2021年，北京海关工会落实落细封闭管理人员关心关爱工作，建立“一对一”结对帮扶机制，明确具体工作措施，完善帮扶台账；加强心理疏导，发挥心理疏导工作团队专业优势，提供专业心理健康咨询服务，依托北京市总工会开设的职工心理援助热线电话、微信公众号等平台，帮助干部职工放松情绪、管理健康；丰富文化生活，配备踏步机等健身器材331件，开通视频软件会员服务覆盖1,381人次，协调解决宿舍无线网络效果欠佳问题。做好河南暴雨受灾职工家庭关心关爱工作，开展受灾情况统计，为符合条件的2名职工申请温暖基金救助金4万元。组织2021年度职工健康体检工作，为在职职工办理重大疾病、在职意外和女工特疾互助保障。开展节日、生日、住院、退休、送清凉等职工慰问活动。强化职工之家建设，为13家单位新置20余件健身设备，为9家单位维修40余件健身设备，选树申报北京朝阳海关为“示范职工之家”，新建“职工暖心驿站”5个。开展文化建设，组织参加“不忘初心跟党走，同心共筑中国梦”乒乓球和篮球系列活动，开展“弘扬抗疫精神 争创一流海关”主题书画作品展，打造1个便利型职工阅读站点和2个劳模书架。为退休职工制作纪念相册37册、纪念章46枚。

（撰稿人：肖 淼 王文娟 王紫梁
赵 磊 王 力 林小静
张 龙 赵洪刚）

纪检监察工作

概况

2021年，北京海关纪检监察工作立足党内监督专责，坚定不移正风肃纪反腐，有效开展监督执纪问责，切实发挥监督保障执行、促进完善发展作用。坚持把严惩腐败和严密制度、严密教育紧密结合，把查办案件与堵塞制度漏洞、强化监督管理紧密结合，持续深化标本兼治，推动北京海关政治生态持续向好。

监督检查

【疫情防控监督】2021年，北京海关纪检监察工作将新冠肺炎疫情防控监督作为工作的重中之重，从严从实开展新冠肺炎疫情防控监督，全力保障北京冬奥会、冬残奥会顺利举办。成立由监察室、党委派驻纪检组和事业单位纪检机构组成的监督工作组，开展“不间断式”日常监督，全面摸排各级领导班子特别是“一把手”学习、部署和落实各项防疫措施情况，及时排查并解决落实防疫措施不深不细的问题，对业务现场开展全流程、全链条的嵌入式监督，及时发现问题，督促立行立改。

【专项政治监督】2021年，北京海关纪检监察工作围绕习近平总书记重要指示批示精神和党中央重大决策部署，聚焦统筹新冠肺炎疫情防控和经济社会发展、促进国内国际双循环、筑牢国门安全屏障等大事要事的贯彻落实情况，强化政治监督。突出对海关“十四五”规划任务落实情况的监督检查，推动外贸量稳质增，推动北京“两区”建设。将对党史学习教育的监督检查融入日常监督工作中，把开展党史学习教育情况作为各级党委主体责任履行是否到位的重要方面进行监督检查，关注“我为群众办实事”活动实际成效，对党史学习教育专题组织生活会、民主生活会召开情况进行监督。针对总署党委第一巡视组巡视发现的问题，跟进监督相关责任单位整改进展情况。对北京海关党委巡察整改情况开展监督，推动举一反三全面检视问题，巡视巡察上下贯通联动整改，提升整体整改质效。

【派驻监督】2021年，北京海关党委

派驻纪检组发挥“派”的权威和“驻”的优势，聚焦“关键少数”开展政治监督和日常监督。坚持定期会商机制，与隶属海关单位领导班子共同分析研判廉政形势，推动落实全面从严治党主体责任。深入了解驻在单位干部职工的思想、工作、生活状况，留心留意干部职工对领导干部问题的反映、对身边“不靠谱”的人和事的议论，从中摸查线索、发现问题，对发现的异常情况和突发事件早报告、早处置，推动驻在单位运用“第一种形态”抓早抓小。

【专项整治】2021 年，按照中央纪委国家监委驻海关总署纪检监察组统一部署，北京海关严格按照认识“深”、行动“快”、标准“高”、工作“细”、措施“狠”、结合“紧”、要求“严”、效果“好”的八个字工作基调，制订贯穿全年的 4 个阶段 18 大类的“现场监管与外勤执法权力寻租”专项整治工作方案。通过问卷调研、电话访谈和实地走访“三管齐下”，广泛听取企情民意。在各业务现场张贴网络调查问卷二维码，指引企业开展线上调研。做实做细风险排查和谈心谈话，针对北京海关关区现场监管与外勤执法领域自查廉政风险，将“现场监管与外勤执法权力寻租”专项整治与深化改革、完善制度、促进治理贯通结合，围绕协勤人员、离职和提前退休关员、领导干部亲属等重点人员，12360 受理的信访举报、稽查企业和信用降级企业等重点领域以及随车监管等重点业务，深入摸排体制机制、机构设置、人员编制和职能配置方面的深层次问题。通过专项整治，深入了解各级领导班子履职尽责情况、廉政底数和形势。通过汇编警示剖析材料、制发纪法教育手册、召开警示教育大会、定期通报整治情况等方式，督促关员认真对照检视，剖析反思。

执纪问责

【执纪问责】2021 年，北京海关编发纪法教育手册，在“纪律条规专栏”发布违纪典型案例 83 起，对查处的典型案例和问责事项进行分析曝光，组建“警示教育”宣讲团在关区进行宣讲 24 场。针对线索核实和案件审查中发现的问题，制发纪律检查建议书，督促责任单位强化整改。坚持当下改与长久立相结合，推动职能部门建立完善制度机制。

（撰稿人：朱英华）

队伍建设工作

概况

2021年，北京海关深入学习贯彻习近平总书记对干部人事工作的重要指示批示精神，认真践行新时代党的组织路线，干部人事工作和教育培训工作在北京海关党委的坚强领导下，以政治建设为统领，以“五大体系”建设为主线，迎难而上、开拓创新，持续加强干部队伍建设，扎实有效开展教育培训，着力锻造政治坚定、业务精通、令行禁止、担当奉献的准军事化纪律部队，为推动北京海关全面建设再上新台阶提供坚强政治保障。

机构编制管理和人力资源调配

【优化完善机构编制】2021年，北京海关开展机构改革“回头看”，紧贴形势发展需要和业务发展变化，在充分论证的基础上，进一步优化完善机构设置、职能配置和人员编制。坚持优化协同高效，调整关税处、统计分析处、稽查处3个职能部门6个科级机构的职责配置和人员编制。强化监管优化服务的整体效能，调整优化首都机场海关、海关总署税收征管局（京津）、北京大兴国际机场海关、北京邮局海关、北京西城海关、通州海关、顺义海关、天竺海关、北京海关风险防控分局9家隶属海关单位一线执法岗位机构设置、职责配置和人员编制，共涉及81个科级机构。优化事业单位机构编制，为保健中心增设采样部；调整北京海关后勤管理中心7个内设机构的设置、职责和人员编制。

【人力资源调配】2021年，北京海关完善疫情防控“一线人员、预备人员、应急人员”三个梯队建设，指导口岸单位用好一线、预备梯队，根据“统筹调配、科学分类”的原则，进一步完善关区“横向+纵向”分组的应急梯队调配机制。将近两年新招录公务员通过支援、实习等方式安排在首都机场海关轮岗工作，进一步缓解一线人力资源紧缺的压力。规范人员借调工作，制定《北京海关借调人员管理办法》，从制度上规范完善借调工作流程和人员管理。有计划地开展关区干部交流工作，选拔优秀年轻干部进入机关。

【干部人事工作调查研究】2021 年，北京海关赴首都机场海关开展人力资源保障工作专题调研，重点了解新冠肺炎疫情防控一线封闭管理期间和冬奥会保障人力资源需求，以及封闭管理人员作业模式、梯队运行机制、人员思想动态和后勤综合保障等情况，深入指导一线开展相关工作。配合总署做好口岸疫情防控人力资源情况调研，总结经验做法，听取一线人员意见建议。加强与属地主管部门沟通交流，主动走访组织、人力资源社会保障、财政等有关部门，积极争取相关政策，面对面交流工作经验，促进专业水平持续提升，全面完成养老保险改革。

干部育选管用

【干部选拔任用】2021 年，北京海关坚持新时期好干部标准，突出政治过硬、能力过硬、责任过硬、作风过硬、纪律过硬，持续加强处科级领导班子建设，特别是选优配强“一把手”和关键岗位干部，做到依事择人、人岗相适，2021 年关区“选人用人工作总体好评率”创机构改革以来新高。突出政治标准，坚持把政治标准放在首位，在选人用人工作中进一步提高政治站位、突出政治标准、强化政治考察、严明政治纪律。突出事业为上，注重加强对干部担当作为情况的考察，始终坚持重实干、重实绩的原则，真正把那些政治强、业务精、作风好的干部提拔使用起来。扎实推进职级晋升，坚持重实绩、重实干的导向，科学测算拟订晋升条件，用好职级职数，扩宽干部职业发展通道，激励干部担当作为。

【考察考核方式创新】2021 年，北京海关不断完善绩效考核制度，丰富考核内容，优化考核指标，用干事创业的成绩单考核评价干部。不断加强年度考核、平时考核、专项考核“三位一体”考核体系建设，制定《北京海关队伍建设综合管理平台“三位一体”考核应用管理规范（试行）》，提升平时考核成效。聚焦口岸新冠肺炎疫情防控，实施终末消毒工作专项考核。组织实施《北京海关绩效考核实施办法（试行）》，考核领导班子和领导干部的工作实绩。坚持重基层重基础、坚持向疫情防控一线倾斜，核增各隶属海关单位执法一线科长优秀等次比例。开展新冠肺炎疫情防控一线考察了解干部、发掘先进典型专题调研。选派工作组赴一线单位通过调研谈话加强政治素质考察，对先进集体和个人在选拔晋级、表彰奖励、年度考核等工作中优先考虑。

【培养选拔优秀年轻干部】2021 年，北京海关深化落实总署党委加强执法一线科长队伍建设 22 条措施，从北京海关事业长远发展的高度，大力提拔使用优秀年轻干部，优化领导干部队伍结构。加强年轻干部的基层一线和多岗位锻炼。强化执法一线科长队伍建设，深入开展专题分析，统筹制订配备计划，做好选育管用各方面工作。

【公务员队伍管理】2021年，北京海关深化公务员分类管理改革，全面实施综合管理类、行政执法类、专业技术类公务员分类管理，组织开展相关政策宣讲，做好专业技术类公务员任职资格评定及职级套转工作，共230人纳入专业技术类职位设置范围，持续做好专业技术任职资格动态评定。完善公务员统计和信息更新采集工作机制，强化队伍建设综合管理平台应用，持续做好公务员登记备案工作，夯实公务员管理工作基础。高质量完成2021年人员录用工作，探索实施结构化小组等公务员考录面试模式。推荐表现突出的5个集体、10名个人参评参选全国及北京市奖励表彰项目，向总署申请二等功集体奖励1项，突出示范引领作用。为全关1,126人授予或晋升关衔，配合总署做好17名三级关务监督授衔仪式，切实增强责任感和荣誉感。

【干部管理监督】2021年，北京海关持续巩固领导干部个人有关事项报告专项整治成果，努力保持如实报告率持续提升势头。加强信访举报查核处理，严格因私出国（境）管理，修订《北京海关工作人员因私出国（境）管理办法》。对16个隶属海关党委制度建设、意识形态工作、决策程序、贯彻落实新时代党的组织路线、准军事化纪律部队建设、因私出国（境）证件管理等方面情况，开展实地检查。检查采取“四不两直”方式，通过查阅党委会记录本、会议纪要，检查干部选拔任用纪实材料、检查请销假原始记录、因私出国（境）证件集中保管情况及管理台账，对发现的问题及时反馈并督促整改。开展违规投资企业及在企业兼职（任职）专项整治，对涉嫌违纪违规人员按规定处理。加强协管员队伍管理，修订印发《北京海关协管员管理办法》，建立协管员管理重要问题和重大事项的分析研判机制。

【关心关爱干部职工】2021年，广泛听取基层一线意见建议，掌握干部群众关心关注的突出问题。出实招办实事求实效，组织制定《北京海关落实保护关心爱护疫情防控一线人员长效机制的细化措施》，措施共计37项，重点改善封闭管理人员工作、生活环境，优化完善作业流程，充实人员力量，加强人员培训，强化实操演练，合理排班轮换，注重心理疏导，着力解决一线干部职工实际困难，提升综合保障水平。加大新冠肺炎疫情防控一线干部选拔任用力度，坚持职级晋升、年度考核优秀比例向一线倾斜。

人才队伍建设

【党委对人才工作的领导】2021年，北京海关党委坚持党管人才原则，成立北京海关党委人才工作领导小组，负责对全关人才工作的组织领导，将人才工作与业务工作、队伍建设一同谋划、一并部署、一体推进。加强人才队伍建设，分析人才形势，研究人才政策，服务人才需求，推动各项任务落实，在引进专业人才、建设海关专家队伍、创新人才事业机制、完善人才评价体系等方面积极探索工作思路。做好岗位交流，拓宽干部锻炼渠道，促进干部在不同岗位经受历练，加强复合型、通用型人才培养储备。充分发挥事业单位积极性和主动性，做好育才引才用才工作。

【专业人才队伍培养】2021年，北京海关着力培养高层次科技领军人才、高素质法治人才、高水平国际合作人才和优秀青年人才，建立海关专家队伍，落实海关专家制度和专家管理办法，打造海关科技创新高地推动建设科技创新平台，并研究加大人才培养力度、拓宽人才交流渠道、创新人才使用机制、完善人才评价体系和加强人才激励关爱等方面具体措施。

【统筹事业单位人才资源】2021年，北京海关加强事业单位领导班子建设，完善管理岗位聘任工作指引，指导事业单位完成七级、八级职员聘任工作，选拔一批敢担当、善作为、业务精、作风好的干部到管理岗位上来。积极稳妥推进事业单位规范化管理，按照总署批复的岗位等级、数量和比例要求，做好事业单位管理岗位、专业技术岗位和工勤岗位的岗位设置和人员配备，全面实行各类岗位人员聘用制度，实现由身份管理向岗位管理的转变。科学制订事业单位招聘计划，严密组织考录工作，组织召开事业单位中级职称评审委员会会议，4人评审通过中级职称，推荐2人参加总署副高级职称评审、1人参加高级会计师职称评审。

教育培训

【政治引领】2021年，北京海关共组织开展处级干部学习贯彻党的十九届五中全会精神暨党史学习教育专题培训5期。分级组织全员专题班3期，学习党的十九届五中全会精神、党史学习教育和习近平法治思想。组织开展“海关e课堂——党史学习教育”专题培训8期，编发《党史学习教育题库》3期，推送党史学习教育每周自测36期，在重点培训课程中设置“我为群众办实事”专题研讨，指派专人进行督学管理。将习近平总书记系列重要论述纳入各类队伍建设及专题培训，聚焦口岸疫情防控、冬（残）奥会保障、改善营商环境、“三智”及海关贸易安全等习近平总书记重要指示批示的重点工作，组织开展相关领域业务培训120期次，共计12,130人次参训。着重强化新冠肺炎疫情防控培训，研究制订《北京海关进一步加强新冠肺炎疫情常态化防控培训工作方案》，以满足基层实际培训需求为导向，面向不同业务条线，综合运用桌面推演、情景模拟、实操演练等形式分类组织培训。全年共组织新冠肺炎突发事件应急处置、新冠病毒阳性案例报送、内部防护采样等各级各类新冠肺炎疫情防控培训、演练和知识测试109期次，共计10,844人次参训。

【分级分类施训】2021年，北京海关

以“坚持突出政治素质、推进分级分类培训”为原则，优化完善总署—北京海关—隶属海关的分级分类培训体系。完成关衔晋升、执法一线科长、新录用公务员初任培训等各类队伍建设培训 18 期次，共计 1,207 人次参训，北京海关被总署评为 2021 年新录用公务员初任培训优秀组织单位。组织参加上级单位主办的冬奥安保、自贸试验区海关监管制度创新、数据管理业务等各类网上专题班 48 期次，共计 11,093 人次参训；结合海关业务改革新职责、新要求、新流程和新规范，开展北京海关关税、自贸区、稽查等各类特色业务培训 150 期次，共计 11,268 人次参训。自主录制各类“云端”教学资源 31 门课程供自选自学，丰富网络课程资源；发挥基层首创精神，组织小范围、多频次的内部培训，运用网络平台开展知识产权海关保护、国门生物安全监测及安全风险监控、通行证管理、大数据挖掘等网络直播教学 26 期次，共计 2,413 人次参训。

【专业化队伍建设】2021 年，北京海关持续推进兼职教师队伍建设，建立梯队人才培养机制，健全领导干部上讲台制度，年内关领导班子成员带头上讲台 11 人次，其他厅局级领导干部 14 人次。组织开展兼职教师线上培训班及教学经验交流，充分利用“钉钉”（海关全员培训网络平台学习课堂）等新媒体平台录制业务精品课程，派出 8 人次赴总署、中国海关管理干部学院等单位授课，4 人次参与总署课程录制，参与完成总署教育培训重点课题研究 3 项，北京海关兼职教师撰写的 6 篇论文在中国海关学会主题征文活动中被评为获奖论文，其中 1 篇被中国海关学会评定为优秀论文。抓好关键岗位和专业资质考核，全年共组织完成各类考务工作 25 场次，481 人次获得相应岗位资质，其中 322 名培训合格人员获得入境人员新冠病毒核酸采样岗位能力及防护技能培训合格证书、64 人次获得动植物检疫现场查验岗位资质、95 人次获得进出口危险货物及其包装检验监管资质。

（撰稿人：冒诗文　常　远　徐　盟
任盛达　赵晓淼　吴　博
施　亮　魏　来）

离退休干部工作

概况

2021年，北京海关离退休干部工作以习近平新时代中国特色社会主义思想为指导，以“让关党委放心，让老干部满意”为目标，切实做到政治上尊重、思想上关心、生活上照顾、精神上关怀老干部。组织完成离退休干部活动中心优化改造，积极开展党史学习教育，宣传引导老干部发挥正能量，切实推进离退休干部“三化”（信息化、精准化、规范化）建设，全力做好管理服务各项工作。

党建工作

【党组织建设】2021年，北京海关完成7个届满党支部及1个新增党支部的支委选举工作，组织举办离退休支委培训班。每季度开展党支部学习，严守党风廉政、兼职任职、出国（境）审批等纪律规定。在“党员E先锋”中完善648名离退休党员相关信息，配合做好党统专报工作。退休第六党支部、第十一党支部创建“红色蒲公英”“银发增辉”党建品牌，提炼形成品牌内涵、支部工作法。

【党史学习教育】2021年，北京海关借助微信平台组织老干部开展线上学习，发放《中国共产党简史》进行线下学习，“一网一书”推动党史学习教育走深走实。开展“我看建党百年新成就”专题调研活动，先后组织15次线上讨论、1次现场座谈会、3次个人访谈和1次特色征文活动，共收集老干部感言81条。

【发挥离退休干部作用】2021年，北京海关引导老干部参加“共产党员献爱心”捐献活动，16个党支部的469名党员共捐款6.82万元。退休第六党支部发起“庆祝中国共产党成立100周年扶贫捐树活动”倡议，组织支部党员参加2021年京蒙交流“云”植树活动，26名党员捐树240棵，共计7,200元。培树1名退休老干部为先进典型，《余热未尽献　老骥不偷闲》宣传信息在“学习强国”、《中国国门时报》及“中国海关杂志”微信公众号等载体刊登。

服务管理

【走访慰问】2021年，北京海关落实走访慰问制度，结合新冠肺炎疫情防控工作要求，通过上门走访、电话、微信等多种形式，在元旦、春节、端午、国庆等重要节日点开展慰问，全年共计慰问离退休干部1,147人次。春节期间，将慰问信寄送到每一位老干部手中，转达北京海关党委的节日祝愿。“七一”前夕，走访慰问47名离休、高龄及困难老党员，将党中央的关心关爱传递给老干部。

【特色活动】4月14日，北京海关召开“我看建党百年新成就”老干部座谈会，15个退休党支部的30名老干部代表参加座谈。6月21日，举办“光荣在党50年”纪念章颁发仪式，为部分党龄达到50年及以上的老党员集中颁发纪念章，完成102枚纪念章发放工作。

【离退休干部管理】2021年，北京海关召开离退休干部工作领导小组会议，专题研究离退休干部党组织建设、原技术中心老干部管理等问题。综合分析离退休干部提出的4大类16条意见建议，研究制定问题责任清单，采取有效措施逐项落实。推进海关离退休干部服务管理平台“智慧银海”的推广使用工作，集中查阅903名老干部的32项档案信息，组织开展线上培训，推动离退休干部享受智慧养老福利。及时更新维护离退休干部信息管理系统，做好41名异地居住老干部的情况调查及52名新退休人员的信息录入工作。持续向老干部推送作用发挥、健康生活、服务管理等微信信息，拓宽老干部学习渠道。向相关部门报送各类信息稿件33篇，其中12篇被总署离退休干部局“鑫海桑榆”微信公众号及内部文件采用。

【日常服务】2021年，北京海关秉承精准化服务理念，提供“一站式”服务，组织“上门式”服务，赴老干部集中居住区域开展工作；创新开展“追踪式”服务，对离京时间较长的老干部进行备案登记，协助解决异地就医困难等问题。全年选购并向老干部寄送防疫物资870人次。坚持分类施策，做好离休干部“一人一策”精细化服务，加强对高龄、孤寡、特困老干部的关心照顾。组织离退休干部开展健康体检，对接健康养护中心为老干部提供养老资讯。

老年文化教育

【优化活动环境】2021年，北京海关落实“北京海关2021年度‘三大工程、十二件实事’关于‘优化离退休干部活动环境，提高活动质量’”的工作安排，对活动场所分布情况和老干部实际需求开展调研，制定工作方案，对光华路办公区原有老干部活动中心进行优化改造，在甜水园办公区职工之家、中关村海关在职职工活动室新增电教设备、按摩椅等适老设备，建成集学习教育、休闲娱乐、体育健身等于一体的活动站点。

【参加总署老年大学】2021年，北京海关组织完成800余名老干部注册“桑榆金辉云课堂”，31名老干部报名参加总署老年大学书法、国画、钢琴等课程，协助做好总署老年大学云课堂线上课程播放、视频课录制、书画摄影展布展宣传等服务工作。

【举办庆祝中国共产党成立100周年系列活动】2021年，在“学悟百年风雨史　颂赞海关新篇章”主题征文及访谈活动中，共征集稿件10篇、采访1名老干部，“翰墨光影颂百年”书画摄影作品展共征集书画作品12幅、摄影作品17件，择优向总署离退休干部局报送征文10篇、访谈视频1个、书画作品7幅和摄影作品17件，其中3篇征文、2幅绘画、1件摄影作品被采用，展现老干部爱党爱国爱海关的深厚感情和健康向上的精神风貌。

（撰稿人：王满晶　张京通）

第四篇

业务建设

国际合作

概况

2021 年，北京海关坚持深入学习贯彻习近平外交思想，树牢“首善”标准，践行“三智”（智慧海关、智能边境、智享联通）理念，不断深化关际合作，优化外事管理，提升外事工作能力，为国家整体外交大局和海关系统国际合作工作作出积极贡献。年内，北京海关 1 个项目获评全国海关“三智”合作示范项目，1 人获颁世界海关组织海关日荣誉证书。

重大外事活动与关际合作

【重大外事活动成果落实】2021 年，北京海关研究制定《北京海关关于贯彻落实习近平主席在中国—中东欧国家领导人峰会上重要讲话精神的实施方案》，确定 3 个方面 13 项具体措施。推进相关重点任务落实，开展北京地区对中东欧国家贸易情况监测及相关政策研究；加强 AEO 认证培育，加大对与中东欧国家有贸易往来企业的支持和服务力度；开发“中国—中东欧贸易情况查询”云擎模型，强化风险管理；探索智慧禁限科技应用，辅助提升贸易安全管理。同时，选派外事骨干参与中国—中东欧国家检验检疫合作专项工作，参与筹备第二次中波（兰）海关合作年度工作会议。

【关际合作】2021 年，北京海关持续发挥外事工作领导小组作用，密切与谢列梅捷沃、多莫杰多沃、伏努科沃 3 家俄罗斯机场海关间的关际合作，召开关际合作线上专题会议，围绕“三智”建设开展经验分享及交流研讨。此外，在总署国际合作司指导下，就深化拓展关际合作开展可行性研究。

“三智”合作

【工作机制】2021 年，北京海关发挥“三智”专项联络工作组成员单位及关、处、科三级联络员作用，将“三智”建设与新冠肺炎疫情防控、优化营商环境以及冬奥会服务保障等重点工作统筹推进，深化具有北京海关鲜明特色的监管模式，打造“智慧京关”。

【项目建设】2021 年，北京海关持续

深化既有“三智”项目应用，“智慧旅检集成化应用平台—卫生检疫模块”项目具有10大亮点功能，上线使用后大幅提升检疫效率；“北京国境口岸输入性传染病快速检测和鉴别平台”项目建立多种口岸重点防控传染病的快速荧光PCR检测方法，研发可同步筛查多个病原体的快速检测设备，提升口岸智能化监管水平。在此基础上，新增申报“三智”项目3个，其中，“冬奥口岸传染病监测预警及快速检测技术研究”项目开发“冬奥会口岸传染病风险预警信息平台”，研发全自动封闭式核酸扩增分析系统，建成海关系统首家机场口岸隔离区内生物安全二级实验室，获评全国海关“三智”合作示范项目；“北京海关业务监控统计展示平台减免税业务辅助监控子系统”项目及“‘互联网＋海关’一体化网上办事服务平台（北京海关）集中验估特色政务服务模块”项目取得实战成果，被纳入全国海关“三智”先行先试项目。

【理念应用】2021年，北京海关将“三智”合作理念融入关区业务发展改革，探索开发北京海关业务监控统计展示平台；深化保税物流供应链视频联网系统等智能化系统应用；推动北京双枢纽空港电子货运平台建设，新版物流监控系统于11月顺利试运行，提货时间实现有效压缩。

【政研宣介】2021年，北京海关开展“三智”理论研究，制发内部“三智”专刊，承办“三智”片区研讨会，总结提炼“三智”良好实践；开展“三智”理念宣传推介，拍摄“三智”项目宣传片，在对外媒体发表“三智”相关新闻报道4篇。

外事管理与保障

【外事管理】2021年，北京海关持续强化国际合作理论研究，组织开展“中国入世20周年”征文，上报相关政研文章7篇；培养外事队伍，新增报送外事人才9人；按照总署国际合作司统一部署，选派业务骨干参与线上国际交流及外事活动，完成线上外事活动审批手续18人次。

【外事服务保障】2021年，北京海关严格规范做好涉外机构及人员进境公（自）用车辆、物品审批以及外交人员入境卫生检疫等工作，完成2021年中国国际服务贸易交易会（以下简称“服贸会”）等重要主场外交活动的通关服务保障工作。

（撰稿人：杨　娜）

法治建设

概况

2021年，北京海关贯彻落实总署各项决策部署要求，着力加强法规管理，规范行政执法，应对行政复议诉讼案件，强化法治宣传教育，加强法治队伍建设，为提升北京海关法治建设水平提供了坚实保障。

2021年，完成规章制度集中清理和法制审核工作，共修订规章制度14个，废止规章制度5个，对北京海关4个规范性文件、20部规章制度、3项业务创新模式开展合法性论证。应对行政复议诉讼案件，年内共办理行政复议案件14起，处理被复议至总署案件3起，已审结案件均获维持。应对行政诉讼案件7起，已审结4起，均胜诉。提升政务服务事项标准化水平，推动行政许可事项基本目录、实施清单、办事指南和工作流程图等公开信息的标准化规范化。强化法治宣传教育，加强法治队伍建设，组织国门安全普法进校园、普法进口岸等普法活动30余场，先后被中央电视台等媒体平台报道50余次。北京海关“七五”普法工作得到中宣部、司法部、全国普法办、总署和北京市委市政府的肯定，首都机场海关微视频作品《出入境人员填报健康申明卡提示》荣获北京市法治动漫微视频作品一般普法主题类三等奖，首都机场海关综合业务处荣获北京市“七五”普法先进集体，北京海关法规处1人获北京市“七五”普法先进个人、2016—2020年全国普法工作先进个人荣誉称号。

法规管理

【规章制度建设】2021年，北京海关明确规章制度修订、废止、宣布失效均须经北京海关关务会审议通过，全年共修订规章制度14个，废止规章制度5个。对“规章制度查询子系统”进行升级，增加标注内容，完整体现规章制度的时效状态。提高规章制度法制审核标准，加强部门间沟通协调，对北京海关4个规范性文件、20部规章制度进行法制审核，提出审查意见34条。按照总署要求对规范性文件进行报备，实现“零超时、零退回”。

【立法研究】2021年，北京海关对拟出台的15部总署规章、7部北京市地方性法规进行论证，研提修改意见77条。协助海关总署开展立法后评估工作，对24部现行部门规章提出修订、废止意见。参与《海关法》修订工作，成立由8名公职律师、8名业务专家共同参与的《海关法》修订工作小组，承担《海关法》修订2个课题研究任务，征集汇总意见40余条。

【法治保障】2021年，北京海关助力“两区”建设，完成关区3项业务创新模式合法性论证。针对疫情防控口岸监管等重大执法问题，提供法律咨询服务。配合北京市委市政府完成北京海关“一带一路”政策汇总、重大决策社会稳定风险评估报备、与《中华人民共和国外商投资法》不符的规范性文件清理等工作。优化北京海关民事合同审核流程，全年共审核民事合同856个。开展企业守法情况核查，为调整企业信用等级、守法证明情况、适用主动披露制度等工作提供协助。

规范行政执法

【规范检验检疫行政处罚】2021年，北京海关加强检验检疫行政处罚案件指导，对关区8个隶属海关22份案卷约260份入卷材料进行评查，发现4类17个问题，针对问题制发《案卷评查情况通报》《档案立卷工作指引》。重点做好新修订《中华人民共和国行政处罚法》（以下简称《行政处罚法》）实施后涉检案件办理指导工作，针对新法出台后案件办理难点开展“线上＋线下”集中调研，收集调研样本90份，形成调研报告。以解读新法为主题，制作政策解读等普法宣传作品3件，组织开展专题培训2次。开展线上测试1次，共672名关警员参与答题。

【落实行政执法“三项制度”】2021年，北京海关优化官方网站，首次对外公开《北京海关2020年度行政执法统计年报》。行政许可事项信息纳入北京市政务服务管理系统，同步在“首都之窗”公开，实现与地方政府资源共享。严格执法资格管理，完成北京海关3批282人次执法证、115人次执法资格证书的印制工作。严格落实总署关于权责清单编制工作要求，受总署委托向北京市商务局（北京市人民政府口岸办公室）就《海关总署权责基础清单》征求意见，完成《海关系统权责清单》第一轮征求意见工作。

【以案释法】2021年，北京海关构建案件“反哺”常态化机制，组织开展“公职律师大讲堂”、应诉协作区业务联学、“钉钉线上教学”等多种形式的业务培训。结合关区业务特点，梳理行政复议、诉讼案件反映出的潜在执法风险，检视争议指向的共性问题，通过案卷评查、程序规范等手段，堵塞执法漏洞，预防争议产生。依托“北京海关法治教育宣传专栏”“律动普法直播间”等线上平台发布指导性案例和法律法规解读，针对具体案例开展“以案释法”，从源头防范行政争议风险。

行政复议及行政应诉

【行政复议】2021年，北京海关行政复议案件主要涉及行政处罚、税收征管、行政强制、行政处理、举报等领域。北京海关通过举行行政复议听证、开展专题研讨会议、听取法律顾问专业意见等方式提升办案质量。年内，共审结2020年未审结行政复议案件2起，办理新发行政复议案件12起。其中受理11起，审结10起；1起申请人放弃复议申请，案件终止。全年，办理被复议至总署案件3起。

【行政应诉】2021年，北京海关开展案件统计分析，向总署报送典型案例5起，并向全关发布典型案例3起，发布风险警示通报1次，前往隶属海关指导培训10余次。对隶属海关进行个案指导，邀请法官、一线办案专家开展实务培训，总结办案中发现的执法问题，提示一线规避执法风险。搭建多部门协调同步、关区内外法治专家、业务专家集体参与的案件研讨平台，围绕重大疑难案件，召开研讨会10余次。2021年处理各类行政诉讼案件共计7起，其中新发案件4起，2020年未结案件3起；结案4起，均胜诉。2021年5月参加大连海关承办的线上联学活动，介绍上年度复议应诉工作情况、典型案例、经验做法，开展工作交流。

深化“放管服”改革

【落实改革要求】2021年，北京海关出台“放管服”改革具体落实措施，制定《北京海关贯彻落实海关总署“放管服”改革任务分解表》，明确职责分工，组织专项自查和监督检查，确保总署改革政策在北京关区落地。

【规范行政审批】2021年，北京海关明确行政审批事项公示公开工作要求，完善行政许可信息公示。优化关区行政审批窗口管理模式，推进行政审批网上办理进程。针对新修订《中华人民共和国海关行政许可管理办法》发布政策解读，邀请总署业务专家开展专题培训，对重点难点问题给予指导。对《中华人民共和国海关行政许可管理办法》修订后的相关法律文书予以调整，优化网上办理平台。

【“证照分离”改革】2021年，北京海关按照总署《海关深化“证照分离”改革进一步激发市场主体发展活力的实施方案》要求，组织完成北京海关涉企经营许可事项改革清单梳理，实现涉企经营许可事项全覆盖清单管理。完成直接取消审批、审批改为备案、实行告知承诺、优化审批服务4种行政审批改革举措的实施落地，组织开展自查和监督检查。对接北京市政务服务局，协助推进告知承诺审批事项改革，研究推进电子证照制证改革工作。

法治宣传教育

【法治宣传计划】2021年，北京海关将党建工作与法治宣传教育整体部署、协同推进。结合“我为群众办实事”活动，将党史学习教育成果落实到普法建设实践中，梳理重点实事项目6项，拟定具体措施13个。回应隶属海关和辖区企业普法需求，开展普法“六进”活动。强化组织领导，压紧压实责任，推动普法工作纳入北京海关2021年度绩效考核体系。

【普法规划阶段性衔接】2021年，北京海关总结“七五”普法经验，制定“八五”普法规划。出台《北京海关“谁执法谁普法”普法责任制实施细则》《北京海关第八个五年（2021—2025年）时期法治宣传教育实施方案》，明确“八五”期间普法重点和努力方向。首都机场海关微视频作品《出入境人员填报健康申明卡提示》荣获北京市法治动漫微视频作品普法一般主题类三等奖，首都机场海关综合业务处荣获北京市“七五”普法先进集体，北京海关法规处1人获北京市“七五”普法先进个人、2016—2020年全国普法工作先进个人荣誉称号。

【普法宣传】2021年，北京海关开展各类普法活动30余场。依托“4·15”国家安全教育日、民法典宣传月、食品安全周、“8·8”海关法治宣传日、“12·4”国家宪法日等关键时间节点，围绕新冠肺炎疫情防控、国门安全、冬奥会保障、食品安全、新修订的《行政处罚法》实施等重点内容，组织开展了形式多样的普法宣传活动。北京海关国门安全进校园、进口岸等普法活动和普法作品被中央电视台、新华社、中国普法网、《法治日报》、“学习强国”、《中国国门时报》、“海关发布”微信公众号、北京电视台等国家级、省部级媒体平台报道50余次，其中《〈生物安全法〉来啦，北京海关帮你“划重点”》得到新华社报道，点击量超30万次。

法治队伍建设

【抓住“关键少数”】2021年，北京海关深入学习贯彻习近平法治思想，党委理论学习中心组（扩大）带头学习，多种形式组织全员学习，推动习近平法治思想在北京海关落地生根。强化领导干部法治建设责任，建立完善了领导干部年度述职“述法”、任职前法律知识考试、宪法宣誓、庭审旁听、集中学法等制度。

【公职律师管理】2021年，北京海关开展北京海关新任公职律师审核工作，2021年新增公职律师11人。完成海关系统以及北京市司法局公职律师年度考核，按期完成注册。举办公职律师大讲堂，就“诉讼可视化”进行培训，提升公职律师履职能力。组织公职律师参与典型案例撰写、规章制度清理、涉及检验检疫业务行政处罚案卷评查等法律事务，选派公职律师参加总署“以干带训”3人次，征集行政执法案例编写5篇。组织参与征稿活动，收到稿件10余篇，4篇稿件入选，1篇稿件在《海关法评论》（第十卷）刊发。

【普法队伍建设】2021年，北京海关出台《北京海关普法讲师团管理办法》，组建了懂法治、懂业务、善宣讲的48人普法讲师团队。建立普法讲师精品课程库，推行“点菜式”普法，组织各类法治宣讲活动10余场。加强法治联络员队伍建设，确保关区各单位、各部门至少配备1名联络员，开展普法能力建设专题培训，充分发挥其沟通协调的纽带作用。

（撰稿人：简红声　谢素桃　李绪芝
富　红　王凯漾）

业务改革与发展

概况

2021 年北京海关业务改革与发展工作坚持以“单项争第一、综合创一流”为目标，以“内强改革”和“外促发展”为两翼，推动实现北京海关业务发展和服务首都建设大局再上新台阶。持续优化北京海关特色监管模式，在“三大工程”问卷调查中居满意度首位；对接首都发展战略和高水平开放、高质量发展需求，推进京津冀协同发展；助推科技创新中心建设；推进“两步申报”、H2018 新一代通关管理系统 3.0 版业务切换等改革措施；高质量完成常态化疫情防控物资通关保障工作；高标准做好冬奥会物资通关保障；巩固北京关区压缩进出口整体通关时间成效处于历史同期最高水平；加强贸易管制与技术规范，增强技术性贸易措施调查评估工作服务企业力度；加强知识产权海关保护。

业务改革

【优化特色监管模式】2021 年，北京海关明确“一机制、三结合”基本思路、工作内容和实施步骤，形成“持续优化并有效运行北京海关特色监管模式项目清单”共计 14 项。完善北京海关业务监控统计展示平台实施方案，明确属地查检工作职责分工，强化关税技术跨部门协同，完善关税技术前置认定，完善集中验估特色作业模式，优化北京关区细胞治疗产品进出口查验，优化进境活动物检疫监管模式，理顺进境种苗特色检疫监管模式，探索建立出口食品化妆品“出口直放”制度，形成出口航空煤油检验监管新模式，建立京津“监管产装、抵港直装”业务模式，开发冬奥会智慧通关平台，探索综合保税区智慧弹性仓储海关分类监管，建立加工贸易中后期管理特色监管模式。通过开展特色监管模式建设，进一步顺畅业务运行机制，在“三大工程”问卷调查中，“持续优化并有效运行北京海关特色监管模式”满意度居首位。

【畅通建议渠道】2021 年，北京海关隶属首都机场海关和北京朝阳海关被列为总署综合业务司“问题清零”基层问题与建议直报点，实现业务现场与总署“问题直通”。针对首都机场海关反馈的商品查验、取样送检表单执行困难等问题，研究建立一套涉及查验、取样送检表单问题的研判、处置、评估、反馈、优化机制。建立北京海关“业务现场吹哨、职能部门报到”机制，成员主要包括12个业务职能部门、16个隶属海关有关负责同志及联络员，主要功能为日常沟通联系，常态化解决业务一线在执行中遇到的问题。各隶属海关通过该渠道反映现场问题60余项，特别是新冠肺炎疫情期间现场与职能部门间快速沟通和协调，及时解决现场急需问题，快速传达最新要求，有力支持防疫物资通关工作。

【推动京津冀协同发展】2021年，京津冀海关制订《北京海关、天津海关、石家庄海关推动京津冀协同发展工作实施方案》，确定4个方面24项具体工作任务。北京海关主动认领7项牵头任务，分别建立三关联合专项业务小组，推进各项牵头任务细化落实。在风险布控领域，与津冀两关会商，研究确定建立区域风险信息采集、共享和预警机制。在货物查验领域，配合北京市商务局推动北京空港货运电子平台建设，支持天津海关集疏港平台与北京空港电子货运平台系统功能对接，建设跨境贸易统一平台。在企业管理领域，加强跨区域信用宣传合作。推进监管物流协作发展，具备承接天津跨境电商B2C出口转关北京空运出口业务的条件，支持两地开展口岸跨境电商合作。开展医疗器械协同核查，牵头建立未经联网核查医疗器械协同核查工作机制，在三地跨关区开展医疗器械后续核查工作。开展知识产权跨关区执法合作，制订《推进京津冀海关知识产权保护执法协作工作方案》，构建知识产权保护数据共享、布控共商、监管共治、人员共训、创新共育的共同体。牵头建立北京冬奥会跨关区协作机制，制订三关合作方案，协同做好冬奥会物资通关工作，建立信息共享与快速反馈机制，确保第一时间协调解决通关中出现的问题，合力保障冬奥会物资及时通关。

【支持科技创新】2021年，北京海关落实“十四五”期间支持科技创新进口税收政策，为符合条件的科学研究机构提供减免税收优惠政策。简化进境特殊物品和生物材料通关流程，在诺华细胞治疗项目、生物材料审批权限下放、取消有关生物材料进境检疫卫生证书要求、助推新冠病毒疫苗研发等方面争取到总署的大力支持。

通关运行管理

【提高通关效率】2021年，北京海关发挥“两步申报”叠加“提前申报”在缩减整体通关时间方面的作用，定期向社会公布北京关区申报企业整体通关时间情况。全年已实现进出口整体通关时间低于30小时、1.1小时的目标，处于历史同期最好水平区间。

【推广“两步申报”】2021年，北京海

关在关区范围内向适用企业推广“两步申报”模式，采取线上线下结合、海关内部外部结合、职能现场结合等多种方式加强“两步申报”的政策宣传，重点宣传“两步申报＋提前申报＋汇总征税”政策和“两步申报容错机制”，向切换新舱单的快件承运人开展“两步申报”业务宣讲。年内共有200余家企业参与“两步申报”，“两步申报”报关单超过10万票。

【H2018系统3.0版切换】2021年，在北京朝阳海关作为全国首个H2018系统3.0版业务试点口岸进行实际业务测试的基础上，全关各业务现场按照总署统一安排分4批完成H2018系统3.0版切换。建立切换工作保障专用微信群，全天候解决业务现场遇到的疑难问题，并及时向总署反馈切换技术问题和业务难点，累计处理关区异常通关情况300余次。参加总署综合业务司通关管理系统应用专项工作组，参与研究业务信息系统优化整合方案、优化完善通关作业系统业务需求和新版业务系统功能测试等。

【疫情物资通关保障】2021年，北京海关针对新冠肺炎疫情变化和出口物资新特点，开设新冠病毒疫苗出口专用绿色通道，对符合条件的新冠病毒疫苗出口进行全程通关保障，对北京属地新冠病毒疫苗生产企业提供海关全流程业务“一对一”指导。

【冬奥会物资通关保障】2021年，北京海关制定《2022年北京冬奥会及冬残奥会物资通关保障工作方案》，完善货物通关应急预案，对优先办理冬奥会物资通关、暂时进出境物资监管、进境物资减免税工作、奥林匹克标志的知识产权保护、突发应急情况下物资通关等工作作出明确要求。按照《北京海关、天津海关、石家庄海关关于建立北京2022年冬奥会、冬残奥会跨关区协作机制的合作配合办法》《北京海关、天津海关、石家庄海关综合业务领域问题处置联系配合操作指引》，做好跨关区的冬奥会物资保障协调事项。组织做好冬奥会物资通关保障工作：在各主要货运业务现场开通冬奥会物资通关绿色通道，设立专人值守的冬奥会物资通关专用窗口，指导企业办理进口冬奥会进境物资通关业务，解决企业通关中出现的问题；在北京海关内部建立通关组联系人制度，加强通关组沟通协调，保证冬奥会物资24小时办理通关手续，做好通关服务保障工作；通过视频会议的形式向北京冬奥组委和代理报关企业宣传海关服务冬奥会的便利措施和通关注意事项，解答企业提出的问题；协助北京市商务局完成“中国（北京）国际贸易‘单一窗口’”下“冬奥无纸化通关管理系统”模块的开发，实现冬奥会物资全程无纸化通关。

【常规通关业务保障】2021年，北京海关完成通关时效监控系统初验工作并在全关区范围内进行常规运行测试；开展通关时效每日监控；完成通关业务工作检查要点；反馈授权类业务联系单及常规业务授权调整，完成企业注销类业务联系单及核查工作。

禁限管理与技术规范

【禁限管理】2021年，北京海关持续加强涉证报关单事后核查，定期应用各类信息化系统，对涉及禁止进出口、重点旧机电、易制毒化学品等可能存在漏证风险的报关单进行后续监控，并向现场海关制发处置单。全年共向现场海关制发涉证报关单后续监控处置联系单数十份，多数处置有效。配合总署做好北京关区H2010参数库维护工作。为保障综合分类表、协定税率表等相关参数按时生效，联系协调技术部门做好技术维护工作，全年共接收维护总署下发参数50批次。结合总署审计工作，组织隶属海关对相关通关数据、单据进行核实并将核查结果及时反馈总署；以审计工作为契机，对相关数据开展统计与分析，梳理审计关注的涉证报关单异常行为，形成工作分析报告；做好整改工作，增强通关环节监管证件联网核查工作监控，对日常通关数据查缺补漏，加强现场海关培训力度，不断提高接单审核质量。全年多次配合总署完成核实并反馈涉证报关单协查工作。加强特殊通道报关单管理工作，制定《北京海关特殊通道报关单处置细则》，规范关区特殊通道报关单处置。

【应用辅助系统】2021年，北京海关完成禁限管理辅助系统项目开发验收。在全国范围内首次提出建立统一的禁限管理数据库，梳理整合监管证件查询数据2万多项，维护禁限目录查询数据8,000多项、禁限法规查询数据600多项。自10月19日上线测试至年底，已有近3,000人次登录学习，辅助现场审核涉证报关单667票。

【加强沟通协作】2021年，北京海关提高濒危物种禁限管理工作效能。在北京海关关区内开展调研，聚焦现行濒危物种禁限管理工作问题和难点，形成调研报告，为总署完善濒危物种鉴定处置和物种证明签发管理等相关政策提供建议。10月21日，与国家林草局濒危物种保护进出口管理中心北京办事处开展座谈交流，探讨完善《非进出口野生动植物种商品目录物种证明》（以下简称《物种证明》）和《不予受理行政许可申请通知书》的办理签发事项，初步建立北京海关同北京濒管办的工作协调配合机制。

【完善知识体系】2021年，北京海关完善濒危物种禁限管理知识体系。同中国濒危物种科学委员会和野生生物保护学会（WCS）沟通联系，提供禁限管理辅助系统完善濒危物种禁限管理知识库给现场一线关员查阅学习，知识库涵盖《中国贸易龟类检索图鉴》《物种识别手册》《象牙与象牙替代品鉴定指南》等濒危物种相关知识；收集整理《濒危野生动植物种国际贸易公约》（CITES）附录1,298条、《国家重点保护野生植物名录》495条，手工转化成目录数据并维护进禁限管理辅助系统，供现场查阅使用。

【技术规范管理】2021年，北京海关为实现中国标准与国际对接，在北京海关关区范围内组织开展2021年海关技术规范制（修）订立项申报工作，鼓励关区专业技术人员积极申报涉及重大国际活动出入境检验检疫、检疫犬应用与管理等多项技术规范，同时按照总署综合业务司要求，协助海科中心完成多个项目申报信息的系统流转。开展2021年度技术规范制（修）订任务下发工作。按照总署综合业务司发布的2021年全国海关技术规范制（修）订计划，北京海关承担的计划项目共7项，作为成员单位参与的计划项目共8项。对北京关区参与制（修）订的多项技术规范项目进行全面梳理，年内北京关区承担的技术规范均已完成报批。做好原北京海关技术中心承担项目过渡时期沟通协调工作。北京海关技术中心整体划转海科中心后，与其沟通过渡时期多个制（修）订项目相关工作开展情况，防止项目管理出现断档，协助其完成制（修）订项目系统各项流转操作，保障项目顺利开展。发挥技术规范职能管理作用，畅通信息渠道。用好标准法规数据库资源，指导隶属海关开展技术规范解读与分析，向总署综合业务司报送技术规范解读。

技术性贸易措施工作

【制度建设】2021年，北京海关制定《北京海关落实做好出口企业技贸咨询服务工作方案》，成立北京海关落实做好出口企业技术性贸易措施咨询服务专项工作组，细化具体落实措施。了解企业需求，加强技术性贸易措施解读，开展交涉应对，提升北京海关技术性贸易措施工作水平。

【信息分析研判】2021年，北京海关加强国外通报信息收集分析。收集整理加拿大、印度等5个贸易国家2020年技术性贸易措施，分析编写《实施卫生与植物卫生措施协定》（SPS）措施通报信息121条。委托中国检验认证集团北京有限公司协助开展技术性贸易措施信息收集工作。收集整理国家通报咨询中心发布的国外通报信息并翻译成中文10余篇，通过“京关技贸”、通关现场公告栏等及时转发供企业参考。新冠肺炎疫情期间，通过电话沟通、视频会议等线上方式同行业协会等机构团体进行沟通，了解行业需求，针对重点行业、重点目标市场制定帮扶措施。调动并发挥产、学、研机构、行业协会等社会团体在技术性贸易措施信息收集、分析研判等工作中的作用，形成技术性贸易措施应对工作整体合力。

【年度调查】2021年，北京海关完成北京关区技术性贸易措施影响调查工作。召开关区调查启动会，在规定时间内完成企业调查问卷的采集、核对工作。对问卷调查结果进行分析，撰写《2020年北京地区企业遭受国外技贸影响情况调查报告》

并上报总署。北京海关关区共有近200家企业参与本次调查，约20%的企业反馈受到国外技术性贸易措施影响。

【技术性贸易措施应对】2021年，海关总署国际检验检疫标准与技术法规研究中心（以下简称“标法中心”）共向北京海关征集过2次SPS通报评议意见，涉及9项SPS通报，针对其中8项通报，提出具体可行性评议意见并按时报送标法中心。征集技术性贸易措施专家以及相关企业意见建议，共提出3项特别贸易关注并报送总署国际合作司，其中2项被采纳。

【队伍建设】2021年，北京海关建立专家队伍，加强技术性贸易措施解读。开展技术性贸易措施业务骨干推荐工作，涵盖农食、工业品、动植物及其产品、查验、企业管理、法律、跨境电商等多个业务领域。拟定《北京海关技贸业务骨干管理实施细则》，壮大关区技术性贸易措施专业力量。组织调查工作培训，为12个部门和单位的30多位关员介绍技术性贸易措施基本概念和海关技术性贸易措施工作的具体切入点。通过视频会议形式邀请标法中心SPS通报咨询部多名专家为100多家企业授课，讲解技术性贸易措施基本概念，在线解答企业疑问，提高企业应对能力。制发技术性贸易措施常见问题宣传折页，普及技术性贸易措施相关知识。

【关企互动】2021年，北京海关建立重点企业库，增强关企互动成效。建立并维护关区技术性贸易措施交涉应对重点企业库，引导企业共同参与研提通报评议意见、贸易关注。建立并维护关区技术性贸易措施交涉应对重点企业库。选择多家在农产品、水产品、肉类、果蔬、茶叶、花卉苗木、信息通讯、机电产品、医疗器械、生物医药、化工产品、新能源汽车等行业具有全国影响力和代表性、出口量较大的企业，建立国外技术壁垒交涉应对重点企业数据库，形成“北京海关国外技术壁垒交涉应对重点企业汇总表”并上报总署。针对数据库内企业，安排专人做到及时沟通，引导企业不断提升合规意识和技术创新能力。

【信息宣传】2021年，北京海关设立技术性贸易措施服务专栏，巩固政策宣传成果。在新闻媒体、微信公众号等宣传北京海关关区技术性贸易措施应对工作成效，做好技术性贸易措施宣传。在北京海关互联网站、官方微博等多媒体平台，设立技术性贸易措施咨询服务专栏，加强技术性贸易措施知识普及宣传。收集和发布涵盖世界贸易组织（WTO）政策解读、通报与评议分析、出口产品违规通报、国外主要技术性贸易措施简介等各类文章36篇，拓宽中小企业技术性贸易措施信息来源。向总署综合业务司报送技术性贸易措施帮扶案例材料11篇，其中4篇被认可采纳。

【企业帮扶】2021年，北京海关对标国际新规，一企一策精准帮扶。定期通过召开线上关企座谈会、深入企业调研、组织技术性贸易措施合规宣讲等，了解企业诉求并予以回应。针对北京地区多家企业反映出口农食产品受国外食品安全标准影响而遭受损失的情况，与企业进行沟通，收集相关问题建议报送总署。帮助企业积极应对德国新版多环芳烃检测标准，向总署报送国内外消费品多环芳烃检测不合格监测专报；针对目前国内标准对消费品中多环芳烃限量要求缺失，联合相关科研院所组织申报国家标准。帮扶出口家具企业应对澳大利亚熏蒸处理新规定。澳方新规实施以来，北京某家具企业共完成熏蒸并出口澳大利亚木质家具多批次，未出现出口受阻的情况。帮扶出口蛋制品企业应对新加坡产品新规，促使北京某蛋业生产企业成功进入北京地区对新加坡出口加工蛋制品准入名单。助力北京地区长阶花种苗首次出口韩国。帮扶板栗出口企业应对以色列熏蒸处理规定，2021 年北京某板栗企业共完成熏蒸并出口以色列鲜板栗 10 批次。

知识产权海关保护

【机制建设】2021 年，北京海关将强化知识产权海关保护纳入关区年度重点工作任务，围绕知识产权强国建设和奥林匹克标志保护全面加强知识产权海关保护工作。修订《北京海关知识产权保护工作办法》，强化各部门分工协作，建立直属海关、隶属海关两级办案机制，优化工作流程，实现就近办案、高效执法。编发月报、周报，传达要求、通报进展、交流经验、规范执法。

【搭建“云确”平台】2021 年，北京海关制定远程确权机制，实现知识产权权利人、海关查验现场、办案部门、货物收发货人多方连线、现场确权，大幅降低知识产权权利人看货确权维权成本，通过科技赋能为群众办实事。“云确”平台启用以来，已服务 20 余家国内外知识产权权利人，看货流程缩短一半以上。

【专项执法行动】2021 年，北京海关开展知识产权保护“龙腾”行动、寄递渠道知识产权保护“蓝网”行动、出口转运渠道知识产权保护“净网”行动，制订行动方案，召开部署推进会，持续对群众反映强烈、社会舆论关注、侵权假冒多发领域重拳出击。聚焦奥林匹克标志保护，编发奥林匹克标志保护执法提示，提升一线执法人员鉴别敏锐度；与北京冬奥组委建立直联机制、冬奥会货物补充申报机制，协助冬奥组委快速核实商品授权，高效监管的同时保障各国奥委会定制产品顺利通关。查获侵权“奥运五环”布艺贴片 100 张。全年共查获涉嫌侵权商品 3,284 批次、63.4 万余件。

【跨区域跨部门合作】2021 年，北京海关牵头京津冀三地海关构建知识产权保护数据共享、布控共商、监管共治、人员共训、创新共育的区域共同体，推进知识产权海关保护工作效能整体提升。依托北京市打击侵权假冒工作领导小组、知识产权办公会议等平台彰显知识产权海关保护积极作用，参与政策制定、课题研究、宣传培训、执法协作，推动构建大保护格局，助力打造知识产权强国示范城市。强化新领域新业态保护，完善关企共治的跨境电商知识产权保护模式。

【“一企一策”服务企业】2021年，北京海关调研53家自主知识产权企业，了解企业知识产权状况，收集分析企业诉求建议，针对不同类型企业特点，实施“一企一策”服务。促成中国烟草旗下数10个商标完成备案，为全国海关有效保护香烟自主品牌畅通渠道。提前布局北京环球影城相关知识产权保护，保障重大项目顺利运行。开展知识产权海关保护服务满意度问卷调查。

【知识产权普法宣传】2021年，北京海关在“4·26”世界知识产权日、“8·8”海关法治宣传日等时间节点集中开展宣传活动，推进知识产权海关保护宣传普法进口岸、进现场、进企业，引导社会公众特别是进出口企业、报关企业、进出境旅客自觉遵守知识产权保护政策法规。通过中央电视台、《中国知识产权报》等新闻媒体报道北京海关查获典型案例和创新举措，运用“海关发布”微博、微信公众号等新媒体平台宣传知识产权海关保护政策法规和保护措施。参加北京市知识产权保护状况新闻发布会，介绍知识产权海关保护措施成效；与北京市打击侵权假冒工作领导小组成员单位联合集中销毁罚没侵权商品，共同营造尊重、保护知识产权的良好氛围；与北京市市场监管局等部门联合举办“双11”网络集中促销活动行政指导座谈会，提示跨境电商企业遵守法律法规。

（撰稿人：刘　龙　李　蕾　王朝翔
孙　华　王娉珊）

关税征管

概况

2021年，北京海关关税征管工作以“单项争第一、综合创一流”为目标，紧紧围绕“保安全、促发展、推改革、抓建设”的工作重点，持续深化综合治税，着力提升税收征管的量、质、效，积极服务首都经济高质量发展，用足用好税收优惠政策措施惠企利民，持续优化口岸营商环境，将“减税增效”落在实处，圆满完成全年各项税收工作任务。

2021年，税收入库641.28亿元，同比增收44.86亿元、增长7.52%。其中，关税入库99.72亿元，同比增长6.59%；进口环节税入库541.56亿元，同比增长7.69%。为企业办理各类退税9,167.82万元，减免税款滞纳金185.23万元，通过汇总征税、关税保证保险、多元化担保等方式为北京关区企业减少占压资金536.52亿元。

税则税政

【归类认定】2021年，北京海关细化关区关税技术（归类）认定作业标准，明确相关工作职责划分及办理流程，编制《关税技术（归类）认定细化标准及指引自查清单》。编制《归类联系单随附资料指南》，明确归类认定所需的材料及随附资料的审核要点，优化关区归类认定的管理流程，明确职能认定的标准及要求，避免由于材料提供不足造成联系单重复报送的情况，加强业务现场在面对归类疑难问题时预审核能力的培养及引导，提升关区归类业务水平。全年，共审核各单位报送的归类认定联系单276份，专业认定联系单15份。

【税政调研】2021年，北京海关开展形式多样的税政调研宣传、走访工作。通过“京关归类”微信公众号、微信群等媒介，发布包含税政调研业务介绍、申请流程等指引内容，拓展政策受众面；举办“税政调研云课堂”，为关区属地企业进行税政调研培训，搭建经验交流、分享的平台，鼓励企业积极参与税政调研工作，发挥税政引导、促进作用；开展定点“上门服务”，走访关区重点企业开展专项调研。全年，北京海关共收集税政调研建议178项，其中经关区初审上报总署113项，同比分别增长37%和100%。被总署终审采纳25项，其中准直器（CT机零件）、闪烁体（CT机零件）、大西洋鲑鱼、未锻轧钴4项税政调研建议被国务院关税税则委员会办公室采用纳入《2022年关税实施方案》，贝前列素钠根据建议取消监管证件要求。

【行业调研】2021年，北京海关开展关区内行业、企业调研工作，掌握行业发展动态，倾听企业诉求呼声，共开展归类、税政方面的调研9次，涉及企业20余家，涵盖医疗、生物、汽车制造等关区重点行业及领域。同时将相关调研成果进行转化，牵头撰写“人体核酸及其盐”的调研报告。

【大数据应用】2021年，北京海关提升大数据应用以及数据分析能力，通过“云擎”制作各类监控模型共计43个。

【政策解读】2021年，北京海关对《2021年关税调整方案》、《中华人民共和国海关进出口货物商品归类管理规定》、归类预裁定等内容进行政策解读工作，解答相关政策中外界广泛关注的核心内容，并通过新媒体平台进行对外宣传。同时做好关区培训工作，组织开展包含2022版《协调制度》转版在内的关区培训2次。

【综合处置】2021年，北京海关与海关总署税收征管局（京津）在大数据应用方面合作探索风险防控方案并完成“同品名归类差异”“属地企业全国申报纳税情况”“自报自缴纳税情况”等“云擎”模型。开展缉私积案清理工作并固化工作机制。解决缉私案件审核过程中存在的关税技术问题，加强关税职能支持，提升案件办理效率。对相关作业流程及模式进行固化，对辅助系统应用、参考书使用等方面的问题进行介绍，提升缉私与关税业务的综合处置能力。

【税政宣传】2021年，北京海关“京关归类”微信公众号共发布文章30篇，累计阅读量超5万次。新闻稿件《北京海关34项税政建议被采纳》被《北京日报》刊载。

【专项工作】2021年，北京海关派员参与总署2022年版《协调制度》翻译、转换、教材编撰以及“全国税收征管平台”建设、“关税大数据研发”工作，全年共参加总署组织的各类集中工作5次。

估价管理

【能力建设】2021年，北京海关先后就《中华人民共和国海关计核涉嫌走私的货物、物品偷逃税款暂行办法》《海关总署关于审定公式定价进口完税价格有关问题的公告（征求意见稿）》《中华人民共和国海关进出口货物完税价格确定办法（修订稿）》《双特价格台账管理操作指引》《海关审价工作规程》等法规，征集相关意见及建议20条并向总署反馈。开展国内外估价技术研究，完成司级课题“租赁贸易海关价格管理研究”；通过“价格预裁定+实地调研”方式，帮助20余家企业解决完税价格确定和申报困难；参与国际估价事务，作为估价技术委员会国际组成员，根据总署安排，参与对欧盟、英国等估价立法审议，列出问题清单通过商务部世界贸易组织司向WTO提交。撰写的“租赁贸易项下的技术许可费”案例通过全国估价技术委员会审议，列为拟上报世界海关组织（WCO）估价技术委员会的案例。

【制度建设】2021年，北京海关充实完善《审价法规汇编》，修订《职责任务及岗位设置》，制发《后续审价补税数据录入指南》，制订《主动披露征询作业内部操作指引》《审价作业内部操作规范》，对涉及估价作业的主动披露事项、价格质疑、磋商、补税及案卷归档等审价作业事项进行规范。

【工作成效】2021年，北京海关采用“价格预裁定+合规申报指导意见”方式解决企业价格疑难问题，全年为3家企业作出价格预裁定决定书。做实价格管理的监管后移，实行集约化管理方式，以“一企一策”为原则，制订关区特许权使用费和特殊关系（以下简称“双特”）企业价格管理方案，建立关区双特管理台账30家。在总署税收征管局（京津、上海）的指导下，加强对药品、医疗器械、集成电路、游乐设备和电子产品等不同行业的价格风险管控。优化部门协作机制，通过“信息交互+技术支持”双向互动，结合“懂商品、懂技术”与“有情报、有手段”的专业优势，精准研判处置低瞒报风险，推动真实价格信息及时反哺正面监管，切实提高综合治税效能。

税收征管

【综合治税】2021年，北京海关制定全年税收工作要点，定期分析研判关区税收形势，全年完成24篇征管分析报告；针对废弃电子基金征收、滞纳金减免等专项业务报送专题报告。提前谋划对税源企业、征管现场的税收调研，摸清底数。按月分析税收进度。定期开展税收督导，全年制发税收督导单14次，健全各类工作台账。

【税收优惠政策】2021年，北京海关贯彻中央各项决策部署，推进落实各项税收优惠政策。在财政部等有关部门尚未出台“十四五”进口税收优惠政策前以及政策出台后主管部门尚未公布享惠单位名单及免税进口商品清单前，做好解释工作，为相关单位进口科技创新、生产制造等活动所急需的设备、材料，加急办理大量减免税担保放行手续；各项税收优惠政策明确享惠主体资格和免税商品范围后，完成推进减免税审核及解保、退税等各项工作。

【服务地方经济】2021年，北京海关争取相关政策在关区落地，推动“两区”建设工作任务落地。开展航空服务领域税收政策延伸服务，促进航空行业链条降本增效。在航材税收政策下发前主动调研，了解北京地区航空维修企业诉求，研提海关执行意见建议，争取政策支持；在享惠单位名单下发后第一时间了解相关单位进口情况及下一步进口计划，宣讲减免税政策和申办程序，解答企业咨询；优化征管流程，持续深化无纸化申报改革和简化单证作业。支持高端制造全产业链发展研究，探索解决“卡脖子”问题措施。服务支持集成电路和重大技术装备企业发展，助推为企业减轻税负。

【支持北京市重点项目】2021 年，北京海关持续开展对 2022 年冬奥会和冬残奥会的支持工作。开展冬奥会税收政策研究，协助制定海关执行文件，提高政策可执行性；加强沟通和调研，主动联系北京冬奥会和冬残奥会组委物流部，了解冬奥会和冬残奥会场馆建设进程和物资进口享惠需求，介绍相关政策规定；建立无缝对接沟通机制，举办线上视频会议，结合冬奥会物资进口流程，给出办理免税手续最简、最优方案，为冬奥会进口物资开通绿色通道，支持冬奥会物资免税进境工作。推进服贸会政策拓展，在服贸会落地北京后，对北京市商务局拟向国务院有关部门申请的拓展服贸会进口税收优惠政策的可行性进行分析研究，协助提升服贸会办展成效；从享受税收优惠政策的进口展品范围、参展企业及展期内销售进口展品的确定、优惠政策的有效期以及免税手续如何办理等方面介绍服贸会政策，为北京市办好服贸会贡献海关力量。

【优化营商环境】2021 年，北京海关编辑修订《北京外商投资指南（2021—2022）》，介绍北京海关促进外商投资的相关政策措施。通过提高关区减免税审核无纸化率和网上预约等措施，推进减免税申报无纸化率提高，使申请单位办理业务更快速便捷。

【税收征管质量】2021 年，北京海关设置指标评估机制，每月开展评估，按季度予以通报，正向引导、补齐短板，有效防控税收风险。加强日常报关单、税单数据监控核查，制发工作指引明确监控手段和途径。

【税收征管改革】2021 年，北京海关持续推广汇总征税改革，年内北京关区共受理汇总征税报关单 26.93 万票，同比增长 43.34%。推进关税保证保险并在自贸区内开展关税保证保险试点，年内共为 312 家北京企业备案关税保证保险保单 1,611 份，担保税款金额 169.14 亿元，规模位居全国海关前列。落实以企业为单元的税款担保改革，实现企业“无纸模式零跑腿，有纸模式最多跑一次”，确保企业充分享受“一保多用、全国通用”政策红利，政策实施首月（2021 年 12 月）为 42 家北京属地企业税款担保 160 份，同比增长 31.14%，担保总金额 141.36 亿元，同比增长 11.51 倍，其中关税保证保险、集团财务公司担保占总份数的 77.54%，占担保总金额的 26.84%。

【减免税业务改革】2021年，北京海关应对《中华人民共和国海关进出口货物减免税管理办法》配套系统调整和“十四五”开局之年政策调整，加急办理担保放行手续；配合H2018新一代减免税管理系统升级，确保全面推广应用。紧跟政策发布开展政策梳理及学习培训。

【减免税政策宣讲】2021年，北京海关在财政部等十一部委联合发布“十四五”期间支持科技创新的进口税收政策及配套管理办法后，从税收优惠措施、资格核定、享惠单位、享惠商品等角度梳理新政规定，通过网络加强对外宣传。组织多场科技创新政策宣讲培训，受众覆盖300余家单位；为支持北京“两区”建设，随北京市“两区”办赴昌平生命科学园进行调研并开展进口税收政策宣讲，结合昌平生命科学园园区内企业特点介绍科技创新、鼓励项目等进口税收优惠政策，对企业申请享受进口税收优惠政策过程中遇到的问题进行解答。针对集成电路重点项目大力帮扶，上门宣讲相关进口税收优惠政策。为鼓励海外文物回流，了解相关单位接收保管流失海外中国文物特殊模式的具体情况，会同北京市财政局提供税收政策指导，宣讲现行国有公益性收藏单位进口藏品免税规定。

【行邮业务税收征管】2021年，北京海关贯彻落实《海关进境物品税收征管工作制度（试行）》规定，优化行邮税征税作业流程，统一关区执法尺度，提升行邮税收征管水平。旅检渠道成立专项工作组，协调各旅检现场，加强重点抽查，提升价格审核水平，丰富支付手段；快件渠道完善快件系统风险防控，加强对快件个人物品的征管力度，加强对快件企业的规范申报要求，开展价格预审核，提升快件渠道个人物品报关单的审核质量；邮递渠道利用金关二期系统的技术优势，一方面科学布控，提高审单质量和征税效率，另一方面强化现场实际监管，加大查验比例，确保税款应收尽收；针对跨境电商零售进口渠道，定期组织关区跨境电商征管业务骨干，集中开展进口征税监控和税收特点分析，通过小组会议形式通报风险研判情况，提出相关风险商品处置意见建议。通过“云擎”系统、北京跨境电商综合服务平台等系统开展征税数据统计分析，加强数据核查，强化征管手段，提高跨境电商零售进口税收征管质量。

【行邮专项工作】2021年，北京海关结合总署非贸税收征管重点工作安排，参加署级非贸征管法规的制定及征求意见等相关工作。参加海关总署税收征管局（京津）行李物品征免税验放标准优化方案远程集中工作，提供关区业务素材，对课题成果提出修订意见；参加税收征管局优化邮件征税管理集中工作，交流优化海关与邮局联系配合机制调研情况，研提改进海关邮件征税工作思路方案；根据总署要求，就留学生免税车税收征管问题开展调研走访，了解政策执行情况，聚焦热点问题，撰写调研报告；参加总署行邮物品进口税“简易征收”课题研究远程集中工作，提供关区业务素材，对研究课题提出修订意见。参加海关总署快件系统功能完善任务书集中工作，结合北京海关快件物品税收征管实际情况提出意见建议。受总署委托，牵头推进“邮政缴税信息联网”专项工作。与邮政部门共同拟定工作方案，推进系统开发工作。

【行邮税收征管改革】2021年，北京海关结合关区特色监管模式建设，采取多项举措提升邮件缴税便利化水平。成立“北京海关进口邮件通关政策专项工作组”，以金关二期邮递监管系统全面推广应用为契机，优化与邮局的征税联系配合机制，组织修订进口邮件通关征税工作指引，理顺海关内部工作流程；加强舆论宣传引导，通过“中国海关12360”等互联网宣传媒体，及时向广大用邮人公示海关关于邮件申报缴税、提货验放的工作流程；开展政策沟通，在总署的指导下积极推进邮递物品税收征管作业改革工作，提升缴税便利化水平。

【属地纳税人管理】2021年，北京海关制订印发《北京海关推进落实属地纳税人管理工作方案》及系列工作制度。将30家北京关区属地纳税企业和30家报关企业纳入属地纳税人管理工作范围，配备纳税“专管员”，开启业务优先办理通道，逐一建立企业底账并开展纳税遵从度评估，建账企业的税收覆盖度达到74.34%。年内共组织开展4轮合规申报差错纠正工作，覆盖231家属地企业。开展规范申报自查整改，集中审核16万条进口申报数据，对309家企业的2,917条不规范申报数据进行纠正；协助异地直属海关做好规范申报差错报关单后续修改共计45次，联合海关总署税收征管局（京津）共同开展航空运输业清单化管理专项工作。在海关总署税收征管局（京津）指导下对2家北京总部型企业进口大豆滞期费开展属地化后续管理；为2家重点属地企业打造关税政策“服务包”，提供涵盖税款担保、通关服务、税政指导、价格认定等内容的政策支持；为70余家关区重点税源企业提供税收政策辅导，引导企业合理应用“两步申报”、汇总征税等申报纳税改革措施。

税收风险防控

【税收风险监控】2021年，北京海关对已计税未打印、已打印未开征等异常数据实时监控、及时处置，对构成实质性欠税企业做好税款清缴及后续处理。对汇总征税、关税保证保险业务运行等进行专项监控；对手工税单和违规滞纳金长时间未核注、退运货物超期未征税等税收风险点开展专项自查，清理异常数据约1,000余条；扎实开展减免税审核正确性月度核查和专项监控，及时处置进口税收优惠政策执行过程中的超期、漏征风险及申报错误；持续开展关区归类监控核查，针对

30余类商品3,000余条报关单数据开展归类风险排查，移交稽查线索；与海关总署税收征管局（广州）开展联合研判工作，对医疗器械行业开展专项核查。加强优惠贸易原产地证明抽核监控，对存疑证书发海关总署税收征管局（京津、上海、广州）开展对外核查。成立领导小组和工作专班应对重点高风险企业破产重整的涉税风险，筛查企业欠税风险，完成税款债权申报，积极推进后续确权，实时监控欠税及未开征数据，开展联合约谈，督促企业履行纳税义务，及时清退保税货物等在办业务风险，制发防控周报、月报近20期；组织进口优惠贸易报关单集中审核，对涉税风险报关单联系海关总署税收征管局（京津、上海、广州）作进一步处置；有效防范非贸渠道涉税风险，研提二级布控规则32条，指导征管现场开展排查处置；针对快件渠道低价值游戏机、化妆品、美容仪、运动鞋等开展多次专项核查；对可能造成漏税的技术类风险加强估价研究，对价格伪瞒报风险加强分析研判，相关线索及时移交处置。及时制发北京海关税收风险防控要点，指导现场筛查异常数据；全年累计报送税收风险防控建议252条。

【专项整治】2021年，北京海关完善迎审工作机制，及时跟进反馈，针对专项审计与内部审计分别开展自查整改，下发督导单、取证单，收集汇总自查问题清单，及时核查反馈取证材料，对涉及的问题及时总结纠正、举一反三，制发相关通知或工作指引，完善日常监控制度，建立长效机制。围绕“现场监管与外勤执法权力寻租”专项整治，对关税条线廉政风险进行全面梳理，排查重点业务领域、风险环节、风险岗位，形成廉政风险清单，多种形式开展警示教育和案例学习，开展违规事项个人申报，撰写“专项整治心得体会”，做好谈心谈话、进行风险研判，查找问题，以专项整治工作推动防范业务风险。发布跨境电商进口渠道二级布控规则8条，涉及价格、归类、非正面清单，捕中进口清单500余票，组织对跨境电商渠道进口坚果、岩盐、化妆品等开展专项归类核查。对减免税和验估作业集中审核业务等开展职能督导检查，对可能存在的风险提出立行立改措施建议。

【验估作业】2021年，北京海关对集中验估作业模式研提改革建议措施，开展调研并提出改革方案形成专项课题研究报告。完善验估管理各项制度，每月召开例会，集中研判解决实际问题，加强监控，建立健全各类台账，对验估指令处置进度和实效进行实时跟踪，坚决杜绝超期未处置情事。全年接收验估指令13,016条。

原产地管理

【支持北京市“两区”建设】2021年，北京海关将原产地管理工作同北京“两区”建设高度融合，立足本职，服务国家和地方对外开放建设，积极参与地方政府的政策研讨、关企对话等活动，宣传海关优惠贸易政策，将 RCEP 实施准备纳入北京市“两区”建设重点任务内容，积极推进落实。

【RCEP 政策宣传】RCEP 由东盟 10 国于 2012 年发起，成员国包括东盟 10 国（泰国、新加坡、文莱、老挝、柬埔寨、越南、印度尼西亚、马来西亚、菲律宾、缅甸）、中国、日本、韩国、澳大利亚、新西兰 15 个国家，于 2020 年 11 月 15 日正式签署。2021 年，北京海关开展 RCEP 实施准备工作，优化出口原产地证“集中审核，就近签证”业务模式，通过自助打印、预约办理、邮寄送达等便利化措施，智能审核推动原产地证书进入高速“秒审”时代。通过调查问卷、微信、电话等方式广泛开展调研，梳理涵盖关税减让表、原产地规则等 4 大类内容，采用“云宣讲”、专题讲座、RCEP 专栏等形式，自行或联合北京市商务局、投资促进服务中心、贸促会以及北京报关协会等单位，组织线上线下企业政策宣讲会 7 次，多角度组织政策宣讲，惠及 1,400 余家企业。围绕 RCEP 的重点内容、重点产品和社会关注热点，编制发放《RCEP 问答小册子》《出口原产地海关业务问答》，在《中国海关》杂志上发表《RCEP 政策解答》，《北京日报》《中国海关》杂志等媒体对宣传宣讲工作情况进行报道。参与总署“RCEP 原产地管理信息化应用”开发测试，做好旧的原产地签证系统和“RCEP 原产地管理信息化应用”之间的系统切换并行和企业指导工作。在业务现场设立 RCEP 惠企服务专窗和专项业务联络员，推进 RCEP 落地落实。

【贸易救济措施实施】2021 年，北京海关全面梳理现行贸易救济措施文件，将文件要求和风险防控逻辑模型化，扩大风险监控覆盖范围，对关区贸易救济措施重点商品开展多角度重点筛查。对漏征反倾销反补贴税、规范申报等问题，开发专项模型，按季度开展监控。

【优惠贸易原产地规则实施】2021 年，北京海关牵头组织成立关区优惠贸易原产地规范审核专家小组，抽取关区优惠贸易进口报关单开展逐票审核集中工作，组织开展分析处置，同时开展日常抽核，对较大风险发海关总署税收征管局（京津、上海、广州）作进一步研判处置，并对存疑证书发海关总署税收征管局（京津、上海、广州）开展对外核查。集中精力梳理优惠贸易原产地文件汇编，更新优惠贸易原产地速查手册。组织 4 次优惠贸易原产地规则培训，强调优惠贸易报关单审核要点，提高现场海关风险防控水平。结合新出口原产地业务系统开发和智能审核工作，加强原产地集中审核与签证审核，定期开展季度抽核；认真开展退证查询，外方核查中方签发原产地证书中的错误证书为 0；制发关于开展出口原产地证书签证工作自查通知，进一步规范原产地证书签证业务。

【培训与政研】2021 年，北京海关在

关区范围内组织关员参加总署、商务部组织的 RCEP 培训，同时自行培训 5 次，内容涵盖原产地规则、原产地管理信息化应用项目操作、优惠贸易原产地进出口申报、进口优惠贸易原产地审核，参训人员约 1,300 人次。整理汇编 RCEP 知识材料，引导关员熟悉相关原产地规则及贸易便利化政策。在全关范围内开展 RCEP 征文活动，收集征文 8 份，并开设关区 RCEP 专刊进行交流。

（撰稿人：刘士尧　王　珏　杨　杰
张　浩　张云飞　马　玲
吴　尧）

卫生检疫

概况

2021年，北京海关全面落实总署口岸疫情防控工作要求，严格落实“三查三排一转运”，坚持“人物同防”，做到精准预测、精准布控、精准检疫、精准检测，建立并完善有首都特色的疫情防控模式。做好2022年冬奥会和冬残奥会检疫保障准备，做好庆祝中国共产党成立100周年、冬奥会测试赛等重大活动口岸疫情防控和检疫保障。组建重大传染病疫情监测小组，加强全球传染病监测制度建设和人才队伍建设。对新冠肺炎等全球重大传染病疫情信息进行持续关注和风险研判，为制定针对性的口岸防控措施提供科学参考。建立新冠病毒疫苗出境专用通道，保障新冠病毒疫苗检疫审批通关“零延时”。强化特殊物品卫生检疫监管，推进“两区”建设有关特殊物品支持措施落实，支持生物医药产业发展。组织相关隶属海关开展鼠类及体表寄生虫等病媒生物调查、监测工作，做好年度“一带一路”病媒生物专项监测工作。开展“全民国家安全教育日”“全国疟疾日”“世界艾滋病日”等宣教活动，加大口岸出入境健康宣教及检疫查验力度，做好口岸生物安全知识的宣传普及工作。

检疫管理

【口岸疫情防控】2021年，北京海关制定新冠肺炎疫情防控方案和突发事件应急处置预案，北京首都国际机场口岸、北京大兴国际机场口岸、北京西站口岸结合自身情况制定口岸疫情防控工作方案。对重点航班以及特殊包机实施“一机一策”，建立“总体应急预案 + 各业务类型应急预案 + 口岸方案”的三级防控制度体系。按照最新版口岸防控技术方案和操作指南对入境人员及航空器实施登临检疫、健康申报核验、体温监测、医学巡查、流行病学调查、医学排查、采样检测、转运移交、信息通报等卫生检疫措施。将《入境客运航空器新冠肺炎疫情终末消毒监督作业指南》落实到位，进一步压实航空公司入境客运航空器新冠肺炎疫情消毒的主体责任，督促航空公司做好终末消毒工作。做好“人物同防”，严格落实高风险非冷链集装箱货物抽样检测和预防性消毒监督等措施。

【业务指导与培训】2021年，北京海关举办全球公共卫生风险监测培训、突发公共卫生事件应急处置等各类培训10次。开展采样岗位能力及防护技能培训8批次。组织400余人次参加总署入境客运航空器终末消毒监督培训。开展涉疫情医疗废弃物、重点管控生活垃圾处理讲座。组织一线人员学习《海关新冠肺炎疫情防控工作人员安全防护工作手册》。加强冬奥会包机及重点航班视频检查力度，指导一线做好各个环节工作。

【疫情防控督导迎检】2021年，海关总署和国务院联防联控机制综合组先后3次派专家组对北京海关新冠肺炎疫情防控工作开展专项督查，北京海关从组织保障、口岸疫情防控、进口货物疫情防控、新冠病毒疫苗出境保障、实验室检测情况、安全防护、冬奥会准备工作等方面全面介绍新冠肺炎疫情防控各项工作。

【重大活动卫生检疫保障】2021年，北京海关制定冬奥会卫生检疫、疫情防控、口岸卫生监督工作方案及突发事件应急预案，制定冬奥会采样支援人员工作方案，建立冬奥会公共卫生风险研判机制，联合海科中心和9个直属海关全面评估冬奥会口岸公共卫生风险并提出针对性措施。优化检疫通关、实验室检测等流程，启用海关系统首家机场口岸隔离区内生物安全二级实验室，“一机一策”高效完成冬奥会测试赛等入境检疫检测工作。做好庆祝中国共产党成立100周年等重大活动口岸检疫工作。

【疫情防控数据报送】2021年，北京海关与总署卫生检疫司、北京市卫生健康委、北京冬奥组委等部门建立信息通报机制，做好入境人员及新冠病毒阳性病例信息通报，保障7×24小时信息报送。印发两版《北京海关新冠疫情数据报送及审核工作细则》，落实数据报送双人两级审核、定期通报和业务培训制度，多次组织开展数据报送审核培训。

生物安全

【新冠病毒疫苗出境保障】2021年，北京海关做好新冠病毒疫苗出境保障工作，助力我国新冠病毒疫苗出境开展Ⅲ期临床试验、附条件上市后商业出口。保障新冠病毒疫苗检疫审批通关“零延时”；为关区疫苗生产企业提供海关政策解读、出境流程指导；建立审批专用通道，实行7×24小时工作制，对新冠病毒疫苗出境审批申请、通关手续即到即办、即查即放；为新冠病毒疫苗企业提供政策咨询。制定《北京海关新冠病毒疫苗出境监管工作作业流程》，规范新冠病毒疫苗出境监管工作流程和检疫要求。

做好境外临床试验受试者样本入境和新冠病毒变异株引进工作。做好受试者样本入境审批和通报。鉴于新冠病毒高变异性的特点，为做好新冠肺炎疫情应对准备，开展新冠病毒疫苗对变异株保护效果的评价等研发工作，针对相关单位提出的变异株及其样本的入境需求，积极对接引进单位，明确高致病性病原微生物入境办理流程及审批材料。做好多批变异株样本入境卫生检疫审批。

【特殊物品卫生检疫监管】2021年，北京海关落实中关村生物医药检验检疫试验区政策，对符合条件的企业开展智能审批，实现审批“零等待”。创新科研用高风险样本风险评估模式，对进口急需使用的、小批量科研用样本采取快速风险评估模式；简化实验室交换样本风险评估材料要求，拓展风险评估结果应用范围。

推动落实“两区”建设中特殊物品创新政策相关措施。办理全国范围内首例细胞治疗原材料出境和CAR-T入境审批。为解决相关细胞治疗项目在多省市开展临床试验、高风险特殊物品需向多地海关申请审批这一难点，向总署争取整体项目管理政策，该项目已在国内开展12例临床实验研究。制定《关于优化北京关区细胞治疗产品进出口查验工作的通知》，对细胞治疗产品实施出境集约化管理，实现入境干细胞等人源化细胞多地开展临床试验的集约监管。与北京市“两区”建设生物医药专班研讨，提出“对临床试验用途的干细胞等人源化细胞入境检疫采用一关审批、多地临床试验的监管新模式”，该模式纳入《北京市生物医药全产业链开放实施方案》并得到北京市政府批复同意。

【国门生物安全宣传】2021年，北京海关宣传贯彻《中华人民共和国国家安全法》，开展“筑牢口岸检疫防线、守护国门生物安全”为主题的宣传教育活动，共张贴宣传海报200余张、发放法律读本1,000余本。参与总署卫生检疫司新媒体宣传材料制作和审核工作，在“海关发布”微信公众号、《中国海关》杂志等媒体发布《这些“奇葩”物品你带过吗?》《全民国家安全教育日 | 中国海关尽掌全球疫情　护您健康出行》《全民国家安全教育日 | 国门“捉虫灭鼠”记》《全民国家安全教育日 | 防控重大新发突发传染病》《全民国家安全教育日 | 常见病媒生物》5篇。邀请专家讲授高致病性病原微生物种类、生物安全风险等相关专业知识，共589名关员参训。

疾病监测

【口岸重大传染病风险监测预警】2021年，北京海关制订《北京口岸重大传染病风险监测预警工作方案》，在口岸建立哨点，做好多病共防，加强埃博拉病毒病、中东呼吸综合征、人感染动物源性流感等重大烈性传染病疫情监测和分析研判，有针对性地加强对重点国家、重点航班、重点人群卫生检疫和多种病原体检测。

【风险评估】2021年，北京海关印发《北京口岸公共卫生风险监测和风险评估工作方案（第二版）》，建立重大传染病疫情监测小组，对新冠肺炎等全球重大传染病疫情信息进行持续关注和风险研判。共举办3场次公共卫生风险监测和风险评估培训，加强全球传染病疫情尤其是新冠肺炎疫情信息监测搜集工作，编发4期疫情形势分析报告；组织专家每季度召开北京海关口岸公共卫生风险评估会议并编发4个季度的口岸公共卫生风险评估报告。

【出入境监测体检和预防接种】2021年，保健中心开展出入境人员监测体检5.34万人次，其中出境4.21万人次，入境体检和验证1.13万人次。实施出入境预防接种2.88万针次，其中接种黄热病疫苗2,978针次。

【“全国疟疾日”“世界艾滋病日”宣传】2021年，北京海关开展“全国疟疾日”宣传活动，加大口岸出入境健康宣教及检疫查验力度，持续加强疟疾预防与控制工作，落实防止疟疾输入再传播策略措施，巩固消除疟疾成果。发放宣传材料及宣传品共5,078份，为百余名旅客开展健康咨询。同时，充分利用微博等多种媒体宣传平台，发布疟疾宣传信息，扩大宣传范围，在《中国国门时报》、《中国海关》、“海关发布”微博等合计推送图文和信息9篇。开展“世界艾滋病日”宣传活动，在机场、车站、体检中心等处设立宣传阵地，发放宣传材料及宣传品3,492份。利用微信等多种媒体发布艾滋病宣传信息，在首都机场海关“晴空”微信公众号和保健中心微信公众号合计推送图文3篇。

【科研工作】2021年，北京海关通过科研技术方法探索新冠肺炎疫情防控工作新方法、思路，承办和参与各项卫生检疫相关科研项目。承办总署3项科研项目：“新冠肺炎疫情影响下冬奥会口岸公共卫生风险管理技术研究”（2021HK125）、“冬奥会运动器材辐照灭菌处理研究”（2021HK126）、“新冠肺炎疫情影响下出入境人员风险管理技术研究及应对措施”（2021HK127）。承担北京海关课题“全球新冠肺炎疫情防控形势和口岸防控策略研究”。承担海关技术规范《重大呼吸道传染病国境口岸卫生检疫规程　第2部分：疑似病例检疫处置》修订工作。参与《海关总署新冠肺炎疫情防控口岸卫生检疫操作指南》编制、口岸公共卫生核心能力制标修规等专项工作。

卫生监督

【口岸病媒生物监测】2021年，北京海关开展病媒生物监测工作，组织相关隶属海关开展鼠类及体表寄生虫等病媒生物调查、监测工作，有效地控制了北京口岸病媒生物密度。开展鼠类及体表寄生虫（蚤、蜱、螨）监测，共布放鼠夹、鼠笼10,939个次，捕获鼠10只，平均鼠密度为0.09%，捕获小家鼠9只，褐家鼠1只，进行鼠疫耶尔森菌、汉坦病毒、伯氏疏螺旋体、致病性钩端螺旋体病原体检测结果全为阴性，未发现特定寄生虫；布放诱蚊灯264盏，捕获成蚊1,887只，平均蚊密度3.57只/（灯·时）。淡色库蚊是优势蚊种，占比83.26%，其次刺扰伊蚊占8.52%。进行乙型脑炎病毒核酸、疟原虫核酸、西尼罗病毒核酸、甲病毒属病毒核酸等检测结果均为阴性；开展蚊蚴/伊蚊监测，布放诱卵器10,662个，阳性数为41个，平均诱蚊诱卵指数0.38%；开展蜚蠊监测，全部为德国小蠊，平均蜚蠊密度1.97只/（张·夜）。

【病媒生物专项监测】2021年，北京海关开展"一带一路"病媒生物专项监测工作，其中鼠调查监测15次，成蚊监测12次，蚊蚴监测6次。共布放鼠夹7,800个次，鼠笼500个次，粘鼠板12,000个，捕获鼠11只，其中小家鼠8只、褐家鼠3只，梳检出鼠体寄生的毒厉螨2头，另捕获黄鼬1只。布放二氧化碳诱蚊灯72盏次，捕获成蚊1,066只，其中淡色库蚊868只，白纹伊蚊76只，刺扰伊蚊117只，中华按蚊4只，背点伊蚊1只。布放诱蚊诱卵器600个次，阳性数量为7个，孵化出40只白纹伊蚊。捕获的病媒生物样本均未检出重点关注的病原体。根据《北京海关、天津海关、石家庄海关推动京津冀协同发展工作实施方案》有关要求，组织各相关隶属海关参加京津冀病媒生物样本库建立视频培训，牵头对京津冀口岸病媒生物监测数据进行数据分析，建立京津冀口岸病媒生物数据库。

【口岸卫生监督】2021年，北京海关制订《北京海关2021年国境口岸卫生监督工作方案》《北京海关2021年国境口岸食品安全抽检工作实施方案》，压实口岸运营者等的主体责任，开展对北京口岸区域食品生产经营、饮用水供应等单位监督管理工作。落实海关总署《入境客运航空器固液体废弃物处理监督作业指南（试行）》要求，做好对航空器固液体废弃物的现场监督和对航空公司等的日常监督工作。全年完成食品安全抽检实验室检测180件和现场快速检测297件。

【口岸卫生许可"证照分离"改革】2021年，北京海关落实《海关总署关于印发〈海关深化"证照分离"改革进一步激发市场主体发展活力的实施方案〉的通知》《海关总署卫生检疫司关于做好2021年口岸卫生许可"证照分离"改革事项的通知》要求，做好口岸区域"口岸卫生许可证（涉及公共场所）核发"告知承诺改革、自由贸易试验区的口岸区域内"口岸卫生许可证（涉及部分公共场所）核发"实施备案管理改革以及"口岸卫生许可证（涉及食品、饮用水核发）"优化审批服务。要求各相关隶属海关准确把握实行告知承诺、审批改为备案、优化审批服务的适用范围；准确掌握审批模式、办事流程、管理措施的调整，对发证单位做好政策宣传解读工作，帮助企业尽快适应新的审批及监管要求。

【"双随机、一公开"】2021年，北京海关制定《2021年北京海关国境口岸卫生监督“双随机、一公开”抽查工作实施方案》，明确抽查工作适用范围、相关隶属海关工作职责、“双随机”抽查工作规则和工作流程，建立检查对象名录库、卫生监督员名录库。本年度共抽查42家口岸卫生许可单位和备案单位，56家口岸储存场地，6,951架次出入境交通工具。

【新冠肺炎疫情防控大检查】2021年，北京海关根据北京新型冠状病毒肺炎疫情防控工作领导小组（以下简称“北京市疫情防控领导小组”）市场防疫组相关工作要求，北京海关组织相关隶属海关对口岸辖区内涉及“7类主体、16种业态”的口岸卫生许可单位，开展新冠肺炎疫情防控大检查，督促口岸辖区企业落实好从业人员的新冠肺炎常态化疫情防控措施；督促提醒口岸卫生许可单位落实从业人员新冠病毒核酸检测以及新冠病毒疫苗接种制度等；督促辖区内重点业态相关市场主体落实《部分重点业态生产经营环境常态化核酸检测要求》《部分重点业态生产经营场所环境监测采样工作要点》规定的新冠病毒核酸检测全覆盖频次、采样数量和采样点位要求。

（撰稿人：凌　岚　张雅莉　孙晓东
周燕楠）

动植物检疫

概况

2021年，北京海关动植物检疫工作全面落实《海关总署关于加强"十四五"期间海关动植物检疫工作的指导意见》要求，严防非洲猪瘟、高致病性禽流感、松材线虫等重大动植物疫情传入传出，开展打击非法引进外来物种和种子苗木"国门绿盾2021"专项行动，严防外来物种入侵，不断深化动植物检疫业务改革，推动进境SPF豚鼠检疫监管措施改革和种质资源引进检疫监管措施优化，持续开展国门生物安全监测和安全风险监控，做好"两会"和北京冬奥会服务保障，广泛开展"进机关、进企业、进校园"国门生物安全宣传活动，全面落实北京关区动植物检疫各项工作。全年共截获外来物种133种205种次，其中迅捷箭蚊、华拉斯托尼鬼艳锹甲等29种外来物种为非贸渠道全国首次截获。完成"我为群众办实事"实践活动重点民生项目11项，其中"创新进境SPF豚鼠检疫监管措施""优化进境种苗引进业务流程"2项重点项目，分别入选总署"我为群众办实事"百佳项目和北京海关"我为群众办实事"典型案例。

进出境动物检疫

【重大动物疫情防控】2021年，北京海关制（修）订《北京海关进出境重大动物疫情应急处置预案》《北京海关进境大中动物检疫工作规范》《出境伴侣动物检疫操作规程（暂行）》《动植处关于加强进出境陆生动物检疫监管人员个人防护工作的通知》。与北京市农业农村局签订《动植物疫情联防联控合作机制》，交换疫病疫情信息，推动技术和设施资源共享，开展执法联动。及时部署落实总署发布的关于非洲猪瘟、非洲马瘟、牛结节性皮肤病、禽流感等动物疫情的公告、警示通报等，制发进出境动物疫情风险预警信息和防控要求联系单34份。编制并发布《内部信息动态》4期，提高现场工作针对性，履行专业技术支持的职责。开展法律法规、牛结节性皮肤病防控一线作业培训4期，组织隶属海关开展非洲猪瘟疫情防控应急演练1次。定期开展非洲猪瘟、高致病性禽流感等重大动物疫情口岸防控监督检查。

【创新进境 SPF 豚鼠检疫监管措施】SPF 豚鼠是新冠病毒疫苗研发中价格低廉且实验效果较好的实验动物，因国内新冠病毒疫苗研发企业同期需求骤增，急需快速进口补充。根据相关规定，进口豚鼠需隔离 30 天。但隔离后的豚鼠，体重会超过实验所需的 250~350 克，无法用于实验。北京海关经调研和组织技术专家开展风险分析，形成《北京海关关于调整 SPF 豚鼠进口隔离期风险分析报告》，将隔离期缩短至 14 天。此项建议获得总署同意后，北京海关迅速采取措施：加快进境 SPF 豚鼠审批速度，年内共审批 SPF 豚鼠 6 批次，平均审批时长 1.16 个工作日，最快速度为从受理到出证仅 1 小时 27 分；形成审批端、查验端、监管端和进口企业联动机制，实现“边隔离边实验”快速验放；组织两个专家组，对新冠病毒疫苗企业“一对一”指导关键点、风险点和防范措施等。2021 年，在此措施下，北京关区共进口 1,340 只豚鼠，为国内 SPF 豚鼠种群扩繁争取了时间。该项改革措施被评为总署“我为群众办实事”百佳项目。

【国门生物安全监测（动物检疫部分）】2021 年，北京海关制定关区国门生物安全监测方案（动物检疫部分）。遵循预防为主的理念，对动物疫病进行监测，实现对各种动物疫病风险因子“早识别、早监测、早预警、早处置”。对常见进出境陆生动物、水生动物、非食用动物产品、动物源性饲料、动物源性生物材料 6 大类动物、动物产品开展疫病监测工作，确定重点监测疫病、一般监测疫病、潜在风险疫病、指令检查疫病 4 类监测对象，设计 11 个针对不同物种、不同来源的动物疫病监测技术表。开展疫病监测，结果均为阴性。保障 204 批实验鼠、86 批遗传物质、7 批马匹、7 批种鸡、2 批牛血清安全进境。

进出境植物检疫

【重大植物疫情防控】2021 年，北京海关组织隶属海关开展外来入侵物种等有害生物防控应急演练；与北京市农业农村局签订《动植物疫情联防联控合作机制》，交换疫病疫情信息，推动技术和设施资源共享；及时部署落实总署相关公告、风险警示通报，制发疫情风险预警信息和防控要求联系单；加强监测预警机制建设。2021 年，总署对国门生物安全监测（植物检疫部分）工作进行较大调整，编制印发监测方案，组织开展北京地区监测工作，开展重大植物疫情口岸防控监督检查。

【外来物种入侵防控】2021 年，北京海关组织开展“国门绿盾 2021”专项行动，全年共截获上报外来物种信息 133 种 205 种次，同比分别增长 216.7% 和 279.6%，其中 29 种外来物种在全国数据库中未有截获记录。

【检疫处理监管】2021 年，北京海关强化检疫处理单位资质核准和监督管理，落实检疫处理监管各项要求。加强制度建设，出台1部核准实施细则、1部检疫处理工作指导意见，下发2个加强检疫处理工作的通知。组织开展检疫处理专题培训4次。对检疫处理单位严格开展资质核准，核准通过3家检疫处理单位，注销1家检疫处理单位；压实企业主体责任，要求企业签订《质量安全责任书》。对企业每季度开展质量安全监督检查。

【调整进境种苗检疫监管模式】2021年，北京海关对北京口岸进境种苗检疫监管模式进行调整，组织首都机场海关、顺义海关梳理北京口岸进口种苗企业基本情况，顺义海关对2家企业进行现场调研。组织召开北京口岸进境种苗企业政策宣贯会。

【调整出境种苗花卉检疫监管模式】2021年，北京海关出境种苗花卉检疫监管模式调整方案获总署动植物检疫司批准，北京地区出境种苗花卉企业出口野生林木种子符合要求的可免于注册登记。

【规范出境动植物及其产品生产加工存放企业注册登记】2021年，北京海关规范“出境动植物及其产品生产、加工、存放单位注册登记”行政审批事项，梳理9类出境动植物及其产品生产加工存放单位注册登记的办理操作要求，对办理流程和审核要求予以规范。

【进境粮食后续监管】2021年，北京海关按照北京市粮食安全责任制考核工作组和总署对进口粮食管理的相关要求，针对进口粮食储备管理、疫情防控管理体系建设和进口粮食重大安全风险防控管理2项考核指标加大考核力度。

（撰稿人：张红梅　王欣月　柏亚铎
马树宝　王　竞　王　骁
李昊悦　孙　博）

食品检验检疫

概况

2021年，北京海关严格进出口食品安全监管，构建进出口食品安全三级监管体系，筑牢北京口岸进出口食品安全防线。探索符合国际惯例的风险分级监管模式，打造“进口前、进口时、进口后”全程监管链条；开展“国门守护”行动，落实民生工程，实施“放管服”和服务业扩大开放政策，打造生鲜食品进口特色口岸，保障重大政治和国际交往活动，保障冬奥会进口食品安全；严防非洲猪瘟等重大疫情传入传出、管严管住北京口岸新冠病毒随冷链食品输入风险；改善营商环境，全面试行出口食品化妆品抽样监测模式改革，促进北京地区特色农产品出口；全面加强食品安全监管队伍建设和食品信息化建设。

2021年，北京海关进出口食品安全处被国务院食品安全委员会授予“全国食品安全工作先进集体”称号；在全国海关进出口食品安全工作会议上，北京海关进出口食品安全监管工作受到总署表扬；北京海关进口冷链食品疫情防控工作专班被总署授予“全国海关系统抗击新冠肺炎疫情先进集体”；北京海关在北京市食品药品安全评议考核中获得A级认定。

进口检验检疫

【进口冷链食品新冠肺炎疫情防控】 2021年，北京海关落实进口冷链食品查检、新冠病毒核酸检测和消杀处理措施，每日向总署报告重点商品检验检疫和新冠病毒核酸检测情况。加强对7个一线隶属海关新冠肺炎疫情防控工作的检查督导，传达总署、首都联防联控机制、北京疫情防控领导小组最新工作要求，对重点国家（地区）进口冷链食品加强检疫、消毒、风险排查。牵头北京海关冷链防控组、口岸防控组对总署最新版作业指导书变化内容进行对照梳理，制定《〈进口商品及包装新冠病毒检测采样作业指导书（第五版）〉和〈进口商品口岸环节新冠病毒预防性消毒作业指导书（第二版）〉重点调整清单》，要求各执行部门做好新冠病毒检测采样和预防性消毒工作。做好应对印度新冠肺炎疫情的防控工作，发布《冷链防控组、口岸防控组关于严防印度疫情通过货物传入我国的通知》《关于严格做好印度等国新冠肺炎疫情防控工作的通知》。

【新冠肺炎疫情常态化防控】2021 年，北京海关参加北京市疫情防控领导小组市场防疫组调度会 28 次，以北京首都国际机场、北京大兴国际机场为核心区域，督促市场经营主体用好“北京冷链”平台落实市场领域新冠肺炎疫情防控要求，开展进口冷链食品新冠肺炎疫情常态化防控检查。完成冬春季防疫大检查，摸排 586 个相关经营主体，共出动执法力量 3,329 人次，检查市场主体 1,442 家次，发现各类相关问题 134 个，均已监督企业按时整改完毕。开展口岸作业情况检查 28 家次。从 3 月起开展新冠肺炎疫情常态化防控检查，共出动执法力量 9,059 人次，检查市场主体 4,788 家次，发现并监督整改完成相关问题 115 个。联合口岸监管处、科技处、卫生检疫处、北京大兴国际机场海关开展新冠病毒污染进口冷链食品应急演练。派员参加总署进出口食品安全局“严防新型冠状病毒污染商品输入风险工作”。

【进口食品化妆品抽检】2021 年，北京海关制定并下发监督抽检和风险监测计划工作方案，执行实施监督抽检，做好抽样、检验、综合评定和结果上报。署级计划的检测结果均通过“中国海关进出口食品化妆品安全抽样和风险监测系统”上报。全年共检验进口食品化妆品 9,376 批次，货值 47.57 亿元，包括酒类、乳制品、饮料、粮食制品、化妆品等各类食品化妆品，检出不合格样品 6 份。加强进口食品卫生证书、签字官笔迹和印章验核，查获 1 批未经备案印尼输华燕窝。

【创新进口食品便利化措施】2021 年，北京海关研究自贸试验区制度创新措施及政策需求，争取政策试点，以巴氏杀菌乳进口为试点，起草《北京海关生鲜易腐食品进口检验监管模式改革试点工作方案》，推进进口巴氏杀菌乳监管模式的改革，延伸进口巴氏杀菌乳检验监管链条，建立覆盖“进口前、进口时、进口后”的全过程监管体系，压缩进口巴氏杀菌乳在口岸验放时限，解决巴氏杀菌乳等生鲜易腐产品受实验室检测时限影响大的难题。

研究自贸试验区制度创新措施及政策需求，支持“双枢纽”机场打造特色口岸，协助大兴国际机场申请 5 类指定监管场地。

深化减免研发测试用食品化妆品样品进口随附材料便利化措施：减免加贴中文标签、抽样检测、卫生评价资料；减免进口保健食品和化妆品行政许可批件；压缩审核时限，企业通过网络快捷形式提交样品申请；对研发测试类的研发中心类企业，按季度或年度一次提交样品审核申请，核销使用。全年办理研发测试样品进口 303 批，同比增长 34.70%。

【建立冬奥会食品保障工作机制】2021 年，北京海关建立统一、高效、协调、有力的北京海关冬奥会服务保障工作机制。设立食品安全专项工作组，统筹负责冬奥会进口食品监管和服务保障。制订北京海关冬奥会进口食品工作方案和应急预案，开展应急演练，推进北京冬奥会食品进口便利通关和查检、应急供应协调机制等落实。按照《北京2022年冬奥会和冬残奥会2020年至赛时餐饮业务领域工作任务分解表》，完成“相约北京”系列冰上、雪上测试赛保障任务（2020年9月—2021年12月），参与餐饮服务等相关事务的综合协调与服务保障。

加强部门间沟通协调，联系北京市运行保障指挥部赛事综合保障组食品安全部、北京冬奥会（北京地区）食品供应安全工作领导小组等部门，就冬奥会进口食品和相关产品便利通关和检验检疫、冬奥会空港食品等工作互通进展。

【制定冬奥会食品监管工作方案和应急预案】2021年，北京海关参与总署冬奥会食品工作，参与制定冬奥会通关须知、进口冬奥会食品安全监管工作方案和突发事件应急处置预案，统一京津冀三地冬奥会保障措施，派员参加总署北京冬奥会工作专班。北京海关冬奥会进口食品安全工作先后3次收到北京冬奥组委物流部、运动会服务部感谢信。

【助力科技奥运】2021年，北京海关负责并完成“冬奥会食品供应链有害因子智能化快筛技术和预测预警技术研究”“疫情影响北京冬奥会的风险评估及防控技术”“冬奥会口岸快速通关智能监管技术及装备”等3个科研项目。

【境外食品安全体系跟踪研究】北京海关牵头对埃及、摩洛哥、苏丹、利比亚、突尼斯、毛里塔尼亚、阿尔及利亚等非洲阿拉伯语国家食品安全管理体系、法律法规标准进行长期、系统性跟踪研究工作。2019年，已完成埃及食品安全管理体系及准入研究和其他6国进出口食品贸易基础性研究工作。2020年，就其他6国食品安全全链条监管机制、准入管理等方面进行研究，同时对新冠肺炎疫情下埃及等非洲阿拉伯语国家食品安全法律法规变化情况开展研究，形成《北非六国食品安全管理体系及准入研究工作报告》《新冠疫情下北非七国食品安全法律法规制度和食品准入制度变化情况汇编》《各国法律法规标准汇编》等文件。2021年，继续组织开展北非7国准入体系的跟踪研究更新工作，开展摩洛哥2家水产品企业准入评估，协助总署进出口食品安全局加强中埃两国进出口食品安全监管合作。

出口检验检疫

【出口食品化妆品抽检】2021年，北京海关制定下发北京地区出口食品化妆品工作方案，对抽样部门、抽样时间进行分解，组织隶属海关和检测实验室在实施出口动物源性食品风险监测计划和供港蔬菜专项检查计划中，按照序时进度完成任务。全年共检验出口食品化妆品5,403批次，货值13.69亿元，对北京地区出口食品化妆品备案生产企业实现抽检监测全覆盖，检出不合格4批。

【出口食品化妆品监管改革】2021年，北京海关全面试行出口食品化妆品抽样监测模式，发布《关于实施2021年北京海关出口食品化妆品抽检监测计划的通知》，经风险评估确定采样数量，并将随出口申报实施抽样检验，调整为生产环节抽检监测，除总署指令外，原则上不再在出口环节布控抽样指令。压缩货物通关时限，向辖区内企业广泛宣传出口直放政策措施，并深入生产一线抽采样品开展安全监测工作。

助力北京地区食品化妆品出口，收集主要出口目的地国家（地区）的技术标准和贸易措施，向企业提供信息通报和食品安全指南，收集汇总各国（地区）新冠肺炎疫情方面的贸易措施，发布工作提示51次，涵盖207个国家（地区）。

【促进特色农产品出口】2021年，北京海关推进“过程监测”“出口直放”“船边直装”组合措施，促进蜂蜜和板栗等北京特色农产品出口。加强日常抽检监测，取消出口环节布控，减少查验时间，实行通关零延迟。对重点企业探索“公司+合作社+基地+农户”的出口备案养殖模式，对企业出口备案和生产进行全面“体检”，加强养殖场疫病安全监测，指导企业完善可追溯的食品安全控制体系。定期收集主要出口国（地区）检疫法规及技术标准，建立企业专属帮扶微信群，避免因证书问题影响企业国外通关。

其他工作

【食品安全信息宣传】2021年，北京海关组织开展食品安全宣传周系列宣传活动。开展“进口食品‘国门守护’行动”“食品安全走进综保区”“进出口食品安全监管制度在线讲座”“食品安全口岸行”“食品安全进企业”等宣传活动21场次，举办讲座9场次，录制宣传视频13则。开展《中华人民共和国进出口食品安全管理办法》和《中华人民共和国进口食品境外生产企业注册管理规定》宣贯，印发规章释义1,800册，向进出口企业和各隶属海关宣讲政策。成立北京海关进出口食品安全信息小组，开展专题培训，做好信息收集、选题、撰稿和上报工作。全年报送总署进出口食品安全局风险信息专报2篇、风险信息310条、工作动态5篇；报送新闻稿件、政策解读18篇，被新华社、“学习强国”、《北京日报》、《中国国门时报》、“海关发布”等多家媒体发布并被广泛转载。

【参与北京市食品安全治理】2021年，北京海关参与健全食品安全跨地区、跨部门协调联动和信息共享工作，制（修）订《北京市食品药品安全委员会办公室工作规则》《食品安全数据共享办法》，与北京市药品监督管理局建立起联络沟通机制，落实进口非特殊用途化妆品备案。

每季度向市食品药品安全委员会办公室通报承担的民生实事抽检任务进展。推动地方政府落实《地方党政领导干部食品安全责任制规定》。

【食品安全监管队伍建设】2021年，北京海关组织开展进出口食品安全信息、监督抽检和风险监测、进出口化妆品安全监管培训。组织做好加工食品签证官、涉及进出口食品安全的动植物岗位查验岗、动植物检疫签证官等资质考核认定和备案工作。北京海关49人参加2021年加工食品签证官考试，成绩全部合格。选派人员参加总署进出口食品安全局、标法中心各专业工作组、专项工作组工作，在法律法规制（修）订、风险分析与研判、对外交流合作等工作实践中提高工作水平。

【进出口食品安全突发事件应急处置】2021年，北京海关修订《北京海关进出口食品安全突发事件应急处置预案》《北京海关严防新型冠状病毒污染冷链食品输入应急处置预案》，制定《北京海关2022年北京冬季奥运会进口食品安全突发事件应急处置预案》，参与起草《海关总署北京2022年冬奥会和冬残奥会进口供奥运食品安全应急预案》，开展进口冷链食品和高风险非冷链货物检出新冠病毒核酸阳性应急处置演练。全年未发生区域性系统性进出口食品安全风险及重大进出口食品安全事件。

【进出口食品安全信息化】2021年，北京海关参与海关总署承办的第8届APEC食品安全论坛工作，并派员参加SPS证书电子化项目、培训网络MRL2个项目的专题会议。参与标法中心WTO食品通报评议组，开展TBT食品安全法规方面的评议工作。参与总署组织的进出口食品安全监管系统信息化工程的开发立项，牵头进境动植物检疫审批系统、进出口食品通关监管快件和邮件子模块的需求开发和业务量估算。参加总署动植物检疫司“智慧动植检一期”检疫审批系统业务测试，牵头杂粮类15个HS编码食品的测试工作。

（撰稿人：刘　慧）

商品检验

概况

2021年，北京海关商品检验工作全面贯彻落实习近平总书记重要指示批示精神，紧紧围绕总署进出口商品检验工作的总体思路，切实提升北京海关进出口商品检验监管能力。

2021年，共检验进出口工业品15.71万批，同比增加1.16%。其中，检验进口工业品15.53万批，同比增加0.78%；检验出口工业品0.18万批，同比增加50.00%。检出不合格2,601批，其中进口不合格2,583批，出口不合格18批；检验进出口危险化学品3,825批，检出不合格159批，不合格率4.16%。其中进口3,594批，货值6,650.68万美元，检出不合格159批，不合格率4.42%，出口231批，货值1.91亿美元；完成出口危险货物包装性能检验36批2.42万件；使用鉴定343批3.25万件，其中不合格11批275件，不合格率3.21%。

进出口商品检验

【进口危险化学品检验】2021年，北京海关紧密结合关区进出口危险品及其包装检验工作实际，明确自身承担的安全生产职责。加强业务指导，根据总署商品检验司将进口危险化学品检验监管模式调整为口岸“批批验核+抽批检测”，密切关注业务模式调整后的实施情况，与总署商品检验司和其他直属海关加强沟通联系，明确作业流程。与目的地海关协调对44票不适合在口岸现场抽取样品的进口危险化学品，转由目的地海关实施采样。修订印发《北京地区进出口危险化学品及其包装检验监督管理办法》，发布《商品检验处关于进一步加强进出口危险品及其包装检验监管工作的通知》。用业务联系单、电话咨询等方式，对隶属海关进行业务指导300余次。强化监督检查，先后多次赴亦庄海关、首都机场海关、丰台海关、天竺海关和北京朝阳海关开展检查，在首都机场海关查验处跟班作业。赴北京首都国际机场国航和BGS危险品库进行调研，协调解决首都机场海关进口危险化学品取样送检问题。对于监督检查中发现的问题，要求各隶属海关立即整改，不能立即整改的，会同隶属海关共同研究解决。联合风控分局打击“伪瞒报、逃漏检”，8—12月共查获涉嫌逃漏检的进出口货物29批。向总署商品检验司报送检出不合格案例，其中2篇被采纳，作为典型案例转发全国海关。

增加并优化进口属于危险化学品的涂料布控，对规范申报的已备案涂料按比例布控取样送检。全年共受理133批次申请，签发《进口涂料备案书》119份，发现1批涂料专项检测报告不合格。

【进口儿童用品检验】2021年，北京海关加强进口儿童用品监管，严防不合格儿童用品流入国内市场。4—6月，组织开展进口儿童用品专项风险监测，收集相关风险信息，加以分析研判，对负面信息较多的产品实施精准布控。对进口儿童服装、儿童玩具和儿童鞋靴等法检商品进行专项布控，共抽检45批，检出不合格4批。总结撰写儿童用品质量安全相关稿件，经“海关发布”微信公众号发表。

【进口医疗器械检验】2021年，北京海关开展医疗美容商品检验专项行动。发挥一级、二级风险监测点作用，撰写医疗美容产品专项监测报告，分析北京地区医疗美容产品进口特点，制订专项方案，强化进口医疗美容产品属地查检工作。综合研判专报中存在的风险点，对问题较多的医用透明质酸钠、隐形眼镜实施查验布控，防范伪报瞒报和进口无证医疗美容产品风险。对市场热销的美容仪等网红产品开展定向跟踪，主动联系进口企业和检测机构，核验企业资质与产品检测报告，查发不合格医疗美容产品6批次22件，全部实施退运处置。

派员参加总署H2018新一代通关管理系统3.0版涉检监管证件迁移改造项目相关功能业务测试，对进口医疗器械注册证/备案凭证等6项监管证件联网核查功能模块由ECIQ系统向H2018 3.0系统迁移的上线工作做好前期准备。共设计测试用例94个，测试通过74个，测试未通过20个；发现缺陷25个，已解决15个，未解决10个，最终形成测试报告。

与天津海关、石家庄海关商品检验部门探索建立协同监管工作机制，制订京津冀进口医疗器械协同核查工作方案，联合对京津冀地区未实施联网核查的医疗器械开展后续核查。通过风险分析手段，针对特定企业或特定产品，京津冀3地海关共提出医疗器械后续核查任务8批，其中3批存在申报不实问题。

修订后的《医疗器械监督管理条例》于2021年6月1日实施。北京海关牵头组织对新实施的《医疗器械监督管理条例》在全国海关范围内征求意见建议，整理汇总形成25个问题及7条建议。撰写总署与国家药监局沟通材料，探索建立双方进口医疗器械协同监管机制。组织隶属海关走进企业，向辖区企业宣传政策。

【进口旧机电检验】2021年，北京海关加强对进口旧机电装运前检验工作的监督管理。及时通过“海关发布”微信公众号对总署制发的《进口旧机电产品装运前检验监督管理实施细则》《海关总署商品检验司关于进口旧机电产品装运前检验证书有效期的通知》进行解读，发文明确装运前检验证书及报告有效期过渡期要求，清理13个隶属海关32个用户旧机电系统用户授权。

提升进口旧机电检验监管水平，指导不合格旧机电处置。指导平谷海关对进口汽车用旧压力机的不合格判定及整改。该货物进口企业在监督和指导下，对不符合国家标准的项目进行技术处理。

【进口固体废物检验】2021年，北京海关共受理各隶属海关提交的疑似固体废物属性鉴别申请43批。经实验室鉴定，其中40批属于固体废物，要求相关隶属海关按照相关规定做好固体废物后续处置工作。

【目录外商品抽查】2021年，北京海关对法定检验商品以外的进出口商品进行抽查。共抽查23票报关单38批商品，其中不合格15批，不合格率39.47%。抽查婴幼儿及儿童服装12批，其中不合格1批；文具类产品14批，其中不合格14批；打印机2批、仿真饰品4批、摩托车头盔6批，未发现不合格。

【专项行动】4月，北京海关开展刹车片专项布控行动，共查验进口汽车用制动器衬片79批次，查发不合格16批次，不合格率20.30%，制作《“刹不住”的刹车片》自媒体小视频，通过“海关发布”微博及抖音号发布，相关新闻稿件获新华社、光明网、《北京日报》等多家媒体发表；8—10月，组织开展跨境电商消费品专项风险监测，对湿巾、奶嘴、锅、圆珠笔、仿真饰品等进行抽样检测，20批样品的检测结果均为合格。

【出口危险化学品检验】8月，针对危险化学品伪瞒报情况实施专项布控，对于存在的不规范情况要求立即整改。推动“持续优化并有效运行北京海关特色监管模式”项目清单落地，研究制订《北京地区出口航空煤油合格评定工作方案》《北京地区出口航空煤油企业实验室评估工作方案》。

【进出口商品监测】2021年，北京海关推动《国务院关于完善进出口商品质量安全风险预警和快速反应监管体系切实保护消费者权益的意见》的落实，完善进出口商品质量安全监管体系工作实施方案，加强进出口商品质量安全风险监测，注重风险管理结果运用。修订完善北京海关进出口商品质量安全监管体系工作实施方案，建立组织架构，组建专家队伍。海淀海关申请设立二级风险监测点，负责收集分析与进口医疗器械质量安全相关的媒体信息，北京海关完成了申请的受理、文件审核以及现场审核，将审核结果上报总署并获批准。对进口消费品、医疗器械、跨境电商产品、汽车零部件等商品质量安全项目实施重点监测。持续做好冷链食品专项监测工作。全年通过海关进出口商品质量安全风险管理系统上报监测信息800余条，报送各类专项报告7期，完成专报20份、快报15份、监测月报12份。结合对进口乳胶枕头、国内外消费品多环芳烃监测结果，北京海关联合中国检验检疫科学研究院、中国纺织科学研究院、合肥海关共同申报的“纺织制品中乳胶填充物通用技术要求”已经通过项目审核，进入网上公示阶段。

业务培训和资质管理

【业务培训】2021年，北京海关组织关区业务专家多次赴首都机场海关进行相关业务培训，为各隶属海关和相关部门订购进出口危险货物及其包装检验培训教材。全年，北京海关组织69名关员参加总署2021年第2期进出口危险货物及其包装检验监管人员培训考试；18名关员参加总署2021年第4期进出口危险货物及其包装检验监管人员培训考试，其中7名关员参加进出口烟花爆竹检验考试，这是北京海关首次参加该考试；2名关员参加总署2021年第5期进出口危险货物及其包装检验监管人员培训考试。受总署商品检验司选派，对中国检验认识集团18家境外公司开展进口旧机电产品装运前检验业务线上培训。组织183人参加医疗器械监督管理条例专题网上培训班。联合教育处组织开展进口特种设备检验监管培训，邀请北京市市场监管局和北京市特种设备检测中心专家进行网络直播授课。联合机关党委、教育处组织144人参加总署举办的2021年岗位练兵和技能比武，并通过“钉钉”平台组织线上培训、线上练习和专题测试。

【第三方检验结果采信】2021年，北京海关制定进出口商品检验检测机构监督检查工作方案，成立检查组。完成37家进出口检验检测机构的书面审核，并随机抽取机构进行现场检查。与北京市市场监督管理局建立联系机制。组织业务专家成立采信工作组，依据相关企业诉求，调研北京地区从事服装检验的进出口商品检验鉴定机构，了解各机构检测能力、标准执行情况和资质符合情况。向总署商品检验司申请北京海关作为第1批开展第三方结果采信工作试点海关。6月，总署商品检验司调研组赴北京朝阳海关就第三方结果采信工作开展调研，与北京朝阳海关对进出口工业品（重点为消费品）审单、风险布控、现场查验、抽样送检等环节进行研讨并现场跟班作业。按照《海关总署商品检验司关于征求〈海关进出口商品检验采信管理办法（征求意见稿）〉意见的函》要求，通过“北京海关12360”官方微博发布相关信息广泛征求意见。10月和11

月，分别赴北京地区第三方检验检测机构中具有代表性的公司进行实地调研，征求意见建议并整理汇总报送总署商品检验司，为修改《海关进出口商品检验采信管理办法》提供参考。组织撰写“推动北京国际消费中心城市建设，助力地方经济发展”专题调研报告。

其他工作

【重点产品专项调研】2021 年，北京海关牵头负责 3 个重点产品（功率≤ 5,000 kW 的其他燃气轮机、手持式背散射成像仪、多聚磷酸钠）的专项调研，并圆满完成工作，其中手持式背散射成像仪专项调研接受总署视频答辩。

【冬奥会保障】2021 年，北京海关与北京冬奥组委物流部交流研讨，梳理冬奥会场馆业主单位咨询的强制性产品认证、特种设备、进口旧机电等方面问题，组织相关业务专家面对面地指导业主单位做好相关商品进口工作。指导隶属海关制定提前进场“即查即放”查验工作预案。完成国际测试赛前夕冬奥会国家雪车雪橇中心大型进口气体清洗净化装置的即查即放；完成各省电视台进口的存储卡录像机、摄录一体机、电视摄像机等转播设备的快速检验，保障设备“即到即查”。完成 22 批次冬奥会进口商品检验，货值 384.57 万美元，包括赛道喷涂机、颜料、冰漆、场地用拖拉机、专用砂轮、X 射线骨密度仪、磁共振成像系统等，未发现不合格商品。完成北京冬奥组委申报 1 批出口希腊的冬奥会火炬接力物资检验。

（撰稿人：童树波）

口岸监管

概况

2021年，北京海关口岸监管工作围绕“单项争第一、综合创一流”的目标，全力以赴“保安全、促发展、推改革、抓建设”，强化监管、优化服务、敢于担当、狠抓落实，统筹新冠肺炎疫情防控、改革发展各项工作，以最严要求、最高标准、最硬措施推动口岸监管工作提质增效，较好完成各项工作任务。

全年，口岸监管工作主要围绕北京海关口岸货运监管工作开展，包括查验管理、物流监控、口岸管控、装备管理4条主线。具体工作有拟订口岸货运监管工作制度并组织实施；组织实施口岸进出境运输工具、货物，包括动植物、食品、化妆品的海关检查、查验、检验、检疫工作。组织开展物流监控工作；承担进出境运输工具、舱单、转关运输的职能管理；承担口岸货运海关监管作业场所的职能管理；承担口岸货运监管业务运行监控指挥的管理工作，指导各现场开展日常业务运行、监控、分析等工作；组织实施国家禁止或限制进出境货物的口岸监管工作。组织实施口岸货运监管环节反恐、防扩散、出口管制等工作。组织实施货物检查、查验、检验、检疫作业场地的优化整合及规范管理；承担货物检查、查验、检验、检疫技术装备设施、现场快速检验化验设备保障工作。

货物监管

【“双枢纽”海关辅助监管平台建设】北京“双枢纽”空港电子货运平台系统是推动北京首都国际机场、北京大兴国际机场“双枢纽”建设的重要基础设施，是北京实现全国领先的“双枢纽”空港电子货运新模式的重要依托。“双枢纽”海关辅助监管平台是北京“双枢纽”空港电子货运平台系统的重要组成部分，由北京海关牵头分2期建设，共规划18大类189项功能，增加提交货预约管理、查验预约、两场分拨管理等功能，实现无纸化线上办理转场查验等操作，企业通过输入运单号即可完成货物信息、车辆信息自动提取和绑定等功能。11月15日，“双枢纽”海关辅助监管平台一期系统实现试运行，为北京市商务局和北京海关“百日攻坚”行动的成功开展奠定了基础，得到北京市政府分管市领导的肯定和批示。

2021年，为确保系统平稳上线运行，北京海关实地指导北京大兴国际机场海关系统上线工作16次，指导首都机场海关系统上线工作22次。派员赴天津海关实地考察“集疏港智慧平台”系统建设2次，了解平台系统建设方式、运维模式等成功经验，指导“双枢纽”海关辅助监管平台系统建设。通过《北京国际航空物流发展工作方案》联系配合机制等渠道多次向北京市发改委、商务局等部门提议加快首都机场口岸货运信息化建设。采取线上线下结合的方式，与北京市商务局、北京天竺综合保税区管委会、首都机场集团货运办等口岸管理部门召开会议19次，研究北京“双枢纽”空港电子货运平台系统建设工作。

【“两直”试点】2021年，北京海关开展进口货物“船边直提”和出口货物“抵港直装”（以下简称“两直”）前期调研，赴天津海关考察“集疏港智慧平台”系统，学习了解“两直”业务模式。会同北京市商务局、天津海关举办两轮企业宣传推广交流会，组织企业开展问卷调查，了解企业参与“两直”意向。与北京市商务局、天津市商务局、河北省商务厅、天津海关、石家庄海关共同签订《天津市　北京市　河北省关于联合推广进口“船边直提”和出口“抵港直装”的实施方案》。2021年，共计1,582家北京企业参与进口货物“船边直提”改革，直提箱量3.56万标箱，直提率为19.79%；951家企业参与出口货物“抵港直装”改革，直装箱量1万标箱，直装率为11.42%。

【铁路新舱单系统】2021年，北京海关推动关区铁路口岸切换新舱单管理系统，制定《北京海关铁路口岸切换新舱单管理系统工作方案》。组织北京车站海关业务骨干开展转关业务和舱单管理业务培训。针对企业在铁路舱单数据传输和操作中存在实际困难的情况，在“单一窗口”系统中开发企业数据录入模块，为企业减轻运营成本。北京外运陆运有限公司已通过舱单管理铁路子系统企业备案审核，是北京海关铁路口岸新舱单管理系统首家备案企业。

【转关业务创新发展】2021年，北京海关依托北京国际航空航线优势，强化空空中转、卡车航班等转关业务改革，提升转关效能。推动出口转关无纸化改革。在前期实现进口转关无纸化基础上，2021年实现出口转关单审核、放行、核销全流程无纸化，提升通关效率，明显降低企业转关手续办理时间及办理人力成本。推动卡车航班业务发展，加强与兄弟海关的密切配合，协助企业办理增加卡车航班航线备案，高效处理应急情况等，促进卡车航班业务增长，2021年北京海关进出口转关单数3.1万票。

【进口高风险非冷链货物新冠肺炎疫情防控】2021年，北京海关制发《北京海关关于进一步做好进口高风险非冷链集装箱货物口岸环节新冠病毒检测和预防性消毒工作的落实方案》，组织召开口岸货运监管现场查验科长视频会。开展常态化督查，每个工作日利用现场巡查及视频监控系统等方式对口岸货运查验现场、高风险非冷链货物采样和监督预防性消毒、个人防护工作进行监督检查231次，制发检查通报2次，制发口岸货运条线新冠肺炎疫情防控检查发现问题联系单60份。就采样场地规划、视频监控点位设置、采样作业流程设计、其他查验指令完成等细节问题，对相关现场海关进行业务指导；更新《高风险非冷链货物采样作业、预防性消毒监督工作及个人安全防护注意事项汇编》共11版；拍摄高风险非冷链货物采消及普通货物查验作业新冠肺炎疫情防控培训视频13个；组织2021年北京海关高风险非冷链货物口岸环节新冠病毒核酸检测应急处置演练。

2021年，北京海关对来自70个国家和地区的16,712票进口高风险非冷链货物外包装进行新冠病毒核酸检测。监督相关企业对上述货物外包装及11个铁路集装箱开展口岸环节预防性消毒。

【规范货物口岸检查作业】2021年，北京海关督导各口岸货运查验现场严格执行总署规范。利用视频监控系统、新一代查验管理系统与实地巡查相结合的方式，对货物口岸检查作业情况进行常态化监督检查，建立每日开展监控、每月系统抽查、每季度通报问题、每年度指标考核的监督检查机制。对实时监控查发问题，迅速联系相关现场监督整改；对定期检查发现的问题，及时组织核查情况、查找原因并如实反馈问题缘由。细化监督检查工作要点，重点开展新冠病毒疫苗出口查验、“双随机”落实情况、检查指令执行情况、查验记录规范录入、查验时效、查验录证等方面的监督检查。重新梳理口岸货运查验监管制度相关规定，将材料汇编成册，发送给各隶属海关，供查验现场作业人员学习；梳理汇总新一代查验管理系统应用常见问题，组织开展新一代查验管理系统应用培训。

【二级监控指挥中心建设】2021年，北京海关发布《安全防护视频监控检查工作规范》，细化填制内容，制定检查清单，规范填制标准。制定《北京海关二级监控指挥中心连线会商工作机制》，协同联动“挑毛病”专家组成员单位，研判分析检查结果，推进高风险问题“实时清零”，一般问题“动态清零”。2021年，北京海关二级监控指挥中心共开展安全防护监控检查378次，制发通报25份，督促问题整改89项。

【安全生产】2021年，北京海关落实《北京海关安全生产专项整治三年行动实施方案》有关要求，保障庆祝中国共产党成立100周年、2022年北京冬奥会及冬残奥会测试赛等重大活动期间口岸安全。制定《北京海关2022年冬奥会和冬残奥会口岸监管安保工作方案》《北京海关2022年冬奥会和冬残奥会监管作业现场突发事件应急预案》。突出重点开展专项督导检查，2021年“安全生产月”及重要节日期间组织联合检查组对关区9个货运监管现场的重点监管作业场所（场地）开展实地检查和监控检查。建立严密监控海关监管区内超期存储危险品货物台账，首都机场海关与首都机场涉危监管作业场所经营企业建立协同配合机制，首都机场海关可掌握存储超30天、超60天、超90天危险品情况，与中国民用航空华北地区管理局建立定期通报机制。

【监管装备设备管理】2021年，北京海关按照《海关总署监管查验设备目录指引》中的5大类设备进行全面摸排，全面厘清货运渠道X光机、核生化爆、音视频执法记录仪、移动查验单兵设备等监管设备台账。从业务和财务2个维度为11个隶属海关的31名学员做好监管设备购置预算培训，完成2022—2024年“监管查验技术设备购建及能力提升”专项预算申报。全面实现设备联网改造，按照“应联尽联”原则，共计完成辐射探测设备、X光机入网改造。

运输工具监管与场所场地监管

【推进运输工具“查检合一”】2021年，北京海关落实《全国通关一体化关检业务全面融合框架方案》《海关总署运输工具“查检合一”实施方案》，规范做好运输工具备案管理、动态管理、申报单申报、物料管理、登临检疫、证书签发等各项工作。2021年北京海关进出境航空器备案4,548架，航班航线1,671条，承运境内海关监管货物车辆备案数856辆。

【入境客运航空器终末消毒监督】2021年，北京海关做好入境客运航空器终末消毒监督工作，督导现场落实总署关于入境客运航空器终末消毒监督工作要求，压紧压实航空公司主体责任，按照风控系统下达的运输工具登临检查指令及作业要求开展监督工作。督促航空公司按照“一机一案”要求制订终末消毒方案，明确消毒方法和消毒范围，落实终末消毒评价工作。重视终末消毒方案审核工作，做好消毒单位资质询问核实、消毒人员防护装备查看、消毒剂种类和浓度检测、填写监督记录等工作，按要求签发检疫证书。加强终末消毒监督工作自身管理，定期开展终末消毒监督业务培训，做好监督关员个人防护。9月1日，建立终末消毒监督数据上报、登临检疫单证和流程监督机制，截至2021年12月31日，共实施终末消毒监督518架次。

【监管作业场所场地】2021年，北京海关以北京首都国际机场、北京大兴国际机场一市两场“双枢纽”为龙头，整合北京地区航空、铁路、公路、邮路物流监管，实现对物流链各个关键节点的智能化监控。印发《北京海关监管作业场所（场地）管理操作指引》。落实《海关监管作业场所（场地）巡查“双随机、一公开”实施细则（试行）》，开展辖区监管作业场所（场地）巡查工作，巡查结果在北京海关关网“政府信息公开”栏目“双随机、一公开”事项中公示。推进北京大兴国际机场口岸进境食用水生动物、进境植物种苗指定监管场地立项申请，已获总署批复同意立项。

反恐工作

【重要节点安全保障】2021 年，北京海关结合国家重大活动，开展专项检查。利用口岸业务运行监控指挥中心，做好安全隐患排查，组织开展各项安全检查 8 轮次。加强应急值守，严格执行值班带班工作要求，二、三级业务运行监控指挥中心加强联动，严格落实岗位责任制。坚持“四不两直”开展反恐工作专项督查，聚焦枪支弹药、核生化爆等涉恐涉暴物品查缉，做好反恐工作。

【反恐宣传】2021 年，北京海关结合反恐宣传“进企业、进单位、进社区、进学校、进家庭”的工作要求，加大宣传力度。将反恐宣传融入日常业务，对《中华人民共和国反恐怖主义法》（以下简称《反恐怖主义法》）进行再学习、再研究。实行“嵌入式”宣传，利用微博、微信、微门户等新媒体平台，在监管作业现场、报关大厅、免税店、国际展会中宣传推广反恐 IP 形象“豹小猛”。组织参加反恐宣传各类在线答题活动，全年共计 1,700 余人次参与答题。

【反恐设备保障】2021 年，北京海关按照海关核生化爆监测工作规程，全面摸排口岸核生化爆等反恐设备的配备、使用、校验情况，建立设备台账，专人负责，动态管理。全年共计完成 746 台设备情况摸排，完成全部固定式核辐射设备校验工作。

【冬奥会安保】2021 年，北京海关成立冬奥会安保组，指定专人负责，细化工作任务、明确责任分工，制定《北京海关 2022 年冬奥会和冬残奥会口岸监管安保工作方案》，细化 9 项工作任务、明确 4 项工作要求。牵头组织关区相关职能部门编制并印发《北京海关冬奥突发事件应急处置预案汇编》，其中《北京海关冬奥安保突发事件应急处置预案》对 8 类突发事件的事件等级划分和分级分类处置方式进行明确。

对接北京市公安局出入境管理局、北京市人民政府外事办公室、中共北京市委政法委员会、北京市反恐怖工作领导小组办公室等各部门，落实北京市有关冬奥会、冬残奥会期间各项安保措施；与北京冬奥组委、国家体育总局、首都机场公安局等部门建立工作联系配合机制。编发反恐资料。

【安保培训】2021 年，北京海关组织开展冬奥会安保枪爆、核生化爆等专项培训。主动对接北京市公安局刑事侦查总队、中国海关管理干部学院，邀请各业务领域专家，从枪爆基础知识、常见枪爆物品识别、核辐射探测基础与防护、探测设备使用、生化突发事件处置等方面进行培训。探索远程视频直播模式开展培训，组织全关13个部门、单位，共计600余人次远程参加培训。聚焦核生化爆、敏感案事件，组织开展冬奥会安保暨年度关区化学有害因子涉恐突发事件应急处置实战演练及冬奥会安保桌面推演。编制并修订4类13项冬奥会安保预案，全年共组织现场监管人员共计6,000余人次分批次、分场景进行演练。

【反恐智能装备】2021年，北京海关持续推进“冬奥会口岸快速通关智能监管技术及装备”项目建设。在货检和旅检现场应用智能审图技术及装备、口岸传染病快速筛查技术及装备、核因子全息定位系统、多模式痕量气味嗅探仪等多套现代化智能装备。

（撰稿人：李　凯　柳　倩　王祎玥
王　帆　赵春光　庞　珂）

行邮监管

概况

2021年，北京海关行邮监管以口岸新冠肺炎疫情防控为基础性重要工作，严格把控进出境口岸健康申报验核、流调、医排和采样各个环节，严密落实口岸入境人员两道测温、“逢警必处”各项措施，寄递现场运用视频监控、巡检巡视等方式全面强化新冠肺炎疫情防控。在跨境电商方面，开发上线跨境电商物流端口验核系统，审核新增海外仓备案企业7家、海外仓14个，新增6个品类进口品类药品，支持企业通过B2B出口模式开展高附加值产品出口，推进“即买即提”业务，“断链刨根”专项行动移交立案1起。在会展监管方面，创新出台服贸会展品通关便利措施，实施免税款担保驻场监管，在“成为安迪·沃霍尔”展览中为企业节约保证金3.9亿元。在行邮监管方面，改革攻坚，完成北京邮局海关新顺邮件监管场地验收，启动C类快件纳入货物一体化通关新模式，研发总署的外来甲虫制图项目，推动和深化旅检、快件CT机智能审图应用，开发应用冬奥会无纸化通关管理系统。年内，北京海关全面查堵毒品、反宣品、枪支弹药和外来物种等禁限物品入境，北京邮局海关1人获评2021年全国“扫黄打非”先进个人，北京邮局海关集中审核科获评2020—2021年度北京市“扫黄打非”先进集体，首都机场海关2人获评2020—2021年度北京市“扫黄打非”先进个人。

快件邮件监管

【寄递口岸新冠肺炎疫情防控】2021年，北京海关加强对来自高寒地区进境邮件、快件、跨境电商商品的新冠肺炎疫情防控工作，提醒企业做好预防性消毒，构建严密的防控网络。严格落实现场人员防护规定，严格执行总署最新版操作指南、作业指引、工作人员个人防护指南等文件制度要求，按照不同岗位风险做好个人防护、规范穿脱个人防护装备。严格落实安全防护监督制度，对人员防护、分区管理、人员流向、消毒除污等开展监督。督促寄递企业落实主体责任，做好隔离区进出卡口管理，对封闭区域严格管控，做好监管场所场地环境消杀。

【升级改造场所场地】2021年，北京海关以新顺邮件监管作业场地建设为契机，推进新场地规范化建设。对现有作业场地进行改造，整合海关和原检验检疫作业场地，对进出境邮件分区码放，对不同场地分别安装有效视频监控设备，实现重点作业区域全覆盖无死角；协调中国邮政集团有限公司北京分公司，正式启动新顺邮件监管作业场地建设。2021年12月24日，北京海关完成海关集中作业场地验收，主要包括智能卡口及围网建设、现场作业区设置、CT机查验及传输线等设备配置、视频监控及网络信号传输等方面，并在现场开展卡口通行、邮件消杀、邮件通关作业流程展示、CT检查设备同屏比对功能测试、视频监控系统网络联通等工作。

【快件监管】2021年，北京海关参与全国首批将C类快件纳入货物通关一体化试点改革工作，参与顶层设计，组织专题培训，展开新模式作业。通过快件运营人电子台账以及系统管理模块，实现快件运营人常态化管理。年内，暂停5家不符合管理规定的快件运营人业务，注销6家快件运营人资质，新增1家快件运营人备案；共监管进出境非邮政快件639.3万票，同比增长2.4%。

【邮递监管】2021年，北京海关共监管进出境邮递物品494.6万件，同比下降57.5%；监管进出境邮政快件1,452.5万件，同比下降25.2%；监管进出境印刷品音像制品207.9万件，同比下降10.2%。

【重点物品查验】2021年，北京海关邮、快件渠道共查获涉毒（含疑似精神药品）违规情事81起30.8千克；濒危动植物及其制品违规情事30起271件；枪支弹药及管制刀具违规情事58起513件；侵权商品3,133批次61.8万件。

跨境电商

【创新业务模式】2021年，北京海关推进跨境电商业务模式创新，打造“以增量带动存量式”的特色监管模式，在全国首创免税保税跨境电商相衔接及医药电商试点，试点推行B2B出口、零售进出口退货。2021年3月，北京海关召开跨境电商销售医药产品试点工作推进小组联席会议，首批新增6个品类上线销售，跨境电商医药进口种类和数量大幅增长。创新“免税、保税政策相衔接”业务，报送“海关持续推动免税商品自由流动，全面培育免税品内需体系”专题信息。扩大B2B出口海外仓企业覆盖面，年内审核新增海外仓备案企业7家、海外仓14个，截至2021年12月31日，在册海外仓备案企业12家、备案海外仓22个，海外仓已分布于美国、加拿大、西班牙、南非、中国香港等12个国家和地区。开展“网购保税＋线下自提”专题调研，形成《跨境电商“网购保税＋线下自提”业务新模式调研报告》。制发关区保障方案和通关保障应急预案，提前开展促销备案审核，完成“双11”业务保障和技术支持。

【开展打击走私专项行动】2021年，北京海关开展跨境电商进口走私“断链刨根”专项整治行动。开发上线跨境电商物流端口验核系统，推动由单及物，强化物流验核。实施促销报备制度，同步加强快件、邮件渠道进境的个人物品的实际监管。

暂时进出境货物监管

【ATA单证册监管】2021年，北京关区ATA单证册项下暂时进境货物356票，同比增长23%；出境货物334票，同比持平；复进境货物261票，同比减少31%；复出境货物398票，同比增长15%。自2020年1月1日起，体育比赛、体育表演及训练的必需体育用品，使用ATA单证册办理暂时进境，海关ATA单证册用途从最初的展览品，扩大至专业设备、商业样品与体育器材。北京海关协调北京冬奥组委和中国国际商会，开展冬奥会物资暂时进出境系列线上培训和ATA单证册保障政策宣讲，指导和保障冬奥会物资通关，年内共监管验放ATA单证册进境的冬奥会物资90票，货值5,429.88万元。

【ATA核销中心监管】2021年，北京海关ATA单证册核销中心，共监控全国ATA单证册项下暂进、暂出、复进、复出货物6,569票，同比减少22.4%。其中，外国商会签发的ATA单证册暂进货物1,764票，同比减少6.22%，货值10.55亿元，同比增长156.36%；中国国际商会签发的ATA单证册暂出货物1,499票，同比减少10.99%，货值8,968万元，同比增长43.17%。追索ATA单证册234票，同比下降35%；发出核销通知书283票，同比下降8%；发出缴款通知书51票，同比上升31%，涉及税款约102.98万元，同比上升113.65%。指导清理全国海关做好未按期核销ATA单证册，及时办结海关手续。完成中国国际商会ATA单证册全球电子化系统二期测试。

【服贸会通关保障】2021年，北京海关对接服贸会主承办单位，明确展品进出境计划和展后处置方案，结合新冠肺炎疫情防控制定监管预案，简化备案手续。开通专用报关窗口，实施7×24小时通关服务，压减检验检疫随附材料。参加服贸会政策研究会议，探讨减免税政策，并与服贸会成果促进组召开物资通关事宜视频会议，针对展览会备案、申报、通关流程及展期内销售进口展品税收优惠政策等进行梳理与解答。落实展期内销售的进口展品税收政策，指导服贸会按照财政部有关要求理清展品清单，9月2—7日服贸会举办期间，实施现场监管和政策咨询，共监管进境展品2,284件。

【支持首都会展业发展】2021年，北京海关多措并举为首都会展业发展提供通关便利。在通关现场设置节假日申报专用窗口，实施24小时及“5+2”全天候服务，确保文物等珍贵展品及时报关。精简展览品检验审批流程，法律法规没有特别规定的暂时进境展览品免于检验。现场巡查和视频监控高风险节点，丰富监管手段，降低行政成本，避免人员接触，实现制度化、规范化展中监管。重大国际展会，建立多部门横向、纵向联动机制，开展联合执法，提升监管效能。服务首都“文化中心”，立足高端会展业发展需求，创新监管模式，对符合条件的展览会实施免担保驻场监管。2021年5—8月，“安第斯文明特展——探寻印加帝国的起源”在首都博物馆举办。6月，“成为安迪·沃霍尔”展览在北京尤伦斯美术馆举办，免担保驻场监管为企业节约保证金3.9亿元。配合市政务服务局推进首都展会“一窗受理”平台的构建，梳理完善“我要办展览会”模块及流程。8月，试点应用暂时进出境货物管理系统，实现展览品无纸化通关。全年，共办理展览会备案手续50余个。

行李物品监管

【创新监管模式】2021年，北京海关结合口岸特点，营造便捷顺畅通关环境。推进“进境托运行李先期机检+手提行李挑查”工作模式，首都机场海关T2、T3航站楼进境的28条行李传送带完成X光机判图终端设备的安装调试，北京大兴国际机场海关航站楼配置12台先进的智能审图CT检查设备；将可疑行李分为高风险行李和普通布控行李，分类监管、突出重点。深化“海关+民航（安检）一次过检”工作模式，与安检部门共享查验现场，将海关监管操作嵌入安全检查环节，出境旅客等待查验时间缩短50%。

【重点物品查验】2021年，北京海关查获象牙、砗磲等濒危物种及其制品109件，查获非洲猪瘟等动物产品44票、约40千克，查获植物产品207票、约210千克，查获“水客”走私香烟157票、约160万支，酒23票、95瓶，钟表及其配件37票、63块，查获涉嫌偷逃税款典型案例4例，查获管制刀具1件，查获超量携带货币1票，查获文物376件。

【“无感通关”改革】2021年，北京海关依托北京首都国际机场和北京大兴国际机场，落实旅检“无感通关”改革要求，突出业务特色，营造旅客智慧旅检体验，在先期机检、旅客过检等环节探索智能审图、人脸识别、箱体识别、隐蔽标记、指尖申报等技术的综合判别和深化应用，建立以多渠道获取旅客通关数据为基础，以旅客风险数据分析为引领，以视频监控、人脸识别、智能拦截等技术为辅助的新型旅客通关监管体系，实现海关对进出境旅客的分类监管、智能监管、隐形监管和集约化监管，逐步确立现代化、智能化、便捷化旅客智慧旅检示范模式，相关经验成果开始向全国海关复制推广。

【重大活动通关保障】2021年“两会”期间，北京海关完成相关新冠肺炎疫情防控和服务保障任务，“一机一策”地做好港澳代表和委员出入境监管。开展2022年北京冬奥会的抵离筹备保障，配合总署印发《北京2022年冬奥会和冬残奥会海关通关须知》，制发《入境冬奥包机健康申报说明》，“一机一策”做好涉奥人员出入境卫生检疫及行李物品监管，2021年9月21日—12月31日，共保障冬奥会测试赛入境航班83架次、出境航班65架次。

【涉外机构物品监管】2021年，北京海关制定专项方案保障疫情期间涉外业务顺利开展，积极与外交部、外国驻华使馆、北京市车管所等单位保持高频沟通、高效配合，快速解决疑难问题，全年共办理外国驻华使馆、享受外交待遇的驻华机构及人员进出境公自用物品、车辆11,646票，同比增加37.4%。

【免税商品监管】2021年，北京海关推动优化市内免税商店布局，助力免税店开设。现场开展一对一业务咨询，普及各类免税店定位、经营情况、海关“免保跨政策”（免税保税和跨境电商）等。回应免税企业诉求，召开免税企业座谈会，提供相关政策指导。针对新冠肺炎疫情的全球蔓延，延长外汇商品购买有效期，支持企业复工复产，减少新冠肺炎疫情对市场的冲击。

智能审图

【机制建设】2021年，北京海关根据海关总署关于全面推广应用智能审图的部署要求，北京海关制订实施方案，开展集中审像中心、技术网络、CT设备分拣线改造等建设。制定操作指南，明确岗位职责、作业要求、统计报送等原则及标准，出台推广应用工作制度。

【设备部署】截至2021年12月31日，北京海关行邮监管现场共部署CT设备36台。首都机场海关CT设备15台，并已对接总署智能审图信息化平台，具备直接抓取智能审图过机量、各类型报警数等数据以及进行图像标注、图像传输等功能；快件现场CT设备13台。北京大兴国际机场海关CT设备21台。应用于首都机场海关旅检、快件现场的CT设备，共部署10多种算法开展智能审图。

【调试研发】2021年11月，北京海关自主开展赌博筹码智能审图制图，与同方威视公司协同做好样品、道具、场景设计、设备调试等相关准备，对快件现场5,024个赌博筹码进行图像采集，累计制得CT机图像585幅。承担总署智能审图专项研发任务，2020年12月开展新冠病毒疫苗的机检图像现场制图，2021年9月进行外来甲虫的机检图像现场制图。

【专项考评】2021年，北京海关结合智能审图应用监管实际，对照总署专项考评要求，细化制定关区智能审图专项考评标准。强化“人机结合”，探索智能审图与业务监管的深度融合应用。组织智能审图图像回溯验证，完善各类算法。实行自主常态化制图，深化推广应用。

（撰稿人：康　凯　郭晓舟　史　彦　谯　杨）

政策研究及统计工作

概况

2021年，北京海关政策研究及统计工作充分发挥统计职能作用，服务构建新发展格局。完成关区各项统计工作，组织开展统计分析及课题研究；开展中国外贸出口先导指数、进口货物使用去向等调查；牵头建设业务统计数据管理子系统，推动现场数据报送工作的集约化和全面信息化；定期在北京海关门户网站发布统计类数据。推动关区“十四五”规划落实工作，制定具体措施。服务首都经济发展，经多次调研反复论证，完成北京大兴国际机场综合保税区统计代码增设及“两区”建设相关经济指标的统计口径协调工作，首创北京、河北2套代码共存的新模式。

2021年，北京地区（含中央在京单位，下同）进出口总值3.04万亿元，同比增长30.6%（较2019年增长6.1%）。其中，进口2.43万亿元，同比增长30.4%；出口6,118.5亿元，同比增长31.2%。继2005年北京地区进出口总值首次超过万亿元、2010年跨过2万亿元门槛后，2021年又跨越3万亿元大关，为“十四五”奠定良好开局。进出口主要商品为原油、汽车、天然气、农产品、铁矿砂及其精矿、成品油、医药材及药品。北京地区前5大贸易伙伴为欧盟（不含英国）、美国、东盟、澳大利亚、沙特阿拉伯。在北京海关申报的进出口货运量为6,316.4万吨，其中进口6,232.19万吨，占比为98.67%，出口84.21万吨，占比为1.33%。

“十四五”规划落实

【参与编制工作】2021年，北京海关按照《“十四五”海关发展规划》研究编制工作要求，开展关区调研，组织开展规划编制的前瞻性研究。参与规划编制工作，并派员参与规划编制，领会规划精神，提升视野格局。同时报送相关建议，参与网上建言献策。

【制订实施方案】2021年，总署《“十四五”海关发展规划》确定后，北京海关落实“十四五”海关发展规划工作正式启动。对照《“十四五”海关发展规划》，广泛征求关区意见，结合关区实际，汇总各部门、各单位报送的措施建议，形成《北京海关贯彻落实〈“十四五”海关发展规划〉实施方案》（以下简称《实施方案》）。

【实施“三个一”】2021年，北京海关按照海关总署《“十四五”海关发展规划》的编制思路，坚持对标对表组织实施，重点把握好“三个一”，即“一个主题”“一条主线”“一张蓝图”。一个主题，就是牢牢把握高质量发展的主题，把推动外贸高质量发展摆在更加突出的位置，服务我国外贸质量变革、动力变革、效率变革，实现贸易结构更加优化、贸易效益显著提升、贸易实力进一步增强。一条主线，就是牢牢把握“三新”（把握新发展阶段、贯彻新发展理念、构建新发展格局）的主线，在新发展阶段的大背景下谋划未来五年发展，完整、准确、全面贯彻新发展理念，发挥自身职能优势，促进内需和外需、进口和出口协调发展。一张蓝图，就是牢牢把握全面建设社会主义现代化国家的宏伟蓝图，准确把握2035年基本实现社会主义现代化远景目标的科学内涵，以规划引领发展，持续深化政治建关、改革强关、依法把关、科技兴关、从严治关，开启全面建设社会主义现代化海关新征程。

【实施方案突出北京特点】《实施方案》将北京市“十四五”规划中的“坚持以首都发展为统领”和“坚持安全发展”理念纳入北京海关落实方案的基本原则。《实施方案》分为5个部分，分别为总体思路、主要指标细化、重点任务分解、工程清单、保障措施。为便于评估和考核，各主责部门结合北京海关实际，分别订立个性化指标。

统计调查

【统计调查机制】2021年，北京海关充分发挥统计调查联络员队伍作用，指导辖区企业完成中国外贸出口先导指数调查、进口货物使用去向调查和跨境电商统计试点调查等调查工作。牵头承担海关统计制度方法研究、统计指标口径设置等工作。

【统计专项调查】2021年，北京海关于每月25—27日开展中国外贸出口先导指数调查，该项调查经国家统计局批准，由总署统一部署，全国近3,000家企业参与，其中北京企业100余家。通过抽样问卷获取企业订单、信心、成本等微观指标，加强对外贸运行趋势的预测；6月开展进口货物使用去向调查，该项调查经国家统计局批准，综合采用全面调查、重点调查和补充调查相结合的方法获取企业商品进口后的使用去向信息，为贸易增加值核算提供基础性统计资料；年内开展各类调研13批次。

【统计指标口径设置】2021年6月，总署批复北京大兴国际机场综合保税区统计代码增设方案，该区是全国唯一的跨省市综合保税区，方案将统计代码设置为北京、河北2套共存的模式，新增代码于7

月1日起施行；12月，总署采纳北京海关提出的增设“牛精液”类商品第二计量单位“支”的建议，计量单位“支”更加符合海关监管实际和国际贸易惯例，也为育种行业发展提供新的参考，新增计量单位于2022年1月1日起施行。

【服务企业】2021年，北京海关编写的“政策解读——《关于保税物流中心统计办法的公告》”在总署官方网站上发布，分别从统计口径、统计方法2个方面解读保税物流中心统计办法的新变化、新要求，帮助进出口企业更好地理解保税物流中心统计数据的具体内容。统计口径方面，再次强调除另有规定外，境外运入物流中心的货物和物流中心运往境外的货物列入海关统计，从境内（中心外）运入物流中心的货物和从物流中心运往境内（中心外）的货物不列入海关统计。

统计方法方面，将“按照境内收发货人编码前5位对物流中心进出境货物进行分组统计”调整为“按照消费使用单位或者生产销售单位编码前5位进行分组统计”；将“境内收发货人的10位数海关注册编码第5位为‘W’即为保税物流进出口数据”调整为“消费使用单位或者生产销售单位的10位数海关注册编码第5位为‘W’且监管方式为‘6033’‘1210’‘1239’的为保税物流进出口数据”；将境内进出物流中心货物报关单中的进出境关别由“接受申报的海关”调整为“物流中心所在海关”。

贸易统计与数据管理

【统计数据质量管控】2021年，按照总署要求，开展报关单申报项目调整工作，将现有申报项目优化整合，构建高效便捷的申报体系。按照工作部署，跟进调整工作，成立关区报关单申报项目调整试运行推进工作专班，组织开展内部测试，联系企业进行外部测试，推进海关深化业务改革的具体措施。

【《数据安全法》学习培训】《中华人民共和国数据安全法》（以下简称《数据安全法》）于2021年9月1日起施行，为推动开展《数据安全法》在关区的学习贯彻，采用专家授课、研讨交流、参加海关总署培训班等多种形式，实现关区学习全覆盖。

业务统计

【业务统计工作开展】2021年，北京海关组织相关人员参加总署业务统计专题培训、业务分析专题培训等全国培训2次，组织关内培训1次，合计培训人员约200人次。完成海关业务统计相关指标修订书面调研、2项监管业务运行情况书面调研等专题研究工作。参加业务指标新体系细化建设工作，汇总整理全国海关细化方案，撰写业务指标新体系建设工作进展报告。参与全国海关业务统计数据审核工作，参与全国海关业务统计人才培养工作。

【特色监管模式建设】2021年，北京海关建设关区集约高效的业务数据报送渠道。组织业务职能部门召开2次业务需求细化对接会，根据具体需要推进项目开发进度，将非信息化报送、手工记录或统计的报表纳入关区业务统计数据管理子系统内填报；编制系统操作指引，指导相关职能部门和各隶属海关的用户开展系统测试；组织开展关区系统操作线上培训，帮助系统用户熟悉系统操作。业务统计数据管理子系统已经顺利通过上线试运行和项目验收，正式投入使用。

分析研究与政策研究

【专项分析任务】2021年，北京海关结合全年外贸热点，组织关区分析员撰写全国重点进出口商品的跟踪分析。加强对重要领域、重点产业的研究，准确判断外贸运行情况及变化特点，撰写分析研究报告。按月通过北京海关门户网站向社会公众发布相关统计信息、统计数据、统计图表，接受各类咨询，并提供相关数据。

【课题研究】2021年，北京海关组织完成课题研究56项，研究内容包括机关党建工作、“一带一路”、RCEP专题、“三智”建设、国门安全、海关监管业务、服务地方经济和产业链发展等方面。

【编发内部政研资料】2021年，北京海关围绕新冠肺炎疫情对产业的影响、RCEP专题、“三智”建设、海关税收征管、出口监管、数字经济、口岸查验、支持地方发展、基层党建工作等方面，编发内部政研资料13期、专刊2期。其中“RCEP专刊”展示“RCEP原产地规则和关税减让”主题征文活动成果，从不同角度分析RCEP原产地规则和关税减让的意义，针对如何提升海关原产地管理水平、如何促进综合保税区高质量发展、如何适应原产地规则变化等方面，提出建设性意见。

（撰稿人：李静婷）

企业管理

概况

2021年，北京海关企业管理工作，在自贸创新、信用管理、区域保税、资质备案四大企管业务条线上，深化改革创新、优化监管流程、加强队伍建设、防范“三大风险”，圆满完成各项工作任务。截至年底，北京关区注册企业总数60,742家，其中进出口货物收发货人及分支机构59,634家、报关企业695家、其余类型413家；现有特定资质备案业务共计4类12项，特定资质备案企业4,148家；高级认证企业259家，同比增加11.2%，失信企业31家，同比减少22.5%，其他信用等级企业60,452家，同比增加10.97%。全年完成企业信用等级调整140家次，信用修复20家次；完成各类资质管理作业21,113票，其中注册登记6,291票、信息变更8,488票、注销2,460票、报关差错复核3,874票。2021年，综合保税区进出总金额855.6亿元，同比增长37.6%；保税物流中心（B型）进出总金额33.73亿美元，同比增长103.9%，征收税款14.7亿元，同比增长122.9%；保税仓库总数48家，进口总值58.3亿美元，同比增长101.0%，内销征收税额17.8亿元，同比增长18.1%。

信用管理

【创新培育模式】2021年，北京海关制定《北京海关企业信用培育管理工作实施细则》，规范信用培育行为；开展企业调研，结合海关企业信用评估系统，梳理筛选相关名单，加大北京关区参与“一带一路”沿线国家、重要贸易国家、RCEP成员国、中东欧国家贸易企业的AEO高级认证企业培育，以及新兴业态、“两区”建设、京津企业的培育力度；多渠道开展信用培育，利用新媒体平台积极宣传，发布政策解读文章，并联合地方政府部门对北京市龙头产业的重点企业进行信用培育，增加高级认证企业数量，为北京企业“走出去”、享受更多优惠措施提供政策支持。截至年底，共对85家新申请AEO认证企业开展培育。

【认证工作】2021年，北京海关采

取“制度＋科技”统筹方式进行新申请认证和重新认证工作，联合研发了“企业认证‘双随机’系统”，结合单兵作业系统，使认证工作规范化、透明化。年内，通过该系统随机选派人员对106家企业开展认证，其中使用单兵作业系统对8家企业开展认证。共有28家新申请高级认证企业、12家一般认证企业通过认证；17家高级认证企业、74家一般认证企业通过重新认证评估；认证终止企业1家。

【企业信用管理改革】2021年，北京海关做好总署2021年公布的《中华人民共和国海关注册登记和备案企业信用管理办法》（以下简称《信用管理办法》）实施工作，通过新媒体平台、宣讲会、信用培育、走访调研等方式，宣传新办法的亮点，对原一般认证企业建立台账，为新《信用管理办法》顺利实施奠定基础。开展总署关于总分公司信用管理模式改革试点等6项工作，参与涉及政策法规制定、系统建设改造、业务授课、对外宣传等方面的12项总署信用管理改革相关工作。

【信用修复工作】2021年，北京海关对原（存量）失信企业进行梳理建账，筛选出因在异常名录超90天被降为失信等级的企业9家，对企业的信用等级进行重新认定，恢复为实施常规管理措施的其他企业。采取“接受申请”和“主动引导”双管齐下，推动符合条件失信企业尽早启动申请，年内已对北京关区符合失信修复条件的2家企业和失信满2年的18家企业进行信用修复。

【AEO认证企业便利化措施落实】2021年，北京海关对关区AEO认证企业便利化措施落实情况进行摸底，对外组织关区企业开展认证企业获得感评估指标调研，不断完善相关制度细则，推进未落实到位的措施尽快落地见效。在各业务现场设立“海关认证企业优先”办理窗口，统一制作并发放“海关认证企业（AEO）优先办理”标识牌和“海关认证企业（AEO）专用窗口”标识。降低稽查核查频次，对高级认证企业常规稽查3年内做到无因不查，在高级认证企业范围内推进核查领域“企业自查结果认可模式”试点工作，制订定期管理类核查计划。推进京津两地互认，在京津两地海关增设AEO认证企业专用通关窗口，委派专人负责解决突发问题。

【企业协调服务】2021年，北京海关拓宽“问题清零”渠道，坚守“中国海关信用管理”和“京关信用”微信平台两大阵地，坚持企业咨询问题当天有答复。截至年底，平台注册企业达到1,851家，累计为35家企业提供协调服务，答复企业专项咨询41次，推送政策及解读文章43篇。

【信用信息异常企业名录管理】2021年，北京海关准确识别目标，共筛选89家北京关区因未报年报被列入信用信息异常企业名录的企业；主动联络指导，与辖区企业联系核实情况，指导企业尽快通过

"单一窗口"进行补报；及时上报调整，将经过核实已报或补报年报的企业名单上报总署进行移出，降低因列入异常企业名录给认证企业造成的影响。全年共帮助64家企业移出信用信息异常企业名录，保障企业通关顺利。

资质管理

【推进注销便利化】2021年，北京海关加强与地方政府有关部门协调，完善注销工作机制，将各区市场监管部门联系方式下发开展相关业务的各隶属海关，组织关区业务现场113人参加专题培训，加强培训指导，加强对企业政策宣传，明确具体要求和时限，做好实施准备工作。完成全国首个直属海关与省、直辖市级市场监督管理局企业注销便利化电子平台建设，节约人工比对数据成本，提高海关简易注销异议信息反馈时效性。截至年底，实时接收简易注销数据推送9,969条，完成注销企业2,544家。

【注册登记状态专项核实和信息核对】2021年，北京海关先后组织开展3批次共计1,135家市场监管部门已注销、吊销企业在海关注册登记状态专项核实工作，并对接北京市市场监督管理局，将报关单位营业执照注销、吊销状态管理工作纳入常态化管理。常态化开展企业注册信息核对工作，并加强企业信息动态监管，重点关注新增企业、"一址多企"、失联企业、"一人多企"、经营异常等企业，重点加强企管部门与稽核查、风控等部门之间的协同配合，依法依规及时做好信息变更、移入异常名录、注销等后续处置，提升北京关区企业注册信息完整性、有效性。年内，共开展企业注册信息核对工作230家，发现不一致并完成通知变更整改31家。

【报关单位备案管理】2021年，北京海关更新官网办事指南以加强对企业政策宣贯，沟通北京市市场监督管理局将报关企业备案纳入"多证合一"改革中。截至年底，北京关区已实现全程无纸化网上企业备案办理，在办理工商登记手续时即可同步在线申请办理备案手续。备案管理实施以来，备案报关企业115家，同比增长210%。

【专项整治】2021年，北京海关对内加强备案企业资质验核管理，制定《跨境电商进口走私"断链刨根"专项整治行动跨境电商备案验核指南》，梳理关区内已备案的跨境电商企业名录并进行台账式管理。对外加强新备案企业的管控指导，更新北京海关门户网站参与跨境电子商务企业备案办理流程，利用新媒体宣传与舆论引导，委派专人解答跨境电商企业备案咨询。行动期间，摸排参与跨境电商类型企业1,080家（包含类型重叠备案）。

【帮扶出口食品生产企业】2021年，北京海关针对食品企业的出口需求，及时了解欧盟、美国、韩国、沙特阿拉伯、蒙古国等进口国（地区）对食品生产企业注册备案新要求，通过多种形式推送相关企业，并采取“微视频＋云课堂”的形式，对出口食品生产企业备案工作、对外推荐注册有针对性地培训。按照新加坡食品局和韩国官方要求，加强对关区企业帮扶，对企业新加坡、韩国推荐注册材料多次进行辅导整改。

综合保税区和保税监管场所监管

【综合保税区监管】2021年，北京海关协助做好综合保税区建设各项调度工作，协助北京市开展综合保税区入区项目指引的政策宣讲和指导工作，研究提出改进措施。3月24日，完成北京天竺综合保税区规划调整验收；11月25日完成北京大兴国际机场综合保税区预验收；12月20日完成国务院八部门对北京大兴国际机场综合保税区的正式验收工作。

【复制推广自贸创新制度】2021年，在国务院前6批自贸试验区改革试点经验复制推广清单中，北京海关已完成其中37项制度的复制推广工作。在总署25项自贸试验区海关监管创新制度复制推广情况表中，北京海关已完成23项制度的复制推广工作。在已落实措施中，部分制度推进效果较好。继续落实“进口货物预检验”（第一批）模式，年内完成预检验货物612批次；继续落实“引入中介机构开展保税核查、核销和企业稽查”（第二批），年内通过引入第三方机构对3家企业11本账册开展核查；继续落实“仓储货物按状态分类监管”（第二批），年内新增2家分类监管试点企业；继续落实“海关企业注册及电子口岸入网全程无纸化”（第四批），年内完成无纸化企业备案53家；继续落实“海关特殊监管区域‘四自一简’监管创新”（第四批），年内新增账册备案39本，通过内部流程再造，简化分送集报等业务内部核准程序。

【创新保税物流供应链监管模式】2021年，北京海关梳理配套试点制定的试点方案、相关业务制度和制度执行情况，对试点的主要监管做法和先进经验等进行阶段性总结。2021年3月，“航材保税物流供应链新模式”自贸试验区海关监管创新举措获总署批复同意备案，该举措也是2020年9月21日国务院批复的第六批3个新设自贸试验区中，首个在总署通过备案审核的海关监管创新举措。

【保税物流场所安全管理】2021年，北京海关重新梳理相关系统使用人授权情况，对北京天竺综合保税区辅助管理系统、保税物流供应链可视化管理系统的数据安全进行评估，整理系统数据安全模块、审计模块开发需求。组织开展海关特殊监管区域和保税监管场所安全生产检查，注重与地方政府的联系配合，先后完成对12个隶属海关、北京天竺综合保税区内重点企业、北京亦庄保税物流中心重点企业、50余家保税仓库和出口监管仓库的安全隐患排查工作，协助完成国务院安委会安全生产工作考核相关材料报送工作。

【保税监管场所期限管理】2021年，北京海关加强“金关二期”物流账册科学化使用，指导各业务现场逐步将账册类型向“不可累计”型切换；加强场所货物仓储期限延期核批，规范“特殊情况”，采用“一事一议”办理规则；加强对北京航空食品专用型保税仓库等航食类保税仓库相关货物的处置工作；完成对645本H2000保税账册的状态确认，完成对86票北京关区区域场所长期未结关报关单清理工作。

【推动可视化监控平台应用】2021年，北京海关建立“平台应用联系人”工作机制，建立监控类处置单电子档案，建立定期通报机制，明确平台使用单位和监控对象的工作职责，提高处置的规范性、及时性和有效性。

北京大兴国际机场综合保税区建设

【基本情况】北京大兴国际机场综合保税区是全国首个也是唯一一个跨省市综合保税区，于2020年11月5日获国务院正式批复设立，由北京市、河北省“分建统管”。2019年11月4日，北京海关组建北京大兴国际机场综合保税区工作专班。

2021年，北京海关按照建设“监管最有效、通关最便利、设施最先进、管理最科学、资源最集约”的海关特殊监管区域的要求，与两地有关部门加强协调配合，于11月5日通过两地海关预验收、12月20日通过总署牵头的国务院八部门验收，完成北京大兴国际机场综合保税区（一期）在2021年底前正式通过验收、正式封关运行的任务。配合两地政府“四个统一”的建设要求，推动北京大兴国际机场临空经济区高质量发展。

【业务能力建设】2021年，北京大兴国际机场综合保税区专班组织关员前往其他综合保税区交流学习并定期开展全员业务培训。选派关员赴天竺海关综合业务、信用管理等20余个岗位进行业务学习。跟班作业期间学习相关规则制度文件，并与其他综合保税区海关关员进行交流探讨，梳理形成操作细则。启动“业务周讲堂”，开展海关业务培训，模拟业务办理流程，排查业务办理中实际存在的问题及风险。持续开展重大风险隐患大排查，形成风险问题清单。

【制度建设】2021年，北京大兴国际机场综合保税区专班编辑“两图一指引”，总结梳理业务流程，建立和完善内部管理制度。编写北京大兴国际机场综合保税区海关业务全景图展示北京大兴国际机场综合保税区各项海关业务类别、各个岗位的工作职责。编写北京大兴国际机场综合保税区进出口货物监管流程图，展示北京大兴国际机场综合保税区海关进出口货物在口岸功能区、保税功能区以及区外的监管流程。总结完成业务操作指引，包括综合业务、企业管理、保税业务、物流监控、查检、卫生监督、稽查、跨境电商8大类40余个主要海关业务，共计680余页，近30万字。操作指引系统梳理法律法规依据、规章制度文件、海关操作规范和信息化系统操作流程以及重点关注内容，用于封关运行后指导关员标准化办理海关业务。编制完成的《大兴国际机场综合保税区海关制度汇编》，涉及行政办公、人事政工、疫情防控、后勤保障、现场监管等方面，包含35项制度共计8万余字。

【筑牢运行基础】2021年，北京大兴国际机场综合保税区专班理清监管思路，争取更优的综合保税区区内政策，创新监管理念，探索“港区一体化”“区内区外一体化”监管。打造“关地一体化”，利用海关业务办事大厅与地方政府共用优势，与临空区管委会共同探索简化企业办事流程、优化营商环境的措施。开展监管业务，总署明确北京大兴国际机场综合保税区封关运行后由北京海关实施监管，并批复了北京海关序列内关区代码0131。完成封关运行前系统准备工作，对封关运行后的业务系统进行梳理，与相关职能部门共同进行31个业务系统的授权申请，保障封关运行后各项业务的开展；对前期业务系统测试数据进行清理，以保障封关运行后数据准确。

【签署合作备忘录】8月13日，北京海关与北京市大兴区人民政府签署合作备忘录，从5个方面提出一揽子支持政策共计22条。

（撰稿人：刘　东　倪海闻　周　静
崔　哲　王　楠　王宇光
朱泽宇　宁子鉴　陈寅嵩）

稽查工作

概况

2021年，北京海关认真落实全国海关企业管理和稽查工作要点和年度工作任务，完善制度建设，以“加强后续监管、推进改革发展、强化规范检查”为重点，构建具有关区特色的稽核查、加工贸易监管和属地查检工作模式。

全年累计开展稽查作业519起，办结382起，完成业务指标进度的103%；向缉私部门移交违法违规线索11起；稽查有效率65%。组织开展总署下达的稽核查专项行动19个；牵头或参与完成署级重点课题研究4个。共开展并办结核查作业769起，按时办结率、按时完成率均达到100%，其中风险处置类作业411起，定期管理类核查作业358起。共发现问题377起，占核查作业总数的49.02%。关区实际开展加工贸易进出口企业179家，设立加工贸易电子化手册535份，电子账册企业14家，电子账册14本，进出口金额57.61亿美元。进口目的地查验42,174批次。

建立关区业务骨干及人才培养长效机制，强化专家人才培养，开展业务培训。开展实战演练，提升稽核查、加工贸易监管一线人员的业务能力和素质。以“现场监管与外勤执法权力寻租”专项整治为契机，梳理排查风险点和完善内部廉政风险防控措施，落实稽核查和加工贸易监管法律法规和制度规定，防范三大风险。

稽查核查

【专项稽查】2021年，北京海关成立进口再生金属行业专项稽查行动领导小组，制定《北京海关关于开展2021年第二轮进口再生金属专项稽查行动的实施方案》，组织开展2轮进口再生金属行业稽查专项行动，全年共对14家企业开展专项稽查。

【优化营商环境】2021年，北京海关按照《国务院关于在市场监管领域全面推行部门联合“双随机、一公开”监管的意见》《国务院关于加强和规范事中事后监管的指导意见》要求，牵头对“出口商品生产企业”开展联合抽查工作，协调北京市市场监督管理局落实《海关总署关于在核查领域开展部门间联合抽查工作的指导意见》，完善海关稽核查业务管理系统中的核查人员库管理。年内共对45家企业开展联合抽查，涉及“出口备案食品生产企业核查”“出境竹木草制品生产加工企业监督管理核查”“出口饲料和饲料添加剂注册生产、加工、存放企业核查”3个具体内容，共查发问题28起。

遵循企业自愿、风险可控、因地制宜3个工作原则，严格按照总署试点工作方案、《企业自查结果认可模式海关核查操作指引》及核查表单的要求，开展自查结果认可试点工作。年内共组织对辖区高级认证企业开展“保税货物盘库核查”“企业信息核对”“出口备案食品生产企业核查”事项自查结果认可核查作业试点14起，企业自查发现问题并整改通过1起。加大政策宣讲及指导力度，鼓励和支持进出口企业主动自查自纠。共办理主动披露作业83起。

【稽查改革】2021年，北京海关对重大疑难稽查作业开展跨辖区稽查。细化各隶属海关全年稽查任务和指标，落实稽查重大查发信息即时报送通报机制，加强关区内外稽查经验交流，规范稽查部门直接办理自主查发的简易程序。11月全国海关稽查改革正式启动，北京海关1—10月办结稽查作业239起，查发问题作业数132起；1—12月办结稽查作业382起，查发问题作业数247起。

【推进重点工作】2021年，北京海关推广“互联网+稽核查”监管，开展涉税、涉检等重点领域专项稽核查。加强对新业态、新贸易形式的分析研究，强化稽查手段对风险目标的动态跟踪与应对能力。全年开展涉检稽查作业1起。稳步推进“互联网+稽核查”，完成相关业务应用培训工作。开展打击跨境电商进口走私“断链刨根”专项整治行动，组织关区稽查业务骨干力量进行数据梳理与研判，对关区5家企业开展稽查，查发违法违规线索2起，移交线索并由缉私部门立案调查1起。针对海关特殊监管区域内的跨境电商企业开展核查15起，查发问题1起。

加强稽核查指令管理，完善稽核查指令的生成与流转机制，强化稽核查指令协调与分析研判，密切与各相关部门的联系配合，拓展指令来源渠道。年内共研判稽核查等各类指令1,239个。

落实总署党委巡视组整改要求，摸清稽核查查发违法违规线索移交难问题的现状，分析问题成因，提出解决意见与建议。开展长期未办结稽核查作业清理，建立台账销账制度，限期办结。针对隶属海关稽核查人员变动的情况，规范系统授权管理。

【课题研究】2021年，北京海关开展属地查检工作绩效考核指标专题研究；牵头起草并协调修改“海关属地查检业务管理系统”项目建设书；参与起草海关特殊监管区域内主动披露工作指引；参与开展优化核查标准化作业表专题研究工作；牵头起草属地查检工作绩效考核指标信息化管理功能模块建设需求任务书；参与开展联合抽查操作指引专题研究；参与修订《海关稽查操作规程》《海关核查操作规范（试行）》；牵头承担梳理核查领域涉及规范性文件专题工作，完成《企业管理和稽查业务规范汇编》核查部分的整理工作。牵头开展执法监督指标清单的编写。

【执法规范和监督检查】2021 年，北京海关强化日常执法监督和内控管理。对归类补税、特许权使用费的稽查作业法规适用和主动披露工作进行明确和统一。完成北京关区 2020 年度已办结的 360 起稽查、638 起核查和 42 起主动披露作业的执法专项检查工作。引导稽核查人员加强法律法规学习，重点研读关检融合以来颁布的新规。丰富复核手段，围绕稽核查作业程序、定性、处置等关键点，强化自我纠错能力。

加工贸易监管

【强化监管】2021 年，北京海关分析研究加工贸易异常处置情况，制定针对性措施；利用总署企业管理和稽查司业务运行可视化监控平台等信息化监管系统，对手账册设立、报核、核销、结案时间等加工贸易领域关键节点实施日常监控“全覆盖”；结合总署企业管理和稽查司开展的业务运行可视化监控平台远程测试工作，掌握各项指标的统计口径。结合“现场监管与外勤执法权力寻租”专项整治工作，根据历年来加工贸易领域执法检查情况，整理加工贸易风险监控工作重点，对所办理加工贸易业务情况全面开展风险排查，重点对手账册设立、核销执法情况、加工贸易风险类保证金管理执法情况、不作价设备管理执法情况等方面开展自查。开展北京海关加工贸易领域长期未结关报关单清理工作，向总署汇报工作进展，联系外地海关核实异地手册情况，查询手册状态，制发处置联系单，清理北京关区报关单 81 票。对 H883、H2000（H2010）系统加工贸易遗留手账册情况进行全面排查，确定遗留手册数量和实际监管情况，在确保监管有效的前提下，实现关区 H2010 系统加工贸易监管模块的退出。完成金关二期加工贸易及保税管理系统北京海关项下区外加工贸易条线的角色创建、角色功能添加以及作业人员的授权工作。做好保税维修业务试点企业监管工作，开展关区区外保税维修业务有关情况排查。

【改革创新】2021 年，北京海关制定《加工贸易中后期管理特色监管模式概要说明及作业指引》，明确扩大加工贸易后续核查事项，推进加工贸易联网监管业务，扩大联网监管企业范围，鼓励关区更多符合条件的企业开展联网监管，新增 2 家联网监管 E 账册企业。推动企业集团加工贸易监管改革试点，对 4 家重点意向企业开展实地调研和政策宣传。

【优化服务】2021 年，北京海关开展

关区加工贸易企业复工复产情况调研5次，采取延长加工贸易手账册核销有效期、简化核销手续、开展远程核查作业、提高自动审核比率和电子数据的应用等方式，助力企业复工复产。对边角料内销货值较大的企业加大政策宣传力度，引导符合条件的加工贸易企业采用拍卖机制开展内销业务，引导企业优先选用拍卖协会认可的最高等级AAA级拍卖公司承担拍卖事项，并利用拍卖平台，对拍卖相关情况进行业务监控。了解企业开展区外保税维修业务诉求，协调地方商务部门，安排专人与重点企业对接，鼓励企业向商务主管部门申请业务资质。开展对《海关总署关于全面推广企业集团加工贸易监管模式的公告》（海关总署公告2021年第80号）的政策解读。解决加工贸易现场监管中关于首次设立手册担保、核查相关工作问题，提出核查需求共享机制，在综合考量风险防控和营商环境因素基础上，合理办理担保和核查业务。

【加工贸易监管研究】2021年，北京海关持续关注区外加工贸易内销情况，分析重点商品和重点企业，调阅核对数据，形成北京海关加工贸易内销情况分析报告，上报总署企业管理和稽查司。加强加工贸易担保金征收监督管理，依托金关二期加工贸易及保税监管子系统调取数据，查找分析风险点，在优化完善监管制度、强化联合监管力度、协助推进系统建设方面制定具体措施。关注不作价设备的监管和运行情况，根据总署审计发现的不作价设备风险点，调取监管期限内的全部数据开展详细分析，针对不作价设备可能存在的监管风险，制定措施加以预防。对近2年加工贸易边角废料内销情况开展分析评估。

属地查检

【业务改革】2021年，北京海关牵头协调推进属地查检新监管系统的开发、牵头开展属地查检部门执法监督指标体系编写工作、参与《海关属地查检业务操作规范》的起草、牵头撰写《海关总署关于推进进出口货物属地查检工作的指导意见》并承担全国海关培训工作。参与改革，征求意见建议60条。

【防控督导】2021年，北京海关落实属地查检业务领域安全生产和疫情检查工作要求，开展安全生产和疫情防控工作监督、检查，在属地查检作业随机选人工作等方面制定具体规范措施。

【工作成效】2021年，北京海关进口目的地查验42,174批次，实现了业务同比翻番。建立联系配合机制，属地查检执行管理部门与相关业务职能部门及时研究、处置、答复业务现场提出的问题，在管理层面上形成信息共享、执法规范互助的监管合力；通过岗位练兵和专业知识培训，提升查检人员业务素质和工作能力；开通绿色通道，为特殊需求企业提供预约查验、上门监管服务；与北京冬奥组委保持沟通，提前了解相关企业涉奥物资通关需求、物资进口计划等情况，设立冬奥会物资专用查验窗口，开辟绿色通道，优先办理冬奥会物资查验手续，并建立“一对一”帮扶措施，提供全流程政策指导。

（撰稿人：杨晓瑞　郭　颖　李海霞
毛红娟　杨迪莉）

查缉走私

概况

1999年1月5日，北京海关走私犯罪侦查分局成立。2002年8月15日，正式列入北京市公安局机构序列，名称为北京市公安局走私犯罪侦查局，承担北京地区反走私刑事执法职能。2003年1月1日，按照内部职能调整方案，正式更名为北京海关缉私局，在原有刑事执法职能基础上，承担行政执法职能，成为唯一一支在北京口岸同时拥有行政执法权和刑事执法权的缉私警察队伍。2005年3月28日，北京市成立打击走私综合治理领导小组，领导小组办公室设在北京海关，由缉私局承担综合治理职能。北京海关缉私局为副厅局级机构，内设办公室、政治处、警务督察处、纪检监察处、情报技术处、侦查一处、侦查二处、查私处、法制一处、法制二处、刑事技术处11个处级部门，下辖首都机场海关、中关村海关、北京经济技术开发区海关、北京大兴国际机场海关4个缉私分局和驻平谷办事处、邮局办事处2个缉私科，代管总署北京缉私犬基地。

2021年，北京海关缉私局贯彻落实全国公安工作会议、2021年北京海关工作会议、北京海关全面从严治党工作会议精神，统筹推进新冠肺炎疫情防控、缉私办案和队伍建设，推进“国门利剑”“蓝天”“护卫”“国门勇士”“净边”等打私专项行动。共立案侦办走私犯罪案件54起，其中，侦办涉税走私犯罪案件34起，案值1.84亿元，同比增长1.63倍；侦办非涉税走私犯罪案件20起。立案调查走私行为案件133起；立案调查违规及其他违法案件742起。

保卫首都安全

【打击“洋垃圾”走私】2021年，北京海关缉私局制定“蓝天2021”专项行动方案，成立领导小组，联合商品检验处、口岸监管处、企业管理处等职能部门和业务现场实施监管，共办理打击“洋垃圾”走私案件21起，查获旧电子零配件等固体废物。

【打击象牙等濒危物种及其制品走私】2021年，北京海关缉私局制定“护卫2021”专项工作方案，成立联络员小组，在动植物检疫处、口岸监管处、行邮监管处、教育处等部门协助下加强生物安全宣传、一线监管查缉、业务技能培训。联合北京市人民检察院制定提高办理走私犯罪案件质效工作办法，共立案侦办濒危物种走私犯罪案件11起，查获象牙及其制品、穿山甲鳞片、狐狼皮、加州湾石首鱼鱼胶、抹香鲸牙及鹦鹉螺等濒危物种及其制品。

【打击“水客”走私】2021年，北京海关缉私局组织开展2轮集中收网行动，排查“水客”线索48条，立案15起，抓获犯罪嫌疑人10名，查获手表、服装、鞋包等奢侈品案值4,300万元。

【打击淫秽物品走私】2021年，北京海关缉私局侦办打击走私、贩卖淫秽物品“5·06”专案，组织开展2轮收网行动，查获淫秽书刊6,733册，得到公安部和总署领导的肯定，获得总署缉私局通报表扬，1人获评2021年全国“扫黄打非”先进个人称号。

【打击武器弹药走私】2021年，北京海关缉私局开展两轮“国门勇士2021”缉枪行动，共办理涉枪线索15条。共查发走私枪支弹药线索31起，向其他海关缉私局和地方公安移送线索29起。立案侦办走私枪支弹药案1起，扣押仿真枪2支，抓获犯罪嫌疑人1名。

【打击毒品走私】2021年，北京海关缉私局推进“净边2021”专项打私行动，共查发涉嫌走私毒品线索12起。立案侦办毒品走私犯罪案件10起，缴获各类新型毒品和涉毒减肥药涉毒成分共456克。与北京市公安局开展跨警种跨部门涉毒案件执法协作，共办理案件11起，刑事拘留12人，缴获各类走私入境毒品1.38千克。发挥禁毒人民战争领导小组办公室职能，借助口岸海关滚动宣传、组织禁毒联络员参观林则徐教育基地、编发微信公众号等方法开展“全民禁毒宣传日”系列活动。结合“我为群众办实事”活动，开展线下禁毒法律法规科普宣传工作累计50余次。

提升办案质效

【行政案件专项清理】2021年，北京海关缉私局通过提升空港口岸行政案件办理时效清理积案，行政积案由2018年年底的1,600余起实现动态清零。

【“全员打私”深入推进】2021年，北京海关各职能部门和业务现场共向北京海关缉私局移交风险信息和线索526条。其中，依线索刑事立案6起、行政立案124起。

【简易程序及快速办理案件】2021年，北京海关缉私局共办结简易程序及快速办理案件448起，其中首都机场海关442起、北京大兴国际机场海关3起、天竺海关2起、海淀海关1起。

增强打私能力

【刑事案件办理】2021年，北京海关缉私局持续推进“两统一”（海关缉私部门刑事案件统一审核统一出口）工作机制，共审查各类刑事案件64起，其中移送审查起诉27起，提请批准逮捕14起，不予立案审查7起，撤案审查11起，挂案3起，并案1起，移送案件1起。

【行政案件办理】2021年，北京海关缉私局推进北京空港口岸旅检渠道一般行政处罚案件办理模式应用，牵头制定《北京海关行政案件办理时限监督管理办法》。

【发挥案管中心作用】2021年，北京海关缉私局规范提高案件数据录入质量，通过案管系统在线核查2018年以来的刑事案件300余起，根据录入情况查发问题案件102起。开展案管系统数据录入不及时、不规范顽疾专项攻坚工作，对第一批和第二批教育整顿单位逐案督促整改共203起。

【增强案件自侦能力】2021年，北京海关缉私局深化与公安、安全、银行等部门的合作机制，共自侦刑事案件25起。

【提高刑事技术水平】2021年，北京海关缉私局刑事技术部门共对39起毒品线索、57起仿真枪和管制刀具线索进行鉴定，出具各类认定书42份。为海关业务现场配送毒品检验耗材、试剂6批次。18名缉私民警取得人社部颁发的电子数据取证分析师中级证书。

反走私综合治理

【提升综合治理整体效能】2021年，北京海关缉私局推进信息资源共享、重大案件提前介入、走私案件现场通报等制度，加大认罪认罚从宽制度适用力度，逐步完善打私“侦、诉、审”新型关系。

【打击整治冻品走私】2021年，公安、市场监管、农业农村、海关等四部门联合开展打击整治冻肉走私专项行动，全年共办理走私冻品刑事、行政案件各1起，扣押涉案冻品1.06吨，检查市场19,312次，检查冷库18,656次。

【明确冻品处置权责】2021年，在北京市打私办统筹协调下，北京市公安局对走私冻品全部进行无害化处理进行明确，对无检验检疫合格证明的冻品一律进行销毁。公安和海关缉私部门对全部走私冻品做好登记备案和协调处理。对查缉走私冻品及进入冷库保存直至销毁全程做好监控工作。

（撰稿人：鲁文坤）

风险管理

概况

北京海关风险防控分局于2019年1月29日正式挂牌，是北京海关唯一“非现场”执法部门，兼具职能和基层双重职责，涵盖海关监管全领域及贸易、邮件、快件、跨境电商、旅检等业务全渠道，业务具有“点多、面广、线长、体大”的特点。北京海关风险防控分局受北京海关直接领导，承担党的基层组织建设和干部队伍建设工作；统筹北京关区业务风险管理，围绕安全准入及其他风险组织开展业务风险防控工作，向总署风险防控局报送信息情报、风险处置建议；承接总署交办的有关口岸布控工作，承接总署交办的政策性布控规则管理工作。内设办公室、审单布控科、口岸布控科、贸易布控处置科、贸易风险分析科、寄递风险分析科、综合业务科、非贸布控处置科、旅商风险分析科、预警评估科、数据管理科、风险信息科12个科室。

2021年，北京海关风险防控工作以提升监管效能为目标，坚持风险整体防控与精准防控有机结合，坚持情报驱动与大数据支撑同向发力，推进制度机制创新，提出“站位再提高、渠道再扩大、手段再升级、绩效再突出”的工作主线，推动北京海关风险管理工作高质量发展。

落实习近平总书记重要指示批示精神和党中央、国务院决策部署，制定细化措施248项。在冬奥会保障、打击濒危、打击“洋垃圾”、中东欧合作、打击治理“水客”、新冠肺炎疫情防控、危险化学品监管、国门生物安全防控等重点工作中，强化跨渠道一体分析、联动处置，深化风险、缉私部门“五个联合”工作机制，累计开发大数据模型100多个，风险预警12条，下达布控指令179条，实施联合行动5次，形成分析报告27篇，查获各类风险情事524起。

落实海关“选、查、处”分离原则，以“制度+科技+机制”为主线，推进风险防控业务流程再造。按照风险监测、风险分析、风险预警、风险处置、风险评估5个风险管理环节，统筹事前、事中、事后全链条风险管理工作，调整8个科室职责，解决内部业务交叉、重叠、职责不清以及人力资源紧张的症结，提升“安全为本、整体管控、创新驱动、协同治理”的能力。

完成总署风险管理司“冬奥会和冬残奥会风险防控一体化”课题研究。承担“优化口岸跨部门联合防控机制，提升海关防风险治理能力水平”“打击‘水客’走私风险研究”“海关涉检验检疫风险管理一体化（一期）”等署司级课题研究工作。参与制定《口岸布控中心运行制度》《涉检验检疫“两轮驱动”改革框架方案》等多个改革前瞻性方案，研究适应海关的涉检风险防控机制，推动涉检抽批纳入海关整体科学随机体系，完善货物领域风险防控机制。参与“两步申报、两段准入”改革，完成测试用例323个，调整任务功能10个，新增规则240条，梳理规则1.20万余条，评估商品编码调整5,188条，梳理和调整抽批参数表1,620个，编写系统优化任务书11份。论文《关检风险防控深度融合方向研究》获总署风险管理高质量发展征文三等奖。

风险信息及大数据应用

【上线海关风险管理子系统】2021年1月6日，海关风险管理子系统试运行。7月1日，系统正式上线工作，统筹风险业务应用集成和统一管理，实现风险管理系统与风险作业系统相互联通。加大该系统推广应用力度，强化跟踪督办，收集汇总并协调解决业务应用问题，完成功能测试200余项，授权500余人次。17个单位应用系统共报送风险信息146条，精选优秀风险信息上报总署125条，被采编24篇。

【综合业务管理系统保障】2021年，北京海关加快综合业务管理系统（HZ2011系统）业务联系单流转速度，为新冠肺炎疫情防控联系单开通7×24小时流转“绿色通道”，确保联系单“随到随处理”。2021年共处理业务联系处置单4,110份，修正综合业务管理平台交互系统（ESB）技术错误115条，监控并催办20余份跨关区超期联系单，收发关级联系单108份，授权160人次。

【大数据应用】2021年，北京海关制定《“十四五”大数据北京海关应用规划落实方案》，成立专项建模小组，设计实施个性化系统模型。结合北京口岸“洋垃圾”入境特点开发甄别模型，为贸易分析提供决策辅助支持；优化非贸渠道分析模型，构建濒危风险地图；自主开发风险信息情报收集平台应用于防范境外新冠肺炎疫情输入专项工作，多渠道强化信息收集，加大公开渠道信息采集力度；研发北京冬奥会专项数据模型，提升大数据技术分析能力和风险研判意识；参与总署大数据攻关模型建设，拓展大数据服务多渠道应用领域。同时，严控海关大数据用户扩大数据资源范围申请、大数据平台及“云擎”系统高级用户授权等，强化海关业务数据安全管理。

【“云擎”系统应用】2021年，北京海关应用海关大数据云平台系统快速建站、自主建模、分析研判、智慧共享、精准搜索等功能，实现模型应用服务业务管理的目标。全年累计授权大数据系统高级账号68人次，登录9,536人次；开发大数据应用模型100多个，被总署风险管理司采纳平台级模型10个，系统内各类模型应用次数达3,000多次。

风险预警评估

【风险预警】2021年，北京海关发挥风险预警的先导作用，在新冠肺炎疫情防护、传染性疾病、医疗用品、境外旅客、打击固体废物等方面加大信息收集力度及预警转化。对从重点国家进境的旅客、货物和航班新冠肺炎疫情状况，脊髓灰质炎、毛霉菌病、恙虫病、出血热等疫情，以及违规进境医疗器械、管制刀具等及时发布预警信息。

【风险态势分析】2021年，北京海关开展对重点领域和产品的分析，编制常规风险态势报告12份。关注系统性、区域性、趋势性、行业性及时效性风险，及时发布预警信息143次，对各类危害国家安全的进出口行为进行重点防控。在安全方面，对出口侵权及印有特殊图案的物品，违规进境冷烟花、违规宣传品、管制刀具等进行重点分析和预警；在生态安全方面，对非贸渠道走私外来物种、进口活鱼苗、濒危水产品壳骨、来自疫地动物源性成分的宠物食品、甲虫活体等禁限制进出口行为进行提示预警；对固体废物铁矿、含锌废料、核辐射超标的二手镜头等涉固体废物商品进行重点分析和预警；在生物医药安全方面，对精神药品、新冠病毒疫苗测试盒、注射用玻尿酸等进行重点布控。

【预警成果转化】2021年，北京海关被总署采纳并发布全国预警5起，涉及跨境渠道进口管制刀具、空运进口固体废物、洁肤产品归类错误及夹藏出口骗退税等。北京海关发布的洁肤产品预警在全国海关均有查发。向天津和石家庄海关发布“京津冀一体化”预警建议7份。

【风险布控评估】2021年，北京海关完善动态风险评估机制，建立与各联防联控部门会商研讨机制，研究利用大数据实现结果共享，完善《京关风险月度评估报告》，重点开展北京口岸进口重点国家货物未命中情况的专项评估。

【专项风险防控】2021年，北京海关对涉恐涉暴、毒品等重大风险开展专项防控。在贸易渠道确定危险化学品参数数据4,900余条，命中未报检进出口危险化学品24种，累计重量16.40吨；在非贸渠道锁定重点防控区域、行业、人员、要素范围等安全风险要素600余个。

【新冠肺炎疫情常态化风险防控】2021年，北京海关深化新冠肺炎疫情输入风险分析，开展新冠肺炎疫情输入风险信息收集，及时维护5类高风险人员库，建立境外密切接触者信息通报等5项工作长效机制，对重点国家进境运输工具登临检查布控；开展进境商品新冠病毒检测与消杀布控。根据冷链和非冷链运输商品管理需求，及时加载、调整布控规则。开发新冠肺炎疫情防控数据模型12个和布控规则31条，报送重点航班新冠肺炎疫情风险评估报告6期。自5月17日起共计92天，每日监控自重点国家进口商品的消杀防疫工作，涉及报关单3,429票，排查未实施查验消杀报关单118票；加强出口新冠病毒疫苗等防疫物资的质量安全风险防控，防范非法出口。7×24小时保障值守，全力做好防疫物资布控拦截，确保新冠病毒疫苗出口、重点防疫物资快速通关；规范做好高风险进境航班终末消毒布控工作。8月31日—12月31日，共执行终末消毒监督工作516架次；防范疫情叠加风险，配合做好埃博拉病毒病、拉沙热、中东呼吸综合征等其他疫情输入风险防控。启动应急预案，对74余项风险要素加载指令，首次在快件出口中查获具有典型口岸特征的稀土制品11.50千克。

【“洋垃圾”风险防控】2021年，北京海关重点打击固体废物伪瞒报走私，加强对矿产品、纸浆等监控分析，紧盯境外高风险涉固体废物货物物流源头，实施监控分析与风险处置。对23类7万余条固体废物商品报关单数据进行筛选并开展布控。

【濒危及野生动物风险防控】2021年，北京海关围绕象牙、穿山甲、犀牛角等濒危物种及其制品走私风险，加强综合分析研判。严厉打击“水客”走私和象牙等濒危物种及其制品走私。布控查发象牙42.61千克、穿山甲鳞片3.20千克、鹦鹉螺壳等水生濒危物种92件。首次在北京口岸贸易渠道人工分析布控查获行业性涉濒危植物制品，涉及桃花心木、阔叶黄檀、巴西苏木等多种濒危木材；首次在北京口岸人工分析布控查发活体甲虫、活体植物，并首次截获瞒报活体外来物种——迅捷箭蚁5管。

【知识产权保护】2021年，北京海关发挥知识产权保护风险研判机制作用，关注侵权趋势动态，结合出口货物在申报方式、运输方式等改变，加强对侵权新手法、新渠道以及侵权商品“口岸漂移”问题的分析研判。在贸易渠道布控命中报关单332票，在非贸渠道对21项风险因素实施布控。

【毒品走私风险防控】2021年，北京海关建立风险与缉私联合防控毒品走私新模式。协同总署风险管理司、总署风险防控局（上海）、北京海关缉私局等单位，首次启动快速反应机制，查获冰毒504.39克。与北京海关缉私局实施联合行动，打击5类违法走私行为，并对高风险群体开展联合研判，实施风险防控措施。

【寄递渠道风险防控】2021年，北京海关查获象牙、毒品及精神药品等安全准入情事189起，刑事立案12起，其中，查获象牙17千克、毒品和精神类药品10起、活体动植物21起。

【“水客”全渠道风险防控】2021年，北京海关完善情报信息收集，通过建模对重点人员及其关联人进行排查，强化非贸多领域风险统筹。查获旅客违规携带超量涉税物品入境情事52起。其中，与厦门海关联动查获2名旅客携带7块名贵手表入境，案值92万元；自主分析研判命中2名旅客携带26块手表入境，案值140万元。

【跨境电商风险防控】2021年，北京海关对查获案件进行风险要素结构化提取研判，及时发布风险预警，加载布控指令，探索开展涉毒、涉濒危高风险人员跨渠道画像工作。

【出口虚假贸易商品风险防控】2021年，北京海关组织虚假贸易专题风险联合研判会议。对虚假贸易的整体态势和新增风险点进行联合研判，剖析虚假贸易典型案例，共享信息线索，共同防控涉虚假贸易风险。布控查发涉及影响出口退税情事，货物价值613万元。

【全国重大疫情防控布控】2021年，北京海关做好新冠肺炎疫情进出口全国重大风险防控布控工作，完成医疗物资政策性布控任务5次，制发布控规则11个；完成非洲猪瘟、沙漠蝗、松材线虫等重大疫情全国防控布控，完成外来生物入侵政策性布控任务9次，累计调整规则19个，调整涉疫防控参数万余条；完成涉重点国家（地区）风险防控政策性布控任务5次，累计调整规则24个。

口岸风险联合防控

【海关口岸布控场所建设】北京海关口岸风险布控场所改造项目，是北京海关承接总署的重点项目。参加总署风险管理司、财务司联合召开的海关口岸布控中心建设协调推进会，确定分步实施建设方案，明确启动条件，先期推进一期风险防控布控指挥设备的建设。北京海关召开口岸布控中心建设监控指挥系统项目专家论证会，项目更名为“北京海关口岸风险布控场所”。9月，完成项目一期风险防控布控指挥设备招评标、采购工作。11月，首次使用口岸布控中心设备参与海关总署风险管理司视频会议。12月，口岸风险布控场所一期风险防控布控指挥区完成施工、验收等建设工作。风险布控场所指挥硬件设备集成了视频监控系统、视频会议系统及移动指挥系统、视频监控平台、会议终端和移动指挥工作站。年底与总署一级监控指挥中心建立连接并完成试运行，口岸风险布控场所已实现基本运转。二期工程已完成项目立项，并纳入2022年总署项目库。

【风险防控区域协作】2021年，北京海关建立京津冀协同发展风险防控一体化区域协作机制，在《北京海关、石家庄海关、天津海关推动京津冀协同发展工作实施方案》框架下，建立“京津冀”区域风险信息采集、共享和预警机制。牵头津冀两地海关风险防控部门组成课题组，形成《北京冬奥会和冬残奥会风险布控操作指引》《在我国举办的重大赛事及国际活动风险防控操作指引》《从北京冬奥会风险防控研究实践探索重大赛事及国际活动海关监管风险防控工作模式》。组建北京2022年冬奥会和冬残奥会风险防控京津冀工作专班，按照职责分工设立9个工作小组。确定重点关注的疫情疫病、暴恐等5类风险信息，提前开展涉及冬奥会海关监管风险信息的收集、分析、研判和预警工作。强化新冠肺炎疫情态势监测分析，开展风险评估并及时发布预警。

【口岸安全风险联合防控机制】2021年，北京海关对接北京市相关委、办、局单位，开展跨部门风险联合研判。制订《北京口岸安全风险联合防控工作方案》，与6家北京市口岸联防联控单位分别签订合作备忘录，实现情报线索共享和联合分析研判，与7家单位建立联系配合机制。

【政策性布控规则管理】2021年，北京海关承担全国法检抽批以及重大政策性布控职能。推进涉检验检疫货物风险一体化防控，参与制定《进一步压缩涉检验检疫抽批率方案》，优化抽批布控和运算方式；加强对政策性布控规则的统筹协调，建立新风控系统入境检验检疫布控规则体系，区分业务场景建立审单规则体系和抽批规则体系，配套维护查验作业表单、送检作业表单、作业项及相关参数；承担总署转交重点风险防控专项工作，涉及境内企业56家、境外企业64家，涉及商品87项，共下达全国布控规则47条，调整全国布控规则11条，加载风险参数65个；完成全国涉检验检疫政策性布控规则调整2,186条，反馈评估意见1,214条，累计调整涉重大疫病疫情防控参数上万条；探索运行监控机制，共调整规则41次、149个。

（撰稿人：杨旌旗　张慧媛）

第五篇

政务及综合保障

政务管理

概况

2021年，北京海关按照全国海关办公室工作会议精神及全国海关办公室工作要点，聚焦“政务工作高站位、事务工作高标准、服务工作高水平”的目标，坚持“文经我手无差错、事交我办请放心”的标准，不断强化办公室系统的运转中枢作用，提高办文办会、值班应急、协调督办、内外宣传、政务公开、保密管理等各方面工作水平，以高质量的政务管理保障机关高效率运行。

应急值守

【应急管理】2021年，北京海关按照总署及北京市最新要求，分级分类完善应急预案、优化处置流程，修订《北京海关突发事件应急预案》《北京海关突发事件应急管理暂行办法》等关级应急预案25个，编制《北京海关疫情防控应急处置工作制度汇编》《北京海关冬奥突发事件应急处置预案汇编》。建立办公室统筹、业务主责部门牵头、各隶属海关参与的应急演练工作机制，围绕口岸疫情防控及冬奥会、冬残奥会通关服务保障等重点任务开展应急演练50余次。

【值班值守】2021年，北京海关持续做好机关7×24小时行政值班及重要时间节点“局级、处级、值班员”三级在岗值带班工作，从严落实新冠肺炎疫情防控专项值班要求。严格执行突发事件第一时间报告制度，动态修订《行政值班工作手册》《行政值班工作指引》，对各单位各部门值班工作开展考核通报和全覆盖式检查，确保值班要求全落实、应急处置无不当。年内北京海关在上级部门各项检查中未出现值班应急责任履行不到位情事，共报送值班信息285篇次，多篇被总署办公厅采用。

政务信息

【署市信息】2021年，北京海关紧抓重点时间节点，及时做好重要会议、重大活动、重要改革事项的信息组稿编报，向总署、北京市领导反映北京海关各类业务改革情况、创新做法、先进经验和措施成效。全年共向署市报送快报类信息 478 条，采用 187 条；综合类信息 129 篇，采用 23 篇。此外，梳理汇总日常监管中发现的新情况、新趋势，供领导决策参考。

【关内信息】2021 年，北京海关将《内部信息快报》作为反映工作进展的重要载体，结合关区重点工作，第一时间采编疫情防控、两区建设、口岸监管、税收征管、卫动食商等工作推进情况。结合庆祝中国共产党成立 100 周年增设“党史学习教育”版块，展现关区各单位（部门）活动进展。提升采编质量，重点采用有深度、有广度的小综合类信息。年内共计编发 250 期 5,500 余条信息。同时，每日编发疫情防控工作日志，作为北京海关新冠肺炎疫情防控工作的重要记载和档案资料，涵盖会议活动、领导批示、新冠肺炎疫情排查情况、新冠肺炎疫情防控相关文件收文办理情况及各工作组工作动态，共计编发 255 期 3,500 余条信息。

【互联网信息】2021 年，北京海关加大互联网信息投入，“两会”期间选派信息员赴总署跟班作业，了解互联网信息载体类别及摘编要求并开展后续培训。组建专职信息员队伍，增强互联网人力投入，逐步扩充互联网承接载体，全年共报送互联网信息 9,800 余条。聚焦首都特色，积极向市政府报送舆情。探索互联网信息向政务信息转化，服务各级领导决策。

会议管理

【精简会议数量】2021 年，北京海关严格落实精简会议要求，建立全关性会议台账，动态监控会议数量，严把总量控制红线。坚持以高效务实为原则，切实减少不必要的会议，不召开没有明确议题、缺乏实际内容的会议。

【提升办会水平】2021 年，北京海关坚持“短、实、新”标准，改进会议形式，提高会议实效。结合新冠肺炎疫情防控形势和属地防疫规定，推广应用视频会议形式，统一主会场与各分会场会务标准。对于形势分析及工作督查例会等重要会议，科学拟定会议议题和重点汇报单位，严控发言时间和汇报材料篇幅，做到开短会、讲短话，会后及时印发会议纪要并做好任务分解督办，确保会议部署落实到位。严格执行会议纪律、保密纪律，全年会议办理工作保持零差错、零违纪、零事故。

公文处理

【压减发文数量】2021 年，北京海关贯彻落实总署关于压减发文数量、提高公文质量和办文效率的要求，牢牢守住“发文数量只减不增”，以刚性约束倒逼提质增效。严格发文必要性审核，全年共制发正式发文（北京海关党委、北京海关、北京海关办公室名义制发的下行文件，不含人事任免和机构设置类文件）98 件，同比压减 51.24%；制发非正式发文（北京海关便函及通知类处室函）493 件，同比压减 50.15%。

【提升办文质量】2021 年，北京海关按照“谁办文、谁负责”和“谁起草、谁负责”的原则，明确拟稿部门对文稿质量负总责，拟稿人是第一责任人，杜绝“层层画圈”现象。对于重要公文实行二次初核，有针对性地加强对政治类表述、地名、人名、时间、数字、段落顺序、引文、公文字号、文字、计量单位、标点符号等的审核，确保准确无误。对于文稿中存在错别字等“硬差错”的，说明理由后严格退稿，由拟稿部门查错修改后重新报送。

【收文值班值守】2021 年，北京海关收文工作实行日清机制，当天文件当天签收，做到文件不过夜。重点做好涉及新冠肺炎疫情公文的收文工作。自新冠肺炎疫情发生以来，持续执行收发文值班保障制度，做到收发文人员 7×24 小时在岗值班，保障新冠肺炎疫情期间文件第一时间接收、第一时间流转、第一时间办理。

【开展业务培训】2021 年，北京海关集中学习研讨总署新修订的《海关总署公文处理工作办法》，结合北京海关公文处理工作实际，研究具体落实措施，进一步提高公文审核能力。以线上授课的方式，面向北京海关各单位（部门）的办公室、综合部门，组织开展公文办理专题培训。

督查督办

【日常督办】2021 年，北京海关共制发督办单 246 个，制作呈阅单 141 个，撰写内部督办专报 49 期。督促各部门按要求落实总署和北京市转来的领导批示转办单、北京市转来的督查单以及《北京海关 2021 年重点工作任务分解表》。

【新冠肺炎疫情防控】2021 年，北京海关认真贯彻落实习近平总书记关于做好新冠肺炎疫情防控的重要指示批示精神，根据北京海关关党委要求、形势分析及工作督查例会和疫情防控指挥部专题会部署，对新冠肺炎疫情防控相关事项及时进行督办。

【解决形式主义、官僚主义问题】2021 年，北京海关根据总署通知要求，印发《北京海关办公室关于进一步贯彻落实中央八项规定精神持续解决形式主义问题为基层减负的通知》《北京海关关于加强调查研究工作的具体措施》，结合总署党委巡视整改要求，组织做好下半年调研工作。年内北京海关各单位、部门共报送调研报告 50 份，其中北京海关关领导牵头的调研报告 11 份。在隶属海关建立基层减负监测点和基层工作情况直报机制。组织相关职能部门对全年贯彻落实中央八项规定精神、切实纠正“四风”的情况进行自查，并将工作情况上报总署。

【“查隐患、防风险、保安全”专项行动】2021 年 5—10 月，为做好中国共产党成立 100 周年庆祝活动期间关区安全保障工作，根据总署部署及北京市有关安排，北京海关组织开展专项行动。结合各单位（部门）的初步排查，整理形成北京海关风险清单。开展专项督办，督促各单位（部门）完善自身风险责任清单，督促职能部门对落实情况进行督导检查。组成联合检查组赴有关单位进行实地督导检查。

建议提案办理

【建议提案办理情况】2021 年，北京海关办公室制发《关于做好人大代表建议和政协委员提案办理结果公开的通知》。全年共答复 3 篇，分别是《北京海关关于反馈市十五届人大四次会议“两区”议案办理意见的函》《北京海关关于反馈第 1295 号委员提案会办意见的复函》《北京海关关于反馈北京市经济和信息化局对于市十五届人大四次会议“两区”议案会办意见的函》。

保密管理

【机构机制】2021 年，北京海关持续健全保密组织机构，制定北京海关保密委员会工作职责，明确北京海关缉私局、各隶属海关单位及事业单位设立保密委员会或保密工作领导小组（未设立党委的单位设立保密工作领导小组），切实落实好党管保密责任。

【保密管理】2021 年，北京海关未发生失泄密事件、敏感信息安全事件。完成 2011 年秘密级国家秘密事项及符合解密条件的涉密科研课题的解密。年度重大活动保密工作中，对相关单位和人员开展保密教育培训提醒，组织签订《保密承诺书》。

【保密宣传】2021 年，北京海关通过党委理论学习中心组学习、召开保密安全工作推进会、送教上门、新入关人员初任保密培训等方式，开展覆盖全关区保密安全宣传教育和保密专题培训；组织开展庆祝中国共产党成立 100 周年保密知识竞赛，共计 2,000 余人参加；不定期分享推送保密知识、保密时事热点等文章 90 余篇。

【保密监督检查】2021 年，北京海关结合《北京海关查隐患、防风险、保安全专项行动方案》，开展业务管理网终端计算机全覆盖保密自查，查找保密安全隐患。组织开展保密自查自评工作，对保密制度建设、涉密人员管理、秘密载体管理等 19 项内容进行全面检查。督导新媒体和关企群运行，对影响力大、传播范围广的公众号加大巡查力度，全面排查信息发布敏感词汇，加强网络、新媒体和关企群运维保密管理。通过检查、提醒、预警，做好内外宣传保密工作统筹。通过健全完善管理办法、处理流程，严格落实管理规定，确保审核、发布、推广环节高效运转，确保信息对外发布准确、妥当。

档案管理

【档案基础工作】2021年，北京海关全年共收集整理入库文书档案纸质4,743件（电子4,743条）、法规档案22盒、信访档案31盒、基建档案8盒。标识废止与失效档案88件。编制全宗卷1册，续写全宗指南、机构沿革。为中国海关博物馆展览提供北京海关特色实物标本档案。在2021年度北京市档案人员继续教育在线学习中，有档单位3名档案人员取得培训证书。

【红色档案】2021年，北京海关持续挖掘红色档案资源，2篇文章收录进《追寻红色记忆　传承红色基因——海关档案故事100篇》；在国家档案局、北京市档案局“第二届追寻先烈足迹”短视频征集展示活动中报送2篇征文、3个短视频；制作《用心做好档案工作　初心讲好京关故事》，通过微信公众号推送，宣传北京海关红色档案故事。赴北京市档案馆参观党史学习教育展并开展主题党日活动，将红色档案资源融入党史学习教育和爱国主义教育。

政务公开

【制度建设】2021年，北京海关制发《北京海关贯彻落实海关总署办公厅〈2021年海关政务公开工作要点〉任务分解落实方案》《北京海关主动公开基本目录（2021年版）》，修订《北京海关政府信息公开工作规程》《北京海关政府信息公开审查规程》，更新《北京海关政府信息公开指南》《各隶属海关受理依申请公开地址一览表》。

【依申请办理】2021年，北京海关受理依申请公开政府信息13件，未发生行政复议与行政诉讼以及对依申请公开工作的举报投诉。

【政务平台建设】2021年，北京海关门户网站进行多次局部更新调整，规范“行政执法公示”专栏，完善“疫情防控和六稳六保”专栏，新增“口岸疫情防控”专栏；部署升级“海关政务公开信息管理系统”；上线运行“进出境邮递物品通关服务平台”。在北京海关门户网站共发布政策解读60篇，其中11篇被总署采用发布。

信访工作

【制度建设】2021年，北京海关制发《北京海关依法分类处理信访诉求清单（试行）》《北京海关办公室关于“关长信箱”“信访”留言办理工作规范（试行）》。编写《节假日期间行政值班接听信访应答口径》《节假日期间接待信访应答口径（参考版）》《节假日期间信访工作指引》。

【专项工作】2021年，北京海关组织开展治理重复信访、化解信访积案专项工作。排查梳理甄别2020年1月1日—2021年3月21日期间，有权处理信访事项责任单位（部门）登记受理的重复信访事项，均没有登记在册的重复信访和积案事项。

【年度登记办理】2021年，北京海关门户网站“关长信箱”“信访”栏目全年共收到留言155条，收办总署信访阅办单14件，均及时妥善回应。

新闻舆情

【对外宣传】2021年，北京海关围绕庆祝中国共产党成立100周年、开展党史学习教育、海关为企业解决“急难愁盼”问题、开展“我为群众办实事”实践活动成效等，发布稿件102篇。5月19日，派员参加中共中央宣传部举行的优秀党员代表中外记者见面会，《新闻联播》《人民日报》《光明日报》《经济日报》等媒体进行集中报道，国务院新闻办门户网站全程直播。开展东京奥运会、北京冬奥会通关服务保障宣传，向社会介绍海关便捷通关、严格防疫等工作成效，其中《新闻联播》报道北京海关服务我国运动员出征东京奥运会5次，报道北京海关服务北京冬奥会及测试赛工作5次。围绕助推北京高质量发展、高水平开放主题，重点展现北京海关在推动北京市“两区”建设、优化口岸营商环境、保障国际展会、北京大兴国际机场综合保税区（一期）验收等方面的工作成就，《新闻联播》《科技日报》《法治日报》等媒体共报道220余篇次。宣传海关筑牢首都国门安全防线成效，共发布口岸疫情防控、打击濒危动植物及其制品走私、防范外来生物入侵、维护进口食品及商品安全等稿件235篇次。北京口岸首次截获活体火蝾螈被央视《经济信息联播》、《第一时间》、《中国新闻》、人民网等报道并登上微博热搜榜，单日阅读量9,673.5万次。年内，各类主要媒体共报道北京海关工作886次，其中《新闻联播》报道20次，《人民日报》报道4次，《北京新闻》报道15次，《北京日报》报道43次。

【内部宣传】2021年，北京海关发挥宣传工作“突出导向、凝聚人心、展现形象、推动业务”作用，共发布“京关要闻”236篇，“图片新闻”825篇。总署官网“今日海关”“海关影像”分别发布北京海关新闻及微视频39篇、4部，微视频《颂歌献给党》被推荐至“央视频”“学习强国”平台发布。

【舆情监控】2021年，北京海关坚持“全面精准、科学高效”原则，高标准、严要求做好舆情监测、研判、预警等工作，修订完善《北京海关舆情工作规程》，依托新闻联络员队伍、运用专业平台开展全网络、全媒体的7×24小时舆情监测。

（撰稿人：张一娜　杨　娜　申　彬
刘　丹　梁雅宁　王丽敏
巩　翔　杨大威　刘得意
娄雨洋　罗晓檀）

财务管理

概况

2021年，北京海关财务工作坚持从“立足新发展阶段、贯彻新发展理念、构建新发展格局”的维度谋划，落实过“紧日子”的要求，统筹财力资源，优化支出结构，突出绩效导向，优先保民生，重点保运转、精准保发展，加快推进“三大工程”各项工作任务。突出“专心、专业、专注”党建品牌内涵，推动党的理论学习持续深化，将党史学习转化为干事创业强大动力，不断攻破各类历史遗留难题，加强为民办实事办好事，深化“强基提质”工程，围绕“建立具有北京海关鲜明特色的监管模式”，将“业务办理型”向“服务管理型”转变，建立和完善7个党员先锋号服务窗口。全年较好完成新冠肺炎疫情防控常态化防疫物资和资金保障，“我为群众办实事”14项惠民清单全部完成，不断提高财务服务效率和质量，推动各类难题解决。

预算管理

【预算保障】2021年，北京海关全面掌握关区经费需求情况，内部挖潜，调剂非紧急非刚性预算，据实测算申请防疫资金，主要用于封闭管理、病毒委托采样检测、口岸现场和办公区域消毒、防疫物资购置、实验室设备购置、入境人员检测成本等方面，优先保障防疫一线所需。开展养老保险清算工作，在往年需求测算的基础上，得到总署足额养老保险清算经费保障。

【预决算管理】2021年，北京海关完成2020年部门决算、住房改革支出决算和政府财务报告编制。全年，北京海关预算本着“优化结构、保障民生、突出重点、厉行节约、科学统筹”的思路，落实“过紧日子”要求，严格压缩一般性支出和非必要、非刚性支出，同时重点保障涉及北京海关重大决策部署和重点工作的资金需求。进一步提高财政资金使用效益，切实抓好年度预算执行。实行预算实时动态监控、定期通报等措施，每月通报关区各单位、各部门预算执行情况，对执行进度进行排名，不定时召开预算执行推进会，分析执行难点和问题，提出具体要求，根据实际需求及时调整预算。

【绩效管理】2021年，北京海关开展2020年项目绩效自评90个，2021年绩效运行监控58个，2022年部门预算项目绩效目标申报41个。开展2020年重点项目绩效评价工作，选取监管查验技术设备购建及能力提升专项2个项目，作为重点项目开展绩效评价。制订《北京海关预算绩效管理办法》《北京海关项目支出核心绩效指标体系》，为北京海关各单位开展预算绩效管理、制定绩效指标提供指导意见。

财务管理及资金保障

【为民办实事】2021年，北京海关践行“我为群众办实事”，开发“京关财约”微信小程序，运用互联网技术，实行财务报销提前预约，提高工作效率，为报销人员提供方便。2月22日起，报销窗口由原来的4个增加至8个，用于办理财务报销业务，提升财务服务质量。做好新冠肺炎疫情防控相关资金支出，随时沟通相关资金支出要求，对涉及新冠肺炎疫情防控相关资金，优先保障资金支付，为防疫工作提供有力财务支持。做好社保清算相关缴费工作，对接社保中心财务部门，确保沟通渠道畅通，按照社保中心要求在截止日期以前按时完成第一期清算缴费工作。

【落实“过紧日子”要求】2021年，北京海关按照总署要求，建立“过紧日子”工作机制，在预算安排上压减培训、差旅、宣传等支出，提高节约意识，把有限的财力运用在重要的疫情防控、保障民生、维持运转上。在每季度末，报送北京海关关区“过紧日子”评估表和评估报告，从建章立制、预算资金统筹、预算执行、资金支出方向、货币资金存量、闲置资产盘活等方面，体现“过紧日子”工作成效。按照总署要求统计北京海关关区货币资金情况、制订存量资金盘活计划，将预算执行、落实“过紧日子”与存量资金消化工作有机结合，加大存量财政资金和非财政资金盘活消化力度。

【缉私保障】2021年，北京海关做好缉私警察经费保障工作，重点保障打击走私业务的各项需求。落实党中央及总署调整缉私警察保障相关文件精神，结合工作实际，在全国缉私财务系统内率先出台《缉私警察财务管理实施细则》。

【巡视审计】2021年，总署党委巡视共涉及财务方面9项主协办问题，制定14条整改措施，按照北京海关党委要求突破难点完成整改。严格按照工作要求提供审计需求材料，加强协调，规范审计材料报送流程，形成报送制度。发挥内控协审组专家作用，严把材料出口关，提高材料报送质量。加强自身检查，外请事务所开展内部审计，及时消除各类风险隐患，提高财务工作质效。派员赴天津特派办、拱北海关、满洲里海关参加审计工作。推进巡视审计结果运用，结合发现的问题，举一反三，促进完善制度、加强管理、强化内控。

涉案财物管理

【在库清理】2021年，北京海关加大对隶属海关涉案财物管理工作的指导，明确职责分工，强化底线思维，防控管理风险和廉政风险。研判2021年工作风险和防控措施，协同推进在账超2年未完成处置涉案财物事宜。加快涉案财物移交进度，每周定期向以缉私为主的办案、业务部门发送提交处置督促表。理顺首都机场海关办案部门涉案财物入库环节单据移交程序。调研北京大兴国际机场海关涉案财物仓库建设情况，确保施工建设按照《海关罚没财物仓库安防设施建设配备指引》实施。

【建立机制】2021年，北京海关针对督查、审计近年通报的涉案财物相关问题，经与大连、天津、青岛、南京、上海、杭州、宁波、厦门、广州、黄埔、深圳11个直属海关开展调研，试行“月集中入库制”，解决了移库效率低下问题。与北京市生态环境局建立“两无”固体废物移交地方处置机制。执行《海关涉案财物拍卖若干问题的规定》，拍卖委托企业经现场摇号产生，完成2021—2024年度涉案财物委托拍卖企业遴选工作。

【移交处置】2021年，北京海关将合计7,335件、445千克象牙及其制品移交国家珍稀濒危野生动植物制品北方储藏库，是北京海关历史上首次将罚没濒危动物及其制品实物移交主管部门，也是全国首次海关执法查没象牙及其制品实物移交国家级储藏库。向北京市农业农村局移交1,666件水生濒危动物及其制品；向北京市文物局移交涉案文物合计1,981件；向北京市烟草专卖局移交6,819条（件）烟草制品并共同实施销毁。遴选存储高价值艺术品的社会库，委托北京市文物鉴定委员会对高价值艺术品进行鉴定后，运至首都博物馆文物库房暂存。首都机场海关财务部门完成对合计77桶、1.50吨的易制毒化学品社会库遴选并入库保管；协助办案部门遴选涉案雪茄烟恒温恒湿保管社会仓储企业。北京海关2021年涉案财物管理工作分别获总署财务条线绩效考核涉案财物管理优秀及缉私条线“国门利剑2021”优秀评级。

企事业财务管理

【业务建设】2021年，北京海关组织企事业单位填报月度收支统计表、月度业务收入系统和财政部企业快报系统。按照《财务司　人事教育司关于落实国有企业公司制改革有关事项的通知》要求，积极推动国有企业公司制改革工作，开展资产清查、单位清算注销工作，已完成工商和税务的注销清理工作所属国有企业公司制改革相关工作。每月向总署财务司上报国有企业改革工作的函报和进度表台账，事业单位财务管理制度方面。修订《北京海关事业单位监督管理委员会工作办法》，2021年，北京海关事业单位监督管理委员会受理事业单位各类报批项目15个。

【收费管理】2021年，北京海关加强清理整治涉企收费工作，推动清理整治涉企收费工作规范落实。建立联合协同机制，成立北京海关降低检验检疫环节收费工作组，建立多部门联合协同机制，并利用互联网技术，在全关区范围内对口岸企业发放网络调查问卷，形成降低检验检疫环节收费阶段性工作报告；每季度协助北京市价格监督检查与反垄断局、北京市商务局、北京市财政局等单位对首都机场、天竺综合保税区、朝阳口岸、丰台口岸、平谷口岸、大兴机场开展收费价格联合检查；组织隶属海关和企事业单位进一步梳理收费档案，并报送职能部门备案，并按照总署要求，所有企事业单位负责人签订不乱收费责任承诺书；更新北京海关官网收费公示专栏，及时公示海关行政事业性收费停征政策和海关下属事业单位、社会团体经营服务性收费集中公示表。加大督导检查力度，按照总署要求及时传达学习相关收费政策规定，成立联合检查组每季度对各隶属海关办事大厅公示收费政策和经审核检疫处理公司名单情况以及事业单位及所属企业收费管理工作情况进行检查。职能部门按照要求，制定整改措施，明确整改时限，制订检查计划，开展实地检查；梳理机构改革以来总署收费管理文件，制成文件汇编，发放至检查组成员，对照汇编实地检查。各隶属海关对照通知要求积极开展自查，坚持问题导向，主动发现问题立即整改；事业单位及所属企业结合企业自身业务范围和职责，开展口岸收费情况自查，排查是否存在随意提高收费标准、扩大收费范围等情况。

基建管理

【项目申请】2021年，北京海关编制完成关区口岸风险布控场所维修改造项目可行性研究报告并获总署批复同意。申请对北京海关甜水园办公区及通州土桥新桥2号综合实验楼改造项目进行初步设计及投资概算调整，2021年10月获总署批复。完成北京经济技术开发区海关大楼整体维修改造项目、北京大兴国际机场海关业务技术综合楼功能改造项目等项目竣工财务决算报告，并完成固定资产入账工作。

【项目推进】2021年，北京海关推进通州海关搬迁置换工作及北京大兴国际机场海关综合楼移交工作。成立保健中心综合业务楼改扩建工程规划验收及工程结算工作专班，推进综合业务楼改扩建工程规划验收及工程结算工作。

物资装备

【防疫物资】2021年，北京海关印发《北京海关常态化疫情防控物资保障管理办法》，建立新冠肺炎疫情常态化防控物资保障制度。在总署两级储备库框架下，建立关区一线储备库和后方储备库，严密应急物资储备管理，精准抗疫物资配发使用。全年为北京海关关区18个部门先后调拨26批次医用防护服、反穿隔离衣、医用防护口罩、医用外科口罩、医用橡胶手套、护目镜、采样管等新冠肺炎疫情防控物资，保障全关区新冠肺炎疫情防控工作有序开展。

【政府采购】2021年，北京海关根据海关总署最新政策法规，修订政府采购文件，出台《北京海关政府采购实施细则（暂行）》。为方便各单位各部门熟悉政府采购执行流程，同步制定关区车辆、印刷品、家具等重要货物采购流程，规范关区政府采购工作，完成2021年度政府采购信息统计工作。

【节能减排】2021年，北京海关开展“节能降碳，绿色发展”节能宣传周宣传教育，举办节约型机关创建工作专题培训。签订实施光华路办公区节能灯改造工程和海淀海关用电分项计量工程合同，加强基础设施建设，做好关区节能减排工作，降低能源资源支出费用，推进节约型机关建设活动。

【辐射安全】2021年，北京海关完善《北京海关辐射安全管理办法》，完成辐射安全许可证的年检和关区个人辐射计量仪检测工作。组织开展关区现场从事辐射监管设备人员培训及备案，解决职业病年检经费，关注关员健康安全。

【资产管理】2021年，北京海关开展全关区范围内的资产清查，加强北京海关国有资产监督管理，提高资产使用效益，完善固定资产管理制度。完成修订《北京海关办公用房使用管理暂行办法》，督促各单位、各部门按照新办法的相关规定执行，积极落实中央八项规定，做好巡视反馈问题整改工作，严控办公用房使用面积。

（撰稿人：张坤杰　李建勋　蒋婷洁
魏　京　高　博　马千里
朱东超　傅子强　李铁燕
郭　霏　冯骉驷　吴思嘉
姜小丽）

科技发展

概况

2021年，北京海关坚持以科技支撑保障疫情防控，强化信息化建设，新增业务应用项目立项8个，确保实验室生物安全，建立“日巡查、周检查、专项排查”机制，推进科研管理，在2021年度海关科技成果评定中，北京海关1个项目在2021年度海关科技成果评定中被评定为一级成果、2个项目被评定为二级成果、2个项目被评定为三级成果。推进业务监管智能化、基础设施智能化、行政办公智能化，落实总署科技跟班作业要求，确定5大方面10个领域103项任务并逐项销账。强化冬奥会科技支撑保障，完成“智慧旅检”冬奥版部署优化，制定完善《北京海关北京2022年冬奥会和冬残奥会实验室检测工作方案》。持续强化北京海关信息化建设，践行“智慧京关”建设思路，全力推进“三大工程”建设，完成涉及监管信息化建设的18项分工。

信息化建设

【信息安全管理】2021年，北京海关在网络安全攻防演习期间成立工作专班，关员7×24小时现场值守，引入外部安全机构的技术协助，检测处置互联网攻击事件12,596次，封禁互联网IP地址5,213个，获得防守得分100分；完成重要时期网络安全保障；完成总署科技司网络安全远程督导评估工作，作为第一检查组的牵头单位，完成对5个直属海关的线上督导检查，同时完成4方面34项工作、准备18项验证材料，顺利通过督导检查；开展等保系统测评、整改工作，作为试点单位开展商用密码测评工作，对37条风险项进行整改；开展每日客户端病毒排查及病毒样本上报工作，聘请社会专业机构开展漏洞扫描现场问题排查工作；牵头开展保健中心的网络安全改造工作，制订方案、细化分工，划分内外网隔离缓冲区域和内网安全域，优化安全参数配置。

【业务监管智能化】2021年，北京海关新增8个业务应用系统立项项目，对9个项目完成开发验收。为顺义海关开发保税物流供应链系统，实现对企业航材的库存进行联网监管、对航材的在库和在途状态进行实时监控；升级通关时效监控应用系统，可监控整体通关时间、防范超时通关；升级“智慧旅检”集成化应用平台卫生检疫模块，以旅客健康申报二维码作为全流程索引实现“一码通关”，满足现场卫生检疫需求；业务统计数据管理子系统实现基层“一次报送”、系统“辅助加工”、各职能部门“共享使用”，减轻一线业务数据报送压力；完善首都机场海关快件监管中心的物流辅助系统，实现对进出境快递物品的辅助监管；为企业管理处完成企业认证双随机系统的开发应用，通过系统随机选派人员实施企业认证，提升认证工作规范化水平，防范化解廉政风险；完成智慧禁限系统的开发和初验，可对进出口货物禁限进行辅助处置；对动物隔离场进行智能化改造和动物隔离场信息管理系统开发，依托5G、物联网、智能设备和技术，实现了进境动物隔离等全流程信息化管理；配合完成物流管理信息平台立项和开发工作，平台已按计划上线进入试运行；按照总署要求升级智能审图算法、部署智能审图平台直属关汇聚服务器，为智能审图系统应用做好技术保障；升级完善、上线应用进出境邮递物品“互联网+海关”服务平台，实现对进出境邮递物品状态的查询功能；升级完善“金关二期”工程北京海关文化保税区物联网，通过云端自动验证比对进出综合保税区的艺术品确保“原进原出”，防范化解监管和税收风险。

【升级“智慧旅检”软硬件】2021年，北京海关根据2022年冬奥会和冬残奥会期间通关特殊要求，推动总署旅通系统卫生处置模块分布式系统与“智慧旅检”对接，实现“冬奥版”开发应用，在不改变现有业务流程、不改变现有录入方式、不增加一线录入工作量的前提下，纳入总署新旅客通关管理系统，实现业务数据的自动同步；云技术架构与分布式可扩展文件存储可提供可靠技术支撑，新增需求300余项，涉及文化、沟通、政策、流程、功能、服务等多个领域，其国际化需求占比约40%。硬件方面，通过集成护照读取器、标准打印机、凭条打印机、影像式扫码器、高拍仪、高清摄像头、红外测温设备、测温通道、验放闸机共9种智能硬件提升工作效率。

【新技术应用】2021年，北京海关在首都机场海关查验中心安装智能摄像头，实时抓拍人脸和叉车图像，实现智能分析报警；推广试用5G单兵智能眼镜，实现自动人脸识别测温、第一视角远程查验、数据实时交互存储，远程移动监管功能。

【监控指挥及通信保障】2021年，北京海关做好二级监控指挥中心7×24小时现场运维保障，2021年共解决软硬件故障31次；上传总署视频监控信号2,174路，其中首都机场T3-D入境现场54路，高清占比85%，整体在线率稳定在98%以上；共保障视频会议1,103场、联调测试1,976次，为8个重要业务现场配备视频会议软终端；完成行政值班室加装视频会议系统及开展会议室音视频设备更新。

【升级改造视频监控系统】2021年，北京海关升级首都机场海关等5个隶属海关现有的视频平台、高清改造存储及前端摄像头，新装高清摄像头，存储更新扩容；研究制订指挥中心融合指挥建设方案，集成视频监控、语音通信、单兵、互联网视频会议等系统，可实现指挥调度、监控应用、融合通信、应急值守等功能，在冬奥会前投入使用，保障冬奥会期间应急指挥调度工作。

【建设二级监控指挥中心调度指挥平台】2021年，北京海关在二级监控指挥中心的基础上，着手建设综合调度指挥平台，在系统架构方面，整合现有的监控摄像机、UC终端、办公电话、单兵设备、视频会议终端、互联网视频会议终端等资源，将视频监控系统、UC系统、语音电话系统、单兵服务平台、视频会议系统及云视频会议系统全部对接至融合指挥调度平台。通过二次开发在应用层上提供各类融合指挥调度应用，主要包含应急值守、指挥调度、融合通信、数据展示，以满足一体化融合指挥调度需求。

【信息系统基础环境建设】2021年，北京海关作为总署指定的紫光桌面云2个试点海关之一，参与项目论证、部署以及测试升级的全过程，利用总署旧设备完成部署和版本升级，可实现400个云桌面并发，为国产化终端上线做准备；派员参加总署科技发展司对20多个直属海关的运行网域控制器升级和操作系统补丁更新；更新H2010通关管理系统21次、重构桌面18次。为各部门提供高效、安全、可按需使用的云化资源，提升安全管理、安全保障、安全运用等立体防护能力。

【网络基础环境建设】2021年，北京海关通过自建光传输网络接入北京海关甜水园办公区等11个主要业务现场，实现东西环网环路保护；参与北京大兴国际机场综合保税区信息化建设方案审核、实施方案论证和现场施工指导、网络安全设备配置、系统联调测试等工作；为隶属海关单位会议室安装部署无线Wi-Fi设备，满足移动办公和“钉钉”平台等应用；对3个隶属海关机房新增及更新38台交换机。

【完善网络基础架构】2021年，北京海关按时完成3个隶属海关的X光机、CT机及核辐射探测设备的联网工作；将3个隶属海关的网络带宽扩容；将业务网对外接入局域网互联网出口带宽扩容；撤销4条运行网专线，开通3条新线路，优化带宽分配。

【优化信息系统运维】2021年，北京海关梳理关区基础设施设备运行维护工作内容、具体需求以及实现目标，确定项目预算并编写完成招标文件，完成招、投标工作。

【改造核心机房】2021年，北京海关开展核心机房在线改造，通过优化布局将主机设备部署能力提升110%，增配机柜、设备；使用冷通道封闭等技术有效提升制冷效率降低能耗，PUE（设备制冷效率）均值1.7以下；改造后核心机房达到国标B级和海关三级建设标准。

【装备设备配发】2021年，北京海关科技处与中国电子口岸数据中心北京分中心合作，内部整合、一口对外，建立设备配发维修“一条龙”机制，通过“一次申请、全程无忧”，将设备申领到安装使用的周期由5天缩短至1~2天。

【办公设备管理】2021年，北京海关开展全关通用办公信息化设备清查工作，报废处置26个单位的95台便携式计算机；按照总署统一部署，发放国产计算机490台，协调中国电子口岸数据中心北京分中心派出技术人员配合开展应用安装和联网工作。

【应用系统开发】2021年，北京海关为北京西城海关开发上线集中验估关企互动及电子政务服务平台，实现企业在线化验估业务；对保健中心实验室信息管理系统进行改造，与“智慧旅检”系统对接，满足联防联控机制部门间数据共享要求；协助海关总署税收征管局（京津）完成复工复产模型开发；配合办公室（党委办公室）与人民在线网络公司，完成相关功能的模块化需求服务；开发绩效管理系统，实现线上管理和全程监控；根据相关职能部门需求，在关网首页增加“京关影像”“战疫实录”等模块，通过设置弹窗和滚动条等方式，满足宣传工作需要。

【建设移动办公系统】2021年，北京海关依托总署“金关二期”工程“海关易服务”平台，实现日常移动办公需求，设计便捷易用的公文流转、语音识别、问卷调查等模块，打造高起点、多功能、可扩展、多形式的移动办公平台。

【科普宣传】2021年，北京海关组织举办科技周活动，获科技部颁发的科技周组织先进单位证书，在科技周制作以“百年回望：中国共产党领导科技发展”为主题的图片展，组织互动智慧屏、软件定义摄像头、智能眼镜、AR远程核验平台等设备，由厂商在现场进行讲解演示，现场推介“科技冬奥”重点专项项目“冬奥会口岸快速通关智能监管技术及装备”系列成果，举办科技专题培训讲座，组织关警员参观“建党百年科技事业发展历程展览”；参加总署科普宣传讲解比赛并进入决赛；制作防护服穿脱宣传视频，现场展示防护服穿脱要领。

【科技跟班作业】2021年，北京海关将跟班作业作为党史学习教育“我为群众办实事”的有力抓手，推进“智慧京关”建设，汇总收集关级问题103个，解决问题93个并将剩余10个问题转入长效解决机制，被总署采编报送信息5篇，制作展示跟班作业成效的党建宣传片在总署政工网播发。赴隶属海关调研，问卷涉及8个方面19个问题，收回有效问卷337份，汇集意见建议897条；跟班作业计划确定5大方向10个方面，明确责任人，倒排工期、“挂图作战”，一体推进；4次到不同业务现场开展“一对一”交流，启发科技应用需求；组建专家组17次会商研判、制订解决方案；开展即时云跟班，组建微信群24小时在线响应；针对保健中心存在的网络安全隐患，制订整改方案并组织实施；协助隶属海关制定新改扩建监管场地信息化一揽子方案3套；配齐配新通用办公设备510台套，打造4个隶属海关报关大厅设备示范点；升级移动办公系统，为关警员提供多平台公务处理的便利条件。

实验室管理

【实验室生物安全】2021年，北京海关建立“日巡查、周检查、专项排查”机制，推动实验室严格执行每日三级巡查制度，重点巡查整改个人防护、检测关键设备运行等高风险环节；以“视频+现场”方式开展每周督查，深入检查实验室检测流程和防护措施；依据总署科技发展司统一部署，就涉疫科研风险管理、新冠病毒检测实验室生物安全等开展专项排查、排除风险隐患。共开展视频检查21次、现场检查14次，反馈问题22个；4月以来共复核阳性样品22例。

【实验室基础设施保障】2021年，更换运维公司，提升应急保障响应能力；开展首都机场海关生物安全二级实验室巡检和设备保障，定期检修水冷空调系统保持换季期间室内恒温，做好负压隔离设备抢修工作；为首都机场海关生物安全二级实验室开通海关业务网、互联网，加装5台IP电话、新增2路高清摄像头，满足样本接收、数据报送和资料查询多重需求。

【新冠病毒核酸检测保障】2021年，北京海关制订并完善《北京海关北京2022年冬奥会和冬残奥会实验室检测工作方案》，7—12月，累计检测涉奥入境人员核酸样本2,726件；海科中心实验室共检测入境货物外包装、行李及环境样本61,961件（含对重点国家和地区货物7,008件样本采取双试剂检测）。

【疫情防控科技支撑】2021年，北京海关组建内部人员采样大队，紧急补充配备30台办公电脑、3台紫外线消毒车、3台空气消毒机、3台红外测温仪等设备，协调中国电子口岸数据中心北京分中心共同搭建网络办公环境；协助保健中心和采样大队研究核酸检测结果录入北京健康宝技术方案，共同制定优化登记流程与条码调整打印方案；协调设备厂商采购适用不同场景的2种型号的智能测温仪共37台，分别配发安装至18个隶属海关单位以及1个封闭管理场所；制定下发关区办公区域测温仪使用规定、操作说明以及校准记录表，对校准、阈值调整和维护等工作提出了具体要求；协调厂商开展定期巡检，定期检查测温仪使用情况，加强人员培训。

科研管理

【科研管理】2021年，北京海关修订《北京海关科学技术委员会章程》；组织开展2021年度总署科研项目申报，共申报建议书20项、获批8项；开展2021年度北京海关关级科研课题研究，立项3个；参加总署科技发展司2019年科研项目验收集中工作，参与筹备验收会议、起草验收会议通知、将验收项目按专业分组、制作工作手册、后期成果登记和建立成果档案；组织4项2019年总署科研项目参加科技司集中验收，均顺利通过，并完成成果登记；指导保健中心承担国家重点研发计划“科技冬奥”重点专项“疫情影响北京冬奥会的风险研判及防控技术”中的课题五“冬奥会新冠疫情输入风险评估技术”研发工作；指导中国电子口岸数据中心北京分中心承担国家质量基础设施体系专项（NQI）“入境重要战略物资快速通关和质量提升关键技术集成应用示范”项目课题一“入境重要战略物资安全风险预警集成应用研究及应用示范”开展研究。在2021年度海关科技成果评定中，北京海关参与完成的“动物疫病快检试剂及质控技术研究和应用”被评定为一级成果、“口岸植物检疫风险智能阻控关键技术研究与应用”“跨境食品生物危害因子快速精准检测及溯源关键技术研究与应用”被评定为二级成果；北京海关主持完成的“DNA条形码技术在口岸外来媒介生物鉴定及溯源中的应用”“牛重要疫病检测技术集成和检疫处理及防控策略的研究与应用”被评定为三级成果。

【科研成果应用】2021年，北京海关利用科技周、现场推介等方式，推广应用国家重点研发计划“科技冬奥”重点专项“冬奥会口岸快速通关智能监管技术及装备”成果，包括17种硬件设备、可快速检测60种传染病的试剂盒、3套信息化系统；协调首都机场海关等单位将成果转化为实际监管成效，包括核辐射全息定位系统、通用消毒柜、痕量气味嗅探仪、智能巡检机器人等。在国家体育馆、国家速滑馆、首钢大跳台和“冰立方”等4个奥运会场馆以及首都机场海关等场地共安装12台通用消毒柜，在首都机场海关应用全景式核辐射监测仪、手持式核辐射监测仪、行李物品消杀机，在北京邮局海关应用痕量气味嗅探仪；将“科技冬奥”项目部分成果写入总署《共同推进“智慧海关、智能边境、智享联通”建设与合作的建议》（“三智”白皮书）。

（撰稿人：赵　凯　徐跃华）

督察审计

概况

2021年，北京海关督审部门全面履行督察审计监督职责，发挥服务北京海关党委决策的职能作用。配合审计署、总署审计，推进审计发现问题整改；聚焦重大决策部署开展跟踪督察，做到强化监督通堵点，问题导向补短板；提高内部审计质效，做到应审尽审全覆盖，关口前移防未然；推进内控体系化建设，对苗头性问题和风险隐患，做到早发现、早阻断、早纠正；持续完善执法评估工作模式，做到实地调研收集一手资料，推进同级监督有效开展；加强督察审计监督与纪检监察、政治巡察、党政督查贯通融合。

2021年共组织开展署级督察项目5个，关级督察项目3个。组织开展领导干部经济责任履行情况审计9项，专项审计2项，配合总署、京津冀延伸审计3次。开展内控前置审核31项，制发有效联系单证2,026份。组织实施署级评估项目1项，关级专题评估4项，共制作“云擎”数据分析模型9个，梳理各类风险点4类16个。

督察监督

【聚焦重大决策措施】2021年组织开展5个署级督察项目，督导16个职能部门和19个隶属单位开展深度自查，通过数据分析、座谈问询、材料调阅、实地核查等方式，监督检查覆盖组织部署、措施执行、落地成效等全过程。组织开展“持续强化口岸卫生检疫措施落实情况”“严格进境高风险货物风险监测和预防性消毒措施落实情况督察”“优化口岸营商环境，促进跨境贸易便利化”“促进外贸稳中提质措施落实情况”“进出口危险化学品监管措施落实情况”等专项督察。对督察发现的问题实行清单管理，提出整改措施和优化建议。坚持纠错与预防并重，督促相关单位整改落实到位，严格实行“对账销号”。

受总署督察内审司委托，组织编写相关督察指南，会同办公室、卫生检疫处将北京海关落实总署和北京市有关要求，在新冠肺炎疫情防控方面的经验做法梳理总结为督察要点，作为全国海关开展该项督察的参考依据。

【聚焦关区重点工作】2021年，北京海关落实形势分析及工作督查例会要求，跟进关区工作会议部署落实情况、涉案财物清理工作推进情况、“三大工程、十二件实事”推进完成情况、节假日专项工作部署执行情况等重点工作，对发现问题督促相关单位立行立改，对难点问题会商有关单位从源头梳理，研究确定整改措施；跟踪专项审计问题整改，组织开展“双随机制度落实情况”“濒危物品鉴定执行情况”“设备使用绩效管理情况”专项督察。督察人员深入一线调研核查，与7个职能部门、3个隶属单位针对发现的问题进行成因分析，从完善制度机制方面入手，明确主责部门和整改要求，对整改情况追踪问效、对落实情况一盯到底；落实北京海关“现场监管与外勤执法权力寻租”专项整治工作要求，成立风险排查专班，按照条块结合、上下联动的工作方式，结合“专项整治重点问题表现”，组织督导关区23个职能部门、4个事业单位和16个隶属海关深入排查廉政风险高发点、重点岗位和重点人员。根据业务条线排查出易被利用寻租的业务管理薄弱环节及问题反映集中、风险聚集的关键岗位，形成北京海关廉政风险清单。

内部审计

【专项审计】2021年，北京海关组织开展“推动重大决策部署贯彻落实情况”“强化监管优化服务情况”“贯彻执行中央八项规定及其实施细则精神情况”3个方面的专项审计。制订《北京海关2021年专项审计与内部审计工作方案》，成立北京海关审计工作领导小组，细化审计要求，明确审计方向，搭建沟通平台，以各成员单位处科级联络员为点，建立北京海关2021年审计工作群，收集问题，及时沟通，解答问题。指导成员单位按照《2021年度专项审计核查重点操作指南》55项风险点逐项开展审计自查工作，并同步开展数据分析；走访调研11个成员单位，实地督促指导，推动11个问题年内完成整改；形成联动机制，收集成员单位对审计指南的意见建议13条，汇总《2021年专项审计重大决策部署推动落实情况表》31项内容，撰写3份情况报告。

开展实验室专项审计调研工作。实地调研保健中心实验室建设情况，与总署沟通实验室审计调研各类问题，及时解决并反馈业务疑问。向保健中心明确调研要求，汇总总署答复问题51条，指导保健中心填写12份调研表格，持续开展对保健中心实验室建设审计调研工作，督促保健中心向总署提交自查材料。

【经济责任审计】2021年，北京海关对动物隔离场、北京大兴国际机场海关、北京东城海关、北京车站海关、北京西城海关、通州海关、顺义海关、天竺海关、丰台海关9个隶属单位主要负责人，实施任中或离任经济责任审计工作。聚焦重点业务领域和高风险作业领域，着力揭示问题、查找风险；围绕被审计领导履职尽责情况，加大对领导干部依法决策、依法执行、依法监督和依法管理的审计力度，突出对权力运行的监督；明确审计思路和重点，采取审计分析要点、重点问题清单和被审计单位监管实际双结合模式，运用大数据筛查挖掘风险延伸问题，实现“智能＋人工”的审计监督智慧化。

【配合审计】2021 年，北京海关配合总署审计工作，多次召开审计工作联席会议，督促有关部门完成配合审计工作；建立相关审计台账，收到总署配合事项需求 160 份，汇总形成 4 份审计报告；配合北京市发改委审计工作，向审计组提交需求材料 4 次，汇总相关材料报发改委 4 次；配合总署 2021 年度预算执行等情况延伸审计工作，制发《关于建立北京海关迎接审计署延伸审计工作机制》，汇总配合审计情况，收到取证单及资料清单 36 份，按规定时间反馈审计组，并完成审计报告征求意见稿反馈工作。

【内部审计监督】2021 年，北京海关参与总署《2021 年专项审计指南》和《2021 年内部审计指南》2 项编写工作，负责编写指南项目 3 条，参加联网编写会议 4 次；完成 2021 年度内部审计统计工作，汇总整理企业 18 家；完成 2021 年度直属海关单位参加总署督察审计工作人员经费支出情况的统计工作；完成对《中共海关总署党委关于建立健全审计整改长效机制的实施意见》的意见反馈 2 条；完成海关企事业单位内部审计研讨交流需求 1 条，报送总署；完成《北京海关主要领导干部和国有企事业单位主要领导人员经济责任审计细则》；开展节日期间监督部门联合督察工作，赴北京东城海关、北京海关风险防控分局、北京邮局海关、中国电子口岸数据中心北京分中心实地核查，汇总核查相关情况；完成 2020—2021 年度关级经济责任审计档案整理，并交接办公室档案部门；开展审计人才库建立工作，确定第一批审计人才库人员 26 人；完成海关审计系统各项工作，维护平台日常运行，完成经济责任审计授权、录入各项工作；根据总署督察内审司要求，上报参加署级经济责任审计项目人员信息；开展 2021 年度内部审计工作。

内控建设

【内控体系建设】2021 年，北京海关围绕“有效控权”主线，深化内控机制建设，强化权力运行制约和监督。落实组织机构建设，由关长担任内控领导小组组长，领导小组年内召开内控专题会议研究本年度内控工作；完善内控制度，综合考虑业务运转客观情况、内控工作基础及各类别业务实际、系统应用得分要点，分析 3 年来内控系统绩效考核要素，调整关内内控工作考核加分规则、优化 HLS2017 内控平台绩效指标，印发 2021 年“内控监督子系统”平台任务目标数及内控考核指标，制作《“内控监督子系统”平台绩效流程指引》，并发布《北京海关内部控制基本规范（试行）》；推进专兼职内控队伍建设，建立内控分管领导联络机制，印发《督察内审处关于推进内控任务落实建立内控分管领导联络机制的函》；开展全关各单位各部门年度内控评价；深入推广内控平台应用，应用科技手段查缺补漏；强化责任监督，发文督促各单位报送年度内控评价，主动与年度进度较慢的单位沟通联系，就内控平台应用的专项成果转化、内控节点成效等情况充分沟通；争取内控平台“转稽查”绩效，建立稽查业务联系配合机制；协助开展总署“内控理论与应用前瞻性”“发挥内控机制作用保障业务改革深入推进的实践性研究”“完善内控前置审核制度”3项课题研究；承担内控平台、事件管理平台联系单副厅局级流转等新开发功能测试。

【宣传培训】2021年，北京海关加大内控信息宣传力度，落实总署内控机制建设的部署和要求，将内控要求、理念、方法传导到一线关员；加强内控信息报送工作，年内采编上报内控信息88篇，总署采用30篇，采编上报综合信息呈报4篇，总署采用1篇。全年组织开展内控专题培训19次，其中按业务线条培训7次，赴隶属海关送教上门12次，参训人员共210人次；通过系统实操演示、现场问答、内控调研等方式，就内控节点指标体系、“内控监督子系统”平台应用进行讲解；严格落实新冠肺炎疫情期间“不聚集”要求，对内控系统每个栏目操作录制操作小视频，指导各单位进行分数测算、系统操作。

【落实内控主体责任】2021年，北京海关出台适用北京海关客观情况的节点成效计分办法，按照各单位各部门每月产生的节点成效累计分数测算排名，并分档次计分纳入年度内控评价考核总分中；开展署级内控节点落实评价，成立北京海关“内控节点岗位落实清单”评价组，在总署指定评价节点外，从总署发布的节点岗位落实清单中，甄选59个署级节点作为北京关自选清单节点，制定《北京海关内控节点岗位清单制管理评价工作方案》《内控节点岗位落实清单评价表》；对100个署级内控节点落实情况进行评价，涉及18个职能部门和16个基层单位、隶属海关、事业单位；强化内控前置审核复核，年内开展内控前置审核31项，其中改革措施类6项、规章制度类17项、信息化应用项目8项；各业务职能部门提出内控前置审核意见186条，督审部门提出复核意见113条，其中100条被业务条线主管处室采纳；推行全方位自查自纠，年内开展自查自纠5,297次，在1,178个节点中产生成效；通过重要节点自查及内控平台应用，自主建立分析模型，涉及邮递物品监管、货物监管、跨境电商监管、关税征管、风险管理、进出口食品安全监管、口岸监管等业务领域，制发有效联系单证2,026份，完善制度16项、提出建议8条、移交稽查线索23家。

执法评估

【项目清单管理】2021年，北京海关借鉴总署督察内审司“署级+关区”相结合的专题评估项目清单管理模式，推行“两个清单”，围绕海关工作重点领域和业务改革关键环节，协助开展海关“稳外贸”“稳外资”措施、海关支持长三角区域一体化发展重点举措、进口粮食监管政策措施等8项署级专题评估项目；协调海关总署专题评估工作组与技术企业开展实地调研座谈。结合业务实际和区域特色开展进出境快件、跨境电商等4项自选专题评估项目，做到与署级专题评估项目相互补充，贴近和满足关区工作需要。年内协助总署督察内审司完成署级专题评估项目8项，开展关区专题评估项目4项。

【聚焦重点领域】2021年，北京海关着力推进“三智”建设、服务“一带一路”高质量发展、《海关全面深化业务改革2020框架方案》、“促进外贸稳中提质”、加强WTO/TBT-SPS措施的预警和通报评议，推动出口转型升级等重点工作部署开展评估。围绕2021年全国海关工作会议“加强WTO/TBT-SPS措施的预警和通报评议，推动出口转型升级”的工作要求，配合总署督查内审司执法评估处，联合标法中心完成针对2018—2021年国外技术性贸易措施变化趋势和潜在影响以及海关应对国外技术性贸易措施工作情况等内容的专题评估。结合海关外贸数据和国外技术性贸易措施通报数据，运用“云擎”平台开发6个影响度分析模型，对我国出口产品受当年技术性贸易措施潜在影响的总体规模开展量化分析。在新冠肺炎疫情全球多地蔓延，外防输入、内防反弹压力持续存在的大背景下，围绕上半年北京海关出口疫苗贸易情况和海关监管能力水平，针对配套制度措施的出台情况、主要任务的落地情况和实际业务的开展情况等进行跟踪式调研评估。运用“云擎”建模分析，分析2021年9月关区进出境快件、跨境电商监管工作的基本情况、主要特征和阶段性趋势，从进出境监管、通关时效、风险监控和后续监管等方面评估海关监管政策措施的落实情况。

【加强技术攻关】2021年，北京海关加强业务技术联合攻关，充分运用“一个平台”（全国海关通用大数据分析平台“云擎”），发挥督审部门海关大数据资源优势，实现用数据说话，增强评估的客观性和权威性。整合“云擎+N”用活信息化系统。坚持以“云擎”执法评估站点为主，充分发掘“旗舰”系统潜力，用好现有指标模型；综合运用“新海廉”平台、新一代查验管理系统、通关管理系统等其他信息化系统数据，科学搭建指标体系。综合“借鉴+首创”完善指标体系。协助总署或独自建立数据模型23个，同时积极参与督察内审司执法评估指标固化工作，协助完成进出口规模、两步申报、两段准入、价格水平、汇总征税5类22项评估指标模型，强化大数据分析能力，助力提升执法评估工作质效。

【增进外部交流】2021年，北京海关派员参与总署执法评估专项工作，参加总署“送教上门”远程授课活动，结合“如何将执法评估工作更好融入海关督审工作格局”内容，选报“研究型审计对执法评估如何更好融入海关督审工作格局的思考”课程，充分运用新媒体平台，促进执法评估工作交流和能力建设。

（撰稿人：杨　波　赵志凌　黄　京　沈　洁）

第六篇

隶属海关单位

海关总署税收征管局（京津）

【概况】海关总署税收征管局（京津）［以下简称“税管局（京津）”］于2019年1月经总署批准成立，内设办公室、参数管理处、征税一处、征税二处、征税三处、关税技术处6个处室。税管局（京津）按照商品分工，负责全国海关税收风险防控，重点防控归类、价格、原产地等涉税要素的税收风险，主要负责农林、食品、药品、轻工、纺织、杂项制品、纺织类及航空器等大类商品的税收风险防控，包括《中华人民共和国进出口税则》58章商品（第1~24章、第30章、第41~67章、第88章、第93~97章）。同时，为通关监管全过程提供关税技术支持。

2021年，税管局（京津）坚持以习近平新时代中国特色社会主义思想为指导，认真贯彻落实党中央重大决策部署，认真履行税收风险防控职责，以优化税收征管运行机制为主线，树立风险管理理念，创新行业税收管理方法，科学研判处置税收风险，提高风险防控效能；认真落实国家进出口税收政策、关税实施方案、减税降费措施和有关优惠贸易安排等，促进外贸稳增长；加大税收政策和海关管理制度的宣传解读，推动优化营商环境。

【党的建设】2021年，税管局（京津）坚持“第一议题”制度，把学习贯彻习近平总书记重要指示批示作为形势分析和工作督查例会、局务会第一项议程，认真落实“六稳”“六保”部署，统筹疫情防控和促进外贸稳增长，走好“两个维护”第一方阵。把深入学习习近平新时代中国特色社会主义思想作为首要政治任务，深入学习党的十九大和十九届历次全会精神，深入学习习近平总书记在庆祝中国共产党成立100周年大会上的重要讲话精神，坚决捍卫“两个确立”，不断增强“四个意识”、坚定“四个自信”、做到“两个维护”。贯彻全国海关、北京海关全面从严治党工作会议精神，制定税管局（京津）2021年党的建设重点工作任务，明确5方面23项具体措施，并细化分解，明确责任处室。健全领导班子集体学习（扩大）制度，做到集体学、跟进学，坚持用习近平新时代中国特色社会主义思想指导税收征管工作，从政治上强化业务工作。2021

年，局领导班子集中学习25次，开展专题研讨4次，班子成员讲党课4人次。扎实开展党史学习教育活动，制定党史学习教育实施方案，各党支部开展“党史百年天天读”等微党课学习，围绕“弘扬伟大建党精神”等开展专题研讨，各支部举办专题党课23人次，各党小组组织学习共计150次，撰写学习心得168人次。打造“党史诵读”品牌，以传承红色基因为主题，以党史中的重要人物、会议、战疫、事件、精神等为主线，以“青年节”“建军节”“抗战胜利纪念日”等为节点，开展“党史诵读——巾帼英雄、伟大会议、伟大人物、伟大战疫、伟大精神、红色家书”等系列主题活动，共计260人次参与。组织开展“永远跟党走”红歌颂唱活动，制作“我想对党说”视频，组织书写红色经典春联、红色诗词。扎实推进“我为群众办实事”实践活动，制定完善实事清单并认真落实，2个办实事项目入选北京海关优秀案例。在“北京海关‘学党史、践初心’党史、党务知识竞赛”中，税管局（京津）代表队获得团体一等奖及组织奖。

【支部建设】2021年，税管局（京津）加强党支部标准化规范化建设，及时增补和调整局党总支委员，设立22个党小组；开展支部规范化标准化检查，对查摆的问题逐项整改。落实党员到社区报到要求，主动参加社区组织的社区精神文明建设宣传栏清洁维护、垃圾分类值守、党史知识竞赛、疫苗接种秩序维护等志愿服务活动。开展“四强”党支部争创工作，深化支部党建品牌建设，打造“慧心”“精·智服务”“关税‘技’先锋”等支部品牌，提炼各支部品牌内涵和支部工作法。加强党建阵地建设，设计制作“光辉的历程”“永远跟党走”“学习贯彻党的十九届六中全会精神”“伟大建党精神”等主题展板，各党支部打造“活阵地”，不断更新内容；组织各党支部党建阵地实地观摩，交流党建工作经验。开展“税管之星”评比活动，11名同志被评为2021年度“税管之星”。

【党风廉政建设】2021年，税管局（京津）常态化抓好反腐倡廉教育，强化警示教育。充分利用“三会一课”、主题党日等形式，日常性开展廉政教育。组织学习中央纪委国家监委公开的有关违反中央八项规定精神问题典型案例、驻署纪检监察组通报的专项整治中查处的有关违纪违法

▲2021年6月18日，税管局（京津）代表队在北京海关举办的“学党史、践初心”党史、党务知识竞赛中获团体一等奖

典型案例等相关材料，引导干部职工深刻反思、汲取教训，以案正风、以案肃纪。认真开展警示教育月活动，其间，各处室开展集体学习14次、专题研讨6次、纪律专题党课7次，开展廉政主题党日活动9次。组织党员干部到抗日战争纪念馆、运河清风廉政文化公园、香山双清别墅等北京廉政教育基地参观学习，组织全局人员观看警示教育片。紧抓重大节假日和重要时间节点，通过实地走访、微信群等方式进行廉政提醒，开展重点人员谈心谈话，要求干部严格落实中央八项规定精神，加强“八小时”内外监督，坚决守住廉政底线，严防酒驾醉驾。

【准军建设】2021年，税管局（京津）建立准军工作常抓常议机制，不断巩固建设成果。制订2021年税管局（京津）准军建设工作计划，修订《税管局（京津）请销假管理实施细则》，细化《税管局（京津）内务建设有关要求》，进一步加强准军事化纪律部队建设的基础。深化“三个一”准军品牌创建机制，持续开展“局有示范、处有红旗、科有标兵”的创建活动，每月开展流动红旗、内务标兵评比。同时加强内务督察，形成各处室周检查、月通报，局内定期检查通报的内务督察机制，对发现的问题限期整改。组织队列训练，催化作风纪律养成，每季度组织不少于2学时的队列训练，局班子成员均参加所在支部训练，全局累计参训660余人次。

【教育培训】2021年，税管局（京津）加强全局教育培训工作，制订全年培训计划，开展各类培训。全年共开展一级培训17次，二级培训11次，参训人员达1,000余人次。培训类别涵盖税收征管业务、大数据、办公行政等多个方面。培训内容紧扣业务重点，为做好RCEP生效实施和协调制度转版工作，举办RCEP专题培训及协调制度培训等，提高了对有关政策措施的理解应用能力；同时还注重对人员基本能力的培养和人文关怀，举办了Office办公软件应用技巧培训、收发文办理规程培训、心理健康培训等，进一步提高了全体人员的能力素养。

【税收风险防控】2021年，税管局（京津）树立风险管理理念，强化与直属海关的协同配合，运用归类、估价、原产地等关税技术规则，依托大数据、模型等科技手段，对进出口货物的税收征管要素进行综合研究分析，研判税收风险，协同全国海关业务现场、稽查、缉私等部门，实施税收风险验证排查和处置。组织开发税收风险分析模型，建立重点商品标签数据库，应用大数据和模型开展税收风险防控。根据不同行业进出口贸易状况、税收风险特征等，实施差异化行业税收管理。建立商品调研及专家会诊工作机制，发挥全国海关关税专家作用，联合开展商品和行业税收管理研究。组织开展税收风险排查工作“回头看”，对分管商品涉税要素风险排查处置工作进行全面审视。制定税管局（京津）协同推进属地纳税人管理工作方案，与相关直属海关协同配合，开展源头合规申报管理。加强与相关行业协会的协作，引导行业自律，助力税收风险防控。

【税政服务】2021年，税管局（京津）联合直属海关开展重点商品调研，积极反映企业诉求，审核报送税政调整建议，其中为“小虾对虾”“视屏游戏机”调整税目结构，为“蒜制品”“茶籽油”“沙棘汁”增列本国子目，为“松子仁”“大西洋鲑鱼”“可可”降低暂定税率等建议被采纳，已经纳入2022年关税调整实施方案。宣传国家进出口税收优惠政策，通过“12360服务”微信公众号发布有关政策措施解读，引导帮助企业应享尽享政策红利。加强税收政策实施情况的监控，推进应享尽享、应免尽免。

【内控监督】2021年，税管局（京津）落实《海关总署税收征管局内控制度（试行）》要求，细化制定《海关总署税收征管局（京津）执法领域内部控制操作指引（试行）》。运用“制度＋科技”方式，完善内控节点体系；将节点管理与税收风险防控工作紧密结合，定期监控节点要求落实情况，提升节点绩效；按季度开展内控核查，制定查发问题清单，建立台账，督办整改。

【制度建设】2021年，税管局（京津）落实总署和北京海关各项制度要求，围绕“夯实工作基础，规范运行管理”目标，健全完善会议管理、收文办理、印章管理、非工作时间业务值班管理、请销假管理等基础制度；制定内部业务运行联系配合办法、内部控制操作指引等征管业务制度。

（撰稿人：荣　华　秦阿希）

首都机场海关

【概况】首都机场海关为北京海关所属副厅局级海关，主要职责是受北京海关直接领导，按授权承担指定口岸和区域范围内海关各类管理工作。承担党的基层组织建设和干部队伍建设工作；办理首都国际机场空港口岸进出境货物、物品、运输工具及人员的通关、检验检疫、监管、征税等工作，实施口岸卫生监督，反馈执法作业结果。监管范围主要包括航站楼监管区、北京天竺综合保税区口岸操作区、口岸卫生监督辖区3个区域，面积近50平方千米。内设办公室（党委办公室）、综合业务处、旅检一处、旅检二处、通关处、物流监控处、快件监管处、查验处、口岸卫生监督处、财务保障处、人事政工处（党委组织宣传部）11个处室。

2021年，首都机场海关坚持以习近平新时代中国特色社会主义思想为指导，贯彻落实统筹推进口岸新冠肺炎疫情防控和促进外贸稳增长的工作部署，推动新冠肺炎疫情常态化防控、北京冬奥会及冬奥测试赛通关保障、口岸进出境人员、物品、运输工具的通关监管、营商环境优化等各项工作有力有序有效开展。首都机场海关严格规范对旅客、航空器实施检疫监管和货物、环境监测同防，加严内部安全防护，坚持筑牢口岸外防输入防控防线；做好2022年北京冬奥会和冬残奥会通关服务保障，提供优质便利、友好人性的涉奥监管服务，保障人员、物资高效便捷通关；圆满完成庆祝中国共产党成立100周年等重大活动的口岸通关安保任务；打造“首关一站通”微信公众号深化基层治理，成立实体化运行的3级业务运行监控指挥中心提升指挥管理质效；严厉打击走私违法行为，维护口岸国门安全；持续优化口岸营商环境，打造“货位共享”平台为企业节约运营成本，助力企业复工复产，全面参与优化营商环境“百日攻坚”专项行动，推动首都机场货运信息化系统升级改造，完成T2航站楼“一次过检”改造；坚持全面从严治党管党，一体推进“现场监管与外勤执法权力寻租”专项整治和危化品专项巡查整改，持续深化纪律作风建设和党风廉政建设。

2021年，共监管进出口岸货物91.08

万吨，货值1,221.25亿美元，同比增加13.17%和32.59%。多个集体获得上级单位及有关部门的表彰奖励：首都机场海关获评全国文明单位和首都文明单位标兵；首都机场海关旅检二处旅检一科党支部、旅检一处旅检五科党支部通过全国海关示范品牌复核；首都机场海关综合业务处运行监控科党支部、快件监管处跨境电商监督一科党支部等11个支部获评北京海关基层党建示范品牌或培育品牌。

【党的建设】2021年，首都机场海关党委坚持“第一议题”制度，以习近平总书记重要指示批示精神为指导，注重党委理论学习中心组学习转化，创新党委班子例会“一周一调度”工作机制，年内累计将口岸新冠肺炎疫情防控、国门生物安全等50余项工作纳入调度事项。建立关、处两级贯彻落实中央重大决策部署措施清单，构建“督办单—任务单”双推动的跟踪落实机制，明确责任人、时间表、路线图，累计下达督办单和任务单193条。针对庆祝中国共产党成立100周年活动保障、冬奥会筹备等重点事项，进行专项督查5次，确保重大决策部署落地生根。加强党委自身建设，健全党委理论学习中心组学习机制，创新“每周学、每人谈”学习模式，开展集体学习47次，共组织44名支部书记、党员代表观摩。构建“党委理论学习中心组带头学、机关党委指导学、基层党组织集中学、领导干部自主学”的“四学”机制。出台党委加强自身建设的意见，加强对“一把手”和领导班子监督。坚持树立正确用人导向，明晰隶属海关党委干部管辖权限，规范干部选拔任用程序。规范党委议事决策制度，健全完善党委工作规则，修订贯彻落实“三重一大”决策制度实施办法，规范完善议事程序和具体事项。持续深化全面从严治党，建立全面从严治党任务分解表，制订处级单位落实全面从严治党责任清单，深化党委班子与北京海关党委第一派驻纪检组联系配合机制，邀请派驻组提前参与业务研究、提前掌握工作情况、提前给予风险提示，出台加强联系工作的6条意见，共同推进解决业务难点痛点问题30项。一体推进专项整治、巡视巡察整改工作，深入开展“现场监管与外勤执法权力寻租”专项整治，制订工作方案，深入开展自查，确认重点关注岗位38个和廉政风险62条，推进专项整治纪法教育并开展“回头看”，确保问题整改落实到位。配合做好总署巡视工作，组织进行专题汇报，落实巡视反馈问题整改，建立巡视发现问题对账销号、问题清零机制，开展危化品专项巡察问题“回头看”，巡视巡察发现问题全部整改完成。严格监督执纪，深化纪律作风建设和党风廉政建设，落实中央八项规定，反对特权思想和特权现象，开展警示教育月活动，出台加强运用“第一种形态”管理细则，年内主动运用监督执纪“第一种形态”14次。强化准军事纪律部队建设，开展内务规范强化月活动，制定内务规范“负面清单”，强化“八小时”内外管理，建立关、处、科三级督察机制，开展联合督查、日常检查34次，发现通报问题20个均立行立改。强化“八小时”外管理，深入纠治酒驾醉驾。强化“强基提质”建设，修订党建工作效率手册，出台进一步规范党员发展工作十二项措施，建立“党委委员联系、主题党日示范、‘四强’党支部观摩”的“三带动”党建联建工作机制，深化“一支部一品牌”建设工程，建立“六有”特色党建阵地，首都机场海关旅检二处旅检一科党支部、旅检一处旅检五科党支部通过全国海关示范品牌复核，首都机场海关综合业务处运行监控科党支部、快件监管处跨境电商监督一科党支部等11个支部获评北京海关基层党建示范品牌或培育品牌，16个支部获评第二批“四强”党支部。

【党史学习教育】2021年，首都机场海关深入推进党史学习教育。成立领导小组，组织91个党支部召开专题组织生活会，形成党支部整改清单。建立“党史上的今天”学习专栏，举办“学史·铸魂”红色讲坛，“党课开讲啦”微党课实现支部全覆盖、党员全参与，特色做法被“学习强国”平台采编2篇。扎实推动“我为群众办实事”实践活动，出台87项实事清单和54个服务群众事项，协调解决企业困难30个，1件实事获评全国海关优秀案例。强化政治机关意识教育，围绕36个热点焦点问题开展干部职工思想调研，出台5项针对措施。深化青年政治理论学习，打造“星期三·半月谈”学习沙龙品牌，年内共举办15期学习活动，共450余人次参加，培养33名青年政治理论学习带头人，形成22个跨领域研究课题。组织开展“青年大学习”网上团课19期，切实抓好青年理论武装和教育引导。

【疫情防控】2021年，首都机场海关严格旅客、航空器检疫监管，严谨细致实施货物、环境监测同防，坚持“一线顶格、二线加严”的内部防护工作思路，做好口岸新冠肺炎疫情和其他传染病疫情防控工作。建立健全组织保障体系，实行关长实时调度、处长带队作业的应急指挥体制，执行“双带班”“三值守”的值班值守加严措施，实行2个旅检现场“合署办公”，明确突发应急情况请示报告机制和程序要求。构建快速畅通的内外联络机制，对内建立“两级指挥中心调度”“数据专班收报核验”“采样检测双向对接”3项机制，及时准确掌握调度指令、验放数据和检测结果，保障信息畅通，对外建立“海关—地方转运对账”“海关—边检信息互通”“海关—机场信息发布”3项机制，与北京出入境边防检查总站、北京首都国际机场、地方卫健部门等单位保持实时对接。打造综合保障体系，统筹规划疫情经费使用管理，开发物资管理信息化管理系统，强化重点防控技术设备装备运维，建立多层次疫情防控突击队和后备梯队。实施规范严密的卫生检疫措施，建立合规审查小组，细化编制并动态更新新冠肺炎疫情防控操作指引、防控工作方案和技术操作指南，严格落实总署各项疫情防控工作要求。制定重点国家（地区）针对性工作方案，加强高风险人员验核筛查。提升应急处置能力，完善应急处置预案，开展多场景桌面推演和应急演练。推进“智慧卫检2.0”迭代升级，开发自主申报一体机和验放闸机，推进健康申明“云端”申报和“无接触式”验核。完成防控专区扩容，引进新型标签打印机和无接触式消毒机，采样作业和旅客通关效率大幅提升。实施货物、环境监测同防，严谨细致实施货物物品采样监测。实施进口高风险非冷链货物新冠病毒检测信息化管理，实现“货到即采”。常态化监督辖区300余家企业落实社会化防控责任，建立涉疫重点管控生活垃圾消纳机制，规范分类处置、优化清运流程。设立出口新冠病毒疫苗验放绿色通道，专人专岗全天候通关保障，确保每票新冠病毒疫苗24小时内验放出境。严格内部安全防护，在全国海关最早实现口岸卫生检疫一线人员封闭管理，制定14项管理措施。搭建“关长巡视、处长巡查、科内检查、防护监督员监督、个人自查”的“五级监督落实机制”，通过“自查排查、巡视巡查、视频检查、实地督查”四管齐下开展“不间断式”日常监督，建立无死角、全覆盖的常态化监督检查体系，同时将各级检查发现的问题等汇总梳理、形成清单、动态发布。构建免疫屏障，加严一线人员疫苗接种执行标准和覆盖范围，确保加强针应接尽接。对所有人员实施网格化管理，坚持健康监测“日报告、零报告”，累计开展常态化新冠病毒核酸检测16.8万人次，针对本土新冠肺炎疫情散发情况，排查关联风险人员865人次，出台9项新冠肺炎疫情防控措施。

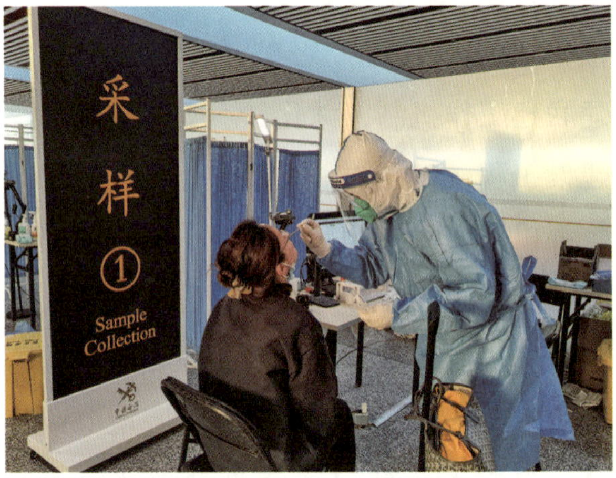

▲2021年4月28日，首都机场海关关员为入境旅客进行咽拭子采样

【重大活动保障】2021年，首都机场海关坚持打造海关系统重大活动通关安保和服务保障的“首关模式”，圆满完成庆祝中国共产党成立100周年等一系列重大活动的通关安保和服务保障任务。

2021年，首都机场海关完成东京奥运会中国体育代表团通关服务保障工作。细化通关保障方案及突发情况应急预案，设置“处置专区”，为进境代表团成员设置“专人、专区、专通道”，一体化完成代表团成员健康申明卡验核、体温检测和样本采集等卫生检疫工作，并对其行李物品验放通关。强化与国家体育总局的联动协作，第一时间获取相关信息并将人员及信息交接至后续封闭管理的指定基地，减少代表团成员在机场区域滞留时间和感染风险。做好航站楼环境监管，落实旅客检疫环节“一客一消”，开展航站楼内环境监测，加强对代表团航班配载航食的监管。

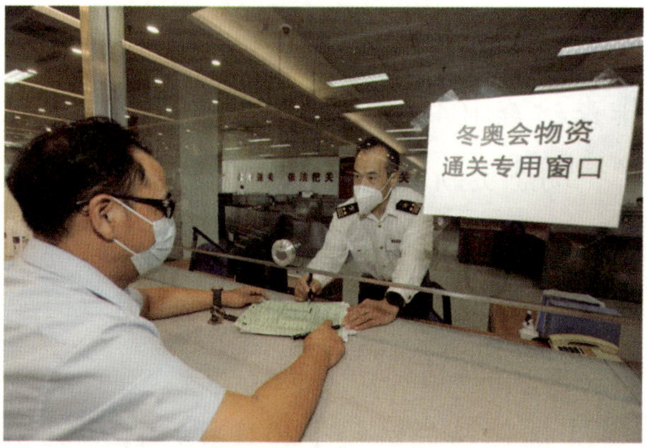

▲**2021 年 9 月 29 日，首都机场海关关员保障冬奥会物资通关**

【冬奥会测试赛保障】2021 年，首都机场海关做好冬奥会召开前各项准备工作。自 1 月起，进行前期准备工作。5 月 6 日，组建冬奥会专班筹备组，从市级决策、抵离保障、机场落实三个层面，协调推进冬奥会口岸监管保障各项工作。派员进驻冬奥会北京市运行指挥部和冬奥会民航华北局保障攻坚专班，跟进北京市冬奥会重大决策过程和抵离工作进展情况、对接相关要求，完善服务保障方案，抓好政策落实。2021 年 10 月起，首都机场海关围绕“组织管理、卫生检疫、通关服务、综合保障”四个方面，做好“相约北京”冬奥会测试赛通关服务保障工作，并以此为契机持续完善流程、提升能力、固化机制，全力做好冬奥会测试赛通关服务保障工作。夯实组织管理基础，执行“党委班子例会按周通报、指挥中心晨会每日跟踪、应急突发情况即时调度”和“冬奥工作专班 7×24 小时对接、封闭管理队 7×24 小时保障”的“3+2”运行监控管理方式，出台《首都机场海关冬奥会和冬残奥会通关安全及服务保障方案》，开展冬奥技能培训 3,300 余人次，做到标准化作业、规范化操作。卫生检疫团队全封闭管理，完成冬奥会相关针对性培训考核和应急处突技能培训，组织进行实操培训演练 68 次。制定多种突发情况的应急预案，开展实景化演练和桌面推演，增强现场应急处突能力。对 T3-D 海关作业现场扩容改造，协调机场运控部门统筹优化涉奥航班停靠时间，形成涉奥人员“分区域”监管、“分通道”验放、“分时段”引流通关模式，同时 T3-E 出境监管现场供涉奥人员专用，实施“专楼专区”保障。实施“一机一策”制定针对性保障方案，构建工作调度和监管信息“双表”，做到精准保障。优化登临检疫流程，实行健康申报预先收集、预先填制、预先审核的“三预”工作机制，实现“航班抵港即下客”和“旅客入楼速通关”。引进新型标签打印机，使用无接触式消毒机，采样环节处置提速至 3 分钟 / 人。启用全国唯一控制区内的 P2 实验室，即采即送、快送快检，压缩采样检测用时 40%，做到“快采快放检”。优化通关监管服务，提前收集物资通关需求，提早制定保障方案，实施专用窗口、专岗保障、专人对接，设立7×24小时应急通关“绿色通道”，保障货到即报、速验速放。先后保障冬奥会圣火火种灯、火炬接力用装备、赛事用雪车等涉冬奥物资高效通关。服务措施人性友好，编制冬奥会服务保障英文用语手册，成立“多语种通关服务团队”，建立与奥运代表团联络官直接联系机制。开辟冬残奥会入出境人员“无障碍通道”，开增设轮椅人员专用验核台，派员入驻冬奥村提供海关监管服务，协助涉奥人员赛后安全快捷出关离境。加强奥林匹克标志的知识产权保护，提高快件和跨境电商渠道五环标志、专有名称、会徽、吉祥物等保护力度，严厉打击进出口侵犯奥林匹克标志专有权商品行为。冬奥会测试赛期间，首都机场海关共验放涉奥进出境航班149架次。

【查缉走私】2021年，首都机场海关全年共查获象牙等濒危物种及其制品165件，拦截“洋垃圾”等固体废物12.3吨，查获涉嫌“水客”等涉税违规情事29起，涉及案值530.8万元。经税务、公安等多部门联合办案，告破新兴铸管出口虚假贸易案，涉及金额18亿元。加大旅检、快件等渠道毒品查缉力度，共查获疑似海洛因等各类毒品1,536.9克。在全国口岸首次检出、截获迅捷箭蚁。查获菌落种数超标的进口驼奶粉2,200千克，完成133家国境口岸食品生产经营单位量化分级管理。加强税收征管日常监控与专项核查，全年征收税款376亿元。

【安全生产】2021年，首都机场海关深入开展“查隐患、防风险、保安全”专项行动，持续推进安全生产三年行动专项整治，构建“自查自纠、抽查巡查、督查督办”立体化督促落实机制，聚焦业务运行、队伍管理、内部安保、政务运行4大领域，细化26项工作措施，开展各类排查检查104次，建立72项风险责任清单，动态更新问题清单和措施清单。动态开展滞留危化品清理工作，与地面代理联系配合建立常态监控预警机制，出台口岸暂存危化品监管实施细则。

【优化营商环境】2021年，首都机场海关实施通关时间集中业务攻关，坚持“日监控、日会诊、日调度”制度，出台优化营商环境23项措施，超额完成总署、北京市进出口整体通关时间要求。支持进口税收政策享惠企业发展，为40余家航材进口企业完成政策性退税，退税金额达5,000余万元。创新“货位共享+智慧仓库”模式，打造“货位共享”平台企业，建立企业生产系统与海关监管系统互通互联的智慧仓库，为32家企业节约库租、人员等运营费用2,000余万元。压缩采样送检、结果通报环节时长，减少货运机组集中隔离时间，每月为航空企业节省成本超10万元。打造“首关一站通”微信公众号，设置政策推送、咨询解答等8项核心功能，建立“线上指引+线下解决”双轨服务通道，截至年底注册用户达471家，解决各类问题359件。构建重点企业协调员定点帮扶机制，为30家企业提供“一对一”对接服务，解决企业通关疑难和业务咨询143个。主动对接北京市“两区”建设，参与优化营商环境“百日攻坚”专项行动，推动首都机场货运信息化系统改造升级。服务首都北京国际消费中心城市建设，研究促进免税品数字零售项目，深化快件—电商“共线分拣”。开展跨境电商零售进口商品退货业务实测，完成T2航站楼“一次过检”改造。

【法治建设】2021年，首都机场海关持续推进法治海关建设，打造首关法治建设特色品牌。建立法律人才库，成立法治工作室，对海关系统250项文件规定进行系统梳理，建立关内法律法规查询平台，开展案卷评查专项工作，对101起行政案件开展评查提升行政案件办理水平，编写全国海关司法案例选编。开设“首法视界”微信公众号，筹建法律图书馆，参与普法微动漫和微视频制作，在关网增加专项模块，持续提高海关行政执法水平。

【业务基础】2021年，首都机场海关做好各项业务基础运行工作。构建运转高效的指挥管理体系，成立实体化运行的三级业务运行监控指挥中心，实行“常态指挥中心+动态工作专班”运作模式，构建“问题收集”机制和“任务下达”机制。建立形势分析及工作督查例会问题清单制度，打造首关特色作业规范“一图通”，形成涉及所有科室、涵盖200余项业务的规范性作业指南，达到门类清楚、流程清晰、便于检索、易于推广，进一步全面提升关区整体工作水平。修订完善20余项制度规定，确保各项作业有规可循。实施常态长效的业务监控，梳理10类29项业务类绩效考核量化指标，每月开展业务异动变化和规范性监控。发挥内控监督平台预警监控作用，开展系统功能深度研习和专项培训，年内系统警示风险移出率及审核率均达到100%，形成专项成果21篇。

【政务管理】2021年，首都机场海关持续做好政务管理各项工作。强化应急值班值守，理顺行政值班及应急指挥机制，制定重大事项报告流程图及书面报告规范要求，建立值班值守工作检查机制并开展专项检查。强化督办跟踪问效，创新督查工作机制，建立形势分析及工作督查例会督办落实长效机制，年内制发督查单245项，开展督查“回头看”8次。增强政务服务效能，规范作业流程，完善应急处置，修订保密、印章管理相关工作规定，明确合同移交、单证档案查询交接、12360热线咨询、信访事项处置等方面工作规范，建立信访、舆情应对应急预案和处置流程。提升办文办事水平，年内组织开展保密、印章印油、控制区通行证等方面的摸排检查21次。建立公文办理质效检查通报制度，年内完成公文办理效率检查11次，开展季度通报4次。组织开展政务信息、保密管理、公文写作、新闻摄影、控制区通行证管理等业务培训14次。

【财务及综合保障】2021年，首都机场海关做好后勤综合保障工作。强化食堂用餐安全管控，规范聘用人员用工模式，完成劳务派遣人员旧合同终止及劳务外包新合同签订工作，推动非在编聘用人员用工模式平稳过渡。完成东楼办公用房规划使用和优化完善，保障新关员入住临时宿舍，完成办公现场手机4G信号整体增容，做好后勤综合服务保障。

【信息新闻宣传】2021年，首都机场海关围绕口岸新冠肺炎常态化疫情防控、冬奥会测试赛保障等重点工作，加大政务信息报送力度，全年被总署采用动态信息23篇，获署领导批示1篇，被北京市政府采用政务信息3篇。2021年共计172篇新闻素材被《人民日报》、新华社、中央电视台、北京电视台以及“中国海关”强国号、“海关发布”微博及微信公众号。“央视频—海关影像”栏目、“中国海关传媒”抖音号、北京海关“京关影像”栏目采用。

【队伍建设】2021年，首都机场海关加强队伍建设管理，健全优秀年轻干部“选育管用”全链条机制，注重典型培树正向引导，促进人才健康发展。制定资质培训和考核实施细则，建成专业资质人才库，聚焦需求导向，夯实业务基础，年内组织1.2万人次参加业务理论、疫情防控等线上线下练兵培训122期。2021年，首都机场海关1人获北京市机关第五届青年技能大赛一等奖，1人获北京市优秀共产党员，1人获全国“扫黄打非”先进个人称号。首都机场海关荣获全国文明单位和首都文明单位标兵，首都机场海关旅检一处和通关处一站式报关厅获评北京市青年文明号。落实封闭管理结对帮扶工作机制，为封闭管理人员提供多渠道的心理自助资源和服务，加强对封闭管理职工及家属的关怀慰问。开展普惠慰问和职工互助保障，改善运动场所条件，开展元宵节线上猜谜、趣味运动会等多种线上活动，丰富职工文体生活。

（撰稿人：常　彬　宁　静）

北京大兴国际机场海关

【概况】北京大兴国际机场海关（以下简称“大兴机场海关”）为北京海关所属正处级隶属海关，于2019年9月18日正式成立，主要职责是受北京海关直接领导，按授权承担指定口岸和区域范围内海关各类管理工作。承担党的基层组织建设和干部队伍建设工作；办理北京大兴国际机场空港口岸进出境货物、物品、运输工具及人员的通关、检验检疫、监管、征税等工作，实施口岸卫生监督，反馈执法作业结果。大兴机场海关内设办公室（党委办公室）、人事政工科（党委组织宣传部）、综合业务一科、综合业务二科、旅检一科、旅检二科、旅检三科、旅检四科、旅检五科、旅检六科、旅检七科、航空器监管科、通关一科、通关二科、物流监控一科、物流监控二科、查验一科、查验二科、快件监管科、口岸卫生监督一科、口岸卫生监督二科、综合保障科22个科室。

2021年，大兴机场海关坚持以习近平新时代中国特色社会主义思想为指导，贯彻落实总署、北京海关各项部署要求，高质量推进各项工作，获得2020年度民航北京机场地区爱国卫生工作先进集体、2020年度北京大兴国际机场公共区群防群治工作先进单位、大兴机场地区交通安全先进单位。被总署授予“全国海关机要保密工作劳动模范”荣誉称号1人；派员参加北京市机关第五届青年技能大赛“青春心向党——红色教育基地代言人”宣讲能力竞赛，荣获三等奖；参与北京市机关“永远跟党走”百姓宣讲活动，讲述身边优秀共产党员坚守初心、无私奉献的先进事迹。

【党的建设】2021年，大兴机场海关深入学习习近平新时代中国特色社会主义思想，贯彻习近平总书记关于党史学习教育重要指示精神，制订《北京大兴国际机场海关党史学习教育实施方案》，围绕6大任务35项内容推进实施，有序分步落实规定动作，稳妥组织自选动作。党委会专题研究部署党史学习教育相关工作4次，先后开展“支部书记讲党课”42次。组织党员干部开展体验式学习教育47次，开展红色电影展播活动，组织观看红色主旋律影片24次，依托“学史·铸魂”海关红色讲坛活动，开展主题宣讲9次，组织20名青年党团员参与北京海关“颂歌献给党”歌曲传唱拍摄活动。组织观看庆祝中国共产党成立100周年大会，开展党总支书记讲党课活动，各支部、青年理论学习小组开展学习研讨20次；学习十九届六中全会精神，党委理论学习中心组“带头学”2次，各支部、青年理论学习小组开展学习研讨20次，汇总学习心得52篇。开展特色专题党课，以伟大抗疫精神、新国门建设、党史学习教育为主题，讲述与习近平总书记面对面、聆听重要指示的珍贵经历，分享亲身感悟，促进主题教育成果走向深入。组织开展团日活动、组织生活会等活动7次，172人次参与；创建大兴机场海关青年理论学习小组品牌“兴青年”，建设学习园地，按月组织开展学习活动11次，249人次参与。

结合北京海关“三大工程、十二件实事”，对照总署“我为群众办实事”重点民生项目清单，梳理13个民生项目49项实事清单并全部落实。

完善党建宣传阵地建设。完成党员活动室、党建园地建设，更新党建环廊、廉政长廊、准军长廊，制作宣传展板，展示党建成果。基层党支部采取手绘宣传板报、优化支部图书角等方式，建立支部宣传园地，宣传身边典型，展示支部活动成果，营造党建工作氛围。

推荐9个支部分2批次参与2021年度北京海关“四强”党支部创建工作，旅检三队党支部争创党建示范品牌，参与北京海关机关党委支部品牌展示活动，以创先争优推进基层党建高质量发展。

【党风廉政建设】2021年，大兴机场海关配合派驻纪检组做好政治监督、日常监督及专项监督，坚持口岸海关与派驻纪检组共同核查问题的联合机制；持续推进准军事化纪律部队建设，从严干部“八小时”之外管理，开展准军内务规范检查11次、酒驾醉驾专项检查7次、节前警示提醒7次。开展全关范围的廉政、保密教育8次，以支部为单位组织开展案例学习、警示教育等86次。

深化清廉海关建设，制定警示教育月活动方案。组织集中学习习近平总书记重要论述、党规党纪、总署文件，观看庭审视频，邀请机关纪委开展廉政宣讲，开展违法违纪案例研讨，赴李大钊故居、首都博物馆等地开展主题党日活动，开展纪检委员微党课共计10次，开展青年关员纪法专项教育，组织“学名士风骨、传廉政清风”等3项活动。

推进“现场监管与外勤执法权力寻租”专项整治工作。畅通举报渠道，在各监管场所、办公区域张贴海报22张，设置举报箱，在各现场共6块电子屏幕公示举报渠道。电话调研企业15家，现场实地调研企业3家，与企业召开座谈会17次。组织开展谈心谈话168次，完成违规事项个人申报。组织警示教育案例学习，交流学习并撰写心得体会168份，针对性组织强化学习2次。召开专题研讨会6次，梳理风险环节、确定风险岗位和重点关注人员，经过3轮优化完善，最终总结提炼廉政风险17项，制定防控措施59项。

【法治建设】2021年，大兴机场海关加强法治队伍建设，共组织法规学习宣传活动11次，组织旁听海关行政案件庭审会2次，编撰大兴机场海关法规汇编；完成大兴机场海关首例一般程序的行政处罚案件。

【监管业务】2021年，大兴机场海关对出口新冠病毒疫苗按照“即到即核、即查即放”工作要求，强化监管、防范风险。保障口岸货物通关监管。联合北京市大兴区商务局召开企业宣讲会，引导企业用好用足优惠政策。全面接管移交航材业务，探索优化飞机租赁业务监管模式。提前审核备案材料，办结首票航材业务通关手续。接管91份飞机租赁合同及13个航材包修合同，对飞机租赁租金累计征收税款2,550.86万元，对包修费累计征收税款6,272.09万元；新增办理飞机租赁3架，做好相关税收及监管工作。全年共保障9架次普货包机。针对新增保税航空煤油出口，强化监管、优化服务。完成大兴机场口岸进境食用水生动物、植物种苗指定监管场地的立项批复和迎检准备。

【支援T3-D】2021年，大兴机场海关贯彻落实北京海关工作要求，整合人力资源，抽调人员赴首都机场T3-D支援抗疫工作。在北京海关全关区，大兴机场海关支援首都机场海关关员数量最多，达65人，其中60人参与封闭管理工作。

【复航准备】2021年，大兴机场海关召开专题办公会，研究制定总体工作方案；主动对接、邀请业务专家实地调研指导，对现场业务流程进行梳理完善；主动对接机场，制定复航方案、处置专区建设以及国际航班复航的各项演练，持续开展针对性培训和实操演练，共培训1,047人次，取得业务资质177人次；完成核辐射仪器、测温仪等设备设施校验64台次；制定复航后技术支撑和封闭管理人员保障方案，提前规划经费、应急物资、车辆等保障服务。加强免税店监管工作，按要求开展退库、调拨、监销等。同步推进大兴机场公务机楼、包机楼建设工作，完成暂存及截留库房验收工作。

【口岸卫生监督】2021年，大兴机场海关辖区共有375家企业获得口岸卫生许可证（新发及变更口岸卫生许可证114家次）。其中，食品生产经营单位239家、公共场所经营单位130家、饮用水供应单位6家。共进行卫生监督1,109次、下发监督意见书315份。对147家食品生产经营单位进行食品卫生监督分级，评出5家A级单位。实行涉及公共场所口岸卫生许可的告知承诺制改革，将发证时限由10日压缩到5日。严格执行北京海关“双随机、一公开”工作方案，实施口岸卫生许可单位现场审核和监督检查。做好口岸区域病媒生物监测控制工作，完善口岸病媒生物防控体系建设。

做好新冠肺炎疫情常态化防控工作，及时更新口岸传染病疫情防控工作流程及处置预案，及时校准口岸查验仪器，对一线作业关员升级防护措施，组织开展应急处置桌面推演。加强对使用进口冷链食品的经营单位的监督，落实新冠肺炎疫情常态化检查工作，共出动执法力量 1,284 人次，检查发证单位 764 家次，发现问题 69 个，均已整改合格；指导口岸地区企业单位制定消毒方案，整理消毒台账，共督促整改消毒问题 13 个。

【综合保税区建设】2021 年，大兴机场海关将为北京大兴国际机场综合保税区建设服务作为中心任务，全力支持北京地区“两区”以及首都“双枢纽”格局建设。协助推动解决信息化系统各环节问题；对拟入驻企业和区外周边企业加强宣讲、提供政策支持；协助做好验收前监管设备准备工作。

【安全生产】2021 年，大兴机场海关制定《北京大兴国际机场海关 2021 年度落实安全生产专项整治三年行动工作具体措施》，对《北京大兴国际机场海关安全生产专项整治三年行动问题隐患清单》及《北京大兴国际机场海关安全生产专项整治三年行动制度措施清单》进行 3 次更新，排查问题隐患 23 条，扎实推进整改。全覆盖学习习近平总书记关于安全生产重要论述；通过观看教育片、开展安全生产“大讲堂”、举行兼职驾驶员培训、组织消防演练活动，以及在办公场所及业务现场播放宣传片、组织“安全宣传进企业”活动等方式，强化安全责任意识。加强进出口危险化学品及危险货物检验监管力度，排查清理海关监管区内超期存储危险品货物。强化业务数据安全管理，开展系统授权、屏显及终端设备风险排查。

【疫情防护】2021 年，大兴机场海关从严执行内部新冠肺炎疫情防护管理，开展专项检查 12 次，严密组织网格化排查；从严执行外部人员进院审批，无一风险人员进入办公区。强化常态化“应检尽检”工作，建立大兴机场海关核酸采样队，累计采样 6,611 人次；推进全员加强针接种。

【政务管理】2021 年，大兴机场海关共计召开党委会 32 次，审议“三重一大”事项 42 项，召开形势分析及工作督查例会 6 次。修订制发本关工作制度 37 项，完成 2021 年制度汇编工作，制发会议纪要 39 份；强化值班应急处置；按照北京海关保密及档案相关管理规定要求，改造大兴机场海关机要文件存放室，统筹设计文书和相关专项档案室；做好“查隐患、防风险、保安全”专项检查工作，开展安全检查 16 次，对现场查发的问题全部挂牌督办完成整改；新增编发信息周报 12 份。依托“钉钉”平台建立大兴机场海关“心连心”平台，构建问题“发现—解决—反馈”机制，解决关员反映的问题 7 件。

建设共享办公室，提高办公用房利用效率。做好支援人员、封闭管理人员、关键岗位人员的心理疏导和关心关爱工作。

【信息新闻宣传】2021年，大兴机场海关报送信息347篇，其中，1篇报署信息被中共中央办公厅采用，1篇信息获评报署优秀信息。全年，在各级期刊刊发海关政研文章4篇。完成筹备“致敬筹建者”建关2周年主题展览，累计整理3,000余张建设图片、40万余字建设相关文件，展现大兴机场海关建设历史和风貌。动态维护综合办公楼、旅检、货运现场宣传展示屏幕，开展安全管理检查2次，更新内容29批次。参加“奋斗百年路，启航新征程——讲好海关红色档案故事”征文活动，报送的《“图”鉴大兴》被海关总署《追寻红色记忆　传承红色基因——海关档案故事100篇》收录。做好对支援人员的关心关爱，编发相关信息周报。

【科技发展】2021年，大兴机场海关完成多个建设工程项目：货运区X光机机检设备组网、宿舍管理系统建设、航站楼暂存库房建设、关区视频监控系统平台备份机制的初步建立、综合办公楼楼宇智能化系统（园区安防视频监控系统、门禁系统、楼宇自控系统）建设、公务机楼海关信息化建设方案的制定、国际货运航班复航处置专区海关信息化系统建设、综合办公楼党员活动室建设等。完成视频监控摄像头月度在线率考核，日均在线率达99%以上。按要求完成关区内航班出入境、冷链或高非冷日常防疫视频监督检查工作，人防/物防防疫视频监控的巡查报送工作，共计58次。

【督查内审】2021年，大兴机场海关完成北京海关行邮监管处、卫生检疫处、动植物检疫处专项审计以及“2021年重大政策措施落实情况跟踪督察”“持续强化口岸卫生检疫措施落实情况专项督察”等工作，汇总反馈相关报告7份。

成立内控工作领导小组，全年共召开内控工作领导小组会议3次。邀请专家开展新海廉系统培训，建立内控联络员制度。严格落实内控节点指标的控制要求，以内控节点管理为抓手压紧压实各级内控主体责任。全面梳理确定内控节点指标体系，共关注节点91个，其中署级节点84个、关级节点7个。规范内控节点自查成效管理，强化重点业务环节风险防控。全年应用内控节点指标自查自纠42次，涉及节点18个，其中有效节点18个、查发问题39个。

将内部控制与监督检查相结合，全面梳理落实党中央重大决策部署、党建、非执法领域管理等检查项目和检查标准，采用实地检查、查询系统、查看纸本台账等多种形式开展内控评价，出台《北京大兴国际机场海关“支部建在科上”工作方案》《北京大兴国际机场海关会议制度》《北京大兴国际机场海关案件审理委员会工作规程》等文件。针对疫情防控、税收征管、口岸监管等风险点，及时消除隐患，在上述领域及时发现风险并予处置，形成专项成果5份。

【财务及综合保障】2021年，大兴机场海关落实过“紧日子”要求，在财务管理工作中建章立制、强化监督，严格执行事前审批程序、督促完成涉企收费工作自查工作、配合完成固定资产清查工作。开展节能减排工作，制定楼宇照明时间、照明密度及照明区域优化方案，将节能管理措施落实到位。在备勤楼实施24小时值班制度，保障宿舍安全巡查、卫生监管、隐患排查及应急处置等工作。

完善消防设施建设。建成两座微型消防站。制作每日巡查巡户记录单，不定期抽查，将安全工作落实到位。组织全关人员进行消防安全演练，提高自救、自护能力，落实防火防灾制度。做好备汛工作，增加挡水板、防汛沙袋等防水设备50余件，防汛物资30件（套），疏通清理排水管道、楼宇顶部排水沟500余米，建立健全防汛长效机制。

6月底，北京海关决定启用大兴机场海关空置西备勤楼作为离岗集中封闭管理场所，大兴机场海关在10日内完成对西备勤楼的改造升级工作。同时制定封闭管理保障制度，实施健康监测管理制度。

（撰稿人：唐雪梅　杨　文　周润柔
王　健　陈　昕　王　雯
李思怡　张子静　刘　璇
钱　丁　蔡　荣　冯钟圆
刘淑娴　张　博　王　硕
路　通　臧　睿）

北京车站海关

【概况】北京车站海关为北京海关所属正处级隶属海关，主要职责是受北京海关直接领导，按授权承担指定口岸和区域范围内海关各类管理工作。承担党的基层组织建设和干部队伍建设工作；办理铁路运输有关的货物、物品、运输工具及人员的通关、检验检疫、监管、征税等工作，实施口岸卫生监督，反馈执法作业结果。北京车站海关内设办公室（党委组织宣传部）、综合业务科、旅检科、查验科、口岸卫生监督科 5 个科室。

2021 年，北京车站海关坚持以习近平新时代中国特色社会主义思想为指导，落实全国海关工作会议及北京海关工作会议精神，深入开展党史学习教育，不断提高政治站位、抓好疫情防控、防范各类风险、促进口岸业务发展、加强自身建设，完成各项工作任务。

2021 年，进出口货运量 16,212 吨；进出口货值 4.4 亿美元；进出口集装箱 2,488 标箱；征收关税 5.68 亿；办理报关单 1,322 票。

【党的建设】2021 年，北京车站海关组织学习贯彻党的十九届六中全会精神，召开党委理论学习中心组以下简称“中心组”专题学习 3 次，组织开展庆祝中国共产党成立 100 周年系列活动。通过中心组学习、利用红色资源、观看优秀文艺作品、组织青年理论学习小组成员讲党课等方式，开展学习教育活动。组织党史学习教育，党委书记以“知党史、感党恩、跟党走”为题讲党课 1 次，组织中心组集中学习 8 次，采取党委委员领学、与会人员结合业务工作实际谈心得体会的方式，做到理论与实际相关结合。参加指导部分支部及青年理论学习小组学习教育 4 次。年内中心组共计开展各类集中学习 29 次，各党支部组织开展学习 60 次。组织北京车站海关青年理论学习小组开展参观实践和学习活动 12 次，撰写学习心得 13 篇。

落实“三会一课”、主题党日制度，开展支部标准化规范化建设，持续深化“强基提质工程”，推动“四强”党支部建设，实现由“支部建在科上”向“支部强在科上”的转变。进一步推进查验科党支部“查验先锋”党建品牌建设，挖掘“一新（心）三提高”品牌内涵，运用“三四五”工作法指导工作实践，做到三融合四坚持五学习，即组织生活三个融合：将组织生活和队伍建设相融合、和个人发展相融合、和业务实践相融合；支部建设四个坚持：坚持以上率下、坚持内外监督、坚持品牌特色、坚持求实创新；理论学习五种途径：制订学习计划、支部组织学习、党员组织学习、分享讨论沟通、定期考核总结。查验科党支部获北京海关“四强”党支部称号。排查基层党建工作薄弱环节，梳理支部建设中存在的问题，加强基础制度落实，制作各支部品牌标识5个。开展支部结对工作，建设党群活动室。推进首都文明单位创建工作，获“首都文明单位”荣誉称号。

【“我为群众办实事”活动】2021年，北京车站海关推进“我为群众办实事”活动，学习习近平总书记在第三次“一带一路”建设座谈会上的重要讲话精神，结合铁路运输监管业务实际，会同北京市商务局、北京铁路集团有限公司就丰台口岸铁路专用线、海关监管作业场所进行研讨，对丰台口岸推进中欧班列开通及保税仓储、跨境电商等业务进行交流。对企业提出的通过航空—铁路运输过境货物需求开展调研，与首都机场海关相关部门研讨确定监管方案并上报主管部门。

【全面从严治党】2021年，北京车站海关落实党委书记“第一责任人”职责，履行班子成员“一岗双责”，将廉政责任细化到每个领导、责任科室。按照北京海关全面从严治党任务分解表，结合实际制定北京车站海关全面从严治党任务分解表，涉及19个方面内容，分别落实到班子成员及各科室。以警示教育月活动为抓手，开展对习近平总书记关于全面从严治党重要论述、党规党纪、廉政典型案例的学习。组织全体党员观看《党史中的清廉故事》。各支部开展对典型案例的专题警示教育学习，听取廉政学习宣讲。遵守中央八项规定，恪守“海关工作人员六项禁令”，抵制酒驾醉驾、黄赌毒，落实“八小时”外监督管理。规范经费、公车、固定资产、办公用房使用。公示投诉电话、邮箱，设置意见箱，聘请特约监督员，定期举办员工、企业座谈会征集意见。定期回看各现场视频监控联网监管，开展执法记录仪回放抽查。

【专项整治】2021年，北京车站海关持续推进“现场监管与外勤执法权力寻租”专项整治工作。围绕廉政风险高发点开展自查，梳理关键环节、重要岗位、重点人员，排查出22项廉政风险。根据海关总署党委第一巡视组巡视反馈意见，对报关大厅的岗位设置、标示摆放进行优化，调整柜台值守关员人数。张贴《海关行政事业性收费的政策文件》《通过出入境检疫处理审核的单位名称列表》。对丰台五里店作业场地进行重新划分，在进口高风险非冷链集装箱货物口岸检测采样区内划分设立独立的检疫隔离区和缓冲区。

【疫情防控】2021年，北京车站海关辖区内各监管现场开展口岸防控工作。丰台五里店口岸共完成11票货物采样工作，监督消毒进口集装箱678个，对9,868平方米监管区域每日监督消毒2次，多次约谈丰台口岸监管作业场所运营企业北京外运陆运公司，强调口岸集装箱箱体及监管场所消毒工作，按照《北京海关消毒处理专项作业要求（第三版）》进行消毒液配比，建立消毒台账。

▲2021年3月2日，北京车站海关关员对铁路进口高风险非冷链集装箱货物开展新冠病毒采样

北京西站口岸做好直通车复通准备，编制复通规划方案，根据新冠肺炎疫情防控要求提出人员需求，对场地、设施、设备进行规划并绘制规划图，向北京市商务局通报了恢复通车应具备的基本条件，协调口岸相关部门做好复通准备。编写新冠肺炎疫情防控相关工作方案，制订业务培训计划，分别于1月、6月、9月在丰台五里店口岸开展了进口高风险非冷链集装箱货物口岸环节新冠病毒检测采样演练、安全防护演练及采样环节职业暴露突发事件应急处置演练。11月11日、12日分别在丰台五里店监管点和北京西站监管点开展新冠病毒核酸阳性应急处置演练桌面推演。支援口岸新冠肺炎疫情防控，5名同志支援首都机场新冠肺炎疫情防控工作，1人借调新冠肺炎疫情防控工作组。全年监测鼠类10次、蜚蠊15次、成蚊15次、幼纹11次，未发现有阳性结果。4月14日组织开展国门生物安全日宣传活动，在西站口岸开展向过往旅客发放宣传材料及普法教育法律读本、对旅客进行口岸传染病疫情防控、国际旅行健康、动植物疫病疫情传播等业务知识的宣传，告知旅客出入境时禁止携带或寄递物品的管理规定等。

4月26日，在西站口岸联检厅北广场开展全国疟疾日宣传活动，向过往旅客发放疟疾知识宣传材料，并向旅客讲解相关防控知识，告知旅客避免去往的疟疾高发地区，以及患有疟疾的救治途径和方法。共发放宣传材料200余份、宣传品约40份。12月1日，协助开展“世界艾滋病日”健康宣传教育活动，于北京西站办公区对内部人员进行了艾滋病相关知识培训。

【优化营商环境】2021年，北京车站海关推出“通关一米线、服务零距离”特色服务，围绕“六保”“六稳”工作部署，查验环节落实收发货人免到场模式。采取两项优化通关相关措施，加班加点验放企业货物，压缩本地海关通关时间；对企业宣讲政策、与企业座谈，转变铁路进口货物申报模式。进口整体通关时间140小时，出口整体通关时间1.33小时。加大对“两步申报”通关模式宣传和推广，2021年两步申报比例达到37%。丰台五里店口岸2021年进出口货运量16,212吨；进出口货值4.4亿美元；进出口集装箱2,488标箱；征收关税5.68亿；办理报关单1,322票。推进铁路新舱单系统的应用，联系口岸海关及相关单位，派员前往首都机场海关学习。建立关科两级督导与执行机制，关级层面通过发挥北京海关通关效率监测系统、风险预警与审计监督平台通关监控模块、H2010决策支持模块、风险管理平台等数据平台的汇总分析和大数据优势，加强对现场整体通关过程的监控，对现场通关效率进行实时督导。现场建立压缩通关时间执行控制机制，现场指定专门人员对监控当日报关单通关环节时间节点，同时跟进监督各环节进度，及时处置突发性问题。将有关优化营商环境、压缩整体通关时间的利好措施和政策向企业进行推介，安排专职关企联络员，第一时间答复企业咨询，解决企业难题，做好引导与协调工作，让企业获得便利与政策红利。

【中欧班列】自2021年8月起，北京车站海关多次与北京市商务局陆港口岸管理处、北京外运陆运有限公司进行座谈，商讨丰台口岸开通中欧班列事宜。10月，完成海关中欧班列监管流程测试并报送《车站海关关于丰台口岸出口中欧班列进展情况汇报》。11月，北京车站海关与满洲里车站海关研讨中欧班列转关监管事项，与郑州车站海关及西安车站海关开展业务交流，并将交流情况结合前期模拟运行测试、监管流程制定等，与北京市政府相关部门推进中欧班列开通情况进行研讨。

【监管场地管理】2021年，北京车站海关完成西站口岸36路高清监控点位升级改造，实现业务区域全覆盖。对固定式核辐射监测设备进行校验。组织口岸科室人员对最新版口岸防控技术方案和卫生检疫操作指南开展学习。按照“双随机、一公开”工作要求，对所辖三个海关监管场地（所）每周进行检查，并在北京海关门户网站上对检查结果进行公示。针对巡察反馈作业场地隔离设施不符合要求的问题，在相关采样区内划设独立的新冠病毒检疫隔离区，放置涉疫高风险集装箱，并在周边放置警示标识。

【安全工作】2021年，北京车站海关在关键节点、重点时段在各监管场所做好安全保卫工作，成立安保和新冠肺炎疫情防控工作专班，加强行政值班值守和监管场所带班。落实第一时间报告制度，拟定完善各项应急预案和相应工作规程。加强信息安全，严明保密规定。落实总署、北京海关关于安全生产的各项要求，强化海关监管作业场所和办公场所的监督检查。加强北京西站海关办公区施工改造期间网络、消防安全管理。各办公场所落实日常安全防护制度及安全生产“一岗双责”。开展消防安全宣传教育，11 月 9 日，在丰台五里店监管点组织开展消防法律、法规宣传学习。

【内部防护】2021 年，北京车站海关在内部防护工作方面，坚持“日报告、零报告”制度，落实职工及共同居住人离返京情况统计及新冠病毒核酸检测工作，做好个人防护“三件套”及办公场所消毒工作。

【队伍建设】2021 年，北京车站海关推进队伍建设，结合一线科长队伍结构实际情况，严守干部选拔任用工作“十不准”的纪律要求，开展副科级领导干部选拔工作。开展内务规范强化月等活动，制定内务检查办法，党委成员及时开展提醒谈话，指出问题，提出整改要求，持续跟踪整改情况。

（撰稿人：许　匡）

北京邮局海关

【概况】北京邮局海关（以下简称“邮局海关”）为北京海关所属正处级隶属海关，主要职责是受北京海关直接领导，按授权承担指定口岸和区域范围内海关各类管理工作。承担党的基层组织建设和干部队伍建设工作；承担管辖区域内进出境邮递物品的通关、检验检疫、监管、征税等工作，反馈执法作业结果；承担全国海关进出境印刷品、音像制品的审查、监控工作。邮局海关内设办公室（党委办公室）、人事政工科（党委组织宣传部）、综合业务科、运行监控科、普通邮件监管科、印刷品监管科、快递邮件监管科、跨境电商监管科、集中审核科、后续处置科，印刷品音像制品审查科和印刷品音像制品监控科 12 个科室。

邮局海关进出境邮件监管量在全国排名前列，政治保卫、国门生物安全保卫职能突出，承担全国印刷品音像制品审查、监控、分析职责职能。监管场所 4 处，分别为建国门国际邮局报关大厅、望京国际邮件处理中心、机场 EMS 航空邮件交换站监管场所和北京市国际邮电局跨境电子商务服务中心出口监管场所。

2021 年，邮局海关共监管进境个人邮递物品 106.58 万件，征收行邮税款 8,755.23 万元，行邮税票数 44.63 万票。印刷品监管科获评全国“扫黄打非”工作小组办公室第五批全国“扫黄打非”进基层示范点，集中审核科获得 2020—2021 年度北京市“扫黄打非”暨文化市场管理工作先进集体称号，1 名个人获得 2021 年全国“扫黄打非”先进个人，1 名党建骨干担任北京市第六批村党组织第一书记开展驻村帮扶工作。

【党的建设】2021 年，邮局海关切实贯彻落实“第一议题”制度，第一时间传达学习、研究部署、贯彻落实习近平总书记重要指示批示精神和党中央重大决策部署。严格落实意识形态工作责任制，持续抓好新冠肺炎疫情防控、牢固树立总体国家安全观，开展“国门利剑 2021”“蓝天 2021”专项行动。全年共开展党委理论学习中心组学习 11 次，指导青年理论学习小组开展系列学习活动。聚焦邮递物品监管服务，动态完善“我为群众办实事”实践活动项目清单。

2021年2月，成立邮局海关青年理论学习小组，打造“青春邮我”特色学习品牌，建立“三片区”“四步走”学习模式，为邮局海关青年干部培养和队伍建设搭建平台。发挥片区学习法“小快灵”的优势，分别围绕“学史·铸魂”红色讲坛、“铭记英烈，感悟情怀”“重走五四爱国之旅”“青春邮我，书香满关”“读好书、学党史、强信念、跟党走”“传递书香 文化暖心 我为群众办实事”等主题，组织集体参观、理论学习、支部共建、专家授课等学习活动。全年共组织赴五四运动遗址、鲁迅博物馆和香山革命纪念馆以及北京市规划展览馆等红色教育基地参观，开展清明祭英烈、世界读书日活动等共计12次（不含各分组自行组织的学习活动）；响应组织号召参加关级以上课题调研活动，参与调研任务并撰写报送各级各类调研文章、政研课题和综合信息10篇，其中1篇目被北京海关选为优秀政研文章并在京关政研栏目展示；1人代表北京海关参加北京市直机关比赛并获奖。

利用理论学习中心组集中学习的方式，先后6次开展专题学习研讨——学习贯彻习近平总书记在党史学习教育动员大会上的重要讲话精神、《习近平总书记关于党史、新中国史的重要论述》《党史学习教育宣讲提纲》《用好红色资源，传承好红色基因，把红色江山世世代代传下去》等重要内容。各党委委员、支部书记讲专题党课共13次。

运用首都红色文化资源和革命遗址，把党史学习教育与挖掘红色资源，传承红色基因相结合，先后赴颐和园益寿堂、中国人民革命军事博物馆、首都博物馆、中国共产党历史展览馆、廉洁奥运主题展馆等红色基地、国家博物馆开展21次主题党日活动。向12360海关热线、北京海关党史学习教育专栏动态信息栏目等报送39篇文章和活动新闻稿。为4个监管现场制作安装21块庆祝中国共产党成立100周年及党史宣传展板。

【党史学习教育】2021年，邮局海关开展党史学习教育，落实总署关于“我为群众办实事”的具体要求，推动“进出境邮递物品通关服务平台”上线；依托金关二期邮递物品监管子系统，配合邮政企业开发个人邮件预约通关模块。该功能自6月18日正式启用以来，建国门邮件监管现场通关效率得到显著提升;《随时查、马上知、零跑路》案例入选北京海关第三批“我为群众办实事”优秀案例。

与邮政企业建立会商合作机制，组建“关邮吹哨报到群”，就如何应对“双11”“黑五”等网购高峰期间邮件业务激增进行磋商研讨；畅通咨询渠道，优化窗口服务，在11—12月排班值守接听对外咨询电话，严格落实首问责任制和答复闭环制，规范22种场景下答复电话咨询标准用语，并与北京海关12360服务热线建立联系配合机制，为群众答疑解惑。

【全面从严治党】2021年，邮局海关党委专题研究邮局海关全面从严治党工作，制定《全面从严治党工作任务分解表》。定期召开全面从严治党工作会议、及时与派驻纪检组会商通报。严格执行“三重一大”事项集体决策制度，根据民主集中制原则形成决议，实现各领域业务工作“留痕迹、可追溯”，推动内部监督全覆盖。聚焦“关键少数”，落实党中央、总署党委、北京海关党委关于加强对“一把手”和领导班子成员监督的要求。以巡察整改为契机，完善党委议事规则和决策程序，提升党委工作质量，在持续推进整改任务落实过程中，积极构建隶属海关党委工作规范化长效机制。

将抓巡视整改融入队伍建设，加强协管员日常管理，从加强源头管理、入职管理、日常管理和奖惩管理4个环节压实各级责任，形成长效机制。制定《邮局海关关于进一步加强协管员管理的具体措施》和《面试评估流程》，并在法规处指导下增加劳务外包公司责任条款，以化解协管员廉政、管理等风险。

将专项整治工作作为全年重要任务，畅通举报渠道，主动接受监督；强化纪法教育，学习典型案例，撰写心得体会；开展风险研判，精准梳理廉政风险，明确重点关注岗位。

2021年，邮局海关落实“支部建在科上”要求，以支部品牌建设为主题，指导各支部精心打磨不同类型的基层党建品牌，下属党支部已全部建立彰显自身特色的支部品牌。结合警示教育月活动，强化日常督导检查以案说纪，开展八项规定“节前教育”，持续酒驾醉驾专项整治和常态化提醒教育。规范协管员管理，邀请派驻纪检组和法律专家对协管员进行法律法规警示教育；分片区组织全员参加准军事化集训，开展内务规范强化月专项活动。

着力防范隐患化解风险，紧盯执法领域风险重点，建立检查人员库，采用第三方软件随机选派执法人员。加强对视频监控系统的升级改造，增加、调整摄像头点位，实现重点监督监控区域全覆盖；通过软件升级，新增轮巡、报警等功能，加强视频巡查力度。优化非执法领域全过程控制，突出各环节严密操作，对于大额经费支出、合同审批均上报党委会集体研究讨论。注重事前、事中、事后的整体联动和制约，实现非执法领域业务工作“留痕迹、可追溯”。

【监管业务】2021年，邮局海关聚焦“保安全、防风险、促服务”工作目标，推进各项重点工作。在筑牢国门生物安全防线方面，全年截获并上报外来物种信息180种次。其中邮局海关在进境邮件中截获活体火蝾螈19只、活体盖罩大蜗牛29只，均为北京口岸首次截获。相关信息被《经济信息联播》《第一时间》《中国新闻》等多家媒体刊登转载。

▲2021 年 4 月，北京邮局海关关员在北京口岸首次截获活体火蝾螈

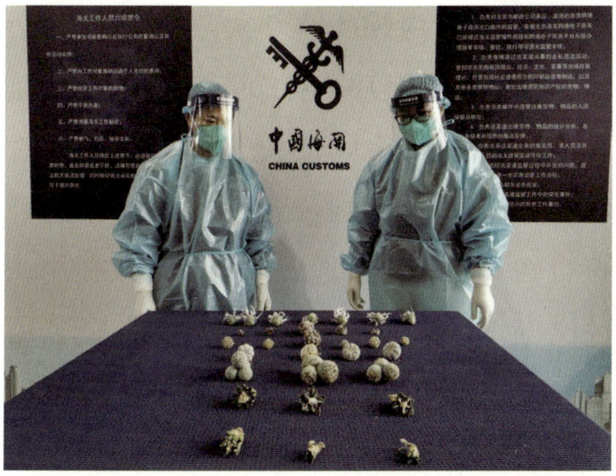

▲2021 年 12 月，北京邮局海关关员在进境国际邮件中查获仙人掌

在保护知识产权方面，开展“龙腾行动 2021”，加强寄递渠道查缉力度，全年共查获侵权商品 3,133 批次、共计 61.81 万件。在坚持安全发展方面，结合庆祝中国共产党成立 100 周年，从严从细落实安全保障任务要求，拉网式排查各类风险隐患。8 月，组织各监管现场开展爆炸物危险品安全隐患排查整治工作，加强与缉私部门、风控部门、邮政企业的配合，完善联防联控机制。

做好特色邮运监管模式改革创新工作。建立金关二期邮递物品监管子系统集中审核制度，采取线上线下同步审核模式，提高信息审核通过率；发挥系统风险分析的先导作用，从整体防控的角度深入分析，下达有效布控指令，加快推动邮递物品监管从“人工—纸质—粗放”向“智能—电子—集约”的转变；引导支持邮政企业建立进境邮件申报信息前置征询工作机制。

做好新顺国际邮件监管场地建设工作。坚持组织保障，主要负责人牵头推进，分管副关长专职负责，成立 5 个专项工作小组，关领导每周至少 1 次驻场跟进工程进度；坚持建设标准，与北京邮政反复沟通、严把标准，提出“分步实施、分期建设、分批进驻”的方案；坚持协调推进，点对点跟进北京邮政工作进度，督促北京邮政按照工期时限倒排节点，同时协调航港物流、综合保税区管委会等有关部门、企业，保障光纤等信息网络建设。12 月 24 日，新顺国际邮件监管场地完成验收工作。

【疫情防控】2021 年，邮局海关落实新冠肺炎疫情常态化防控工作，按照《口岸新冠肺炎疫情防控工作人员个人防护指南（试行）》做好个人防护，对航空邮件交换站海关查验区“三区两通道”进行优化设置；做好重点管控生活垃圾的收集和清运，与第三方公司签订协议，按照技术要求和有关规定处理使用过的防护用品；

按照《口岸新冠肺炎疫情防控工作人员个人防护工作手册（第二版）》《新型冠状病毒肺炎口岸防控技术方案（第八版）》《口岸新型冠状病毒肺炎卫生检疫操作指南（第五版）》要求，对一线关员进行培训。

【内部防护】2021年，邮局海关在组织干部职工、协管员开展新冠肺炎疫情防控内部防护“应知应会”知识培训及考试。落实“日报告、零报告”制度，每周反馈“干部职工健康情况检测表”。做好干部职工和共同居住人新冠肺炎疫情排查处置工作，建立台账。执行干部职工因公出差、因私离京审批手续，严格执行请销假制度。按要求开展涉疫情紧急排查及报送。组织新冠病毒疫苗加强免疫接种工作，确保“应接尽接”。落实外单位来访人员审批要求。与协管员、保洁人员签订《北京邮局海关协管员、保洁员履行疫情防控责任承诺书》，与服务外包公司签订防疫协议，共同承担新冠肺炎疫情防控责任。

在物资保障及监督检查方面，按季度向北京海关新冠肺炎疫情常态化防控物资保障工作领导小组申领防护和消毒物资。实施新冠肺炎疫情防控内部防护工作层级检查制度，各科室每日对照《邮运口岸疫情防控工作检查本》内容开展全面自查。建立“岗前检查、工作巡查、全程督查”和“双人作业、互相监督”的安全防护监督员制度。对照《北京海关新冠肺炎疫情防控内部防护工作督查检查问题清单》要求做好自查工作，每季度向专班报送自查报告和整改清单。

在应急处置方面，强化应急实战能力，派员参加隔离转运应急处置人员防护装备使用培训，对“邮件寄件人核酸检测呈阳性”和邮局海关干部职工与确诊病例密接/次密接、出现发热咳嗽等新冠肺炎相关症状、新冠病毒核酸检测阳性场景进行桌面推演。

【督察内审】2021年，邮局海关召开党委会研究内控工作2次、内控工作会议1次，重点开展内控节点梳理、内控监督系统培训及深入应用、邮局海关制度流程修订、现场视频监控和业务运行情况自查自纠等工作。筛选形成涉及选拔任用、公文办理、档案管理、督促检查、公务用车管理、税费管理、货物通关监管、行政处罚办理时效等20个节点。按要求进行调整和自查自纠，录入相关节点台账25条，制发联系单开展监控核查1,780条。

【信息新闻宣传】2021年，邮局海关全年报送政务信息206篇，采用90余篇。其中内宣信息70余条，报送图片新闻20余条，报送对外新闻报道17篇。邮局海关截获火蝾螈、大麻烟油和摇头丸、最大的天牛、各类甲虫和鱼苗等新闻被央视《经济信息联播》《第一时间》《中国新闻》，“海关发布”微信公众号、微博、抖音客户端，人民网、《北京日报》、《中国海关杂志》等媒体平台进行报道。邮局海关在北京口岸首次截获活体火蝾螈的报道登上5月23—26日微博热搜榜，单日阅读量9,673.50万次。

【队伍建设】2021年，邮局海关严把选人、推荐、考察、流程、决策“五关”，按照规定程序要求做好科级领导干部选人用人工作。立足改革发展需要和岗位职责要求，以模式更优化、岗位更合理、力量更充实为目标，评估完善一线执法岗位的岗位设置、职能配置和人员编制，提高一线执法的有效性，做好机构改革工作的“回头看”，打通“最后一公里”。

（撰稿人：李金鹏　郭　琪　孟　晨　董文华　王蕾蕾）

中关村海关

【概况】中关村海关为北京海关所属正处级隶属海关，设立于1995年12月22日，是全国第一家经国务院批准设在高新技术产业开发试验区内的属地型海关，主要职责是受北京海关直接领导，按授权承担指定区域范围内海关各类管理工作。承担党的基层组织建设和干部队伍建设工作；办理中关村国家自主创新示范区及其所在地海淀区的通关、检验检疫（指定业务除外）、征税、企管、常规稽查、核查、属地查验、加工贸易和保税等海关业务，反馈执法作业结果；承担北京海关部分减免税集中审核工作；承担北京海关原产地证集中审核工作。中关村海关内设办公室（党委办公室）、人事政工科（党委组织宣传部）、综合业务科、减免税管理科、原产地管理科、稽查科、查验科7个科室。

2021年，中关村海关坚持以习近平新时代中国特色社会主义思想为指导，深入开展党史学习教育，聚焦为民服务，获评第六届全国文明单位，被总署授予海关基层党建示范品牌。

全年征收税款8.23亿元，依法履行部分法定减免和特定减免职责，累计减免两税37.7亿元，涉及货值69.3亿美元。全年共集中审核出口原产地证书42,613份；涉及出口货物金额28.08亿美元；现场签发证书14,181份。

【党的建设】2021年，中关村海关制定标准化规范化建设问题清单，推进各支部整改事项的完成。对照“四强”党支部争创和考核标准，开展党建辅导。两个支部获评“四强”党支部，1个支部获评全国海关党建示范品牌，1个支部获评北京海关党建培育品牌。制订《中关村海关党委理论学习中心组2021年学习计划》，全年共组织党委理论学习中心组学习17次，党委书记讲党课3次，党委委员领学7次，党委开展专题研讨2次。组织全员完成党的十九届五中全会精神、党史学习教育专题等网上专题班。2021年，中关村海关推动青年理论学习小组依托“知春晖”品牌开展“知书明理、知史鉴今、知无不言、知行合一”系列学习，全年共开展活动12次。

【党史学习教育】2021年，中关村海关围绕庆祝中国共产党成立100周年和党史学习教育，开展“七个一”庆“七一”主题活动：3月，赴首都博物馆组织开展“鉴往知来，红色传承”主题党日活动，观看《伟大征程——庆祝中国共产党成立100周年特展》；4月，组织“学史·铸魂”海关红色讲坛系列之学习百年党史、汲取百年力量——党史学习教育的重要意义党史培训；5月依托“声乐兴趣班”组织党员传唱红歌，通过重点练习，自导自摄自演自唱了红歌MV《党旗飘扬的方向》，被“海关发布”“京关e家人”微信公众号刊发，5—6月举办中关村海关“学党史、办实事”主题党建展板制作和党史知识竞赛预选赛；6月，举办“学党史、庆百年”党史知识竞赛决赛；利用红色资源，组织参观中国共产党历史展览馆、北大红楼、西山无名烈士纪念碑、宋庆龄故居和国子监。推进“我为群众办实事”实践活动，围绕北京海关“三大工程、十二件实事”报送办实事动态清单，减免税管理科无纸化年报项目获评第一批优秀案例，查检科助力生物医药产业项目获评第三批优秀案例。

【中关村综合保税区申建】2021年，中关村海关会同北京市海淀区商务局、海淀区发改委、清华科技园、中关村软件园等政府部门及园区代表，对数字经济产业、大健康产业、集成电路产业、先进制造、国际贸易和科创服务平台等36家不同领域企业开展调研座谈，了解产业现状，征集企业建议及相关需求。会同海淀区商务局等相关部门，先后赴大兴国际机场综合保税区、天竺综合保税区走访调研。与海淀区商务局及综合保税区专班赴上海、深圳、海口等地的综合保税区开展调研学习。通过深入企业调研，协助海淀区政府初步确定打造以集成电路和医疗健康为核心，以人工智能和科技服务为重点，拓展总部经济、数字经济、融资租赁、跨境电商、高端软件服务外包等业态创新为方向的“2+2+N”综合保税区保税业务谱系。

【“两区”建设】2021年，中关村海关协助海淀区报送“两区”制度创新案例1个。结合数字经济发展现状开展3次数字经济专项调研。赴企业对集成电路前沿领域开展实地调研，为企业提供政策指导和服务，支持其用好用足科技创新和“两区”建设政策红利。参加昌平区“两区”建设下一轮制度创新建议研讨会，对“出台医药健康产业中小微研发企业研发设备进口税收政策”创新建议涉及的保税、减免税等相关规定进行政策法规讲解，并提出建设性意见建议。参加由海淀区商务局主办的走进“两区”政策速递专题沙龙第一期活动，为130家企业开展“海关优化营商环境、促进跨境贸易便利化”政策宣讲，同时向企业推广知识产权海关保护、“单一窗口”等相关内容。

【优化营商环境】2021年，中关村海

关参与海淀区服贸会重点工作，撰写《海淀区外商投资指引》中外资企业海关办事指引部分，海淀区相关网站及微信公众号通过线上与线下中英文双语发布；为海淀区政务服务中心开展线上政策解读答疑专题培训。开展海运集装箱运力运价问题研究调研工作和自主知识产权企业问卷调查；推荐辖区3家企业参与北京海关真空包装等高新技术货物布控查验协同试点工作。全年，整体通关时长3.94小时。

【企业管理】2021年，中关村海关共办理新增企业海关注册737家，变更企业信息1,207份，注销企业348家，行政审批2次，完成203家跨境电商企业资料审核及51家企业信息核对工作。对辖区重点企业，筛选资信好、管理规范，具备实施认证条件的企业进行重点培育。2021年共完成高级认证企业9家、一般认证企业10家。围绕“十四五”规划中的产业政策在科技创新、农业农村方面开展调研，撰写调研报告，报送税政调研建议16份。会同中国电子口岸数据中心北京分中心，构建完成“减免税业务辅助监控子系统”中的减免税网上年报管理系统。审核269家单位提交的减免税年报数据，涉及减免税单据总数22,711份，涉及商品28,557项。

【综合治税】2021年，中关村海关建立税收底账，保证税款应收尽收，全年征收税款8.23亿元。依法履行部分法定减免和特定减免职责，累计减免两税37.7亿元，涉及货值69.3亿美元。办理航材征免税证明499份，涉及商品1,214项，审核总货值9,200余万美元，减免两税1,700余万元。

【原产地管理】2021年，中关村海关每季度开展出口原产地政策宣讲，实施“零接触出证”“同城邮寄签证”“自助打印签证”“预约取证”等便利措施，全年共集中审核出口原产地证书42,613份；涉及出口货物金额28.08亿美元；现场签发证书14,181份。7月1日起，总署增加输泰国的中国—东盟原产地证书以及中国—毛里求斯原产地证书为可自助打印证书，可自助打印的原产地证书种类达到17种。7月5日，北京海关首份输泰国的中国—东盟原产地证书自助打印成功。11月，中关村海关为北京某公司出口的一批钢化玻璃和塑料板审核签发中国—毛里求斯自由贸易协定原产地证书，签证金额688美元。此为北京关区审签的首份中国—毛里求斯自由贸易协定原产地证书。

3月，对14家出口企业进行了原产地专题培训。9月，对12家出口企业宣讲RCEP原产地规则及关税优惠等内容。10月，对10余家出口企业进行原产地政策宣传。

2月，总署信息中心及RCEP原产地管理项目实施技术团队到中关村海关现场调研，中关村海关提出优化原产地管理业务系统的建议。11月，系统上线后，成立专项业务协调小组，及时处理企业遇到的证书申请、打印等问题。

▲2021年3月11日，中关村海关关员对出口企业开展RCEP原产地规则政策宣讲

【稽核查业务】2021年，中关村海关开展企业稽查作业42起，其中常规稽查8起，专项稽查34起；主动披露作业8起；其他作业3起；开展核查作业22起；定期管理作业15起；开展企业信用认证作业10起。

【特殊物品和生物材料监管】2021年，中关村海关针对秋冬季新冠肺炎疫情反弹后出口量增加的情况，为保证新冠病毒检测试剂出口，针对贴牌生产、原料出口等新需求，深入调研制订方案；针对后续进入商务部出口防疫物资白名单企业，一对一辅导，逐条讲解政策要求；针对新冠病毒检测试剂HS编码调整情况，及时告知企业，提醒企业规范申报。赴北京生命科学研究所调研，针对该所拟全国首次进口非洲鲹鱼用于再生医学研究的需求，开展政策指导，共同探索该物种作为新型模式生物引进的可行性，并将相关资料和情况报送职能处室。上报《科研单位进境模式生物监管调研报告》《进口动物细胞系风险分析》。为我国自主研发的新冠病毒疫苗顺利出口，建立24小时联系沟通机制，制定现场查验方案，给予鼻喷流感病毒载体新冠病毒疫苗研发企业出口属地申报指导。

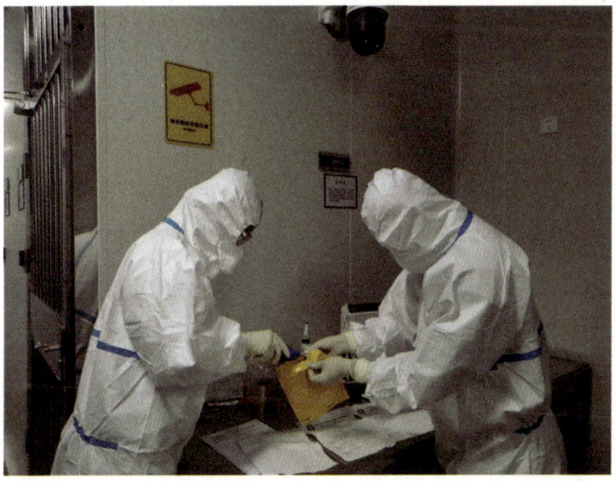

▲2021年7月20日，中关村海关关员进行查验

【出境伴侣动物检疫】2021年，出境伴侣动物检疫作为中关村海关本年度新增业务，共检疫632批次704只，涉及美国、德国、俄罗斯、日本、阿根廷、中国澳门等29个国家（地区）。

【国门生物安全宣传】2021年，中关村海关以《生物安全法》实施为契机，深入企业、校园开展普法宣传，参与编制国门生物安全科普书籍。向26家企业宣贯相关法律法规要求及《生物安全法》实施的重要意义。

【安全生产】2021年，中关村海关对重点现场、重点企业由专人负责督查督办，针对保税仓库和加工贸易企业开展安全检查4次。制定中关村海关《安全生产专项整治三年行动实施方案》《安全生产工作方案》，细化形成具体落实措施，重点完成了办公楼、食堂用电安全、燃气使用安全、消防设施等安全管理项目施工改造。全年开展重点设备安全检查12次，食品安全检查6次，能源安全检查4次。

【研究调研】2021年，中关村海关共计完成数字经济政研文章1篇，行业分析22篇，业务问题反馈3篇，技术性贸易措施案例1篇。

【内部防护】2021年，中关村海关持续抓好口岸新冠肺炎疫情防控，顶格落实口岸新冠肺炎疫情防控措施，强化“人、物同防”工作，特别针对冷链运输的生物试剂材料，做好查验人员安全防护工作；常态化抓好内部防控工作，高标准落实内部防护措施，开展内部防控自查12次，坚持网格化管理、绿码上岗、离返京报告、返岗审批制度，严格落实新冠病毒疫苗接种要求，动态掌握第三方服务人员接种情况，完成应接尽接要求。

（撰稿人：张　宁　李　鹏　张琛琛
魏　佳）

北京东城海关

【概况】北京东城海关（以下简称“东城海关”）为北京海关所属正处级隶属海关，主要职责是受北京海关直接领导，承担党的基层组织建设和干部队伍建设工作；办理北京市东城区的通关、检验检疫、征税、企管、常规稽查、核查、属地查验、加工贸易和保税等海关业务，反馈执法作业结果；承担北京关区专项稽查任务；承担北京关区企业资质注册登记备案工作，承担北京关区进口食品、化妆品境外出口商、代理商和进口商备案工作，承担出口食品原料种植场、养殖场等的备案工作，建立进口食品的进口商、出口商和出口食品生产企业信用记录。东城海关内设办公室、综合业务科、查检科、执法规范科、稽查一科、稽查二科、稽查三科7个科室。

2021年，东城海关累计办结稽查作业158起。办结海关监管作业场所行政审批业务10个，办结进口食品化妆品进口商备案550家，办结境内公路承运海关监管货物的车辆备案178辆，企业备案20家。完成现场查验316批次，办理企业管理类业务536个，对4家企业开展认证培育，完成9家企业重新认证。获评2018—2020年度首都文明单位。

【党的建设】2021年，东城海关坚持以习近平新时代中国特色社会主义思想为指导，强化理论学习，制定《2021年北京东城海关党委理论学习中心组学习安排》，中心组开展学习11次，党委班子讲授专题党课3次。依托“钉钉”“海关e课堂”“学习强国”等平台开展系统培训，定期开展学习研讨，做到集中学习与分散自学相结合、理论学习与座谈研讨相结合、传统教学与现代远程教育相结合。

强化党建引领，坚持“问题+导向”，提升党委领导力。建立健全隶属海关党委工作规则、议事规则和决策程序，修订《中共北京东城海关委员会工作规则》《北京东城海关党委理论学习中心组学习实施办法》。2021年共召开18次党委会议，制定《东城海关2021年重点工作任务分解表》《东城海关2021年全面从严治党任务分解表》，党委委员组织分管科室召开专题会议，逐项研究推进。主要负责同志履行“三个率先”承诺，率先了解全面从严治党及党风廉政建设情况、率先做好意识形态工作、率先深入科室与全体干部职工谈心谈话，召开基层座谈会7次，与关员座谈交流37人次。推动“规范+标准”基层组织建设，稽查一科党支部获评北京海关“四强”党支部称号，截至年底共有2个“四强”党支部。打造“学习+先锋”队伍，提升支部引领力。以主题党日为抓手，多次开展系列“走出去”党日活动。

强化巡视巡察整改，将巡视巡察整改作为旗帜鲜明讲政治和对党忠诚的重大考验，作为改进作风和推动工作的重要契机，加强组织领导，落实责任分工，制定整改方案，细化整改举措，坚持质量标准，加强督查督办。

【党史学习教育】2021年，东城海关积极开展党史学习教育，制定《东城海关党史学习教育任务分工表》，完成7个重点项目的17个具体措施。党史学习教育领导小组组织学习9次，制定3方面8项内容的《2021年北京东城海关党委党史学习安排》，开展“党史百年天天读”活动，参加北京海关党史、党务知识竞赛获团体优秀奖，1名同志获个人二等奖。打造党史学习教育“理论学习+体验式学习”的“双课堂”模式。依托个人自学、专题学习、专题研讨、专题培训、专题党课5个模式，开展党史学习教育“精神谱系”学习；组织开展参观北大红楼“光辉伟业 红色序章”主题展览、参观香山革命纪念馆和“新青年编辑部旧址”等系列活动，在学习内容、学习方式上下功夫，运用视频、图文、音频等多媒体技术和手段，加强学习互动交流。

【全面从严治党】2021年，东城海关制定《东城海关2021年全面从严治党任务分解表》，将全面从严治党工作分解为7大类33项任务。建立东城海关与党委第五派驻纪检组会商通报制度，相互通报日常监督中存在的问题，全年共召开会商通报会4次。制定《东城海关2021年警示教育月活动方案》，参加机关纪委委员赴基层的宣讲活动，纪检委员带头讲好廉政微党课，组织全体党员观看电视专题片《党史中的清廉故事》，组织参观“运河清风”主题公园。加强日常监督提醒，坚持“重大节日前提醒、重要活动前学习、半年一分析、年度一报告”机制，严肃整治酒驾醉驾问题，全年共开展节假日廉政和酒驾醉驾教育6次。

【专项整治】2021年，东城海关结合党史学习教育活动，全力推进“现场监管与外勤执法权力寻租”专项整治工作。制定“权力寻租”专项整治工作方案，建立工作日志，完成专项整治各项工作。从严从实自查，找准查实问题。按规定程序和步骤以及时间节点要求，分析评估各项业务工作状况，查找短板弱项，对廉政风险进行全面排查。召开专题研讨会4次，班子成员跟班作业对各科室廉政风险进行全面梳理、细致排查，最终确定5个业务领域的7个风险岗位，形成13项廉政风险清单。党委委员带队调研辖区企业，以“一对一”方式与企业工作人员进行座谈，了解管理相对人对专项整治工作的了解情况并听取对海关工作的意见和建议。开展谈心谈话60余次，全员上交专项整治工作心得体会，查摆自身问题隐患。发挥基层党支部作用，通过“三会一课”、主题党日等形式，开展专项整治警示教育和案例学习。

【法治建设】2021年，东城海关多措并举提升普法工作质效。夯实制度基础，做好《东城海关执法依据及业务制度电子汇编》的定期梳理和维护更新工作，提高关区执法水平。2021年特别新增“归类验估指引”专栏，将关税部门下发的关于重点商品归类指引、验估指引、税收风险预警信息、税收风险防控要点等进行收集汇总，便于学习研究，切实强化关区税收风险防控能力和稽查作业水平，为关区各项业务依法开展、平稳运行提供制度保障。全年更新下发《东城海关执法依据及业务制度电子汇编》10次，梳理涉及关区各项执法领域法规文件共计278份。落实普法责任，制定《东城海关2021年度普法责任清单》，围绕“4·15”全民国家安全教育日、“4·26”知识产权宣传周、民法典宣传月、“8·8”海关法治宣传日、“12·4”国家宪法日等主题活动，组织开展对新修订的法规规章以及普法专刊、法治热点、法条解读、案例总结分析的学习，向企业进行普法宣传，引导企业知法守法。

【企业管理和稽查】2021年，东城海关重点开展大型企业特许权使用费主动披露认定工作。完成42家企业价格稽查。开展归类行业性分析，完成99起归类认定作业，发挥稽查工作对行业的规范作用。按照总署要求开展重点行业专项稽查行动，对重点商品情况进行摸查和实际稽查。制定实施方案，明确专门联络人，形成每周召开碰头会的工作机制，建立与职能部门的有效沟通，开展相关知识、标准的学习研讨，提升专业能力，高效完成重点行业稽查任务。对15家企业近3年来非贸付汇是否与进口货物相关的情况进行集中审核。在稽查工作中加强海关政策、管理规定的宣讲力度。

全年推进高级认证企业培育工作，为辖区高级认证企业指派海关协调员，结合自身职能就高级认证的制度内容、便利措施、培育要求和支持政策等多方面进行政策解读和宣讲，让更多企业享受便利管理措施和政策红利，扩大高级认证企业示范效应。年内累计对辖区3家企业开展认证培育，完成辖区9家企业的重新认证工作。

【优化营商环境】2021年，东城海关落实《优化京津口岸营商环境　进一步促进跨境贸易便利化若干措施》，推动信用管理工作。推进“两区”建设，加强同东城区政府的工作对接，支持隆福寺地区打造高质量艺术品服务平台，调研艺术品快速通关及相关仓储等工作。组织辖区内100余家企业通过线上形式参加培训，进行优化营商环境最新政策的宣贯和解读。加强属地纳税人管理工作，“一对一”跟踪引导5家属地企业合规申报。参与税收政策制定，将走访企业的疑难问题与政策诉求转化为重点调研议题，报送税政调整建议意向3条、税政调整建议专项行业调研1份。

【监管业务】2021年，东城海关加强北京关区监管作业场所行政许可事项的审批管理，提升工作规范化水平。办结海关监管作业场所行政审批业务10个，办结进口食品化妆品进口商备案550家，境内公路承运海关监管货物的车辆备案178辆，企业备案20家。

▲2021年12月22日，东城海关与邮局海关对北京（新顺）国际邮件监管场地核心监管区开展验收

【商品检验】2021年，东城海关不断提升商品检验监管能力，完成现场查验316批次，办理企业管理类业务536个。制定东城海关《2022年冬奥会和冬残奥会货物查验安全突发事件应急处置预案》《进口印度等疫情高风险国家货物安全突发事件应急处置预案》《进口冷链食品安全突发事件应急处置预案》。加强婴童用品、危险化学品、医疗器械等重点商品监管，检出不合格进口货物货值逾8万美元。重点对进出口危险品及其包装检验岗位资质情况、进出口危险品及其包装检验监管相关作业操作规程情况等进行实地检查。

【安全生产】2021年，东城海关开展“查隐患、防风险、保安全”专项行动。组织学习习近平总书记关于安全生产的重要论述，集体观看电视专题片《生命重于泰山——学习习近平总书记关于安全生产重要论述》。梳理出疫情防控、内部安全、属地查检、企管稽查等3类13项风险点。定期开展“安全生产月”活动，对外加强宣传引导，与东城区商务局协同配合，组织辖区内60余家重点进出口企业在东城区委党校召开培训会，围绕防范风险隐患，抓好安全生产责任落实、“安全生产万里行”等强化相关法规和政策解读。对内要求全体关员警钟长鸣、常抓不懈，在专项行动期间持续推进定期自查、抽查，组织各科室梳理安全责任风险，发现问题立行立改。

深入开展“国门绿盾2021”行动，持续加强非洲猪瘟、高致病性禽流感、松材线虫等重大动植物疫情防控，严把外来入侵物种口岸防控关；加强危化品、“两高”产品、防疫物资、机动车、儿童用品等重点商品检验监管；严格执行进出口农产品安全风险监控计划；开展“国门利剑2021”联合行动，保持打击“洋垃圾”、冻品、象牙等濒危物种及其制品走私的高压态势。

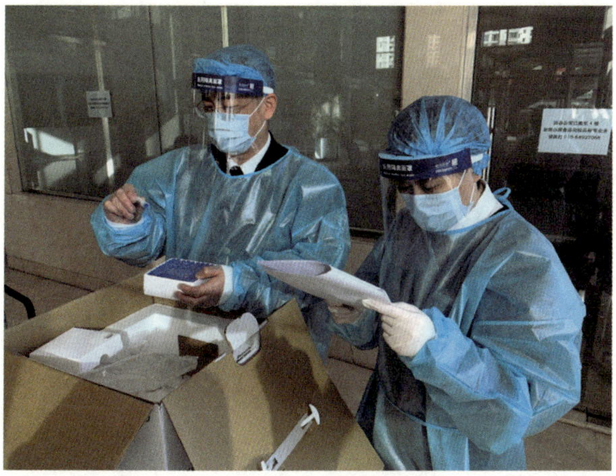

▲2021年2月3日，东城海关关员查验货物

【内部防护】2021年，东城海关制定《北京东城海关关于进一步加强疫情防控工作的具体措施》，建立并动态完善《疫情防控内部防护工作台账》《北京东城海关疫情防控内部防护督查工作表》。加强组织领导，层层压实关—科—员三级责任，做到台账清晰、记录准确、措施有力，相关人员信息和处置措施可溯源、可回溯。组成新冠病毒疫苗接种领导小组，制订新冠病毒疫苗接种实施方案及应急预案，做到应接尽接。

坚持《北京海关疫情防控工作人员出现发热等症状排查处置方案》学习全覆盖，确保处置流程、防护要求、报告制度的执行全员熟练掌握。严格执行相关工作纪律，落实“日报告、零报告”“每日健康排查”“绿码”上岗三项制度，严格做好出京审批、来访管理、居家隔离、健康监测、返岗排查等5类工作，不断强调个人防护，强化“检查+抽查”的监督指导。

完善《北京东城海关工作人员出现发热、干咳等症状内部应急处置工作预案》，开展应急处置桌面推演和穿脱隔离衣演练。动态调整防疫物资采购计划，在办公楼层电梯出口及各科室配备消毒台。为口岸疫情防控做好人力支援，26人报名北京海关第二批应急力量支援队，12人报名北京海关内部防护采样大队，1人全程参加内部防护采样大队工作并圆满完成任务。

【督查内审】2021年，东城海关扎实推进关区内控工作。召开内控工作专题会议3次，梳理细化2021年“新海廉”平台目标任务数、内控评价考核指标、内控平台应用绩效考核指标，制定《东城海关节点成效、新海廉应用指标量化分解表》，建立科内专人负责、关内专人督办机制，设定关区月度指标和提示时效性指标；建立内控工作会议工作情况通报、考核指标督办等制度，分解细化内控评价考核任务，结合周例会和月报制度，跟踪落实考核指标完成进度。通过制发《新海廉、内控、协同平台相关应用操作指南》《专项成果撰写提示》以及现场培训、线上培训指导等方式，提高平台应用水平；通过绩效指标完成进度提示，监控核查联系单点对点督办等方式，加强新海廉平台应用力度。将重点业务环节纳入关区内控节点岗位落实清单，运用监控技术手段，定期开展自查自纠，及时发现处置风险，上报风险信息和内控工作专项成果。

【综合保障】2021 年，东城海关强化履职担当做好各项政务工作，不断提高综合保障水平。组织学习《北京海关行政值班工作指引》，修订《东城海关突发事件应急预案》，加强应急值守工作。提高督查督办质效，按期办结北京海关下发的督办事项 5 项。加强新闻宣传，提升报送质效，按照《东城海关信息工作管理办法》《东城海关新闻宣传工作管理办法》，明确信息工作体制及职责、兼职信息员工作机制、信息任务量化标准等。全年报送各类动态信息、图片信息 300 余条。强化机要保密和档案管理，组织全员多次开展保密自查检查。

【政务公开】2021 年，东城海关制定《北京东城海关贯彻落实〈2021 年海关政务公开工作要点〉任务分解落实方案》，将全年分解任务完成情况纳入 2021 年政府信息公开工作年度报告，接受社会监督，主动公开机构概况、职责任务等 4 条，行政许可处理决定数量 10 条。编写《信用管理办法》、“海关监管作业场所行政审批”等重点法规、政策解读。为企业和群众及时提供“一站式”的政策咨询服务，推行首问负责制。

【队伍建设】2021 年，东城海关结合《“十四五”海关发展规划》，做好队伍建设各项工作。配合北京海关职能部门推动做好岗位资质培训考试，参加总署 2021 年岗位练兵和技能比武“万人争先”线上活动，加强专业人才库建设；综合掌握干部品德作风、工作实绩、学习能力，加强干部队伍建设。

全年不断加强准军事化纪律部队建设，制定完善《东城海关办公秩序管理细则》，从 11 个方面细化办公秩序、关容风纪、工作纪律等要求。制作《东城海关内务规范化检查表》，设定 26 个量化考核点，对照检查表每月开展内务规范检查，不定期进行内务规范抽查。选派年轻关员参加准军教员培训，拟定训练计划、落实训练要求、严格训练纪律。开展内务规范样板创建工作，以科室文化建设同准军建设相结合提升内务规范化水平。全年开展检查 12 次，培树“内务建设示范岗”1 个，设立内务流动红旗 1 面，7 个科室先后获评流动红旗，评选内务标兵 84 人次。

（撰稿人：聂　晶　凌伟栋　王　宇
陈珊珊　耿　阔　普　光
闻莉莉　石婷婷）

北京西城海关

【概况】北京西城海关（以下简称“西城海关”）为北京海关所属正处级隶属海关，主要职责是受北京海关直接领导，承担党的基层组织建设和干部队伍建设工作；办理北京市西城区的通关、检验检疫、征税、企管、常规稽查、核查、属地查验、加工贸易和保税等海关业务，反馈执法作业结果；承担北京关区事中、事后集中验估工作；承担北京关区加工贸易、保税仓库和出口监管仓库集中审核工作；承担北京地区进出口贸易性音像制品的集中监管工作。西城海关内设办公室（党委组织宣传部）、综合业务一科、综合业务二科、稽查科、集中验估科、加工贸易监管科、保税仓库集中审核科7个科室。

2021年，西城海关认真落实总署和北京海关各项工作部署，坚持以“单项争第一、综合创一流”为目标，创新工作思路，圆满完成各项工作。优化营商环境，全年整体通关时间平均8.37小时；提升稽查工作效能，办结稽查作业28份。2021年，西城海关获评首都文明单位标兵，加工贸易监管科党支部荣获北京海关“四强”党支部称号，集中验估科党支部荣获集体表扬。

【党的建设】2021年，西城海关坚持以习近平新时代中国特色社会主义思想为指导，修订完善《中共北京西城海关委员会工作规则》《北京西城海关党委理论学习中心组学习实施办法》，厘清党委工作界线，加强党委履职制度化、规范化建设。通过完善宣传阵地、经常性谈心谈话、关员座谈会等形式，教育引导广大党员干部提高思想认识。贯彻落实“三会一课”、谈心谈话、组织生活会等制度，做好组织关系接转、党费管理等基础工作。全年召开总支委及支委扩大会16次、全体党员大会5次、党课4次，组织主题党日活动14次。组织参观红色教育基地、重温入党誓词、开展红色讲坛、每日一习话、参加知识竞赛、拍摄红歌MV、制作微党课、录播“我想对党说”等活动。制定党建全年工作任务分解表，规范细化安排；逐一量化清单，明确要求，督促落实。编发《北京西城海关队伍建设综合管理平台“智慧党建”模块操作指引》《每月各支部开展主题党日活动指引》。每月督促检查各党支部“智慧党建”和“党员 E 先锋”系统日常维护。每季度对党建工作落实情况进行全面检查，开展党支部建设工作考核评比。打造青年学习品牌“西语堂”，邀请总署商检领域、北京海关通关业务及信用制度改革领域专家授课，录制庆祝中国共产党成立 100 周年 MV《少年》和微视频。

【党史学习教育】2021 年，西城海关运用党总支委会及扩大会、党员大会、“学习强国”等“线下 + 线上”方式，提升学习广度。组织应知应会知识测试，调动党员群众的学习积极性。运用“墙体”文化，通过完善宣传展板、进行心得交流、榜样引领、党员活动等展示。开展“我为群众办实事”实践活动，在群众“急难愁盼”问题上精准发力，收集企业问题 6 项，落实完成 2 次关员座谈会梳理出的 20 个实事项目。发挥“四强”党支部示范引领作用，各支部结对共建，联合开展参观革命历史基地、缅怀先驱伟人、观看爱国影片等共建活动 4 次。

▲2021 年 9 月 28 日，西城海关进行队列展示

【党风廉政建设】2021 年，西城海关制定《北京西城海关 2021 年全面从严治党工作任务分解表》，细化 7 类 23 项措施，层层压实责任，强化“上对下”的责任分解和监督，落实双向履责机制。落实对“一把手”和领导班子监督，党委会专题学习研讨，制定《西城海关关于落实对“一把手”和领导班子监督实施方案》，配合派驻纪检组完成“政治生态调查问卷”。召开内控工作会议 2 次，专题培训 3 次；采取自查与抽查相结合的方式，对 68 个部门内控节点落实情况进行检查评价；加大内控信息宣传力度，采编内控信息 10 余篇，专项成果被总署采用 3 份。落实领导干部个人有关事项报告制度和执行劳动纪律，配偶、子女及其配偶从业行为自查 50 人次，考勤考核专项培训 3 次。召开警示教育月动员大会，传达违纪违法典型案例和纠治酒驾醉驾问题八项措施等案例 44 起，纠治酒驾醉驾，重要节点做到“节前必提醒、节后必总结”；纪检委员讲授廉政微党课，组织观看廉政电视专题片，选送廉政书画作品 4 幅，营造尚廉浓厚氛围。

【专项整治】2021 年，西城海关制定《“现场监管与外勤执法权力寻租”专项整治方案》，按照时间表和路线图落实专项整治各项部署要求。张贴信访投诉举报和奖励公告，设置举报意见箱，通过上门调研、电话、微信主动告知企业，发放调查

问卷20余份。排查风险环节，拟定防控措施，确定重点风险岗位，累计完成谈心谈话55人次

【优化营商环境】2021年，西城海关持续提高通关效率，全年整体通关时间平均8.37小时；采取“通关绿色窗口”“24小时预约通关”等措施，助力第十一届北京国际电影节顺利举办。培育企业做大做强，全年培育优质企业2家。高级认证重新认证作业1家；新申请高级认证2家；一般认证重新认证作业5家。落实减税降费，提升增值税核查比对工作效率，共比对进口增值税专用缴款书553票，退税金额达3,177.55万元。提升稽查工作效能，办结稽查作业28起。加强与西城区政府联系，配合区商务局“两区”建设工作，助力辖区企业进出口贸易高质量发展。

▲2021年7月21日，西城海关快速审核第十一届北京国际电影节暂时进境影片报关单

【保税监管】2021年，西城海关创新监管模式，强化中后期核查，明确风险指向，进行“靶向”风险研判和核查建议，推动加工贸易电子数据集中审核特色监管落地生根。共发送中后期核查指令74笔。降低企业负担，针对“金关二期”系统未根据增值税税率下调相应调整综合税率，将风险类保证金的征收方式改为人工计核，手工计征风险类保证金24笔，为企业减少资金占用1,183.50万元。

全年，共办理北京关区加工贸易电子手册设立535本；手册变更1,012次；手册核销结案570本。全年共办理加工贸易电子账册变更697次；账册核销24次。全年共办理出境加工电子账册设立18本；出境加工账册变更52次；出境加工账册核销20本。

全年，共办理新建保税物流账册54本，其中公共保税仓库48本，专用保税仓库5本，出口监管仓库1本。监管保税物流账册275本，涉及北京关区49家保税仓库，包括公用库35家；专用库14家，主要为航油、航食、航材、图书库；出口监管仓3家。受理保税核注清单288,084份，核放单194,088份，办理分送集报类业务申报表51份，制发异常业务数据处理工单2份，办理综平联系单50份。加强辖区保税仓库货物监管。

【集中验估】2021年，西城海关成立验估调研工作小组，实地了解事后验估指令后续处置的难点与问题点，完成专题调研报告，对2020年7月—2021年6月间的1,213条验估指令后续处置情况进一步核查。针对未反馈事后验估指令积压

较多的情况，成立“党员业务骨干突击队”，开展“集中清理行动”，集中处理指令707条。全年，共接收来自海关总署税收征管局（京津、上海、广州）的事后验估指令单6,695条，处置各类事后验估指令单6,203条。全年共处置事中验估指令15,999票。

上线“北京海关关区特色政务服务平台集中验估”模块，实现辖区企业通过互联网与集中验估部门的实时互动。海关关员和进出口企业报关人员实现了“一键双向交互”，“零距离”实时传输验估指令要求和进出口商品资料，办理报关单事后验估业务更加便捷规范。在“集中验估系统”电子政务服务平台的基础上，加大关企互动辅助模块性能，实现验估通知、手机信息提醒、报关企业和收发货人双选、企业直接传输资料、临期催办等多项功能。通过电话通知、微信群发、微信公众号推送等多渠道宣传，累计有332家企业在平台备案。

【综合业务】2021年，西城海关共办理通关业务1,394票，征收税款5,971万元。办理企业注册登记87家、企业信息变更156份、注销企业79家；开具外资企业未办理注册备案证明18份。

【稽核查业务】2021年，西城海关共开展稽查作业28起，其中常规稽查4起，专项稽查24起；专项稽查中包括归类专项稽查22起。全年办结稽查24起，其中常规稽查2起、专项稽查22起。完成主动披露作业2起。办结核查作业60起，其中保税仓库货物延期定期核查31起、仓库盘库定期核查22起、企业信息核对核查6起、企业商品安全类核查1起。进口商品查检22批次；出口特殊物品（血浆）查检6批次；出口口罩企业核查1起。全年制发联系单34份，联系职能部门、风控部门解控查管系统非法检指令24批次，解控保税未入库货物目的地查验指令19批次，新查管系统内流转医疗器械指定性业务目的地查验指令12批次。

【内部防护】2021年，西城海关落实网格化小组管理制度，动态调整制定疫情防控措施共11项，更新离返京人员台账，确保零感染。建立检查监督机制，定期检查各网格化小组“日报告、零报告”情况；自查梳理离返京人员台账、防疫物资收发台账等；抽查干部职工健康码、行程码；开展内部防护检查5次。全员进行培训并通过应知应会测试；制定应急处置预案和演练流程，开展出现发热症状及新冠肺炎密接人员应急处置演练2次。

【安全生产】2021年，西城海关专题学习新修订的《中华人民共和国安全生产法》(以下简称《安全生产法》)，普及安全生产知识；组织全员观看电视专题片《生命重于泰山——学习习近平总书记关于安全生产重要论述》。全年共开展16次安全风险隐患排查，确定风险点13个。成立计算机保密工作小组，组织学习《中华人民共和国国家秘密法》《中华人民共和国个人信息保护法》《北京市保守国家秘密条例》，定期开展自查自纠，张贴手机和微信等使用保密风险提示语及保密提醒标签，组织全员参与保密答题。落实北京海关资产清查实施方案，开启为期3个月的资产清查工作，累计核查555项资产，配合第三方机构进行了实物项目清点，并将近5年来的待报废资产进行报废处理。赴辖区保税监管场所进行实地检查4次，检查企业安全管理档案和安全管理制度，提出整改措施。

【队伍建设】2021年，西城海关坚持正确选人用人导向，按照“集体领导、民主集中、个别酝酿、会议决定”要求，认真执行集体讨论决定任用干部制度。注重干部担当作为，形成鼓励实干的用人导向，坚持事业为上、好中选优、优中选强，努力做到提拔的干部人岗相宜、人尽其才。与党委派驻纪检组经常沟通，防止干部“带病提拔”。做好民主测评，考察、任用环节提前进行公示，提高选人用人公信度，维护好干部群众的知情权、参与权、选择权和监督权。通过集体座谈、个别谈心谈话等方式，广泛征求广大关员对干部工作的意见建议。

建立关区内务检查考评机制，整顿工作纪律和办公秩序，将流动红旗和内务标兵通过关务会和展示栏内公示，全年共开展内务检查15次，考勤考核专项培训3次，考勤抽查8次。选派人员参加北京海关队列训练，全关完成准军事化训练并通过考评。承办北京关区内务建设现场观摩会，组织队列示范演示和“三个一”内务品牌建设经验交流。

（撰稿人：丁　冉　刘　红　杨昊晔　杨　卉　吴桂青　赵　颖　韩玲玲　牟红磊　王　岖　吴　刚　陈　东　孙　丰　张剑晖　王欣欣）

丰台海关

【概况】丰台海关为北京海关所属正处级隶属海关，主要职责是受北京海关直接领导，按授权承担指定区域范围内海关各类管理工作。承担党的基层组织建设和干部队伍建设工作；办理北京市丰台区、门头沟区、房山区的通关、检验检疫、征税、企管、常规稽查、核查、属地查验、加工贸易和保税等海关业务，反馈执法作业结果；承担北京关区指定业务。丰台海关内设办公室、综合业务科、查检一科、查检二科、稽查科、信用管理科6个科室。

2021年，丰台海关落实北京海关重点工作任务要求，完成全年各项工作任务。坚持“第一议题”制度，推进党史学习教育，开展“我为群众办实事”实践活动。强化党建引领，加强基层组织建设，深化“强基提质工程”，2个支部获评北京海关2021年度基层党建培育品牌，3个支部获评北京海关“四强”党支部称号，“四强”党支部比例达到50%。持续优化营商环境，扎实做好综合治税工作，压缩通关时间，提升通关效率。规范查检业务操作，推动属地查检业务改革。强化监管优化服务，全力助推属地经济发展，坚持以检查发现问题为导向，充分发挥海关稽查在整个进出口监管链条中的作用。坚持正确选人用人导向，建设高素质干部队伍。推动文明单位建设，2021年丰台海关获评首都文明单位标兵。

2021年，丰台海关税款入库共计2.73亿元。强化企业信用管理职能，完成北京关区第1例失信企业信用修复，完成门头沟区第1家AEO高级认证企业的认证工作。全年累计检验进口货物1,246批次，其中医疗器械968批次。

【党的建设】2021年，丰台海关坚持以习近平新时代中国特色社会主义思想为指导，认真开展党史学习教育，制定《丰台海关党史学习教育活动方案》，共组织理论学习中心组集中学习29次，各支部学习139次，支部书记讲党课25次。青年理论学习小组创建“丰·彩”学习品牌，开展集中学习13次，通过微信群开展“党史百年天天读”活动。开展“我为群众办实事”活动，党委班子带队到辖区企业开展走访调研，制定“我为群众办实事”措施16条，“创新管理模式，助力航煤出口”项目获评北京海关“‘我为群众办实事’优秀案例”。创新党史学习方式，通过组织党员参加党史知识竞赛、观看红色影片、参观红色教育基地，提升党性修养。修订丰台海关党委议事规则和学习制度，对各支部党建工作及党员“双报到”情况开展自查。以党建培育品牌“京西海关之窗”为抓手，引导支部品牌建设定计划、抓落实、出实效。召开专题会议，6个支部对品牌标识、内涵、理念等方面进行交流，发挥“四强”党支部示范带动作用，指导帮扶其他支部共同提升党建工作水平。全面加强队伍建设，开展谈心谈话，鼓励群众积极向党组织靠拢。

【全面从严治党】2021年，丰台海关坚持全面从严治党、从严治关，加强对“一把手”和领导班子监督。持续加强廉政建设，对外严格履行“双随机”、双人执法和外出执法廉政告知制度，严禁收受企业红包，营造亲清关企关系。对内开展领导干部个人事项申报，配偶子女从业自查，建立干部廉政档案。转变作风，坚持开短会讲短话发短文，坚决惩治腐败、纠治不正之风，加强对公车使用、公务接待、职务消费等制度规定执行情况的监督检查。加强执法一线科长队伍建设，细化自由裁量标准，规范执法一线科长管理权限。聚焦干部队伍和岗位编制实际，选优配强科级领导干部。积极参加总署及北京海关各类业务培训和岗位练兵。持续强化准军建设，扎实开展内务规范强化月活动，坚持每季度开展队列训练，党委班子每周对内务情况进行检查，发挥“关有示范、处有红旗、科有标兵”的引领作用，强化纪律养成。

【专项整治】2021年，丰台海关扎实开展“现场监管与外勤执法权力寻租”专项整治工作，成立工作组，召开党委会专题研究部署专项整治工作。各支部通过“三会一课”等形式，全员（含协管人员）传达学习违纪违法案例、纪法手册等文件材料。一线科室共开展专题学习累计35次。开展违规事项个人申报工作，累计上交个人自查表共计34份。制定丰台海关专项整治谈话提纲和谈话记录模板开展层级谈话，同时配合派驻纪检组开展两轮谈心谈话，累计谈话75人次。党委班子带队走访辖区部分企业，听取企业呼声，对公车使用记录与外出执法廉政告知单回执进行对碰，多途径全面收集丰台海关在现场监管与外勤执法领域的问题和建议。深入排查廉政风险高发点、重点岗位和重点人员，汇总整理10项廉政风险清单。

【法治建设】2021年，丰台海关制订《丰台海关普法工作计划》并逐一落实。将习近平法治思想作为重点学习内容，集体观看庭审录像，学习宣传习近平法治思想。结合“4·15”全民国家安全教育日、“8·8”海关法治宣传日、“12·4”国家宪法日等重要时点，通过线上宣讲等方式向辖区企业开展政策法规宣传5次，涉及企业125家次。

【税收征管】2021年，丰台海关提升税收征管质量，稳步推进税收进度，税款入库共计2.73亿元。定期研判税收形势，做好重点税源企业一对一服务，了解企业诉求，做好答疑解惑工作；开展税收征管日常监控和风险数据分析，报送税收风险预警信息12条；采取电话、座谈等形式，开展重点税源企业政策宣讲、税收调研，填报税政调研申请表6份，上报税政调研报告6篇，被总署采用1篇。做好属地纳税人管理，指导辖区2家重点属地纳税企业建立底账，对总署税收征管局风险提示的11家属地企业开展合规管理引导。开展属地企业进口报关单数据核查，向17家报关单申报不合规企业逐一讲解海关合规申报要求，确保整改到位。强化政策引领，提升国际贸易“单一窗口”原产地业务应用率。年内累计签发各类原产地证书37份，在报关大厅张贴原产地证相关公告，宣传原产地证自助打印相关政策。向企业宣传介绍国际贸易“单一窗口”功能，引导企业应用国际贸易“单一窗口”提交原产地证签证申请。

【稽核查业务】2021年，丰台海关创新工作方式，扎实开展稽核查工作。新冠肺炎疫情期间，采用先线上后线下的资料审查方式，探索在稽查作业同时合并开展企业注册核对信息核查作业，积极推进“企业自查结果认可模式”改革试点，引导辖区高级认证企业对注册信息核查事项自主开展验核查证。提升自主风险分析能力和稽查工作效能。通过业务研讨会、经验交流会等形式，提高稽查人员分析和解决问题的能力，提高稽查作业的全面性和有效性。2021年累计办结核查作业64起，核查发现问题通报企管部门37个；累计开展稽查作业20起，完成稽查作业15起，贸易调查2起，主动披露4起，其他作业2起。落实跨境电商进口走私“断链刨根”专项行动要求，对辖区109家跨境电商企业开展验核。加强部门间的交流联动，寻求职能部门技术帮助，与北京海关风险防控分局合作开展数据筛查分析，与其他海关交流学习保持执法统一性，提高稽核查有效率。增强服务意识，营造良好的营商环境。加强主动披露政策宣讲，释放政策红利，受理3家企业的主动披露申请，办理减免滞纳金。以“互联网+”的方式开展主动披露业务，实现“让数据多跑步，让企业少走路”的目标。在稽核查工作中宣传京关归类等便利企业的小程序应用，为企业解答海关政策相关问题。

【动植物检疫和食品检疫】2021年，丰台海关严格落实《海关属地查检业务操作规范》。严格进出口食品安全监管，严格实施进出口食品化妆品抽检工作，开展食品安全宣传，督促企业加强管理，提高主体责任意识。2021年监管出口食品、化妆品254批次，进口食品、化妆品9批次，其中人工审单放行51批次，现场查验7批次。拟制卫生证书10份、植物检疫证书6份，入境货物检验检疫证明5份。扎实开展动植物产品监管，开展国门生物安全监测和安全风险监控，严密防范外来有害生物入侵，组织业务培训，增强监管专业能力。2021年监管出口动植物产品2批次，现场查验2批次。监管辖区内进境粮收储企业储备粮出库4,000吨。受理辖区出境种苗花卉生产经营企业注册登记申请，完成资质初审工作。监管辖区内出境货物木质包装除害处理标识加施4批次，对辖区出境种苗花卉注册登记企业开展红火蚁监测3次，对辖区进口粮食存储企业开展外来杂草监测4次，防范外来有害生物入侵。

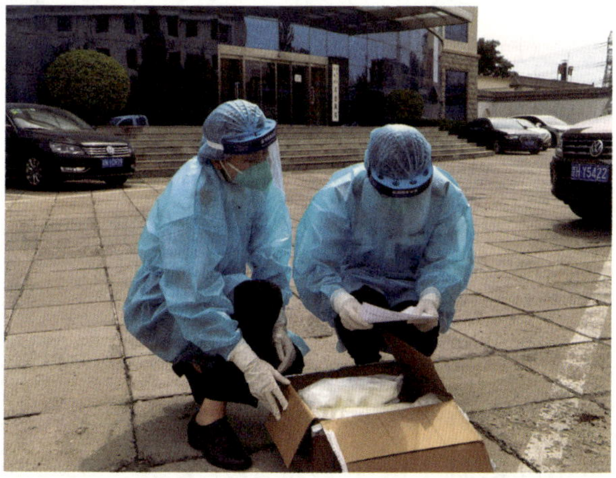

▲2021年8月23日，丰台海关关员查验脱脂乳粉

【商品检验】2021年，丰台海关不断提升商品检验监管效能，对进口企业加强相关政策宣贯，提供业务咨询和技术指导。强化危险化学品检验监管，加大业务培训力度，组织人员参与进出口危险货物及其包装检验监管资质考试，深入企业开展调查研究，跨部门进行沟通协调，改进工作流程，优化监管模式，缩短检验周期。参与起草的《北京地区出口航空煤油合格评定工作方案》《北京地区出口航空煤油企业实验室考核方案》入选北京海关特色监管模式。2021年丰台海关累计检验出口危险化学品177批次31.90万吨，货值1.62亿美元。加强重点工业品检验监管。持续加强对重点工业品的风险监测和质量安全检验监管，强化医疗器械、旧机电产品和专项布控产品监管，严把进出口检验关，提高不合格检出率。2021年累计检验进口货物1,246批次，其中医疗器械968批次。做好北京冬奥会保障工作，完成1批次出口希腊的冬奥会火炬接力物资检验，做好冬奥会商品检验监管，严把冬奥会商品质量关，确保冬奥会商品快速通关。

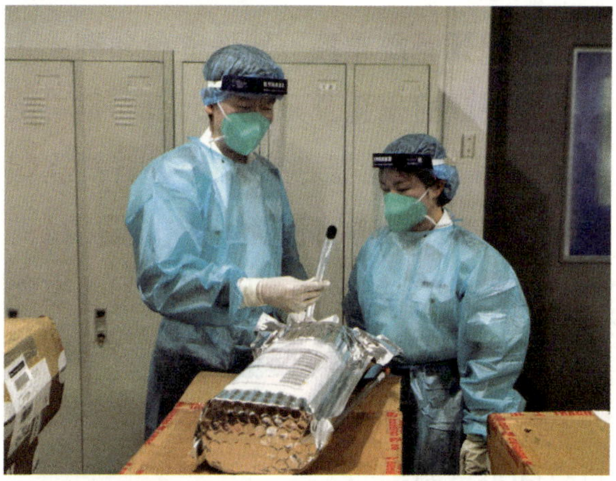

▲2021年9月2日，丰台海关关员查验进口医疗器械

【综合业务】2021年，丰台海关办

结建关以来首起行政处罚案件。12月27日，对辖区某企业未如实报检及生产日期申报不全的违法行为进行行政处罚。继续执行“零等待”签发证单和通关放行原则，积极推广“入境货物检验检疫证明”电子化，受理629票出境货物报检申请，在特殊物品监管平台核销、绑定657票出境特殊物品审批单，累计签发出境货物换证凭单1份，电子底账971票，重量证书95份，卫生证书8份，健康证书2份，植物检疫证书6份，装运前检验证书14份，出境货物不合格通知单2份。累计签发入境货物检验检疫证明284份，检验检疫处理通知书1份。累计办理进出口货物收发货人注册登记545家，办理企业信息变更309家，企业注销246家，出具未在海关注册证明7家，办理双号并行6家。处置“多证合一”来源的企业注册登记申请数据3,086条。助力辖区重点防疫物资出口企业，在确保防疫物资出口快速通关的同时根据系统布控，加强审单和查验工作。坚持政府信息公开原则，全面推进决策、执行、管理、服务、结果公开。在报关大厅张贴涉及丰台海关职责范围内的海关总署公告等文件69份，及时向办事企业进行政策解读。定期维护对外公开联系方式，确保工作时间专人接待、接听。推行首问负责制。

【内部防护】2021年，丰台海关从严从实抓好新冠肺炎疫情防控工作。动态更新内部防护措施清单和应急预案，坚持“零报告、日报告”制度，严格落实干部职工离返京审批、报备、核酸检测等相关要求，关员绿码上岗，密切关注共同居住人健康状况，加强健康监测报告，按要求开展涉疫情紧急排查和情况报送。加大对干部职工的宣传教育力度，要求干部职工主动遵守社区新冠肺炎疫情防控要求，倡导上下班“两点一线”，坚持每日对办公区域重点场所和公共区域进行消毒通风，做好台账记录、外来人员管理、日常新冠肺炎疫情监控等工作。加强防疫知识培训，参加北京海关全员防疫知识考试。开展新冠肺炎疫情防控应急处置演练，明晰应急处置流程，查堵漏洞和风险点，提升新冠肺炎疫情防控应急准备、响应和处置能力。每周开展新冠肺炎疫情防控督导检查，对新冠病毒疫苗接种工作进行动员，坚持应接尽接。

【督察内审】2021年，丰台海关推进审计整改落实落细。12月6日，北京海关审计组对丰台海关关长任职期间履行经济责任情况进行审计，其间向审计组提供会议记录、各类纸质单证、账册、案卷等资料100多份，电子数据1万多条。针对审计发现的问题成立整改工作组，形成整改方案及整改问题清单，责任落实到人，逐一挂账销号。全年深化内控监督，邀请督查内审处内控专家实地进行指导培训，召开内控工作领导小组会议2次，定期通报内控工作进度，关注节点54个，录入内控台账32条，制作联系单18条，报送专项成果7篇，其中2篇获总署采用。

【综合保障】2021年，丰台海关结合北京海关“三大工程、十二件实事”工作精神，组织实施业务用房改造工程。4月，对报关大厅重新敷设屋面防水材料，解决报关厅多年漏水问题。6月，为档案库房加装消防设备。10月，对部分业务用房进行改造，规范办公房间面积。按照公车管理要求组织实施日常公车管理，更换老旧机动车并做好年检维护等工作。

（撰稿人：商　磊　曹健蓉　刘　盈
高　宇　陈晓琳）

海淀海关

【概况】海淀海关为北京海关所属正处级隶属海关，主要职责是受北京海关直接领导，按授权承担指定区域范围内海关各类管理工作。承担党的基层组织建设和干部队伍建设工作；办理北京市石景山区、昌平区、延庆区的通关、检验检疫、征税、企管、常规稽查、核查、属地查验、加工贸易和保税等海关业务，反馈执法作业结果；承担海淀区部分检验检疫业务；承担北京关区指定业务。海淀海关内设办公室（党委组织宣传部）、综合业务科、查检一科、查检二科、稽查科、信用管理科6个科室。

2021年，海淀海关坚持以习近平新时代中国特色社会主义思想为指导，贯彻落实北京海关党委的各项工作部署要求，扎实推进政治机关建设，坚持全面从严治党，实施强基提质，完善制度建设；坚决贯彻落实各项防疫工作要求，加强日常防护工作，做好新冠肺炎疫情常态化防控工作；以提质增效为目标，服务首都经济发展，忠诚履职、担当奉献，有力有序地推进各项工作开展。

2021年，海淀海关签发各类检验检疫证书/证单3,419份，签发原产地证书20份。征收货物关税2,959.06万元。完成进口货物查检5,522批，出口货物查检20批。

【党的建设】2021年，海淀海关建立“第一议题”制度，制订《海淀海关党委理论学习中心组2021年学习计划》。以党委理论学习中心组学习为带动，组织引导各党支部、青年理论学习小组丰富学习形式。全关党员投稿“庆祝中国共产党成立100周年专栏”获发各类信息10余篇，并有22篇党建信息获总署思想政治工作办公室网站采用。

制定《海淀海关2021年全面从严治党工作任务分解表》，分解任务共7大类24项，班子成员主动认领任务，带领分管部门制定措施，明确任务分工和办理时限，将责任落实到每个支部、每位党员。在党委第六派驻纪检组指导下，制定细化措施共计57项。与党委第六派驻纪检组联合开展政治生态调研工作，及时掌握解决苗头性问题，就全面从严治党工作建立季度会商制度，接受党委第六派驻纪检组提出的问题及工作建议，召开专题会议研究3次，提出针对性改进措施。通过“隶属海关党委工作规范化建设情况”专项巡察，对查发的问题制定整改措施。主动修订《中共海淀海关委员会工作规则》《海淀海关贯彻落实“三重一大”决策制度实施办法》等文件；对照《北京海关党委对总署党委第一巡视组巡视反馈问题整改任务清单》排查相关问题、制定整改措施。

全关党员均完成在职党员社区报到，多名党员利用周末时间参加社区活动，参与垃圾分类宣传、社区新冠肺炎疫情防控等公益活动20余人次。

【党史学习教育】2021年，海淀海关全年开展党史专题学习8次，其中交流研讨4次。通过党总支会、专题办公会专题研究布置党史学习教育阶段性工作13次。党委书记讲授《中国共产党的精神力量——学党史，温关史，再出发》为题的党课。全年上报党史学习教育总结类信息4篇。各支部根据自身特点，开展“日日学　周周测　月月享”“党史百年天天读”“党史一刻”等特色鲜明的党史学习教育活动。班子成员、支部书记、先进典型等讲授党课20余次。通过举办“在党三十年，永远跟党走”主题党日活动，为海淀海关2位入党30年的老同志过政治生日。党委委员、支部书记和青年理论学习小组等撰写各类学习心得体会13篇。关员政治生日感言获北京海关机关党委采用10次，22篇党建信息获总署政工办网站采用，3篇征文获《中国国门时报》、“学习强国”选登。

▲**2021年7月1日，海淀海关庆祝中国共产党成立100周年**

【党风廉政教育】2021年，海淀海关成立警示教育月领导小组，以党委理论学习中心组学习、党总支纪检委员讲课、监察室清廉海关宣讲等多种形式，深化警示教育理论学习。聚焦关键节点，持续做好节假日廉政教育提醒，严防“四风”问题反弹回潮和“黄、赌、毒”、酒驾醉驾等违法违纪问题发生。组织全体关员进行党规党纪、法律法规、全面从严治党规范性制度学习并组织各种廉政考试和测试。规范领导干部配偶、子女及其配偶从业行为，组织自查申报。积极发挥社会特约监督员作用，在筹备党委民主生活会、组织“我为群众办实事”实践活动等重点工作中，主动征求意见建议。全年召开2次廉政形势分析会，运用“制度+科技”提升风险防范能力。

【专项整治】2021年，海淀海关成立

“现场监管与外勤执法权力寻租”专项整治工作领导小组和工作专班，建立工作台账，每周汇总更新，关领导全程督导各科室落实情况。完成廉政风险清单制定，查摆风险业务环节6个、风险岗位8个，制定防控措施23条。与管理部门开展协调配合，将专项整治工作与支部党风廉政建设、树立先进典型相结合。开展个人违规事项申报和撰写对本岗位风险认识的心得体会，进行多层级全覆盖谈心谈话，上报《海淀海关廉政风险清单》，做好对外公示和信访举报工作。对照“三个清单”逐项梳理问题，召开廉政形势分析会，由关党委对专项整治后续工作进行部署要求建立长效机制。坚持一岗双责，在排查廉政风险点的过程中一并梳理业务环节，优化流程提升监管效率。

【法治建设】2021年，海淀海关召开专题法治工作会议，针对北京海关2021年审计中检验检疫类行政处罚案卷自查和集中评查工作查出的问题进行核实确认和原因查找，通过学习研究相关文件的规定，加强法律文书填制规范性。

将普法宣传工作作为提升自身依法履职能力的契机，坚持内部普法与社会普法并重，与党史学习教育和日常教育培训活动相结合，通过“三会一课”“学习强国”“钉钉”平台，集中学习文件等方式开展学习，促进学法、懂法、守法、用法的自觉性，提高一线执法岗位人员工作能力。

制定普法责任清单，对涉及的法律法规进行梳理，列明重点任务、重点学习宣传的法律法规、重点普法对象，将普法工作责任落实到岗。依托“8·8”海关法治宣传日、“12·4”国家宪法日等时间节点，利用网络平台，采取宣传展板、张贴海报等方式，宣传法律法治文化，开展各种法治宣传活动。

加强日常普法宣传工作，在外出执法过程中逢企必宣，调研企业实际需求，有针对性地进行政策讲解。与昌平区、延庆区市场监督管理局4次开展对饲料和饲料添加剂企业、出口食品企业联合执法。

【综合业务】2021年，海淀海关在办事大厅设立冬奥会通关业务专用窗口，专人对接冬奥业务，为相关企业提供“一对一”精准服务，实施优先受理、优先通关、7×24小时预约通关服务。推进入境检验检疫证明电子化，应用比例达98%。推广“提前申报”“两步申报”通关模式。通过互联网设立“线上服务大厅”，累计推送海关法律法规、政策解读300余条、答复问题上百条，受众企业百余家。定期从职能部门获取属地合规申报、对美加征关税未申请排除等情况的企业名单，分类别对企业开展“一对一”电话辅导，政策讲解，全年开展20多家企业的合规辅导，帮助近40家未申请排除企业及时运用政策退税，申请关税排除。年内共受理报关180批次，受理出境货物检验检疫申请5,487批次，核销出境特殊物品审批

3,341 批次，签发电子底账 5,492 批次，受理各类删改单申请 178 批次。签发各类检验检疫证书 / 证单 3,419 份，签发原产地证书 20 份。征收货物关税 2,959.06 万元。辖区加工贸易手册备案 64 本，变更 137 次，办理结案手册 56 本；办理加工贸易单耗报核前申报 8 批次；受理核注清单删单申请 7 批次；收取风险类保证金 2 批次，金额 73.26 万元，在账保金 14.38 万元，收取风险类保函 1 份，金额 55.26 万元，在账保函 55.26 万元；办理结案手册保证金退还 2 批次，金额 68.45 万元。

【商品检验】2021 年，海淀海关配合职能部门完善进出口商品质量安全风险预警和快速反应监管体系，加强婴童用品、危险化学品、医疗器械等重点商品监管。2021 年完成进口货物查检 5,522 批，出口货物查检 20 批。共查发不合格进口医疗器械、纺织品、仪器设备等商品 19 批，货值 1,431 万元。

▲ 2021 年 9 月 9 日，海淀海关关员前往国家雪车雪橇中心进行查验

【动植食检疫】2021 年，海淀海关对接地方政府，全力配合做好海淀区创建国家食品安全示范城市等各项重点工作。按时报送冷链相关数据，加强冷链食品管理。完成总署出口动物源性食品安全风险监测工作，共抽取 14 个样品，进行了 44 个监测项目检测。完成北京海关出口食品抽检监测任务，共完成 17 家企业 44 个样品，共计 330 个检测项目次数。对辖区企业进行摸排，发现涉禽类、猪肉类食品企业 3 家。全年向北京海关报送进出口食品安全政务信息 5 条、向总署报送 12360 新闻宣传稿件 2 条，均被采用。派员与海科中心、北京海关动植物检疫处对农业农村部发展中心样品库等 5 家国家级实验室进行农作物样品存放和实验场所现场考核。对进口科研类病原菌开展后续监管。以贯彻落实“国门绿盾 2021”专项行动为抓手，采取多种措施进行生物安全普法。开展 2021 年度出口饲料风险监控工作，对 2 批样品进行了 3 个项目的检测。对辖区木质包装企业和粮食储存企业进行现场核查，督促企业做好生物安全防控工作。全年开展 2 次田间病虫害调查，指导出口种苗花卉种植基地做好有害生物监测和防控。全年共派员赴辖区内企业监管 124 厂次，完成辖区内多查合一核查任务 83 次。

【企业管理】2021 年 5 月 20 日，海淀海关联合昌平区商务局举办昌平区外贸进出口企业海关政策培训会，就优化营商环境、促进跨境贸易便利化及 AEO 认证等相关政策进行现场宣贯，参会企业达50余家，现场解答企业咨询20家次左右。5月21日，联合石景山商务局召开跨境贸易政策培训会，就最新跨境贸易便利化政策进行宣讲，会议采取线上线下同时进行，石景山区政务服务中心综合窗口工作人员及外贸进出口企业代表约40人参会。对辖区2个保税仓库完成收取保税仓库月报12期，下发保税核查指令2次，保税货物延期1次，盘查各2次。经上述盘查，均未发现超期存储货物、存储非保税货物、账货不符、安全生产疏漏等异常情况。完成出口先导指数调查12期，国际海运集装箱运力运价专题调研1期。全年共办理企业注册登记610家，变更549家，注销190家，双号运行7家，出具外资企业未注册证明22份，出具外资企业未注册证明19份，保税仓库海关注册编码换证1份。完成一般认证企业重认6家，高级认证企业重认1家，高级认证企业首认2家。

【稽核查业务】2021年，海淀海关参与总署专项任务，开展角膜塑形镜、飞机特许权使用费、美容仪归类价格等专项稽查。分析调取企业数据30万条，撰写风险信息、海廉信息20余条，涉及种类拓展到天然气等大宗商品、危化产品、种子种源、重点税源商品等多方面。开展核查60次，涉及企业40余家，开展稽查25起，办结稽查18起。移交缉私部门1票，办结快速办理案件1起。对中小企业稽核查宣教20余次，内容包括预裁定与主动披露容错机制、税政调研、对美加征关税排除清单等。接受企业主动披露4起，利用容错机制为企业降低成本30万元。对辖区7家上市公司及关联公司进行核查、走访，并撰写政研文章1篇、调研报告1篇。调研中关村科技园区、未来科学城高科技产业链5家头部企业，了解医药研发产业链模式创新、半导体加工产业链国产化等情况，针对企业需求主动送策上门讲解海关税收、通关优惠政策，掌握辖区高新企业经营动态。根据属地合规申报、对美加征关税未申请排除等情况的企业名单，帮助近40家未申请排除企业及时运用政策退税，申请关税排除，开展了20多家企业合规辅导。对辖区7家上市公司及关联公司进行核查、走访，并撰写政研文章1篇、调研报告1篇，撰写铁矿砂等特色商品、辖区企业白银出口异常增长调研报告共计7篇。报送的税政调研被总署采用3条，与职能处室在线为7家企业传授税政调研技巧。

【优化营商环境】2021年，海淀海关与昌平区商务局和昌平科技园区管委会负责人就帮扶辖区龙头企业开展调研，上报调研报告1篇、提出帮扶措施4条。与石景山区、昌平区、延庆区商务局建立合作机制，举办政策解读会3次，帮助140多家企业享受政策红利。从辖区业务特色入手，完善《海淀海关“我为群众办实事”清单》，明确22项具体工作任务。选取保障冬奥、“线上海关”等特色工作，提炼总结经验，汇总上报“为群众办实事”典型案例4篇，其中1篇入选北京海关第三批优秀案例。

【内部防护】2021年，海淀海关协助完成北京海关采样大队的筹建和运行保障工作。建立健全规章制度，形成以《海淀海关新型冠状病毒疫情防控工作方案》为主体的“海淀海关疫情防控体系”。与驻楼单位和服务外包单位签订《疫情防疫协议书》，加强防疫联防联控。严格落实“日报告、零报告”和健康宝“绿码”上岗制度，实时掌握本单位干部职工健康状况。完成历次密接排查、健康监测和应急处置工作。强化对高风险环节及重点办公区域防控力度，食堂员工全封闭管理，外来人员严格审批报备。组织新冠病毒核酸检测和新冠病毒疫苗接种工作。制定《海淀海关新冠肺炎疫情防控非冷链货物查检岗位个人防护操作规范》，开展防疫知识培训测试与实操训练。以干代训，在实际作业中持续提高查检人员防护意识和防护能力。通过桌面推演和实操演练等形式，开展内部人员发热排查、新冠病毒阳性病例转运等应急处置演练。

【督察内审】2021年，海淀海关内控工作领导小组召开2次专题会议，部署工作关键步骤。修订内控管理办法、各科室职责规范和岗位操作流程。组织“新海廉”平台使用培训5次。由专人负责内控工作监督，月报中开设“内控工作专栏”汇总各科室工作情况。

【综合保障】2021年，海淀海关修订《海淀海关贯彻落实“三重一大”决策制度实施办法》《海淀海关党委议事清单》。在办公用房改造、空调弱电改造、仓库改造等政府采购工程项目的立项审批中，召开政府采购审核领导小组会议，邀请党委第六派驻纪检组负责人参加，集体决策，防范风险。

完善《海淀海关火灾事故应急处置预案》《海淀海关汛涝自然灾害应急处置预案》《海淀海关内部反恐怖防范工作预案》。完善楼宇《安全责任书》《安全承诺书》，与驻楼单位加强联防联控。开展巡查10次，对要害区域加强专业检测和日常巡检，对排查出的安全隐患和短板立即整改。在重要节假日、极端天气来临前等时间节点保持严防态势、加强值班值守、做好物资准备、确保通信畅通。结合外出执法、企业调研及社区共建，向企业和公众普及危险化学品分类、事故应急处置措施和安全防护措施等知识。不定期组织全员开展消防设施使用培训和火灾逃生演练。

【队伍建设】2021年，海淀海关开展准军事化纪律部队建设，以“内务规范强化月”为契机，成立海淀海关内务规范强化月活动领导小组，建立“1账+2本”相关工作机制，通过相关内务规范文件学习和知识考试提高认识，通过考勤、内务和办公环境检查规范秩序，通过每季度队列训练锻炼队伍。

2021 年，海淀海关按月完成绩效考核及等次评定，完善考核评价体系应用。自行举办教育培训 8 次，内容包括疫情防控、队列训练、内务规范、业务专项等方面，共计 32 学时 227 人次。

（撰稿人：何佳慧）

通州海关

【概况】通州海关为北京海关所属正处级隶属海关，主要职责是受北京海关直接领导，按授权承担指定区域范围内海关各类管理工作。承担党的基层组织建设和干部队伍建设工作；承担北京市通州区的通关、检验检疫、征税、企管、稽查、核查、属地查验、加工贸易和保税等海关业务，反馈执法作业结果；承担海关工作用犬训养、海关工作用犬查验、海关工作用犬训养人员管理及培训工作；承担北京关区指定业务。通州海关内设办公室（党委组织宣传部）、综合业务科、稽查科、查检一科、查检二科、查检三科、工作犬管理科7个科室。

2021年，通州海关全面推进五关建设，深入开展“现场监管与外勤执法权力寻租”专项整治，推动党建与业务工作深度融合，扎实做好疫情防控工作。全年累计税收入库5,042万元，完成稽查作业共计10起，高级认证企业认证2家，企业信用等级调整22家。

【党的建设】2021年，通州海关坚持以习近平新时代中国特色社会主义思想为指导，制修订党委工作规则、党委理论学习中心组学习实施办法、贯彻落实“三重一大”决策制度实施细则。制定《通州海关贯彻落实习近平总书记重要指示批示精神工作台账》，结合具体职责梳理严格疫情防控、优化营商环境、守卫国门生物安全等9项工作任务。每月对落实情况进行专门研究、跟踪督办、推动落实。组织重点学习贯彻党的十九届六中全会精神、《习近平谈治国理政》第三卷、《党委（党组）落实全面从严治党主体责任规定》。年内共进行党委理论学习21次，其中集体学习13次，党委理论学习中心组（扩大）学习8次。推进党史学习教育，制定实施方案，加强班子成员学习交流研讨，为全体党员和青年理论学习小组讲授专题党课。结合发挥海关职能服务城市副中心高质量发展，组织研究制定并完成“我为群众办实事”实事项目26项。

【全面从严治党】2021年，通州海关制订《通州海关2021年全面从严治党工作任务分解计划》，梳理工作事项31个，明确主管关领导、主办科室、分管科室、完成时限，严格对照全面从严治党主体责任清单履职尽责。持续推动支部标准化、规范化建设，开展“四强”党支部结对共建，积极推动支部党建品牌创建，6个支部均确定党建品牌和标识，实现全覆盖。以警示教育月为契机，组织学习《中国共产党问责条例》《中国共产党纪律处分条例》《北京海关“八小时外”相关规定学习指引》，以及中纪委、驻署纪检组、北京海关通报的典型案例，要求全体干部职工强化责任意识。

【专项整治】2021年，通州海关研究成立通州海关专项整治工作领导小组，传达学习“现场监管与外勤执法权力寻租”专项整治具体要求，专题研究具体落实措施。班子成员带头支持配合开展谈心谈话、座谈调研等工作。组织撰写“专项整治心得体会”33篇，填报《廉政风险清单》10条，共41人填写“现场监管与外勤执法”领域违规事项个人申报表。在报关大厅设置专项整治工作举报箱，在窗口、公告栏醒目位置张贴举报渠道，结合日常监管工作动员企业填报专题调查问卷，进一步畅通外部监督。推进警示教育，组织全体干部职工学习北京海关通知精神和典型案例通报。

【疫情防控】2021年，通州海关持续关注新冠肺炎疫情防控相关物资的进出口业务。受新冠肺炎疫情影响，新冠病毒疫苗安全性实验用SPF豚鼠数量急缺。为保障新冠病毒疫苗的及时供应，针对新冠肺炎疫情期间航空公司人手不足、提货时间延长等情况，协调口岸海关开通绿色通道，确保进境SPF豚鼠快速通关；隔离检疫期间强化动物健康状态日报告制度，24小时随时关注动物健康状况的变化。按照要求，做好隔离检疫期间消毒防疫措施。支持企业开展SPF豚鼠边隔离边实验。全年办理北京2家疫苗生产企业进口SPF豚鼠340只。

【综合业务】2021年，通州海关全年共办理出口货物原产地证书827份。全年持续通过业务咨询解答、线上解答等方式，向企业宣传海关便利化政策。利用业务办理、货物查验等方式送教上门，向企业征集问题和意见建议。向企业宣传发放《RCEP问答小册子》，帮助企业理解掌握RCEP原产地政策相关内容，做好RCEP落地生效的准备工作。

2021年，通州海关深入开展打击走私“国门利剑2021”行动，提前分析研判报关商品及单据，突出排查重点，加强政策宣传解读，保持严管严打态势。

【企业管理及稽核查】2021年，通州海关受理辖区报关单位备案登记、信息变更、注销、历史编码延期等海关通用资质作业1,528起，办理自贸区企业赋码49起；完成高级认证企业新认1家，高级认证企业重认1家，一般认证企业重认5家，高级认证企业培育4家。开展“企业信用信息调查子系统单兵应用”试点工作，顺利完成北京关区内首起使用单兵设备完成作业的试点。

完成全年稽查作业任务，包括7起专项稽查、3起常规稽查及4起主动披露作业，专项稽查作业占比63.64%。推广“互联网+稽核查”监管，接收核查作业指令及定向管理类指令共计58起，完成核查作业48起及定期管理作业10起。

【商品及食品检验】2021年，通州海关持续加强辖区进出口商品检验，查检不合格货物22批次。其中不合格工业品13批次，涉及汽车刹车片、进口机电设备、服装等业务范畴，作销毁、退运、技术整改处理；持续加强进出口食品安全监管，落实出口食品化妆品抽检监测，完成9家企业40批出口产品检验，其中1批次咖啡粉实验室检测不合格。

2021年，通州海关持续做好辖区重点项目——北京环球主题公园项目建设。与通州区有关部门进行对接，向企业宣贯海关各类便利化政策和优惠措施，就成套设备进口通关、检验监管等工作进行指导。为企业量身定制高效、便捷的“服务包”式监管方案，实现提货直送项目现场—海关查检—设备安装的无缝衔接。针对项目建设时间跨度大、产品种类多等特点，提前介入掌握项目工期计划和建设进度，探索实行“进口成套设备项目清单管理”模式。对10套进口成套设备量身定制动态监管方案，加强与通州区市场监督管理局联系配合，直接采信第三方权威检验机构

▲2021年5月27日，通州海关对企业开展调研及政策宣讲

鉴定结果。

【动植物检疫】2021年，通州海关持续加强动植物检疫，重点做好进出口动物及动物产品的检疫查验。查检荷兰进口马因非传染病因素死亡1匹，作销毁处理；进口遗传物质检疫不合格4批次，作销毁或补监管证件处理；进口生物材料不合格2批次，作销毁处理。

开展进境动物疫情应急处置演练，按照《进出境重大动物疫情应急处置预案》组织开展进境动物疫情应急处置实战演练，重点对疫情风险排查、疫情上报流程、死亡动物剖检和采样以及个人防护作业等过程进行演练，提升进境动物突发死亡后的疫情防控应急准备、响应和处置能力。

做好疫病监测及安全风险监控，全年共完成进境动物及动物产品疫病监测13批次，其中马属动物疫病监测6批次、种鸡疫病监测7批次，结果均为阴性；开展

4次杂草监测，未发现进境外来杂草。监控出口饲料样品6批，包括预混料2批，维生素饲料添加剂4批，完成监控项目15个，监控结果全部合格。开展出口食用水生动物疫病监测2次，监测结果均为阴性。对1家注册养殖场出口食用鲟鱼监控1批次，开展23种禁限用药和重金属检测，监测结果均符合要求。

2021年，通州海关共办理出境伴侣动物近500批次，其中窗口代国际旅客录入共计近200批次，了解出境旅客的咨询需求，及时精准解答百余次，对符合要求的动物，及时、高效完成查检工作。通州海关及时跟进根据欧盟对入境国际旅客所携带伴侣动物卫生检疫方面的最新要求，对携带的宠物狗离境赴马耳他、芬兰、英国、爱尔兰以及挪威5国的国际旅客及时提醒其对所携带伴侣动物进行多房棘球绦虫驱虫，确保顺利入境；根据美国疾病控制与预防中心（CDC）的最新要求，对携带的宠物狗前往美国的国际旅客进行提前办理入境许可的提示提醒。

2021年，通州海关持续推进帮扶企业引进国外优质动物种质资源，针对进口遗传物质保存时间短、需尽快完成授精配种情况，为企业开辟绿色通道，快速验放。及时了解进口企业需求，周末、节假日等非工作时间实施预约查验。指导出境实验动物企业升级标准，分析研究国外进口要求，结合生产实际情况，帮助企业建立符合进口国要求的企业标准。派员协助开展总署重点商品专题调研的进境牛精液部分，通过参与进口企业现场调研、与行业专家座谈交流等方式，协助完善调研工作报告，完成进境牛精液调研工作任务。

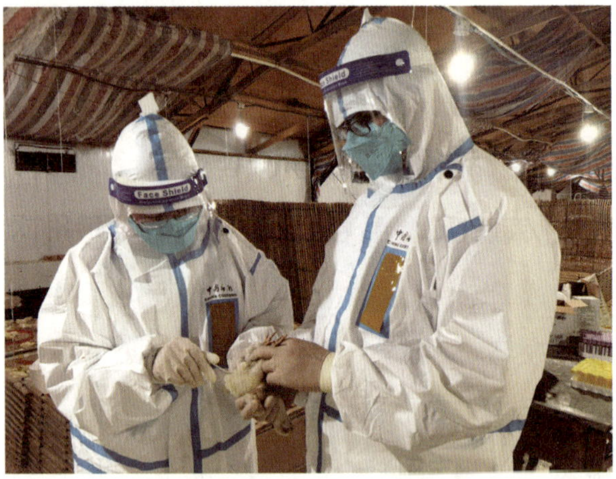

▲2021年1月21日，通州海关关员对进口种禽进行监测采样

【监管工作用犬应用】2021年，通州海关持续做好监管工作用犬的训养工作，制订海关口岸监管工作用犬辅助邮件搜检的能力提升计划，购置专业训练器材，增加植物种子、蜥蜴、蜘蛛等训练内容，开创并丰富训练方法和手段，适应邮件监管工作需要。10月29日和11月1日，对在用监管工作犬进行了年度复训考核，完成训练成果测试。按照《北京海关口岸监管工作用犬使用管理规范》要求，保障监管工作犬出勤工作10次。协助邮局海关查获禁止邮寄入境物品3批次23.21千克，其中包括活体植物1株18.34千克。

2021年，通州海关持续发挥监管工作犬业务特色，配合总署办公厅在北京市汇文第一小学和北京市海淀区民族小学开展国门生物安全进校园系列活动。参与北京林业大学宣讲活动，并为活动专门录制监管工作犬工作演示视频。协助中国海关博物馆在监管工作犬基地拍摄国门安全宣传相关视频。

▲2021 年 4 月 16 日，通州海关开展国门生物安全进校园活动

【优化营商环境】2021 年，通州海关持续落实贸易便利化改革措施。推广“两步申报”改革，扩大“两步申报”“两轮驱动”“两段准入”改革试点工作，安排专人对通关时限数据实时监控。设置首问责任岗，开通应急通关“绿色通道”，加强服务热线值守。推动通关服务“线上办理”。许可证件、单证票据等实施网上申报、网上办理，推广“京关归类”“京关信用”微信公众号。提升电子版“入境货物检验检疫证明”申领比例，推动进出口环节涉及的监管证件通过国际贸易“单一窗口”受理和自主打印。

派员参加通州区政府组织召开的优化营商环境、服务业扩大开放有关会议，重点介绍海关“深入优化口岸营商环境，助力外贸稳定运行”的具体措施。联合通州区商务局开展 2021 年通州区“千人千题”跨境贸易专题培训，面向通州区政务服务窗口工作人员就“两步申报”“两段准入”“税收担保”“预裁定”“AEO 企业认证”等海关跨境贸易便利化措施进行解读。对接张家湾设计小镇专班、文化旅游区管委、宋庄镇和相关企业，帮助解释海关保税监管业务相关政策和措施。支持通州区企业服务平台建设，派员赴通州区市场监管局与平台开发人员沟通交流。

2021 年，通州海关参与总署卫生与植物卫生措施（SPS）例会“特别贸易关注”议题报送工作，充分利用会议平台，推动解决影响关区企业和产品“走出去”的技术壁垒问题。做好世界贸易组织（WTO）第 81 次卫生与植物卫生措施（SPS）委员会“特别贸易关注”议题收集工作。结合对辖区某企业调研及企业反馈的外贸退运、销毁及被索赔情况，针对世界贸易组织（WTO）第 85 次技术性贸易壁垒（TBT）委员会和第 80 次卫生与植物卫生措施（SPS）委员会“特别贸易关注”会议议题，就美国食品药品监督管理局（FDA）针对红枣产品的检测可通过性、欧盟针对银杏叶及其提取物中 PAHs（多环芳烃）含量限制等动植物检疫和食品安全措施提出质疑，撰写并提交《对欧洲产品法规对银杏叶 PAHs 的限量要求的贸易关注》。

【综合治税】2021 年，通州海关全年税收入库 5,042 万元。持续开展重点项目税政调研工作。通过筛查关区数据，遴选纺织服装为重点产业，以棉花为重点产品，开展针对性企业调研。配合海关总署完成对全国最大多聚磷酸盐产品进口企业通美晶体的调研工作；针对防护用品行业重点企业华腾橡塑就原材料中进口比例、进口遇到困难、国内天然橡胶存在的瑕疵等问题的调研，协助北京海关完成《我国天然橡胶产业面临三大困境亟须关注》。

【内部防护】2021年，通州海关修订《通州海关疫情防控工作方案》《通州海关办公区域消毒方案》《通州海关疫情防控物资分配管理办法》《通州海关工作人员出现发热等症状排查处置方案》等，规范内部新冠肺炎应急处置程序。持续严格落实内部新冠肺炎疫情防控工作要求，坚持每日人员健康排查，做到健康监测“日报告、零报告”；动态更新内部工作台账，做好工作记录；及时对有发热等症状人员进行处置，严格返岗前审批程序；加强人员离返京管理，实时关注国内新冠肺炎疫情情况，做好涉疫情况排查，保障新冠肺炎疫情监控全覆盖、无死角，管理有重点、无盲区。按规定定期进行新冠病毒核酸检测工作。加强与地方防疫部门的沟通联系，做好新冠病毒疫苗加强针接种工作。定期对新冠肺炎疫情防护情况进行自查，加强对办公区域人员口罩佩戴情况和消毒情况进行检查。

（撰稿人：傅　辽）

顺义海关

【概况】顺义海关为北京海关所属正处级隶属海关，主要职责是受北京海关直接领导，按授权承担指定区域范围内海关各类管理工作。承担党的基层组织建设和干部队伍建设工作；承担北京市顺义区、怀柔区的通关、检验检疫、征税、企管、常规稽查、核查、属地查验、加工贸易和保税等海关业务，反馈执法作业结果；承担北京关区指定业务。顺义海关内设办公室、综合业务科、保税业务监管科、稽查科、查检一科、查检二科、查检三科7个科室。

2021年，顺义海关受理报关单27,938票；签发电子底账4,515份；签发检验检疫证单9,894份；征收税款65,603.78万元；开展稽查作业27起、开展核查作业118起；监管进出境货物41,493批；完成企业通用资质1,669家；开展企业信用管理认证工作20起；辖区加工贸易企业22家，监管保税仓库、出口监管仓库15家。

2021年，顺义海关首次获得首都文明单位标兵。

【党的建设】2021年，顺义海关坚持以习近平新时代中国特色社会主义思想为指导，党委理论学习中心组共组织学习19次。强化理论武装，制定《顺义海关学习宣传贯彻十九届六中全会精神工作方案》，党委理论学习中心组集中学习，各党支部开展读书研讨交流，分享学习心得并开展应知应会测试。领导干部带头每日学“学习强国”。打造“顺理成章”青年理论学习小组品牌，运用“线上+线下”学习方式，围绕“理论+实践”学习主线，全年组织青年关员学习系列活动14次，累计220余人次参与学习。

完善学习制度，建立议事决策长效机制，规范会议记录、纪要编发等基础工作和党委议事决策制度。查检二科党支部“新六道加法”党建品牌，连续三年被中共总署委员会授予全国海关基层党建示范品牌，查检三科党支部荣获北京海关第二批“四强”党支部称号。组织开展“我的政治生日我想对党说”活动，每月公布过政治生日的党员和支部，开展谈心、赠送寄语，组织党员重温入党誓词，赠送政治生日贺卡。开展结对共建，共享党建品牌创建经验，落实党风廉政建设责任制，制定《顺义海关2021年全面从严治党工作方案》，将党风廉政建设任务细化分解，突出重点，量化考核，明确责任人。

【党史学习教育】2021年，顺义海关组织学习习近平总书记“七一”重要讲话精神，开设“党史讲堂”；制定“我为群众办实事”清单；参加北京海关党史、党务知识竞赛，荣获团体三等奖，关员入选总署代表队获“党在我心中”中央和国家机关青年党史知识竞赛团体季军。全年组织党史讲堂6次，党委委员和支部书记讲党课20次，扎实推进“我为群众办实事”活动，落实提升关员餐食质量等实事7个、改进措施18项。

【国门生物安全】2021年，顺义海关开展国门卫士生物安全教育培训，进行《生物安全法》知识测试。落实2021年度国门生物安全监测工作要求，做好辖区外来有害杂草和红火蚁监测。对进境粮食接卸地、定点加工厂和仓库等周边地区开展外来有害杂草监测，完成辖区3家粮食储存企业、2家粮食加工企业的外来有害杂草20次监测；对出境种苗花卉注册登记企业种植基地等开展红火蚁监测，设置监测布点6个，放置红火蚁诱捕器30个。

【优化营商环境】2021年，顺义海关持续加强对辖区企业管理，强化报关质量审核，推进落实提前申报、“两步申报”等政策宣传，拓展辖区一体化报关单申报范围。进口通关时效缩至12.55小时，出口通关时效缩至0.6小时。对接顺义区政府有关部门，宣传海关政策，促进保税免税一体化项目和跨境电商体验中心项目落户顺义，该类项目是北京市“两区”建设和国际消费中心城市建设的重要内容。

【综合治税】2021年，顺义海关全面做好税收监控、税款担保、属地纳税人管理、规范申报审核、税收风险信息、税收风险参数建议、验估反馈等税收征管工作；开展税收规律分析，对照辖区进出口业务与规模，调研保税仓库和航空业本年度经营和发展态势，提高税收质量；开展税政调研，上报的税政调研报告中“人体医疗植入物克氏针”一项被建议纳入总署重点行业调研选题。

加强税收征管工作，严格落实税收征管主体责任，帮扶某企业正常开展进出口业务，主动联系海关总署税收征管局（上海）与验估部门，帮扶企业享受航材减免政策，2021年辖区某企业进口货值共10,955万美元，缴纳税款10,932万元，减免关税112.30万元。

【综合业务】2021年，顺义海关落实总署专项行动要求，梳理关区商品风险，实地了解涉及企业情况，调查取证，先后完成总署打击跨境电商进口走私“断链刨根”专项整治行动和含濒危材质产品出口贸易调查专项工作。

与顺义区商务局、怀柔区商务局、临空经济核心区管委会等政府部门进行座谈，交流宣传培训、政策研究、项目落实等工作。参与自由贸易试验区创新工作，其中“航材保税物流供应链新模式”作为北京自贸试验区海关监管创新举措获总署同意，成为北京海关首个由总署认可的自贸试验区创新举措，是国务院最新一批批准设立自由贸易区所在海关中首个通过总署备案的创新举措。

对进境冬奥会物资提供“专人办理、优先申报、快速放行”的绿色通道服务，保障冬奥会物资快速通关。2021 年查检白色冰漆、冰球手套用烘干机、冰漆车等冬奥会物资 10 批次。在执行 2 批奥运物资目的地查验指令过程中，采用视频查验外包装的方式进行快速验放。

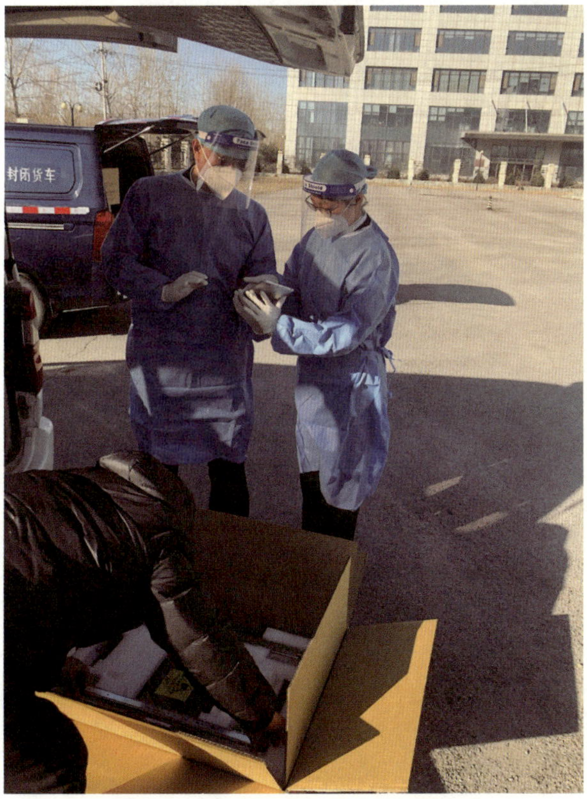

▲2021 年 12 月 30 日，顺义海关验放冬奥物资

【商品检验】2021 年，顺义海关加大对生产厂商医疗器械产品注册证书、国外标准认证及注册资质的审查力度。

开通医疗器械进口咨询通道，加强法律法规宣贯，规范进口企业申报和符合性验证流程，强化医疗器械检验监管工作一致性和规范性。对首次转至关区进口的植入式心脏起搏器业务，主动对接企业，了解企业困难需求，针对货物有效期短、精密仪器存储和运输要求高等问题，专题研讨解决方案，自 9 月开展相关工作以来，截至年底共完成查验 25 批，录入实验室系统 7,000 余条，出具“入境货物检验检疫证明”7,000 余份，检出不合格 2 批，已做退运处理。

加强婴童用品等重点商品监管，连续查获多批次不符合国家强制性标准要求的进口儿童服装、刹车片等重点商品，先后被新华社、《中国国门时报》、《北京日报》等 10 余家媒体宣传报道。

【动植物检疫】2021 年，顺义海关建立健全进境粮食跨区调运协作机制，与进境粮食入境口岸海关及进境储备粮出库加工企业所在地海关协同把关、联防联控；做好进境粮食运输环节疫情防控工作，确保进境粮食在跨区调运、入库、出库环节无撒漏；加大对进境粮食储备企业、加工企业及周边区域自生苗、外来杂草等有害生物的监测力度。2021 年共监管进境加工粮 4.2 万吨、进境储备粮出库调运 1.2 万吨。对国际马铃薯中心亚太中心（中国）

▲2021年5月10日，顺义海关对进境种质资源马铃薯试管苗进行隔离检疫监管

进境种质资源马铃薯试管苗进行隔离检疫监管，共计开展监管2次，抽采样送检结果均未发现异常。

【食品检验检疫】2021年，顺义海关完成食品化妆品等进出口货物共计230批次2,500余件样品的抽样送检工作，检出不合格情事20余批次，销毁不合格食品2批次；接收出口备案食品生产企业作业、进口指定存储冷库作业、与地方市场监管部门联合作业、企业信息核对作业49份，发现各类问题20起。对辖区出口企业开展帮扶，全年受理出口报检2,825批次。促进怀柔板栗产品出口成果入选北京海关第三批“我为群众办实事”优秀案例，并被“海关发布”、海关总署门户网站、中新网、新浪新闻等媒体报道。

【内部防护】2021年，顺义海关梳理关区业务、廉政等各环节风险点27条，明确责任清单，全方位“查隐患　防风险　保安全”，制定应对措施，查漏补缺，即时整改；对辖区保税仓库和出口监管仓库开展实地安全检查，未发现安全隐患。

按照北京海关疫情防控工作要求，梳理完善疫情防控制度及应急预案4个；开展全关人员（包括协管、后勤物业等）疫情防控应知应会周测；坚持“日报告、零报告”，开展疫情防控应急处置演练；加强物资储备，有序应对突发应急事件；查检岗位人员、后勤人员落实新冠病毒常态化核酸检测。

（撰稿人：陈冬青　马　腾　殷　楠　支　曼　安　然）

亦庄海关

【概况】亦庄海关为北京海关所属正处级隶属海关，主要职责是受北京海关直接领导，按授权承担指定区域范围内海关各类管理工作。承担党的基层组织建设和干部队伍建设工作；办理北京市大兴区及北京经济技术开发区的通关、检验检疫、征税、企管、常规稽查、核查、属地查验、加工贸易和保税等海关业务；承担北京海关部分减免税集中审核工作，反馈执法作业结果；承担北京关区指定业务。亦庄海关内设办公室（党委办公室）、人事政工科（党委组织宣传部）、综合业务一科、稽查一科、稽查二科、查检一科、查检二科、综合业务二科（B型）、物流监控科（B型）、信用管理科、减免税管理科11个科室。

2021年，亦庄海关完成“两区”建设各项任务；持续优化营商环境，通关时间进一步压缩；结合辖区产业特点支持地方经济建设。2021年获评首都文明单位标兵，“全力保障我国新冠疫苗出口，在全球抗疫中贡献中国海关力量”项目被评为海关系统“我为群众办实事”百佳项目案例。

2021年，亦庄海关全年税收入库25.83亿元，减免税款合计6.67亿元。完成入境特殊物品查验1,725批次，货值3.53亿元。

【党的建设】2021年，亦庄海关坚持以习近平新时代中国特色社会主义思想为指导，坚持“第一议题”制度，完善党委理论学习中心组学习实施办法，制订学习计划，党委理论学习中心组学习10次，开展专题研讨4次，开展形式多样的党建专题培训和研讨。组织收看、学习习近平总书记在庆祝中国共产党成立100周年大会上的重要讲话，重温入党誓词。制定、完善《中共亦庄海关委员会工作规则》等48项制度规范，及时维护党员E先锋、智慧党建系统。组织召开党员大会补选党总支委员3人，选举书记和副书记，对11个党支部开展党组织规范性自查，其中3个支部进行了增补选工作，1名同志发展为预备党员。提出“四强”党支部“三步走”战略，开展“一对二”结对帮扶。制定党史学习教育3大类15项重点任务，更新党史学习教育展板38块，为11个党支部建立党建活动阵地展板，定做大型庆祝中国共产党成立100周年标识2个、悬挂张贴庆祝中国共产党成立100周年宣传标语28张。干部职工的原创作品《我把颂歌献给党》被总署“金钥匙杂志”微信公众号在7月1日向全国海关推送。开展“我为群众办实事”活动，制定34项措施。推进“现场监管与外勤执法权力寻租”专项整治工作，排查出具有廉政风险的9个业务环节，确认12个重点关注岗位并制定防控措施。深入剖析巡视整改清单中列明的问题，对涉及问题进行彻底整改。切实履行廉政主体责任，召开“明主责，抓细节，管风险”管廉述廉会议。信用管理科党支部和减免税管理科党支部获评“四强”党支部称号，“减免税管理科党支部——每日优先”和“信用管理科党支部——AEO护航队”获评北京海关基层党建品牌。

【综合治税】2021年，亦庄海关全年税收入库25.83亿元，审核《减免税审核确认通知书》8,781份、减免税税款担保手续3,101份；减免税款合计6.67亿元。开展税政调研工作，组织云会议对辖区11家重点生物医药、医疗企业进行线上宣讲，同时按要求成立税政调研专项工作组，启动年度税政调研工作，并开展内部税政调研业务培训。从商品归类系统中税政调研模块功能完善、税政调研协作体制优化、税政专家培训3个方面向北京海关提出相关意见建议，向关税部门报送年度税政调研及重点商品（4项）专项调研材料，初步报送税政建议78项，涉及辖区高精尖先进制造业和生物医药、医美行业等19家企业。“闪烁体（X射线设备零件）”“准直器（X射线设备零件）”降税议题被国务院关税税则委员会采纳，在《2022年关税调整方案》公布。新增税目9022909070，通过设定暂定税率，将税率由5%降到3%。取消“贝前列素钠濒危物种允许进出口证明书（EF）”不合理监管证件的议题，被国务院关税税则委员会采纳，在《中华人民共和国进出口税则（2022年版）》公布。

【卫生检疫】2021年，亦庄海关成立出口疫苗工作专班，制定《支持疫苗出口实施方案》，提出“保安全、密关注、快通关”九字方针，开通疫苗出口绿色通道，实行7×24小时工作制；对符合条件办理新冠病毒疫苗出口通关手续的实行“即到即办、即到即核、即查即放”，各监管环节作业均在当日完成；建立企业联络员协调沟通机制，提供“一对一”海关检疫审批政策解读、出境流程指导。多次赴企业讲解进口设备流程和海关监管要求，解决企业因产能扩大，核心设备需海外采购的问题。5月，对企业进口的4批次总货值42.3万欧元新冠病毒疫苗用包装材料开展紧急查验，保障该批包装材料尽快投入新冠病毒疫苗生产，对2台VHP空间灭菌设备进行现场检验。指导企业包装箱体满足性能检测需求，开展包装材料静载荷堆码实验、跌落实验及气密试验等相关符合性检测，以满足出口新冠病毒疫苗运输要求，并对包装的完整性、密封性进行外观查验和货证复验，确保顺利出口。组织专家从企业的管理体系入手，考核新冠病毒疫苗生产的400多项环节，从原料采购、加工生产、分装打包、运输环境等基础上，对出口新冠病毒疫苗施行货证符合性查验，同时针对每批出口新冠病毒疫苗国家药监局出具的检测报告施行采信制度，对符合要求的新冠病毒疫苗实现“零拆封”“零等待”，20分钟即可完成海关查验。搭建进出口绿色通道，对查验场地进行改造升级，实现全方位电子覆盖。完成国内首批“细胞治疗相关产品”进口查验工作。为规范业务流程，制定《细胞治疗产品全流程监管体系建设方案》。经北京海关批准，亦庄海关成为出境细胞治疗相关产品的指定集中受理海关出口申报和查验关区之一。全年完成12批次细胞治疗相关产品进出境查验工作。年内，亦庄海关特殊物品查验场地完成入境特殊物品查验1,725批次，货值3.53亿元，涉及企业300余家，查获不合格案例5批，完成退运1批，整改1批，监管销毁3批。

【动植物检疫】2021年，亦庄海关对辖区4家进境粮食储存和加工企业开展19,005吨进境加工粮和9,380吨储备粮出库的审批及后续监管工作，共办理进境粮食初审联系单12批、储备粮出库联系单7批；并按照规定在5月1日—10月31日对进境粮食存储企业和生产加工企业共开展4次外来杂草监测工作，未发现外来杂草。与大兴区商务局及企业召开四方协调会，共同解决北京古船福兴食品有限公司进境550吨小麦的进京、存储难题。

【食品检验检疫】2021年，亦庄海关严格执行监督抽检计划，完成对食品的微生物、理化、农、兽药等指标的残留监测。进一步强化联防联控，与经开区商务金融局联合开展企业的体系运行有效性评定，严防、严管、严控进出口食品安全风险。首次在北京关区出口的盐渍肠衣中监测出绵羊痘病毒核酸阳性，第二次监测到小反刍兽疫病毒核酸阳性。

【商品检验】2021年，亦庄海关进口危险化学品检验监管模式调整为口岸“批批验核+抽批检测”后，3月对一票申报为进口危险化学品的货物实施抽样送检，为该关首次执行对不适合在口岸采样的进口危险化学品实施目的地抽样送检任务。亦庄海关采用24小时预约查验模式，对符合条件的进口货物实施快速验放。对某急诊中心临床急需的大型进口医疗器械医用血管造影X射线机进行深夜查验，确保该批医疗设备尽早安装调试。该批设备共计14箱5.3吨，货值39.7万美元。

亦庄海关强化监管，提升查验效能。“六一”儿童节前夕，根据布控要求，对进口儿童用品加强检验监管，在12批进口儿童服装中检测出2批次耐久性标签位置不符合《婴幼儿及儿童纺织产品安全技术规范》（GB 31701—2015）要求，监督企业实施技术整改。打击非法医疗美容服务专项整治工作取得阶段性进展，围绕方案要求筛查重点企业，建立专项工作台账；结合《医疗器械分类目录》，明确监管标准，制定重点商品查验方案；开展市场调研，充分利用国内市场销售信息，预判监管风险，防范翻新、无证和伪报瞒报医疗美容器械进口。自开展专项行动以来，共计查获16批非医疗类美容器械，退运1批不合格品。查处不合格进口旧机电产品一批，共计8台，总货值64,147.35欧元，予以退运处理。

【综合业务】2021年，亦庄海关成立“两区”工作专班，支持、参与、推动亦庄综合保税区的规划设计和申报建设工作。帮助协调解决亦庄综合保税区申建过程中遇到的问题；开展综合保税区及“两区”政策宣讲解读和企业需求调研工作；协助地方政府，参与推进“亦庄综合保税区信息化系统”及监管设施建设的方案设计，研究制定亦庄海关“两区”建设任务清单，顺利完成6项任务。优化企业信用培育模式，大力培育高级认证企业，为辖区认证企业、重点企业设置海关联络员，年内完成5家新认高级认证企业工作，探索完成“集团式”信用培育，截至年底，辖区共有高级认证企业45家。创新通关监管流程，叠加应用推广“提前申报”“两步申报”“汇总征税”等便捷通关模式；在原有7×24小时预约通关基础上，货物随到随检；落地试点“两段准入”，建立容错机制，促进企业守法经营。大力推广“互联网+”监管模式，继续推广无纸化报关，推动“单一窗口”各服务功能和应用领域落地实施，企业备案、注销等业务实现网上办理。构建出入境货物物品质量追溯体系，将重点商品纳入“出入境物品质量安全追溯监管系统”管理；搜集进口商品的质量信息，实现从生产、加工、物流到消费全程可追溯管理；对纳入追溯系统管理的企业，给予专属通关便利措施。截至年底，北京海关已有28家进出口企业的300余种产品纳入该系统管理。

2021年，亦庄海关全力做好冬奥会服务保障工作，制定冬奥会相关工作操作手册口袋书；设立冬奥会联络员，与北京冬奥组委和相关企事业单位保持密切沟通，一对一辅导；开设冬奥会物资专用窗口，提供24小时及“5+2”全天候通关服务；开展预约查验、上门查验，为北京2022

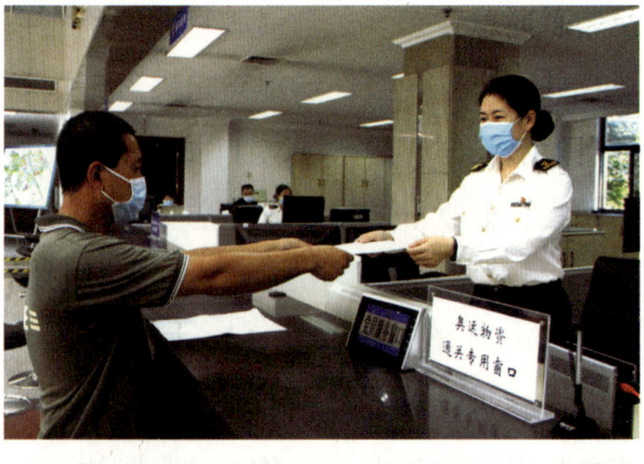

▲2021年9月22日，亦庄海关设立专用窗口保障奥运物资快速通关

年冬奥会及冬残奥会的顺利召开贡献海关力量。先后顺利完成北京冬奥组委火炬传递处出口至希腊雅典的奥运火炬中的危险品燃料罐进行危险品包装检验和对国家体育总局反兴奋剂中心申报的世界反兴奋剂机构冬奥前临检考试样品的查验。

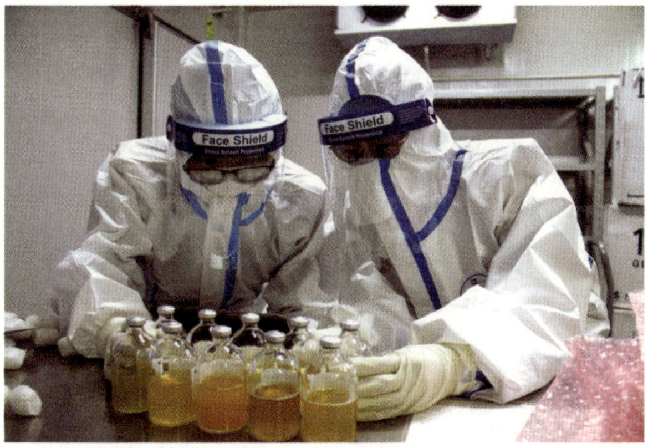

▲2021 年 11 月 26 日，亦庄海关关员对兴奋剂检测试剂进行查验

【综合保障】2021 年，亦庄海关开展关区安全风险隐患排查整治，对消防、水电、燃气、工地、设备等不定期进行全面检查，重要时间节点前必查安全，与办公区驻在单位签署《亦庄海关办公区安全目标责任书》。9 月，重新规划办公用房，实现集中办公。

2021 年，亦庄海关共撰写各类信息 200 余篇，报署信息 15 篇，图片新闻发布 50 余篇，累计参与媒体宣传 60 余次。其中，《北京海关销毁不合格进口医疗器械》《北京海关助力纯洁冬奥打造特殊物品进出境绿色通道》在《中国国门时报》一版发表，《北京海关加强进口服装监管显成效》《冬奥火种采集活动物资顺利通关》等被中央电视台、“海关发布”微博、“学习强国”、《北京日报》、《法治日报》、《中国海关》杂志等多家媒体报道。

（撰稿人：陈浩林　徐　驰　王　建
汪凯锋　解　萌　高东辉
杨延泽　蒋　悦　黄海鹏）

天竺海关

【概况】天竺海关为北京海关所属正处级隶属海关，主要职责是受北京海关直接领导，按授权承担指定区域范围内海关各类管理工作。辖区范围为北京天竺综合保税区。承担党的基层组织建设和干部队伍建设工作；办理北京天竺综合保税区的通关、检验检疫、征税、企管、常规稽查、核查、属地查验、加工贸易和保税等海关业务，实施口岸卫生监督，反馈执法作业结果；承担北京关区指定业务。天竺海关内设办公室、综合业务科、稽查科、信用管理科、查验科、卫生监督科、物流监控科、跨境电商监管科 8 个科室。

2021 年，天竺海关围绕首都“四个中心”功能定位，充分发挥特色产业集群优势，着力发展医疗健康、文化贸易、升级型消费等产业，实现了跨境电商进口医药产品、按库位分类监管等 5 项政策功能创新。天竺海关辖区医药器械、文化艺术品进口规模分别占全国的 1/5、1/3；实现进出口总值 855.6 亿元，占北京市外贸进出口总额 2.81%，同比增长 37.6%，近三年进出口值年均增长 23.7%。2021 年度，天竺海关税收入库 97.41 亿元，进出口报关单共计 64,843 票，监管进出区货物 14.20 万吨，价值 301.88 亿美元。

【党的建设】2021 年，天竺海关坚持以习近平新时代中国特色社会主义思想为指导，进一步建立健全常态化学习制度，年内党委学习理论中心组学习 14 次。共落实完成总署党委、北京市委工作部署和北京海关疫情防控、安全生产、“两区”建设等重点工作 94 项。坚持党委对青年理论学习小组的领导，班子成员带头讲党课，带头解决基层问题，共谈心 200 余人次，解决问题 55 个。

全年，天竺海关持续加强支部品牌建设，天竺海关共有 8 个党支部，做到科科有党建品牌、有宣传阵地、有工作方法、有支部特色；坚持党建业务结合，各支部体现各自业务特点，例如物流监控科结合园区管理，完善“卡口通道专用、物流服务专线、应急力量专配、综合协调专员、外围安全同防”工作法，被选为中俄“三智海关”交流案例；丰富党建形式，例如综合业务科开展“晨读一刻”“每日一习话”等学习交流活动；坚持规范化建设，各党支部建立党支部标准化规范化清单，完成整改任务13项；坚持开门搞党建，联系海关总署自贸区和特殊区域发展司与信用管理科党支部开展结对共建，开展“周有学习、月有思考、季有总结”党建活动；坚持支部互学，物流监控科帮助综合业务科建成“四强”党支部，跨境电商监管科与稽查科两支部开展电商业务研讨，圆满完成“断链刨根”专项整治稽查任务。

【党史学习教育】2021年，天竺海关以“学党史·感党恩·跟党走”“百年忆述”“传承血脉践初心”“情系天竺十年”为主题，开展系列党史学习教育活动。各支部分别撰写了4期党史大事记，绘制了党史学习内容思维导图，形成“导图学习法”。创作散文诗、廉政小品、微电影等文化艺术作品。青年理论学习小组开展学党史分享活动7期；建设书香机关，年内开展3次“书香飘溢”青年读书分享活动。在“我为群众办实事”活动中征集实事案例9件，其中1件入选第三批海关总署“我为群众办实事”百佳案例。

▲2021年7月2日，“天竺十年”活动中海关关员合影

【党风廉政建设】2021年，天竺海关坚持全面从严治党责任制，履行党委书记主体责任，完善党委会议事规则和“三重一大”清单，做好党委工作质量专项整治。坚持改进工作作风，定期开展书记座谈会、关员心连心会，为干部减负，解决难题。坚持巡视整改成果，对巡视整改问题做好研讨督办，年内开展2轮回头看。开展“现场监管与外勤执法权力寻租”专项整治，加强对“一把手”、领导班子监督，与党委派驻纪检组开展季度会商。

【冬奥会保障】2021年，天竺海关简化冬奥会物资卡口申报，制定“卡口通道专用、物流服务专线、应急力量专配、综合协调专员、外围安全同防”工作机制，畅通冬奥会物资物流仓储通道。协调天竺综合保税区管委会完成冬奥会专用车道改造工作，将综合保税区二区行政卡口的4条车道改造为“2条冬奥专用货车通道+2条行政车道”，为冬奥会物资运输开辟快速绿色通道。专用通道于4月28日开始使用，平均为每辆冬奥会物资运输车辆节省15分钟。为冬奥组委物流部定制开发冬奥会专用卡口管理模块，4月28日启用，实现出入区货物免申报、专用车辆提前备案、卡口自动识别放行、过卡车辆实时记录、过卡情况组合统计等功能，全年备案车辆639辆；累计入区物资250批次，货值1.88亿元，出区632批次，货值1.30亿元（含2020年数）；服务保障10场测试赛及2个国际训练周。成立主物流中心冬奥会物资保障专班，统筹规划3级指挥中心、卡口值班、设备维护和园区巡查的应急保障力量，保留综合保税区一区智能卡口作为应急备用车道，实现全天候无纸化自动过卡作业模式，运用3级指挥中心实时监控、全程互联指挥，保障冬奥会物流通道24小时通畅。派出业务骨干保持与冬奥组委物流部的对接，实时解答相关咨询问题。通过冬奥会专用邮箱，实时收集专用车辆信息，在北京天竺综合保税区辅助管理信息平台及时完成车辆备案，对于物流部临时增加的冬奥会物资运输车辆，做到全天候服务保障。将安全工作摆在服务冬奥会的突出位置，加强全员安全意识和风险思维，与主责部门共同防范安全风险，组织开展定期巡查，3级指挥中心视频监控系统实时对主物流中心周边动态监控，做好冬奥会物资仓储安全监督工作。

【跨境电商业务】2021年，天竺海关新增1家“免保（免税保税）衔接”试点企业，已有3家在北京天竺综合保税区内开展业务，初步形成具有北京天竺综合保税区特色的“免保衔接”产业聚集。全年“免保衔接”模式共销售183.61万票；新增2家跨境医药电商试点企业，新增6种商品进入医药电商正面清单；全流程保障“双11”跨境电商监管，制定“双11”应急预案，成立保障工作小组，细化业务操作和技术保障措施，保障活动期间24小时在岗监管不间断；加强关企合作，审核完善促销申请报备，对销售业务量进行评估预判，确保审单、查验、卡口验放等环节作业高效运行。

【保税展示交易】2021年，天竺海关持续优化艺术品出区保税展示交易担保及延期审批环节，便捷办理暂时进境业务延期实地核查手续；保障全国首次综合保税区内国际文物艺术品博览会顺利举办，实现展品从口岸至展馆15分钟直通式对接；对高端艺术品派员监管，节约企业担保资金；推动“信用+文化产业”布局，面向文化贸易类企业开展定向信用培育。

【科技发展】2021年，天竺海关持续提升业务科技一体化水平，运用制度创新、流程创新和技术创新，提高通关效率和监管智能化水平。

通过库门刷卡、秒级验放，实现无感监管新流程，进行卡口监管流程再造，将传统的卡口管理模式变更为企业库门管理模式，提前校验金关二期卡口服务放行状态，依托物联网、大数据和图像识别技术应用，实现数据提前审核、系统自动核碰、车号自动识别、车辆秒级验放、卡口无感通行的智能监管体系，进一步压缩通关时长。通过大数据风险分析，对高风险和低风险企业施行差别化管理。完成保税功能三区卡口智能化改造，新增9家试点企业，园区45%的车辆采用该模式进出区。

通过库位管理、一仓双用，拓宽保税

仓储新模式。推进保税和非保税货物共同存放的分类监管政策落地，目前区内已设立分类监管仓库22个，占地7.15万平方米，库位监管仓库12个，占地4.99万平方米。创新试点库位监管模式，取消物理分隔，保税和非保税货物精细到货架储位管理，提高仓库的库容利用率，使试点企业整体仓储物流运作成本降低20%以上。自主开发天竺海关辅助监管核查核销系统，完成试点企业仓储管理系统与核查核销系统对接，实现企业库位实盘数据一键上传。视频监控系统7×24小时数字化实时监控库位监管仓库，关员可通过联网核查系统和视频监控系统双项核查，并结合实地入库盘查，实现对货物的多方位监管。

实行全程监控、实时互联，升级远程指挥系统。完成监控室硬件设备升级，实现卡口采集系统、辅助监管系统与视频传输系统互联互通，将卡口核放数据、仓库作业视频、储位动态信息、查验布控数据并行监控、共享联动。推进园区监控系统升级改造，完成分类监管仓库和跨境电商仓库的数字高清摄像头链路信号接入，3级指挥中心已实现全园区850多路监管摄像头的对接。不断开展监管点位优化、重要点位双通报备份、设备故障自动报警、监控系统平台整合等工作，完善3级监控指挥中心指挥调度功能，配备5G终端设备，满足执法现场工作实时传输至监控指挥中心的技术要求，实现监控指挥中心与现场人员实时交互，及时准确接收现场信息。

【“两区”建设】2021年，天竺海关推动特殊物品公共查验平台建设，协调各方开展论证会和推进会共5次，指导修订平台操作规范及图纸设计，配合职能部门做好平台预验收工作，缩短承建方整改时间，完成特殊物品审批单电子核查6,107单。推进包修转包修理业务，扩大适用企业至3家，扩大适用修理商品至飞机发动机、起落架、APU等，增加飞机湿租业务等适用模式，截至年底，备案包修合同4票，验放包修转包修理业务飞机发动机53台，货值3.20亿美元。加强落地《信用管理办法》政策宣传，召开区内一般认证企业专题政策宣讲会，完成3家高级认证企业首次认证工作，完成2家高级认证企业和7家一般认证企业的重新认证。对标国家服务业扩大开放综合示范区要求，在药品跨境贸易方面开展先行试点，参与北京天竺综合保税区管委会搭建通关进口和服务全流程标准化体系，针对医药企业量身打造直通式分拨、分送集报的通关监管方式，实施分批出区的通关措施。

【卫生检疫】2021年，天竺海关强化口岸卫生监督，对区内储存场地实施卫生监督154次，发现并监督整改存在的问题11个；对区内企业食堂进行卫生监督47次，开展氯残留快速检测等工作，发现并监督整改存在的问题11个，全年共计发出卫生监督意见书8份。制定《天竺海关食品卫生监督分级评定工作方案》，评出A级单位1家，B级单位3家，完成相关制证授牌、系统维护工作。推进管服并举落地落实，做好国境口岸卫生许可证核发工作，变更口岸卫生许可证法人登记1家。开展“我为群众做实事”活动，加强存储场地企业备案材料指导，上半年共为6家新备案存储场地企业提供“1对1”备案材料指导。开展病媒生物监测工作，落实海关总署和北京海关病媒生物监测工作方案，捕获白纹伊蚊154只、淡色库蚊94只、褐家鼠1只、小家鼠4只，实施蜚蠊监测12次，未检出西尼罗病毒、疟原虫、黄病毒及相关病原体。落实《北京市控制吸烟条例》，做好控烟巡查，切实落实无烟海关建设要求，共进行控烟检查117次，出动卫生监督人员234人次。加强核辐射监测巡查，规范核辐射监测车的使用，按计划巡查117次，未发现有害因子超标现象，定期对5类指定监管场地固定式核辐射监测设备运行情况巡查35次。

【疫情防控】2021年，天竺海关坚持做好监督区内储存场地和海关监管库运营企业落实新冠肺炎疫情防控措施与场地消毒的相关工作。根据北京海关组织开展北京口岸冬春季新冠肺炎疫情防控工作大检查及新冠肺炎疫情常态化防控要求，开展对市场经营主体社会面疫情防控和进口冷链新冠肺炎疫情防控要求落实情况的大检查。全年按照要求，对4家餐饮服务单位完成5轮22家次的冬春季防疫大检查，冬春季防疫大检查结束后，转为常态化防疫检查工作，全年完成12轮48家次检查。实施日常卫生监督与疫情防控措施“双督双查”模式，按照线下现场监督与线上视频抽查“双线并行”的方式，联系北京天竺综合保税区管委会共同进行综合保税区内企业的预防性消毒和环境样本采样监督工作，共计对区内9家经营主体进行现场监督70家次，其中4方联合监督2次，通过3级指挥中心视频监督3家次，共收集核酸检测报告38份，报告记录300余张；收集消毒记录复印件27份。累计监督区内9家经营主体企业预防性消毒643.6万平方米，累计监督环境样本采样3,716个点位。

【督察内审】2021年，天竺海关按科设置内控工作岗位，设置兼职联络员，明确职责分工和工作任务，召开内控工作会议2次。参照《北京海关贯彻落实“三重一大”决策制度实施办法》，建立《天竺海关领导班子决策议事办法》，修订内部控制操作规程，细化梳理内控有关的岗位职责规范，参加督察内审处组织的内控培训1次，参训人员10人次，在天竺海关内部开展内控专题培训1次。全年关注节点87个，自查自纠节点数量74个，有效节点74个；完成内控监督子系统有效数900个；移交稽查6条；专项成果供稿18份。

【内部防护】2021年，天竺海关强化组织保障，协同党委派驻纪检组，不定期开展内部防护日常检查，对发现的问题立行立改，协同内部防护工作专班编写防控知识应知应会题库，协同北京天竺综合保税区管委会建立联合检查监督防控机制。落实“日报告、零报告”和健康宝“绿码”制。确保符合新冠病毒疫苗接种条件人员“应接尽接”。强化应急处置，模拟新冠病毒核酸检测阳性场景，组织全关参与人员排查、信息上报、隔离流调、人员转运等全流程实战演练，查找薄弱环节，并根据实操情况设置个人考核题目，增强实战能力。对一线科室进行个人防控实操考核，检验和提升一线人员个人防护能力。

【综合保障】2021年，天竺海关根据北京海关“三大工程”清单，制定《天竺海关党委2021年度“三大工程”实施清单》，共3大类11件实事，推进重点民生项目清单19项，解决关员关注问题35项，完成报关大厅房屋改造工程，开展《天竺十年》、廉政文化艺术作品征集和展评等文化活动。狠抓准军事化纪律部队建设，形成内务规范养成和督查新常态；加快天竺海关干部梯队建设和专业人才培养进度，制定《天竺海关干部交流工作管理办法》。

【信息宣传】2021年，天竺海关获评2021年度首都文明单位。“特色应用打造智慧新监管”入选总署国际合作司中俄海关交流案例。3月25日《北京冬奥会首批暂时进境物资顺利通关》、7月29日《我国将进一步深化跨境贸易便利化改革》、7月30日《海关快速验放冬奥会物资2.87万件》、10月27日《北京冬奥会倒计时100天系列活动》4篇报道在中央电视台《新闻联播》播报。《我国进出口监管证件减至41种》《抢占“中国年”跨境电商美妆销售热　海关开设“绿色通道”保障年货通关》等6篇新闻稿件在中央电视台《晚间新闻》《朝闻天下》《第一时间》《中国新闻》等电视新闻栏目播报。

1月13日，《海关部门推出政策“组合拳”，外贸企业转变发展路径——得了“及时雨”添了“竞争力”》获《人民日报》头版刊登。3月21日，《北京海关首创两项保税监管模式　今年前两个月天竺综保区进出口增长14.2%》获《北京日报》头版刊登。《北京海关多举措——推动综保区加工贸易发展》《货物出入区实现“零等待”天竺海关推进“三智”建设保障冬奥物资快速通行》等7篇新闻稿件获《中国国门时报》《北京日报》《国际商报》等报纸刊登。

《天竺海关建立“一企一档”打造服务企业“样板间”》《守护食品安全，北京海关在行动》等19篇新闻稿件获“学习强国”、新华社、中新社、“今日海关”、“海关发布”等新媒体平台刊登。

（撰稿人：胡　旭　肖国英　张际洲
苏大江　孟子尧　李　姮
韩振海　杨　柳　张　琳
李宝田　张　曦　王玲玲
乐　延）

北京朝阳海关

【概况】北京朝阳海关（以下简称“朝阳海关”）为北京海关所属正处级隶属海关，主要职责是受北京海关直接领导，按授权承担指定口岸和区域范围内海关各类管理工作。承担党的基层组织建设和干部队伍建设工作；办理北京朝阳口岸和北京市朝阳区的进出境货物、运输工具监管和通关、检验检疫、征税、企管、常规稽查、核查、属地查验、加工贸易和保税等海关业务；承担北京会展中心的非贸物品查验工作；承担北京关区指定业务。朝阳海关内设办公室（党委办公室）、人事政工科（党委组织宣传部）、综合业务科、稽查科、物流监控一科、物流监控二科、查验一科、查验二科和信用管理科9个科室。

2021年，朝阳海关在北京海关的领导下，以政治建设为统领，以高质量发展为重点，以改革创新为牵动，以群众满意为核心，全关上下团结协作、攻坚克难，各项工作有序推进。全年税收入库105.46亿元，接审报关单3.3万票；办理退税1,174.9万元，其中关区政策性退税185万元；签发原产地证书4,669份，签证金额2.46亿美元，为进出口企业减免关税739万美元。全年共办理集中汇总征税报关单9,556票，涉及税款78.3亿元；自报自缴报关单2.1万票，涉及税款51.8亿元；“两步申报”报关单9,048票。全年共监管转关单2,998票，监管转关集装箱货物2,549标箱，散装货物1,097车。

【党的建设】2021年，朝阳海关党委坚持把学习贯彻习近平总书记重要指示批示精神作为党委会“第一议题”，用党的最新理论武装头脑，全年共开展党委理论学习中心组学习13次。制作学习贯彻党的十九届六中全会精神展板等宣传材料，组织科级以上干部参加总署专题学习班宣讲会，各支部、青年理论小组通过“三会一课”、主题党日活动、读书班等形式学习全会精神，并将学习党的十九届六中全会精神与党史学习教育、推动巡视整改、口岸疫情防控、服务保障冬奥、优化营商环境、推动高质量发展等各项重点任务相结合，把学习转化为谋划发展的正确思路、扎实举措和实际成效。

2021年，朝阳海关党委认真履行管党治党责任把党建工作列入重要议事日程，纳入关、科年度工作计划，与业务工作同谋划同部署同落实。修订完善党委工作规则、党委理论学习中心组学习实施办法，将行政处罚案件纳入“三重一大”事项，严格落实民主集中制。制定全面从严治党任务分解表，推动全面从严治党主体责任落实落细。党委委员建立支部联系点，参与分管科室党支部组织生活会；党委班子听取全体党支部书记述职并点评。发挥党总支和督察专班指导检查督促作用，党总支年内开展党建基础知识培训，对各党支部工作台账、智慧党建进行两轮检查。督察专班建立党建督察清单，细化各党支部书记党建工作责任，强化监督。严格党的组织生活，各支部严格落实“三会一课”“3+X”主题党日活动，召开党史学习教育专题组织生活会，梳理检视问题并落实整改。开展党建基础工作专项整治，召开党建工作专题研讨，将专项整治与党史学习教育专题组织生活会整改清单、党支部标准化规范化自查整改清单相结合，梳理形成《北京朝阳海关党建工作问题自查整改清单》，3大类9项问题已全部整改完毕。

2021年，朝阳海关持续推进“四强”党支部和党建品牌建设。各党支部继续完善党建品牌，对标“四强”党支部要求，补齐短板，提升水平。综合业务科党支部被评为北京海关党建示范品牌，信用管理科党支部被评为北京海关党建培育品牌，物流监控二科党支部获评北京海关“四强”党支部。

2021年，朝阳海关党委持续做好党员发展培养工作，贯彻落实《中国共产党发展党员工作细则》，对发展对象进行深入系统的培养教育和全面政治审查，保障发展党员工作的严肃性、规范性。发挥青年干部生力军作用，组建青年理论学习小组，党委委员担任指导教师，参与小组学习，通过开展交流研讨、观影参观、颂唱红歌等多种学习活动，推动理论武装向年轻干部深化拓展，全年开展专题学习10次。

【党史学习教育】2021年，朝阳海关党委扎实推进党史学习教育取得实效，各层级深学笃行习近平总书记“七一”重要讲话精神，开展学习研讨、党课讲授等各类教育活动37次；打造“党史长廊”，开辟党史学习新阵地；在北京海关党史知识竞赛中取得团体第3名；总署全国党史学习教育平台采用朝阳海关稿件17篇。完成“我为群众办实事”清单30项，解决一批群众所急所盼所忧的问题；联合申报的“创新模式主动作为以首善标准全力做好北京冬奥会服务保障工作”案例，入选全国海关“我为群众办实事”百佳项目。“京津两地海关联动确保冬奥物资顺利通关”案例入选北京海关第二批“我为群众办实事”优秀案例。

【廉政建设】2021年，朝阳海关认真履行党风廉政建设主体责任，党委书记作为朝阳海关党风廉政建设“第一责任人”，班子成员按照工作分工落实“一岗双责”。利用党委理论学习中心组集中研讨、支部“三会一课”、关务会、科务会等形式，抓好日常党风廉政教育。扎实开展“警示教育月”各项活动，注重以案为鉴。

【队伍建设】2021年，朝阳海关组织开展职工思想动态问卷调查，了解和掌握党员干部思想动态，加强政治引领和思想教育。完成“职工之家”建设，丰富干部职工业余文化生活，获评北京市示范职工之家。成立朝阳海关督察工作专班，制定督察项目清单129项。加强准军建设，严肃关容关貌。每月评选内务规范流动红旗和各科室内务标兵，建立内务规范建设公示牌。严肃劳动纪律，强化人员管理。严格执行请销假制度和超时工作审批，规范因私护照管理，出台协管员管理办法。加强干部“八小时”内外监督，强化节假日廉洁过节、严防酒驾醉驾提醒，持之以恒纠治“四风”；配合北京海关开展减轻基层负担调研。

【疫情防控】2021年，朝阳海关严格执行好总署、北京市及北京海关各项防护制度和最新部署要求，坚持“人物同防”，做好高风险货物风险监测和预防性消毒；强化内部防护，审批干部职工离返京、共同居住人返京，开展涉疫情况排查；细化6方面、14条内部防控措施，严格执行“绿码”上岗要求，加强外来人员管理；组织职业暴露突发事件应急处置、密接次密接人员排查处置、人员出现发热等症状排查处置的桌面推演及应急演练，确保人员“零感染”、措施“零遗漏”。

【冬奥会保障】2021年，朝阳海关为助力冬奥物资高效顺畅通关，研究制定冬奥会及冬残奥会期间通关保障、卫生检疫工作方案，与冬奥组委建立联系配合机制，提前了解企业通关需求、物资进口计划；设立冬奥会物资专用申报、查验窗口，实行“5+2”预约通关制度，优先办理冬奥会物资通关、查验手续，确保冬奥会物资随到随报，即到即查；在报关大厅张贴冬奥会物资申报指南，向企业宣传解读涉及冬奥会物资通关的相关政策规定；启用暂时进境物资税款保函，由北京冬奥组委统一提供税款担保，免于逐票担保，提高申报通关的便利性；开辟绿色通道，为不便运输、急于使用的冬奥会物资开辟绿色通道，建立“一对一”帮扶措施，量身定制通关方案，提供全流程指导及上门查验服务。与天津海关对接，及时解决在申报过程中遇到的难题，相关做法被中央电视台《新闻联播》、《北京日报》等多家

▲2021年12月6日，北京朝阳海关办理北京冬奥会首票冬奥代表团自用物品通关

媒体报道。2021年共办理暂进冬奥会物资274票，货值9.3亿元。

【综合治税】2021年，朝阳海关对辖区内税收排名前30家企业开展调研，了解企业进出口计划和税收预测情况；对重点税源企业实行专人负责制度，实时了解税源情况及企业经营情况和实际困难，制定税收进度表，对于异常情况及时了解处置；现场关员加大单证审核力度，结合风险信息提示，加强对重点商品的审核，充分发挥审价、归类技术作用，提高审单针对性，加强风险筛查；整顿报关单申报规范质量，通过约谈企业等方式，提高税收征管质量；在稳固原有税源基础上，开拓新税源。全年税收入库105.46亿元，接审报关单3.3万票；办理退税1,174.9万元，其中关区政策性退税185万元；签发原产地证书4,669份，签证金额2.46亿美元，为进出口企业减免关税739万美元。

【综合业务】2021年，朝阳海关落实7×24小时预约通关制度，确保通关无障碍；严密各类业务监管环节，货运、转关环节保持与各口岸海关或主管海关协调配合机制，层级对应、协同作业；在保税、加贸环节加强与北京海关职能处室及负责集中审核海关的联系，利用新海廉系统及业务可视化平台系统实时监控，对出现的问题及时沟通。全年共监管转关单2,998票，监管转关集装箱货物2,549标箱，散装货物1,097车。

2021年，朝阳海关全力保障通关业务改革，全年共办理集中汇总征税报关单9,556票，涉及税款78.3亿元；自报自缴报关单2.1万票，涉及税款51.8亿元；“两步申报”报关单9,048票，比例31.7%。推动属地纳税人管理，对属地企业实施针对性政策宣讲、专业辅导及合规引导，与朝阳区纳税前14家企业建立联系，建立企业底账。作为开展跨境电商B2B出口监管试点，采取多项措施支持企业开展跨境电商B2B出口，全年共有25家企业申报跨境电商B2B出口。

2021年，朝阳海关加强打击“洋垃圾”及濒危物种走私工作，从货物查验、检验监管、部门联动、新闻宣传等多方面进行工作部署，发现走私线索时按照处置预案执行；落实朝阳海关关于打击“洋垃圾”及濒危物种走私的各项行动措施，切实将工作措施落实到位；加大内外宣传力度，宣传海关打击“洋垃圾”及濒危物种走私工作，畅通举报渠道，设置专门举报电话，发挥外部监督力量，内外合力打击“洋垃圾”及濒危物种走私。

【检验检疫】2021年，朝阳海关加强进口食品、化妆品、动植物产品及工业品监管工作，开展货物查验3,358批次，进行实验室检验454批，检出不合格进口食品、化妆品、工业品64批。完成了3,376批次进出口食品、化妆品、动植物源性产品的拟制证书工作，共出具“入境货物检验检疫证明”3,363份，“熏蒸/消毒证书”8份，兽医卫生证书4份，植物检疫证书1份。开展非洲猪瘟防控工作，制定防控细则，执行关于全链条防控系列要求，在进口方面，关注疫区名单更新，了解趋势变化。按照总署系统布控指令开展监管工作，防止来自疫区的猪肉及其产品入境。在出口方面，督促企业落实非洲猪瘟防控主体责任，加大出口猪肉及其产品全链条检验力度，完善追溯管理。

▲2021年1月14日，北京朝阳海关关员到“冰立方”对进口冰漆开展查验

【企业管理】2021年，朝阳海关全力支持朝阳区“两区”建设，先后走访金盏国际合作服务区、中关村朝阳园、CBD管委会等单位，围绕产业布局、企业诉求及发展构想，提出海关政策建议。在自贸区朝阳片区四至范围内批准设立2家保税仓库。对通关效率实时监控，每日核查超长报关单情况，逐票核实，跟进解决；落实减税降费政策，推广“提前申报”，进一步扩大“两步申报”改革覆盖范围，帮助企业减负增效；精简报关及其随附单证，进口无须提交装箱清单，出口无须提交发票和装箱清单；同时利用张贴公告、网络会议等各种渠道宣传推广海关各项改革措施，召开关企座谈会，深入重点企业调研。全年进口通关时间压缩至18.81小时。做好企业帮扶，落实便利企业各项措施。开展守法规范性培育，召开企业政策宣讲会6次。开展AEO认证培育，对进出口企业开展信用管理政策、制度、措施等方面的宣传、培训等服务活动。从简从速办理企业注册登记，实现一地申请、一次办理。利用“京关信用”微信平台，对认证企业在微信平台提出的问题及时解答，落实“首问负责制”，做到“问题清零”。全年办理企业注册登记1,145家，培育企业22家，完成高级认证企业5家。

【法治建设】2021年，朝阳海关持续规范执法行为，强化行政执法案件集中审核制度，组织学习《行政处罚法》等法律法规，完成海关行政处罚立案课题研究；协助办理行政处罚案件4起，办理行政协查案件6起，行政处罚案件3起，行政复议案件2起，行政诉讼案件1起；办理信访事项2起，举报案件1起，依申请信息公开1起；收到其他行政机关移送的案件线索2起，依法退回1起，办理1起。落实《海关工作人员外出执法廉政监督办法》各项规定，加强外勤执法人员廉政反馈监督，坚持执法“双随机”机制，推动行政执法权力规范运行。

【稽核查业务】2021年，朝阳海关完成稽查任务27家，核查查发问题企业71

家。开展打击跨境电商进口走私“断链刨根”专项整治行动，建立跨境电商类型企业底账，根据不同类型开展验核工作；配合相关部门完成对企业的约谈工作；针对跨境电商类型企业数量较多等情况，制订工作计划，按期报送工作报告。自专项整治行动以来，验核跨境电子商务类型企业632家。

【督察内审】2021年，朝阳海关成立督察专班，负责实施朝阳海关执法监督、执法评估、准军建设检查、疫情防控督察及其他各类检查督察。用好监督执纪“第一种形态”，及时谈话提醒、批评教育，抓早抓小，防微杜渐。定期分析研判廉政形势，召开廉情分析会议，建立廉政风险清单、重点关注岗位名单和廉政风险防控清单。完善内控机制，发挥新海廉系统功能，形成有效节点49个。

【专项整治】2021年，朝阳海关按要求开展“现场监管与外勤执法权力寻租”专项整治活动，全员通过纪法教育考试，完成违规事项个人申报和心得体会撰写，配合完成谈话；各科室聚焦廉政风险，剖析成因并制定切实可行、针对性强的整改措施，明确目标任务、责任领导、责任科室，建立4套清单，做到任务书、时间表、路线图无遗漏，确保各项整改任务和防控措施有人抓、有人管。

【安全生产】2021年，朝阳海关圆满完成庆祝中国共产党成立100周年期间朝阳海关各项安全保障工作。持续深入开展安全生产大排查、大检查，动态更新风险清单和责任清单。按照“查隐患、防风险、保安全”的标准，汇总梳理9项风险点，制定42项应对措施，完善各项安全制度规范，开展安全宣传和警示教育，增强全员安全意识，全面加强疫情防控、口岸监管、内部办公等各领域各条线全方位全过程的安全管理。

（撰稿人：谭　勐　高　原　王瑞麒
张科伟　白松涛　王海全
边明世　佟　威　周　斌
王　添　许　晔　姜　红
谢　飞　任丛丛　谷艳南
闫卓琳　戴　云　李　铭）

平谷海关

【概况】平谷海关为北京海关所属正处级隶属海关，主要职责是受北京海关直接领导，按授权承担指定口岸和区域范围内海关各类管理工作。承担党的基层组织建设和干部队伍建设工作；办理北京平谷国际陆港（临时对外开放口岸）和北京市平谷区、密云区的进出境货物、运输工具监管和通关、检验检疫、征税、企管、常规稽查、核查、属地查验、加工贸易和保税等海关业务，实施口岸卫生监督，反馈执法作业结果；承担北京关区指定业务。平谷海关内设办公室（党委组织宣传部）、综合业务一科、综合业务二科、稽查科、物流监控科、查验一科、查验二科7个科室。

2021年，平谷海关配合北京海关做好2022年北京冬奥会和冬残奥会的服务保障工作；积极参加2021年度税政调研工作并取得成效；完成“断链刨根”专项整治行动，提高辖区内参与跨境电商企业资质规范性。积极参与庆祝中国共产党成立100周年系列活动，派员参加北京海关党史知识竞赛并获三等奖。

全年共实现税收3.15亿元，共受理报关单3,649票，完成稽查作业18起，完成稽查其他作业、核查作业43起，进口平均整体通关时间9.82小时，出口平均整体通关时间0.12小时。检出不合格食品1批次，不合格工业品11批次。

【党的建设】2021年，平谷海关坚持以习近平新时代中国特色社会主义思想为指导，党委理论学习中心组共组织开展学习12次，召开专题会议学习贯彻《中共中央关于党的百年奋斗重大成就和历史经验的决议》。贯彻落实十九届中央纪委五次全会精神，严格落实“第一议题”制度。对《中共平谷海关委员会工作规则》《平谷海关党委理论学习中心组学习实施办法》进行修订，制定《平谷海关贯彻落实“三重一大”决策制度实施办法》。

2021年，平谷海关共有党支部5个，开展支部结对和“四强”党支部创建工作，梳理10方面基础工作并组织开展支部品牌建设交流会，邀请北京海关“四强”党支部考核组成员介绍其他单位党建先进经验，促进基础工作整体提升。稽查科党支部获评北京海关“四强”党支部，联合党支部、稽查科党支部党建品牌获评北京海关基层党建培育品牌。

【党史学习教育】2021 年，平谷海关党委制定《平谷海关党史学习教育实施方案》及任务清单，明确 25 项具体任务。学习指定学习书籍和材料，撰写读书笔记和心得体会，通过专项测试检验学习成效，以支部党员大会等形式进行座谈，将党史学习融入全年工作中。开展或参与庆祝中国共产党成立 100 周年系列活动：“七一”前夕制作宣传标识和展板，集体参观北大红楼及党建成就展，观看庆祝大会实况直播，学习习近平总书记在庆祝中国共产党成立 100 周年大会上的重要讲话。利用微信群开展“党史百年天天读”，组织开展党史知识测试，派员参加北京海关知识竞赛并获得三等奖。推进 5 个基层党支部充分运用“三会一课”、主题党日等形式，开展自学、专题学习、支部书记讲党课。组织 5 个党支部召开专题组织生活会，共计查找问题 16 项，制定整改措施 16 项。

2021 年，平谷海关党委调整“我为群众办实事”清单，形成 18 项任务并全部完成。帮助企业顺利开展首次生物制品、教学用旧飞机进口业务，帮助航空职业院校解决缺少教学用具、影响学生毕业的燃眉之急。助力密云生态涵养区内蜂产品企业扩大出口，该案例入选北京海关第三批“我为群众办实事”优秀案例。

▲2021 年 8 月 11 日，平谷海关关员对进口教学用飞机开展查验工作

【全面从严治党】2021 年，平谷海关党委履行全面从严治党主体责任，党委理论学习中心组将《党委（党组）落实全面从严治党主体责任规定》列入主要学习内容，制定全面从严治党任务清单，逐级分解任务。全年定期向党委派驻纪检组通报工作情况；每半年召开一次述廉会议，加强对“一把手”和领导班子监督；用好“四种形态”特别是“第一种形态”，年内开展提醒谈话 1 次。加强对科室“一把手”的监督，推动全面从严治党“最后一公里”落实。

全年，平谷海关党委针对总署党委巡视反馈的 5 项问题，制定整改方案和责任清单。在深化准军事化纪律部队建设、严格执行内部管理制度、强化风险意识 3 个层面制定 14 项具体整改措施，全部问题都在规定时间内完成整改。开展警示教育月活动，与党史学习教育、“外勤执法与现场监管权力寻租”专项整治结合起来，建立任务分解表挂图分解，逐项推进落实。党总支纪律委员讲专题微党课，各党支部分别开展廉政主题党日活动。开展纠治酒驾醉驾活动，结合纪律条规组织专项学习，开展专项摸排，并在警示教育月期间开展有针对性的重点提醒。结合总署、北京海关通报案例及平谷海关案例开展专题警示教育，组织全体关员观看网上庭审。

【专项整治】2021年，平谷海关召开专题办公会，对专项整治进行分阶段具体部署；全员对“制度选编”“纪法教育手册”进行学习；关员及协勤人员撰写心得体会45篇。加强风险排查，梳理确定《平谷海关廉政风险清单》，明确重点岗位和重点人员，有针对性地开展谈心谈话；组织辖区30家企业参加问卷调研，完成对10家企业的电话调研和对6家企业的现场走访。

【优化营商环境】2021年，平谷海关贯彻落实《北京市优化营商环境条例》各项措施，开展跨境贸易4.0政策宣讲，协助地方电视媒体录制宣讲视频。落实窗口首问负责制，畅通关企联络线上渠道。建立关企协调联络工作机制。与辖区新企业开展座谈，引导企业最大程度用好政策红利；与转型企业主动对接，引导企业合规进口。开展与“一带一路”国家（地区）贸易往来企业的培育，宣介相关法律法规，组织集中学法两次，开展“线上+线下”20余场普法活动，举办1次专项法治文化活动，接受企业预约咨询，指导企业加强生产质量管控，健全企业联络员机制和预约报关机制。宣贯安全生产政策，指定专门联系人，主动告知企业相关政策法规、应急避险和自救互救方法。

【综合治税】2021年，平谷海关推进提前申报、自报自缴、汇总征税、“两步申报”等便捷通关模式，改善平谷海关辖区内营商环境。推进通关便利化措施实施，企业各类删改单办理实现网上申请，各类税费缴纳实现网上电子支付，各类税费单据实现企业网上自主打印，线上办理申报实现无纸化。向辖区内企业推广“两步申报”通关模式，针对“两步申报”通关业务改革问题，深入企业开展调研，形成调研报告，制定有针对性的通关服务措施。配合职能处室做好各类税收、承诺书收集等工作，共计发放调研问卷30余份，并对辖区100余家企业进行电话询访，了解经营情况。对需在属地海关进行涉检处理的货物，与查验部门配合，做好事前准备；对存在申报问题的报关单，与验估部门配合，压缩事中验估时间；及时排查并分析研判通关时效超长报关单，形成每日排查制度，督促企业尽快办理通关手续。落实各项通关便利化措施，实行7×24小时预约监管机制，积极采取收发货人免到场查验、延时办公、上门验放等便利化措施。提供预约出证服务，对辖区出口企业做好出口食品检疫证书、原产地证书、卫生证书等贸易单证的出具工作。

【企业管理和稽查】2021年，平谷海关设置关企联络员，对辖区企业复工复产情况进行跟踪式调研，组织企业填报出口商品知识产权海关保护调研、重点商品调研、出口先导指数等各类调查问卷、收集企业在生产经营中遇到的问题和诉求并及时汇总上报。加强保税仓库管理，完成1家保税仓库设立初审、上报、实地勘验工作。开展安全生产巡查、海关政策宣讲，开展不定期远程视频抽查，制发保税核查联系单，提请稽查部门开展年度例行盘查，及时清理已撤销公共保税仓库海关备案数据。共办理进出口收发货人注册186家，变更100家，企业注销55家，对外推荐注册食品生产企业1家。做好跨境电商企业专项整治行动，进一步规范跨境电商企业资质。推动对辖区企业信用培育工作，帮助1家企业获得高级认证企业资质。

全年新开稽查作业21起，核查作业13起，其他作业24起。办结稽查作业18起，核查作业12起，稽查其他作业24起。采用远程视频连线等非现场方式实施稽核查，远程音视频连线指导企业49家次。向企业宣传主动披露相关政策，向辖区21家涉及“非贸付汇”的企业进行宣讲。

▲2021年9月29日，平谷海关关员在海关监管作业场所内对设备进行维修维护

【动植物检疫及食品检验】2021年，平谷海关进口货物896票，总重20,600.75吨，货值共计9,381.90万美元，其中，单证拟制872票，目的地检验168票，后置作业40票。处理不合格产品2票。出口食品297票，总重3,159.55吨，货值共计1,149.26万美元，其中，单证拟制53票，出口查验3票。做好非洲猪瘟防控，及时整理更新非洲猪瘟疫区名单，做好针对性部署，开展应急演练。加强进口粮食检验检疫监督，关地协作，联合平谷区、密云区相关部门做好进口粮食检验检疫；联合辖区粮食、农业等相关部门发布通知，共同做好进口粮食疫情防控工作。组织开展“食品安全宣传周”活动，开展进出口食品安全法律法规解读宣传。推动监管模式改革，完成京津“监管产装、抵港直装”业务模式首票属地海关监装操作。

【商品检验】2021年，平谷海关进口货物644票，其中查验354票，货值2,862.10万美元，不合格产品7票；出口货物21票，货值共计193.39万美元。加强进口汽车零部件查验监管工作，走访辖区进口汽车零部件企业，开展供应链问题分析调研，引导企业加强海外供应商生产、供应环节质量监测；帮助辖区企业对接整车生产企业，拓展业务需求；根据企业需求及时开展查验，缩短查验时间。加强进口成套及旧机电设备查验监管，做好查验监管。将打击“洋垃圾”作为年度重点工作，重点防控质量不达标商品并结合关区业务实际，梳理典型案例和企业清单；加强后续监管稽查核查力度，排查与“洋垃圾”有关的企业活动。指导企业加强生产质量管控，健全企业联络员机制和预约通关机制。对转型企业主动对接，制定帮扶措施，引导企业合规进口。参加培训及考试，从事相关工作人员全部获得进出口危险货物及其包装检验监管资质。

【卫生检疫】2021 年，平谷海关加强对交通运输工具和货物的卫生检疫工作，对发现的鼠、蚤等病媒生物，全部进行实验室检测，按规定监督实施消毒、灭鼠、灭蚤处理。强化与卫生、疾控等部门的联防联控合作交流，共同开展灭鼠灭蚤，降低鼠疫疫情通过鼠类自然活动传播风险，加强与属地联防联控机制成员之间疫情信息的交流共享，密切关注国内外传染病疫情动态信息。加强鼠疫防控知识宣传教育，开展宣教活动。落实口岸传染病疫情防控政策，落实传染病疫情报告制度，做好口岸卫生检疫设备日常维护与个人防护工作。

【疫情防控】2021 年，平谷海关持续落实各项新冠肺炎疫情防控举措，确保措施落实零遗漏、零差错。强化全体人员责任意识，落实“绿码”上岗，主要领导进行不定期抽查；优化离返京及有症状人员报告与排查流程，掌握干部职工每日健康情况。开展出现发热等症状人员排查处置应急演练，针对风险点采取改进措施。落实相关人员新冠病毒常态化核酸检测要求，确保按照规定频次完成新冠病毒核酸检测。做好新冠病毒疫苗接种和加强针接种工作，确保符合接种加强针条件人员“应接尽接”。

【法治建设】2021 年，平谷海关对《反恐怖主义法》《生物安全法》《中华人民共和国进出口食品安全管理办法》《中华人民共和国进口食品境外生产企业注册管理规定》等法律法规开展线上及线下共 20 余场普法活动。通过制作科普微视频、发放宣传材料、开展线上宣讲会等方式，对进出口食品企业开展进出口食品安全相关法律法规的政策解读和宣传。

【安全生产】2021 年，平谷海关持续强化安全工作主体责任，抓好安全管理和措施落实，推进“安全生产专项整治三年行动”，学习宣传和贯彻实施《安全生产法》，主要领导带头部署安全生产工作，抓好隐患排查，严格进行整治。做好监管作业场所、口岸卫生检疫、进出口食品检验检疫监管、进口危险货物监管安全整治，开展年度涉恐演练；深入做好查隐患、防风险、保安全专项行动，建立网格化管理措施，全面梳理平谷海关办公大楼、监管作业场所等重点区域安全隐患，共确定 A 级风险 8 类 13 条、B 级风险 9 类 17 条、C 级风险 1 条、D 级风险 4 条，按网格化管理要求，制定详细的预防、应对措施，确保责任到人。强化应急值守，完善相关装备，增加巡场频次。开展反恐应急演练，制定《平谷海关2021年涉恐桌面推演方案》，组织多部门人员联合开展桌推演练。

【内部防护】2021年，平谷海关做好监管场所疫情防控，对进出人员、车辆严格落实登记、测温、扫码等要求；做好查验平台等场所的环境消杀，日均消杀面积达0.35万平方米；开展现场监管人员新冠病毒核酸检测，节假日和重大活动前认真开展安全检查，排除风险隐患。做好进出监管场所的车辆、人员身份识别和信息登记，约谈运营主体，确保监管场所全年安全平稳运行。增加安全检查频次与力度，强化后勤保障，做好人员个人防护，防止发生安全事故。

【综合保障】2021年，平谷海关总结提炼工作经验，发掘工作亮点，及时撰写政务信息并参与撰写要情、报总署信息、统计分析、政策研究等工作。加大对外宣传力度，抓住工作特点、亮点，撰写新闻稿件，在传统媒体和新媒体等平台对外发布；拍摄制作科普视频，帮助消费者了解产品知识。做好互联网信息收集采编工作，组织人员收集、编辑互联网信息。

2021年，平谷海关以内务规范强化月为抓手，组织全体干部职工认真学习内务规范。每月开展内务检查，每季度开展队列训练，持续强化准军事化纪律部队意识。发挥内务规范示范单位、流动红旗、内务标兵作用，营造准军建设氛围。

（撰稿人：靳　凯　丁晓宇　李梅杰
韩　洋）

北京会展中心海关

【概况】北京会展中心海关（以下简称“会展海关”）为北京海关所属正处级隶属海关，主要职责是受北京海关直接领导，按授权承担指定的海关各类管理工作。承担党的基层组织建设和干部队伍建设工作；承担驻华外交机构及其人员物品、常驻机构（含非政府组织）及其人员物品、高层次人才和海外科技专家物品、海运转关行李物品、留学归国人员购买免税国产汽车、我驻外使馆馆员进境汽车审核工作；承担展览品、暂时进出境货物、外汇商品监管工作。会展海关内设办公室（党委组织宣传部）、综合业务科、涉外物品监管科、居民旅客物品监管科、外汇商品监管科、展览品监管一科、展览品监管二科、展览品监管三科8个科室。

2021年，会展海关坚持以习近平新时代中国特色社会主义思想为指导，通过坚持完善内部防控，建立联防联控机制，加强疫情防控保障，完成“打胜仗、零感染”的目标；全力服务庆祝中国共产党成立100周年活动安全保障，开设冬奥会通关专用窗口，优化通关流程，做好冬奥会物资通关保障；探索“告知承诺书+录取通知书+毕业证书+出入境记录”留学生回国购买免税国产汽车审核新模式；完善驻场监管免担保特色监管模式，推进展览品监管改革；坚持全面从严治党、从严治关，巩固风清气正的政治生态。会展海关被评选为第20届全国青年文明号、2018—2020年度首都文明单位标兵。

【党的建设】2021年，会展海关党委始终将学习贯彻落实习近平总书记重要指示批示精神作为“第一议题”，认真贯彻“六稳”“六保”部署，深入学习习近平总书记系列重要讲话精神，坚持统筹口岸疫情防控和促进外贸稳增长，严格落实打击“洋垃圾”、濒危动植物及其制品走私工作。全年共组织开展党委理论学习中心组集体学习17次。坚持问题导向，定期开展全面从严治党调研，持续抓好巡视巡察、督察整改。持续抓好“青年理论学习提质工程”，打造“展青春”青年理论学习品牌，党委委员共进行谈心谈话96人次，召开征求意见座谈会2次，掌握各年龄层次干部职工思想动态和各类诉求。

全年，会展海关党委以多种形式推动党史学习教育，交流研讨悟学，与相关单位开展联学共建；专题党课讲学，党委书记、班子成员、年轻业务骨干等带头讲党课，组织“我想对党说”朗诵诗会；红色资源研学，组织实地学习和“清明祭英烈”活动；创新形式精学，打造“党史百年·天天读”精品项目，将党史学习融入日常工作。2021年，会展海关党委完成“我为群众办实事”12项，采取措施29条，在总署“国门之星”栏目刊发先进事迹材料《“党的声音”花开线上》。抓好“青年理论学习提质工程”，打造“展青春”青年理论学习品牌。设计庆祝中国共产党成立100周年等展览，筑牢基层党建宣传阵地。

会展海关党总支下设5个党支部。重视党建品牌培育，做到“一支部一品牌”。抓好“四强”党支部建设，共有2个支部获评北京海关“四强”党支部。建立科级领导干部教育培训计划，培树在“庆祝中国共产党成立100周年”“我为群众办实事”等活动中涌现出的先进典型。强化准军建设，开展内务规范大检查，全员队列训练。

【党风廉政建设】2021年，会展海关开展“现场监管与外勤执法权力寻租”专项整治，排查11个岗位风险点，制定《进境展览品免保证金操作流程》《〈车辆解除监管证明书〉管理使用办法》等制度。加大对形式主义、官僚主义问题的整治力度，围绕整治重点开展党风廉政建设落实情况自查自纠。定期与党委派驻纪检组会商，分析党风廉政建设形势，加强风险研判。开展警示教育月活动，开展中央八项规定精神学习和警示案例分析研讨。抓好常态化廉政教育，建设党风廉政建设文化长廊，开展廉政作品创作征集，编印《北京会展中心海关清廉文化作品集》。结合重大节日等关键节点开展监督提醒，引导党员群众开展“八小时以外”学习和交流。

【重大活动保障】2021年，会展海关派员参加庆祝中国共产党成立100周年活动安全保障。开设冬奥会通关专用窗口，优化通关流程，制定《会展海关冬奥大家庭成员海运进境自用物品通关细则》。与冬奥组委及相关部门建立联系配合机制，提供7×24小时政策咨询，对特殊情况提前研究解决方案，共办理冬奥会大家庭成员海运分离运输行李方式进境自用物品81,035件16.75吨。

2021年，会展海关加大对涉枪、爆、恐、毒等严重治安事件重点地区重点货物、物品的布控指令落实，防止毒品、药品、涉枪涉暴、核生化爆等危险物品从非贸领域入境。加强对印刷品进境审核。加强监管车辆审核，避免外交车辆非法流失。加强海关涉检物品审核职能，掌握检疫模块操作细则，实现检疫审核前置功能。以“8·8”海关法治宣传日系列普法活动为契机，向驻华使馆外交官及工作人员、驻华常驻机构及人员宣讲《中国海关入境检疫须知》《外来物种防控知识宣传手册》等海关法律法规。

▲2021年8月8日，北京会展中心海关关员向驻华使馆外交官宣讲海关法律法规

【涉外物品监管】2021年，会展海关为受疫情影响证件超期外交人员办理个人行李物品出口手续，为多家使馆办理外交邮袋封志异地备案手续。推动涉外物品监管个性化服务，提供柜台窗口及专线电话业务咨询和政策指导，畅通咨询渠道，提高通关效率。加强与外交部、全国海关电子通关中心、公自用系统工程组的沟通配合，解决海关公自用系统与外交部使团车辆系统相关模块数据对接、信息数据异常的问题。2021年，办理外国驻华使馆、联合国驻华代表处、享受外交待遇的其他机构及人员进出境公自用物品11,518票。办理常驻机构、非居民长期旅客进出境公自用物品2,578票。

【居民旅客物品监管】2021年，受新冠肺炎疫情影响，我国部分驻外馆员无法按原计划离任回国，在此特殊时期，会展海关采取“一事一议”措施，做好进境自用车辆的监管工作。针对常见业务问题，编制业务问答手册。对于符合带车回国条件且车辆已运抵港口的相关人员，采取便利措施，确保车辆顺利通关，节省滞港费用，同时强化监管优化服务，督促补充提交含有本人入境签章的护照原件等材料。全年共办理海关总署批准受疫情影响的驻外馆员带车业务19票。对离任馆员回国带车的需求、业务模式和现状开展调研，提出改革建议，得到海关总署和相关部委批准实施和推广，为离任馆员和代理公司节省了费用和时间，促进了国内汽车生产企业复工达产和综合保税区建设发展。

对即将到期留学归国人员先行录入保留购车免税资格，开展资料认定，全年所有受疫情影响的123票购车申请均已完成审核。探索“告知承诺书＋录取通知书＋毕业证书＋出入境记录”审核新模式，推进“掌上海关”App应用。全年共办理留学回国人员购买国产免税车3,138票。

【免税商品监管】2021年，会展海关做好阶段性延长免税外汇商品购买有效期政策的宣讲、指导、监督工作，全年共有25,989件原过期入境记录转为有效入境记录。推进对库存积压免税外汇商品转进口内销事宜，指导中出服外汇商品免税店将库存免税商品按照一般进口货物办理有关手续。完成一家企业机场隔离区提货点的验收工作。开展调查研究，完成《北京市内免税店发展状况调研报告》等多篇调研报告。全年进口免税品/外汇商品通关107票，销售金额总计5,561万元。

2021年，会展海关贯彻落实优化营商环境要求，了解各免税店入境货物受疫情影响的情况，对非工作时间到港的货物加班通关放行，提高通关时效。2021年，中出服外汇商品免税店进口货物88票，整体通关时效为14.09小时；北京外交人员免税商店（以下简称“外交店”）进口货物14票，整体通关时效为4.17小时。针对外交店进境免税品运输过程中发生破损短缺、中出服外汇商品免税店进境免税外汇商品溢、短装等情况及时进行现场查验，按要求处置核销。

【展览品监管】2021年，会展海关参加海关总署暂时进出境管理系统开发，反馈测试问题27个。开展暂时进出境货物管理系统进境展览会备案、进境展览品通关、保证金登记等功能的试点应用。开展报关企业培训，面向北京地区会展行业代理报关公司召开国际贸易“单一窗口”宣讲会。

根据《北京海关进境展览会驻场监管操作规程（试行）》进一步细化驻场监管免担保模式操作，规范监管流程，制定《北京会展中心海关进境展览品免担保监管流程》，量化驻场监管免担保特色监管模式的适用范围。5—8月在首都博物馆举办的“安第斯文明特展——探寻印加帝国的起源”实行驻场监管免担保特色监管模式，为会展企业、场馆节约成本，被北京日报等媒体相继报道。

落实北京海关党委各项惠展政策，促进会展企业复工复产。巩固和拓展新冠肺炎疫情防控常态化各项便利措施，宣讲海关政策，了解参展企业需求，制定监管预案；为企业简化备案手续，开设专用报关窗口，便利企业快速通关；节假日期间应急验放进境展品。为受新冠肺炎疫情影响无法复运出境的“北京国际古典车展览会”和“北京国际收藏车展”办理延期手续。《北京日报》、中国新闻网、《光明日报》、《科技日报》、北京卫视新闻频道等媒体也进行了广泛报道。

参与北京市会展活动“一窗受理”工作，建立与北京市商务局联系配合机制。深化展会协调员制度，实现“一展一策”，进行“一对一”帮扶。通过24小时预约查验、“一站式”查验等，进一步优化现场监管和远程视频监管工作流程，帮助“安迪斯文明特展——探寻印加帝国的起源”“成为安迪·沃霍尔”“意大利文艺复兴纸上绘画：一次与中国的对话”顺利开展。做好重点展会监管服务工作，采取“绿色通道”“零延时验放”等工作机制，提升展品通关效率，借助“云监管”“互联网+服务”“远程视频巡展”等技术手段全力保障2021年服贸会、中国国际机床展等重点展会成功举办。2021年，监管进出境展览品货量790吨，展览品留购征税225.7万元。

【内部防护】2021年，会展海关坚持完善内部防护，从严审批离返京和健康风险排查，摸清底数，规范台账。做好“日报告、零报告”、新冠肺炎疫情排查、新冠病毒核酸检测、防护措施细化、办公区消毒等组织管理工作，建立疫情防控应急预案和演练方案，每月开展自查，派员支援防护专班工作，全年开展新冠肺炎疫情防控应急演练2次。建立联防联控机制，加强与外交部有关部门协作，就新冠肺炎疫情防控、数据共享建立联系机制。及时掌握重点国家、周边国家新冠肺炎疫情防控动态，加强分析研判，提高管控措施针对性。加强办公区外来人员管控力度，安装疫情防控设施，严格外来人员扫码测温登记和入楼审批制度，实现可追溯管控。建立防疫物资储备标准，动态监控，确保储备充足。

【安全生产】2021年，会展海关结合《北京海关安全生产专项整治三年行动突出问题隐患和制度措施“两个清单”》逐项排查，明确重点风险点17项，加强规范申报审核、落实查验双人作业规范、加强一线人员应急处置培训、加强与地方政府等相关部门安全生产监管联防联控机制、开展消防知识培训和消防设施检查更新、强化仓储日常管理等工作。年内开展重大节日、异常天气值班值守21人次，开展安全消防演练2次、反恐演练1次。

【综合保障】2021年，会展海关加强公文处理、政务公开等培训，办文、办会、办事更加规范。精文减会，会议、发文持续呈下降趋势。找准信息选题，加强新闻宣传、信息审核把关。落实全年7×24小时值班工作要求，严格遵守值班报告制度，强化重特大突发事件15分钟内报告、30分钟内文字报告机制。强化预算执行，严格执行中央八项规定及各项细化措施，压减非必要、非急需支出扎实推进节约型机关建设，完成固定资产清查工作。

2021年，会展海关围绕北京海关党委关心的重大问题和服务首都社会经济发展、企业群众和干部职工关注的热点问题开展调查研究，撰写课题报告，提出对策建议。在北京海关“海关在总体国家安全观中的历史使命与责任担当”主题征文活动中，会展海关监管课题组《新发展格局下的会展业与海关监管》论文获评一等奖，《浅议国际展览品海关监管风险管理》《推动市内免税监管改革　服务北京国际消费中心城市建设》《关于留学回国人员购买免税国产汽车业务发展与变化的研究》3篇论文获评三等奖。

2021年，会展海关推进海关业务建设工程，完成视频监控系统升级改造和无线网络全域覆盖。整顿办公环境，对现有单证库房和仓储库房进行清理，重新安装货架，完善出入库登记制度，同时对机房和办公区域进行重新布线。抓好办公楼修缮工作以及内部办公设施优化改造工作，解决办公楼长期存在的安全隐患问题。选聘物业服务企业，对内部保卫、消防安全、绿化保洁等工作提供物业服务，实现24小时专业化管理。

（撰稿人：宋　威　李东超　殷　琦
吴　彤　解　娜　高　举
杨振宇　杨　帆）

第七篇

事业单位

中国电子口岸数据中心北京分中心

【概况】中国电子口岸数据中心北京分中心（以下简称“数据分中心”）为北京海关所属公益二类事业单位，于2003年3月正式成立，系中国电子口岸数据中心设在北京的分支机构，具有独立法人资格，经费独立核算。数据分中心主要职责包含：承担北京地区电子口岸应用项目及联网企业的技术支持、操作培训、热线值班；北京地区中国国际贸易“单一窗口”标准版推广运维工作；北京海关信息系统项目开发、运行维护；北京地区电子口岸系统运行、维护管理；电子口岸专网分中心节点的网络系统和信息安全保障；北京地区电子口岸政务卡、企业卡入网的身份鉴别、录入、制作等；参与北京电子口岸应用项目建设等。数据分中心内设综合财务部、技术服务部、电子口岸应用部3个部门。

2021年，数据分中心以“保安全、促发展、推改革、抓建设”为重点，抓住“辅助推进海关业务改革”“优化口岸营商环境”“关区信息化服务及系统安全”3条主线，推进单一窗口建设、易速平台服务升级、95198客服热线智能化改造、关内信息系统建设、技术服务、信息安全以及科研创新等各项工作有序开展，为“智慧海关、智能口岸、智享联通”的“三智”建设提供技术支撑。

【党的建设】2021年，数据分中心坚持以习近平新时代中国特色社会主义思想为指导，全年共组织党员大会、支委会、党课、党日活动等各类学习研讨40次，其中会议24次，党课4次，党日活动12次。2021年6月，数据分中心党支部通过北京海关合格支部认定；11月，向北京海关机关党委提交“四强”党支部申报材料，开展“四强”党支部创建工作。

【党史学习教育】2021年，数据分中心开展特色鲜明、形式多样的学习教育活动，组织党员观看庆祝中国共产党成立100周年大会，组织党员参加总署庆祝中国共产党成立100周年主题征文活动，支部书记、支部委员带头讲党史党课，分享党史学习心得体会。组织党员观看红色主旋律影片，组织党员参观中国共产党历史展览馆、参观“马克思主义在中国早期传播”和“马克思主义中国化的光辉历程”

▲2021年6月8日，数据分中心党支部开展纪念“一二·九”主题党日活动

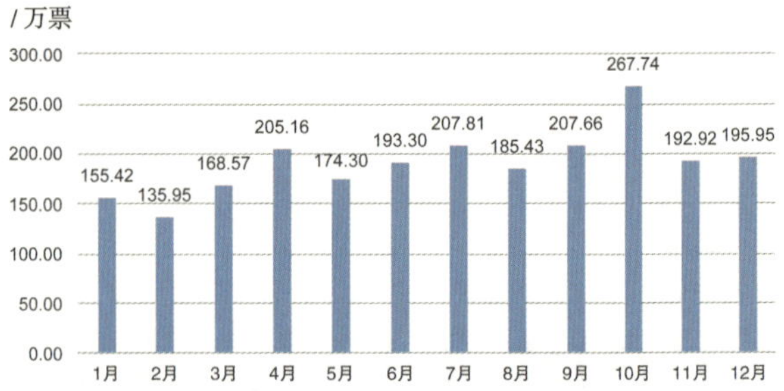

▲单一窗口2021年业务运行明细图

专题展览等主题党日活动，重温中国共产党从诞生至今100年来的艰苦历程和取得的光辉成就。

【党风廉政建设】2021年，数据分中心认真贯彻落实中央八项规定和反“四风”要求，深化清廉海关建设，制定警示教育月活动方案，履行党风廉政责任制。通过工作例会、党员大会等形式，开展反腐倡廉形势和任务宣讲、非执法领域廉政风险研究分析、高风险岗位梳理自查、酒驾醉驾隐患纠治；以组织自学相关文件规定、观看警示教育片、签署安全承诺书、加强节假日等重要节点的提醒等形式，定期进行自查自纠。

【“单一窗口”】2021年，中国（北京）国际贸易“单一窗口”业务总量为2,290.60万票，其中，货物申报1,802,770票；舱单申报8,891,238票；运输工具145,697票；税费支付129,812票；企业资质84,868票；原产地证书申请45,190票；许可证件14,727票；加贸保税494,710票；物品通关5,927,452票；出口退税50,264票。年内业务运行明细表见下图。

【窗口服务】2021年，数据分中心重新修订制作服务指南、业务办理流程及注意事项公告展示板，对标银行窗口服务，提升窗口工作质量和服务水平。在全国分中心服务窗口率先启用高拍仪进行企业资料存档与上传工作。全年共办理新企业入网4,166家，制发卡8,282张，后续延伸服务办理延期卡2,457张、变更卡4,826张、解锁卡1,750张、补换卡2,692张、新增操作员卡1,750张，共计制卡21,155张。

【客服热线】2021年，95198客服热线共受理北京电子口岸热线电话64,579次，其中包含转人工接听50,924个，语音解答13,655个。“单一窗口”运行服务平台生成工单384条；处理企业反馈问题邮件3,358封；远程操作协助用户解决问题90次。

【易速平台服务】2021年，数据分中心走访和联系企业300余家，易速平台新增企业用户28家，其中开通易速AEO辅助系统用户14家，辅助3家企业进行AEO高级认证并帮助企业顺利通过认证；新增舱单业务接入企业1家、运输工具业务接入企业4家、交换客户端业务2家、保税仓业务3家。全年为企业提供上门培训22次，线上培训50余次。跨境业务接入企业79家，交换报文2亿多个。易速运维群解决企业问题近1,800个，处理交换平台通道问题280余次，电话解决企业问题600余个。北京跨境运维保障群解决企业问题450余个。

【信息化建设】2021年，数据分中心发挥专业优势，对外承接多项信息化建设项目。北京大兴国际机场综合保税区海关信息化建设项目已按计划完成所承担的20个子系统的建设任务并通过北京、河北两地政府相关部门的预验收；冬奥会暂进物资快速通关系统已与奥组委及相关企业进行6轮业务功能联调测试，完成首票冬奥会进境物资线上申报的技术保障工作，并根据冬奥组委使用过程中发现的问题对系统进行完善和优化；参与北京市商务局《2021年优化北京空港口岸跨境贸易营商环境“百日攻坚”行动计划》，建设“双枢纽”空港电子货运平台项目，该项目11月中旬正式上线试运行，功能主要包括普货进出口业务的提交货、查验调拨、卡口管理、退货管理、监管库管理等普货的主要监管业务。

年内，数据分中心以科技手段辅助北京海关特色监管模式建设，完成通关时效分析系统、智慧禁限辅助管理系统、通关业务监控统计展示系统等16个北京海关内部信息化系统的开发工作。

数据分中心持续拓展业务渠道，探索在检验检疫领域开展业务，承接北京海关动物隔离场信息化项目和北京通华通公司检疫消杀管理平台建设工作。

【服务进出口企业】2021年，数据分中心持续推进北京“单一窗口”建设和维护，报关单、舱单、运输工具等继续保持100%业务覆盖率；完善和拓展易速平台应用功能，加大应用推广力度，通过线上线下相结合的方式，与企业建立联系沟通渠道；推广“关银一KEY通”项目落地实施；启动智能语音升级改造项目，探索智能语音项目在95198话务热线服务的应用；坚持易速微平台公众号创新，拓宽涉企服务渠道，加强与总署中国电子口岸数据中心、北京海关相关处室等部门联系合作，逐步提升易速微平台稿件和视频、语音质量。

【技术服务】2021年，数据分中心做到服务上门全覆盖，做好关区技术服务保障工作。全年共受理北京海关内部服务热线电话2,393次，完成设备安装、维修、故障检测等7,343次。保障视频会议960次、本地会议244次。对通信设备、网络电话设备进出日常维护，维修电话152部，新装电话95部，移机75部。

2021年，数据分中心完成北京海关国产计算机应用专题技术攻关和部署调试工作，总署党委第一巡视组、北京海关内部防护采样大队办公环境搭建工作，中关村海关H2018系统切换和办公室调整工作，离退休干部办公室集中工作组电脑安装工作，亦庄海关办公楼批量电话调整安装工作、北京大兴国际机场综合保税区专班微机及瘦客户机系统安装工作。

【科研工作】2021 年，数据分中心完成科技部课题“入境重要战略物资安全风险预警技术集成应用研究及示范”的立项并实施。完成总署课题“利用机器人提高消毒杀菌与自动采样作业效率的关键技术研究”的立项工作。2020 年承担的 2 项总署课题“国际贸易‘单一窗口’综合物流协同信息化建设研究”“食品安全快检技术数据分析应用与标准化研究”进入最终评审阶段。全年，数据分中心成立 4 个科技创新应用研究小组，开展 13 个方向的新技术新应用研究。

【安全生产】2021 年，数据分中心配合科技处做好信息系统安全维护工作，在庆祝中国共产党成立 100 周年等重要时期，数据分中心提前完成系统设备清理、漏洞扫描及修补工作，安排技术人员 24 小时值班值守，配合科技处完成系统异常分析、汇总报送、病毒库更新下发，系统安全加固、网络防篡改等工作，保障关区业务系统安全稳定运行；学习贯彻《数据安全法》，完成系统和数据底账梳理、安全分类分级工作。完成在线运行系统设备底账，应用系统底账，数据资源底账的建账立档工作，梳理各业务项目应用子系统 32 个，二级域名 38 个。梳理数据资源清单，包含 4 种业务数据类型 18 个各类数据库，对不涉及海关业务分类分级的数据库服务器进行梳理，整理出 12 台各类数据库服务器。

【内部防护】2021 年，数据分中心落实各项新冠肺炎疫情防控工作要求，指定专人负责内部防控工作，压实新冠肺炎疫情防控责任，第一时间传达内部防护工作专班各项通知和涉疫排查要求，做好日常防控工作。督促全体干部职工做好个人防护工作，减少聚集，要求个人健康状况出现异常及时报告。加强人员离返京管理。推进新冠病毒疫苗接种工作。安排专人负责防疫物资的采购、存储和发放工作，加强内部防疫物资保障工作。

【信息工作】2021 年，数据分中心安排业务人员开展信息采集，共采集信息 18,431 条（篇），其中新闻报送 14,547 条（中选 513 条），1 号单篇 1,503 条（中选 1,042 条），互联网择要 593 条，互联网专报 452 条；1 号综合选题编辑 337 条、2 号要目特供新闻选题 340 条、互联网信息周报 44 期。

【教育培训】2021 年，数据分中心共组织线上及线下培训工作 9 次，公共类培训 5 次，其中财务制度培训 1 次、科研项目管理培训 1 次、专兼职驾驶员安全行车教育培训 3 次；专业技术类培训 4 次，就数据安全法精要及海关数据安全保护实务、高级软件需要分析和管理实践、华为数通 HCIA-Datacom 课程及跨境电子商务综试区线上综服平台项目进行培训。

（撰稿人：张翔宇）

北京海关后勤管理中心

【概况】北京海关后勤管理中心（以下简称“后勤管理中心”）为北京海关所属事业单位，于2019年10月9日由原北京海关后勤管理中心和原北京出入境检验检疫局机关服务中心合并设立。后勤管理中心承担北京海关光华路办公区、甜水园办公区、十八里店办公区的后勤保障工作。后勤管理中心内设综合事务管理部、人力资源管理部、财务部等18个部门。

2021年，后勤管理中心围绕“单项争第一、综合创一流”的工作目标，认真落实“加强后勤保障工作，在惠民服务上多办好事、实事”的工作要求，深化融合，努力提升综合服务保障效能，完成关区疫情防控、安全生产、后勤服务、冬奥会期间关区各项保障工作。2021年，后勤管理中心获评“2018—2020年度首都精神文明单位”称号，1人获评2021年首都绿化美化先进个人，1人获评2021年市级交通安全优秀管理干部，多人获得北京海关表彰奖励。

【党的建设】2021年，后勤管理中心坚持以习近平新时代中国特色社会主义思想为指导，以“四强”党支部建设为引领，把支部建设作为全面从严治党工作的重要抓手，运用“党建+”理念抓党建抓关键。完善党政工作职责和班子分工，实现责任层层落实和工作层层到位。全年召开各类党政会议45次；结合党史学习教育主题，认真落实“三会一课”制度，全年组织党员专题集中学习46次，党委委员带头讲党课8次；召开组织生活会和民主生活会，发放政治理论学习书籍200余册，组织党员观看《长津湖》等爱国主义影片；抓好准军事化建设、内务规范强化月等重点工作；3个党支部分别创建“匠心后勤”“三服一创支部”“三精三心三支部”品牌，搭建“勤思学社”青年理论学习小组平台；通过开展谈心谈话、困难党员帮扶、党支部慰问等活动，让基层党建更具温度。

2021年，后勤管理中心党委持续开展党风廉政建设警示教育，通过重大节日前后提醒、加强“八小时”外监督等方式提醒党员干部树牢底线意识。开展“警示教育月”活动，通过观看警示教育片等形式，使党员干部在活动中促警醒、受教育。坚持民主集中制原则，坚持重大决策、重大项目集体讨论，确保民主决策和科学决策。严格遵守中央八项规定，一体推进不敢腐、不能腐、不想腐。

▲2021 年 6 月 3 日，后勤管理中心青年理论学习小组开展图书借阅活动

【党史学习教育】2021 年，后勤管理中心党委坚持"第一议题"制度，抓好党史学习教育工作。研究制定《后勤管理中心关于开展党史学习教育的实施方案》，明确目标要求、学习内容、学习阶段、具体任务。制定《后勤管理中心党委关于党的十九届六中全会精神学习宣贯方案》，3 个党支部以"三会一课""主题党日"为依托，开展党史专题学习、党的十九届五中、六中全会精神学习宣贯和研讨。组织党员用好"学习强国"、"钉钉"、支部工作群等媒介，搭建党务工作"磁性"平台。成立 2 个青年理论学习小组，组织青年干部参加总署庆祝中国共产党成立 100 周年主题征文、分享党的十九届六中全会精神学习心得等活动。

【冬奥会保障】2021 年，后勤管理中心持续做好冬奥会期间关区各项保障工作。为冬奥会期间职能部门及一线工作人员通勤、隔离倒班、采样检测提供车辆保障，制定应急值班制度及协作机制，实现 7×24 小时值班运转；配合各职能部门及一线工作人员动态防疫要求，落实"事不过夜"工作要求，按时发放防疫物资；开展冬奥会保障相关工作培训，有针对性地开展值班制度、应急预案以及防火、防电、防煤气中毒等安全教育，结合演练中发现的问题，优化完善应急预案，提高岗位实战水平以及突发事件应急处置能力。

【财务管理】2021 年，后勤管理中心严格执行各项财务管理制度，做好归口资金和自有资金管理工作。在预算实际执行过程中，按照财务制度和政府采购相关政策办理各项开支，注重预算执行的均衡性和有效性。人员、业务流程和账务的三重整合运转顺畅，同时加强收支规范化管理，严格各类审批事项，确保财务整体资金安全，通过总署、北京海关以及外部会计师事务所的多项审计工作。

2021 年，后勤管理中心启用涉案财物定期通报机制，开展涉案财物专项清理，完成 2021 年度象牙等濒危动植物及其制品预出库理货 9,056 件，合计 10.62 吨。

【食堂管理】2021 年，后勤管理中心按照《北京海关食堂厉行节约八项措施》，督促指导关区各食堂加强内部管理，从源头杜绝“舌尖上的浪费”；自管食堂通过实行每日登录“中国餐饮价格网”进行市场比价和双人登记交接等制度，严把采购关、入库关、出库关；结合新冠肺炎疫情防控工作要求，调整工作餐管理制度以及工作餐现场管理办法，完善就餐服务模式，克服新冠肺炎疫情影响，科学合理配餐。

【物业管理】2021 年，后勤管理中心为北京海关 3 个办公区平稳运转提供服务保障，完成会议及接待活动 700 余次；登记外来人员 16,000 余人次；完成安全检查 43 次；完成各类故障维修 3,000 余次。

【政府采购管理】2021 年，后勤管理中心按照政府采购政策，调整采购范围和采购方式，推动“互联网 + 政府采购”行动，实现网上竞价、电子卖场和定点采购等电子化采购，优化政府采购程序，减少流转环节。建立制服厂家直送机制，提升制服配发便利化程度。

【内部防护】2021 年，后勤管理中心制定《后勤管理中心光华路、甜水园、十八里店办公区域消杀工作升级管理方案》，统一工作标准尺度。落实外来人员审批制度，将外来人员细分为 3 类，实现 3 级响应，严密验码、验证、测温工作，完善测温异常人员隔离处置区设置，做到流程规范、台账齐备。根据新冠肺炎疫情形势，调整办公楼公共区域消杀间隔，调整消毒剂浓度，重点加强电梯间、会议室、食堂、频繁触摸区域擦拭消毒和通风换气，实现办公楼内部防控严谨科学，不留死角。

针对后勤服务保障人员办公分散、防疫风险较高等特点，对后勤服务和服务外包人员每日按照“两测温一报告”方式汇总健康状况。全年组织保安、保洁、食堂、车队等重点人员进行多轮核酸检测，共计 2,000 余人次。

【安全生产】2021 年，后勤管理中心成立安全管理工作小组，开展“查隐患、防风险、保安全”专项排查行动，重点加强春节、“五一”、“十一”期间安全防范工作，落实后勤管理中心值班安排，细化分工、责任到人。班子成员 24 小时带班，带队对办公楼、食堂、私货仓库、危险化学品库等区域进行安全抽查及巡视，确保各点位平稳运行。

针对夏季汛期实际情况，提前启动防汛演练，储备防汛物资，做好重点区域值守排班。组织开展“落实消防责任，防范安全风险”主题消防安全宣传及实操演练活动，重点进行防风、防冻及防高空坠落物风险排查。

2021 年，后勤管理中心选派具有国家二级心理咨询师资质的工作人员，采取“电话咨询 + 面对面谈心”形式，承担一线海关工作人员心理咨询、情绪疏导等相关工作，营造关心一线、支持一线的良好氛围。

【交通安全】2021 年，后勤管理中心发挥北京海关交通安全委员会职能，强化安全管控，驾驶员每日出车前对通勤车外观进行检查；每周开展一次“车场日”活动，对车辆进行清洁、检查及维修；每月车队抽查车辆情况，对刹车、转向及油电水系统进行保养；定期开展车辆年检，对老旧车辆实行“一年两检”。同时，与全关干部职工签订年度交通安全责任书，要求驾驶员杜绝疲劳驾驶及酒驾醉驾，确保行车安全。2021 年，北京海关被北京市交通安全工作部门联席会授予“北京 2020 年度市级交通安全优秀系统”称号。

【队伍建设】2021 年，后勤管理中心持续推进人才队伍建设，优化人力资源配置，事业编制人员本科及以上学历占比 95.5%，中高级职称人员占比 51.5%。推进事业单位聘用制度和薪酬制度改革，完成机构改革后的首次管理岗位、专业技术岗位和工勤技能岗位聘任工作。制订《北京海关后勤管理中心合同制员工困难救济办法（试行）》，增强合同制员工归属感。

（撰稿人：李田园　朱　妍）

海关总署（北京）国际旅行卫生保健中心（北京海关口岸门诊部）

【概况】保健中心为北京海关所属公益二类事业单位，主要负责为卫生检疫等执法任务提供技术保障及支持工作，承担出入境人员的传染病监测与体检、传染病预防投药、预防接种及评估、国际旅行健康咨询，并开展定点签证体检及社团体检等工作，承担传染病疫情的收集、分析、研判工作和口岸传染病疑似样本的检测工作。保健中心内设综合事务管理部、质量部、旅行医学部、健康管理部、医学影像部、医学检验部、海淀门诊部、采样部8个部门。

2021年，保健中心全体干部职工众志成城筑牢口岸检疫防线，在北京地区新冠肺炎疫情“外防输入”的战斗中发挥积极作用，为北京海关实现“三个零”的目标贡献力量。2021年，保健中心获得“首都劳动奖状”。

【党的建设】2021年，保健中心党委坚持以习近平新时代中国特色社会主义思想为指导，紧密围绕庆祝中国共产党成立100周年，以党的政治建设为统领，深化“强基提质”工程，持续推进党委巡察整改工作。紧抓准军事化纪律部队建设，领导带班检查内务、抵近一线，在业务现场进行巡视，及时解决发现的问题；开展每日巡察确保各项纪律落实。党员教育发展中，每季度对入党积极分子开展评议工作；组织各党支部开展“我的政治生日，我想对党说”活动；组织全体党员重温入党誓词。

2021年，保健中心持续做好廉政建设工作，组织学习“现场监督与外勤执法权力寻租”专项整治工作材料；做好员工廉政安全责任教育和监督，实行部门周例会制度，传达学习并贯彻落实北京海关党委有关会议精神和工作要求；了解和关注员工思想和工作状况，分析研究发现的问题苗头，统一思想认识，明确改进措施。

【党史学习教育】2021年，保健中心党委按照学习教育活动方案，组织党员完成学习活动。保健中心党委开展11次党课活动；党委委员完成“党史百年”网上专题班的学习并获得证书；4个党支部共计开展“三会一课”79次。在“我为群众办实事”实践活动中，新增新冠病毒疫苗接种记录转录服务，转录量达2万多人次，同比增加1倍多。为出境留学生提供办理填写外文表、转录疫苗本、出具结核病筛查报告等一站式服务。

【出入境传染病监测体检】2021年，保健中心开展出入境人员监测体检，包括出境人员体检、入境人员体检及验证、黄热评估体检、填写外文表格等。实验室开展结核、HIV、梅毒等8个项目的检测。

【定点签证体检和健康体检】2021年，保健中心接待赴美移民体检和指定国家签证体检6,042人次。接待社会健康体检单位69家，共计1.37万人次。

【预防接种】2021年，保健中心完成预防接种2.88万针次；签发“疫苗接种或预防措施国际证书”2.2万份；完成结核菌素试验600余针次。

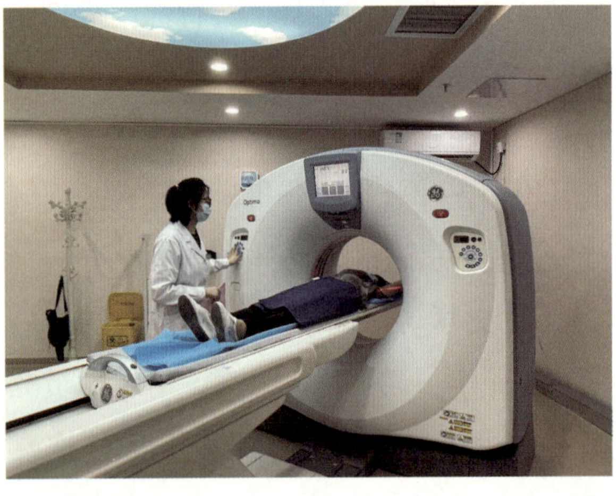

▲2021年4月，保健中心工作人员开展健康检查

【拓展业务市场】2021年，保健中心加强与各大企事业单位沟通联络，走访多家单位，并与华生医药公司、杭州启澳企业管理咨询有限公司等18家新单位签订协议。在海淀门诊部增加出境体检服务，并与移民局外国人签证大队联合办公，简化签证流程。

【口岸传染病检测】2021年，保健中心实验室全力做好口岸传染病样本检测工作。落实口岸一线工作人员“应检尽检”要求，对一线岗位进行新冠病毒核酸和抗体的检测。

【成立采样部】2021年，保健中心新成立采样部，严格执行内部防护专班的计划任务，做好内部人员防护工作。根据《口岸新型冠状病毒肺炎卫生检疫操作指南》要求，在流动采样地点布局上重做调整，制定《保健中心采样部工作方案》《采样部——口咽拭子样本采集流程图》《流动采样流程图》，系统规范采样工作流程、个人防护作业、消毒、采送样、应急处置流程等，将采样部工作流程纳入保健中心ISO 9001质量管理体系，按照《保健中心院感管理规范》《急救处置规范以及突发应急处置规范》要求，确保工作流程专业化、常规化、具体化。

【实验室能力建设】2021年，保健中心实验室持续实现高质量运转，参加美国病理学家学会（CAP）、国家卫生健康委临床检验中心、中国疾病预防控制中心、北京市临床检验中心组织的能力验证项目30

项，均获得满意结果；完成中国疾控中心艾滋病参比实验室对实验室的能力验证，所有项目均取得优秀成绩；组织完成海关系统27个确证实验室及100个筛查实验室的职能考评。

2021年，保健中心实验室全天候开展新冠病毒检测，在和平里本部实验室、海淀门诊部实验室和首都机场生物安全二级实验室3个地点开展检测，并将海淀门诊部实验室作为应急保障突发事件实验室承担紧急检测任务，保健中心实验室每月参加北京市临检中心盲样考核，均顺利通过。

【实验室质量体系建设】2021年，保健中心梳理实验室管理体系及管理体系相关文件，维护实验室ISO/IEC 17025运行。根据实验室检测及管理工作要求，对实验室管理及检测法规、标准的变化、实验室内部的变化进行梳理并在文件管理、标准查新中体现，保证各项管理及检测依据符合最新要求；对照上述变化内容，梳理实验室质量手册及程序文件，将上级单位对实验室安全防护及检测的各项要求体现到实验室管理体系文件中；根据各项法规、标准及实验室质量手册及程序文件的要求，梳理各检测岗位的作业指导书及相关记录，保证作业指导书的持续适用性和可操作性，持续推进实验室质量管理体系平稳运行，保证实验室检测结果安全可靠。

【重启首都机场生物安全二级实验室】2021年，保健中心进驻首都机场生物安全二级实验室，做好冬奥会测试赛和冬奥会期间的新冠病毒核酸检测。加强与北京市疾控中心的交流，派员学习检测技术和实验室安全防护技术，邀请北京市疾控专家先后两次前往首都机场生物安全二级实验室进行现场指导。检测人员连夜调试仪器设备，用时2天完成重启工作并迎来首批样本，完成涉冬奥会样本检测任务及后续的冬奥会测试赛等保障工作。

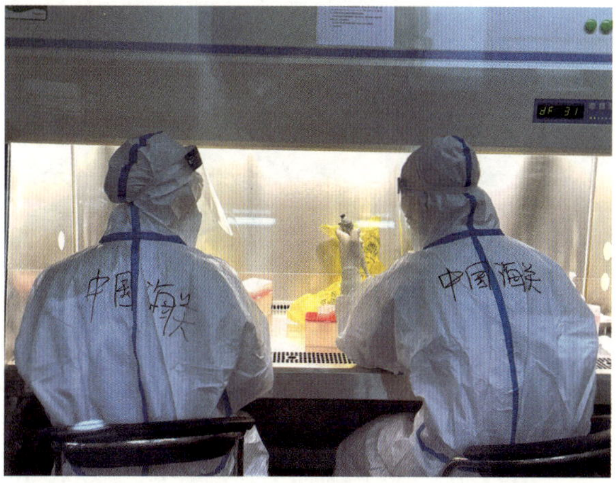

▲2021年10月，保健中心工作人员进行实验室检测

【科技发展】2021年，保健中心在研国家重点研究计划课题2项，“冬奥会口岸传染病监测预警与快速检测技术”已完成冬奥口岸传染病监测与预警信息平台的搭建，研发手持式核酸提取与定量PCR一体化全自动检测设备的配套传染病检测试剂盒1套，获批发明专利7项，软件著作权2项，已发表/录用文章4篇；“冬奥会新冠疫情输入风险评估技术”课题，已完成风险评估报告3份。向北京海关申

报“新型冠状病毒中和抗体水平监测以及核酸筛查技术的研究”课题并已获批立项。

【疾病防治知识宣传】2021年，保健中心组建旅行医学宣讲团走进北京师范大学，将“预防为主”和“人人享有健康服务”的理念传授给在校学生们。组建宣传队，利用“世界防治疟疾日”“世界艾滋病日”开展宣传活动，营造出良好的疾病防治知识宣传氛围。

【标准化质量管理体系】2021年，保健中心以ISO 9001质量管理体系、ISO/IEC 17025实验室认证认可体系以及内控管理体系为支柱，建立完善的管理体系对保健中心业务工作、行政管理工作进行监控；修订质量体系程序文件、操作规程、表格等，每月汇总意见箱及网络意见建议，及时改进工作。

2021年，保健中心深入开展“岗位对接、标准对接、流程对接”的“三对接”工作，进一步明确岗位要求，优化岗位职责，理顺工作流程，提升服务质量。落实政务公开、服务承诺公开和办事程序公开，为顾客提供优质高效的服务。

【安全生产】2021年，保健中心持续做好安全保卫工作。加强对办公大楼出入口的控制，禁止无关人员进入；加强消防设施检查，消除安全隐患；编写《保健中心医疗垃圾的管理制度》，同时对医疗垃圾相关处置环节进行梳理，组织医疗垃圾泄漏及医疗污水故障应急处理演练，对物业保洁及医疗垃圾处理人员进行院感知识培训，迎接环保部门对涉疫医疗垃圾的检查；重大节日前进行全楼安全检查、安全宣贯，编写安保方案，完善各项安全规章制度并严格落实，进行2次消防应急演练及培训，全年未发生安全事故。

【内部防护】2021年，保健中心始终做好内部疫情防护工作，增强个人防护意识、落实防护措施，尤其在人员管控、症状排查、环境消毒等方面持续强化。针对有高风险人员途经保健中心的情况，保健中心按照北京市疾控中心要求，对样本进行复核并做好样本运输工作，配合北京市疾控中心流调人员做好采集样本、密接人员排查。建立严格的风险监测和筛查机制，及时做好样本检测、结果反馈、情况通报及后续处置工作。提升信息化水平，充实一线人员力量，在物资、后勤、交通等方面提供支持。严格执行内部人员每日健康报告、离返京审批和北京健康宝“绿码”上岗制度，强调时刻注意规范个人防护措施，加大自查和监督力度，保证员工健康安全。密切关注全球疫情，加强对从传染病流行地区归国人员的流行病学调查和疾病监测，坚持常备不懈，及时发现可疑病例，报告相关情况，严防重大传染病传入。

【医院感染管理工作】2021年，保健中心为持续做好医院感染管理工作，保护职工健康安全，避免出现传感性疾病的传播，保健中心医院感染管理工作小组根据国务院及国家卫生健康委等发布的相关文件，结合保健中心实际情况，制订相关管理制度汇编并发布，配合组织开展培训、演练工作，对医院感染进行有效预防与控制，确保安全。

【教育培训】2021年，保健中心加强对干部职工的培训工作，组织全中心培训17次，组织部门内部培训6次，涵盖268人次。

（撰稿人：费永亮　焦艳丽　张文玲
胡　婷　高琳婧　刘　汀
张铁钢　李　琼　张秀娟
梁　涛　赵嘉珩　李柔谕
张　奕）

北京海关动物隔离场

【概况】北京海关动物隔离场（以下简称“动物隔离场”）为北京海关所属公益一类事业单位，位于顺义区天竺镇，为国家级动物隔离场，主要职责包括：承担北京口岸进境大中动物和其他动物的隔离检疫、日常巡查、场区消毒、饲养人员管理等工作，协助相关隶属海关开展检疫采样、检疫处理等工作；承担北京口岸进境伴侣动物的接运、隔离检疫、饲养管理和检疫处理等工作；制订并实施进境动物隔离检疫的规章制度、操作规程和防疫计划；负责生产及生活设施的检查、保养、维修和固定资产管理；负责预决算编报、执行、核算、审核和报销等工作。动物隔离场下设综合财务部、业务一部、业务二部、后勤一部、后勤二部 5 个部门，下辖首都机场隔离场和北京大兴国际机场隔离场。

2021 年，动物隔离场按照北京海关总体工作部署，落实新冠肺炎疫情防控各项要求，坚持疫情防控常态化，细化对伴侣动物和大中动物隔离检疫要求，做好动物隔离检疫工作。落实北京海关党委全面从严治党工作要求，推进党风廉政建设和反腐败工作，做好党史学习教育和“现场监管与外勤执法权力寻租”专项整治，推进党支部规范化建设，将北京海关各项工作要求落实到位。

【党的建设】2021 年，动物隔离场坚持以习近平新时代中国特色社会主义思想为指导，把党的政治建设摆在首位，贯彻落实党的重大决策部署、党内监督各项制度，全面履行管党治党主体责任；强化班子成员“一岗双责”，定期分析研判全面从严治党工作情况，按照《全面从严治党工作任务分解表》，坚持马上就办、真抓实干，确保主体责任压力层层传导到位。

2021 年，动物隔离场党支部共召开 4 次廉政专题学习，开展违纪违法典型案例警示教育，全员发放《纪法教育手册》。开展“现场监管与外勤执法权力寻租”专项整治和警示教育月活动，第一时间学习传达会议精神和领导讲话，逐级开展谈心谈话。聚焦节假日期间廉政警示教育工作，要求全体职工注意廉政安全，避免酒驾醉驾和其他违反中央八项规定行为的发生。组织开展部门廉政风险分析，在非执法领域梳理2个廉政风险点并制定防范措施，报送《廉政风险清单》和《专项整治重点关注岗位名单》材料，针对之前发现的问题做好“回头看”工作。紧盯重点领域和关键岗位，定期开展廉政谈心谈话。按照职权法定、权责一致的原则，做好清权确权、查找廉政风险、评定风险等级，制定并修订6项廉政防控制度，明确物品采购的领导审批和按需采购的风险控制，加强公务用车管理，禁止公车私用，并做好《财务审批报销》《政府采购管理》《资金使用会商》《政府采购档案管理》等制度的执行，保障廉政防控体系的通畅运行。

2021年，动物隔离场党支部持续开展支部标准化、规范化建设，完成支部届中调整和支委委员增补工作，做好发展对象和入党积极分子的培养；对照《支部建设对照自查清单》通过合格支部达标验收。在“强基提质”工程中建立“一马当先”支部品牌，以特色业务——隔离检疫动物马、三个同心弧和红飘带为组成图案，寓意本单位动物隔离检疫工作要走在海关系统前列。创建“三心两促”支部工作法，“三心”指：提供优良隔离环境、提升管理水平，用心做好动物隔离检疫工作；规范制度管理，防止动物疫情传播，让国家放心；增设伴侣动物远程探视服务，让主人放心。“两促”指：坚持马上就办、真抓实干，抓实抓紧党建工作，为业务工作提供政治保障，用党建促业务；以业务工作为中心开展党建工作，使业务促党建。全年，与总署研究中心第三党支部、北京海关动植物检疫处党支部等5个党组织开展结对共建活动7次。

【党史学习教育】2021年，动物隔离场党支部按照《北京海关动物隔离场党史学习教育活动实施方案》，共组织开展理论学习12次，召开支委会12次，专题研讨3次，支部书记以“从党史学习中汲取前进力量”为题讲党课，组织全体党员学习《论中国共产党历史》12篇、《习近平新时代中国特色社会主义思想学习问答》12篇和《中国共产党简史》12章，组织观看纪录片《百炼成钢　中国共产党的100年》，激励全体党员把学党史、悟思想作为习惯和追求；组织党员参与总署“党在我心中”和北京市“永远跟党走”党史知识竞赛，与动植物检疫处、数据分中心党支部组成联队参加北京海关“学党史、践初心”庆祝中国共产党成立100周年党史、党务知识竞赛；上报2篇庆祝中国共产党成立100周年理论文章；开展4次红色基地党史学习教育活动，赴西山森林公园无名烈士广场凭吊革命先烈，听老党员讲革命故事，参观陶然亭慈悲庵“先驱者的奋斗——党的早期革命活动”主题展，瞻仰高君宇烈士墓，赴香山革命纪念馆开展“探寻红色资源，叩问初心使命”主题党日活动，组织参观国子监博物馆。

2021年，动物隔离场通过开通伴侣动

物在线远程探视解决宠物主人探视需求、清理隔离舍提供舒适隔离环境和完成岗位聘任解决职工迫切需求等措施，解决群众最迫切希望落实的事情，其中伴侣动物在线远程探视入选北京海关第三批“我为群众办实事”优秀案例。

【大中动物隔离检疫】2021年，动物隔离场完成1批次共9匹来自美国进境种用马匹隔离检疫任务。制定《动物隔离场进境马匹隔离期间疫情防控措施》，对防护物资、人员防护、场区消毒、应急处理、废弃物处置等提出明确要求，要求驻场人员入场前提供3日内新冠病毒核酸检测阴性证明、每日2次体温上报、做好日常个人防护和消毒工作等。7月7日，马匹经采样检测合格、临床检查正常后，45天隔离期满予以放行。

【伴侣动物隔离检疫】2021年，动物隔离场共完成6批次6只伴侣动物的隔离检疫工作。针对伴侣动物有可能携带新冠病毒的风险，严格执行《新冠病毒肺炎期间伴侣动物隔离要求》，在接运、隔离检疫、饲养管理、人员防护、消毒等方面实行严格隔离措施，按《国门生物安全监测方案》做好疫病监测，同时对临床兽医、饲养员等接触动物人员实施动态核酸检测。

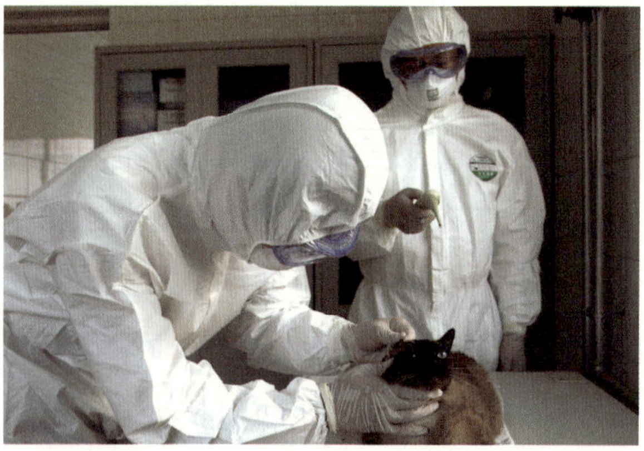

▲2021年8月27日，动物隔离场工作人员对进境伴侣动物进行临床检查

【“智慧隔离场”项目建设】2021年，动物隔离场持续推进信息管理系统和智能化改造项目，先后完成信息管理系统软件开发，硬件安装，以及硬件和软件之间的连接调试工作。年内信息管理系统已经上线运行，可以满足伴侣动物隔离期内远程探视的需求。经过对智能设备的各项功能检查、光线和角度调整及模拟测试工作，伴侣动物主人通过网上提前预约即可与正在隔离检疫的伴侣动物进行视频互动。11月9日，“智慧隔离场”项目通过科技处初次验收。

【课题研究和规程编制】2021年，动物隔离场派员参与由哈尔滨工业大学主持的“生物安全理化防护及复杂环境洗消技术与装备”国家重点研发计划项目课题，参与“生物污染环境消毒技术与装备研发”“综合效能评估和应用示范”2个子课题的相关研究，年内项目通过申报答辩评审并完成预算申报。为防止动物疫情与新冠肺炎疫情叠加，参与编制《入境伴侣动物新型冠状病毒检疫规程》，规范入境伴侣动物检疫监管工作。

2021年，根据《北京海关2021年下半年调研计划》及《北京海关关于加强调查研究工作的具体措施》要求，动物隔离场派员到北京动物园十三陵繁育基地进行调查研究，了解不同种属动物的饲养条件和设施情况，学习工作经验及方法，为拓展动物隔离检疫业务做准备。

【内部防护】2021年，动物隔离场坚持疫情防控常态化，坚持“日报告、零报告”，对干部职工涉疫情况组织进行排查，组织全体职工进行常态化新冠病毒核酸检测，落实疫苗“应接尽接”要求。对新冠肺炎疫情期间外单位人员到访，实行备案审批机制，查验北京健康宝、通信大数据行程卡并进行体温检测。

【财务管理】2021年，动物隔离场严格遵守国家财政政策、上级的各项规章制度及隔离场财务管理内控制度，严格执行“三重一大”报告制度；完成离任领导经济责任审计和2020年度财务收支专项审计；贯彻落实“过紧日子”要求，建立评估机制；完成2020年度中央行政事业单位资产管理绩效评价工作。

【安全生产】2021年，动物隔离场落实“查隐患、防风险、保安全”专项活动要求，梳理细化A类和B类风险责任清单，实施三级管理，责任到人。全员学习新修订的《安全生产法》，强化全员安全责任意识，对重点区域和设备做好日常安全检查，及时排除隐患。开展1次消防安全知识学习和2次应急演练，提升应急处理突发事件能力。

【队伍建设】2021年，动物隔离场配合人事处完成2名中级职称参评申报和4名技术岗位聘任工作。

（撰稿人：申 艳 谭启东 薛 飞
孙敏丽 么 磊 肖 坤
刘 璇 张世勋）

第八篇

大事记

2021 年北京海关大事记

1 月

▲1 日 关长、党委书记高玉潮赴首都机场海关督导检查工作并慰问一线干部职工。

关长、党委书记高玉潮参加首都严格进京管理联防联控协调机制前方指挥部疫情防控和城市运行调度会。

▲4 日 关长、党委书记高玉潮主持召开关长办公会，研究新冠肺炎疫情防控相关工作。

▲5 日 关长、党委书记高玉潮参加首都严格进京管理联防联控协调机制会议。

关长、党委书记高玉潮主持召开关长办公会，研究采样工作。

关长、党委书记高玉潮主持召开北京海关统筹口岸新冠肺炎疫情防控和促进外贸稳增长工作指挥部会议。

▲6 日 党委书记、关长高玉潮参加北京市政府党组理论学习中心组专题学习。

▲11 日 关党委委员集体赴海淀海关调研。

党委书记、关长高玉潮主持召开党委巡察工作领导小组 2021 年第 1 次会议。

关领导高玉潮、尹鹏飞、石文来参加新任处级领导干部集体任前谈话。

▲12 日 关长、党委书记高玉潮参加首都严格进京管理联防联控协调机制会议。

▲14 日 党委书记、关长高玉潮主持召开党委理论学习中心组学习会议，集体学习习近平总书记在中央政治局民主生活会上的重要讲话、习近平总书记在省部级主要负责同志学习十九届五中全会精神研讨班开班式上的重要讲话及中共中央关于加强党的政治建设的意见。

▲15 日 关领导高玉潮、孙仁宏、刘旭、高瑞峰、尹鹏飞、石文来、林劲松、周中华、孙铭辉参加北京市委理论学习中心组（扩大）学习。

关长、党委书记高玉潮主持召开关长办公会，研究支持北京市中小企业发展有关工作。

▲19 日 关长、党委书记高玉潮参加

总署2021年促进贸易便利化专项行动部署会。

关领导高玉潮、孙仁宏、刘旭与中国海关出版社执行董事、经理、党委书记韩钢座谈交流。

▲20日 关长、党委书记高玉潮参加北京市防控领导小组专题会议。

关长、党委书记高玉潮主持召开统筹口岸新冠肺炎疫情防控和促进外贸稳增长工作指挥部扩大会议。

▲21日 关长、党委书记高玉潮参加北京市疫情防控领导小组专题会议。

关长、党委书记高玉潮主持召开北京海关疫情防控专题电视电话会议。

▲22日 关长、党委书记高玉潮参加北京市疫情防控领导小组专题会议。

▲23日 关长、党委书记高玉潮参加北京市疫情防控领导小组专题会议。

党委书记、关长高玉潮主持召开党委2020年度民主生活会。

▲25日 关长、党委书记高玉潮参加北京市疫情防控领导小组专题会议。

关长、党委书记高玉潮召开关长办公会，研究采样相关工作。

▲27日 关长、党委书记高玉潮主持召开关长办公会，研究实验室生物安全管理工作。

▲28日 关领导高玉潮、孙仁宏、刘旭、尹鹏飞、石文来、冷艳梅、林劲松、周中华、孙铭辉在分会场参加2021年全国海关工作会议。

关领导高玉潮、孙仁宏、尹鹏飞、石文来、冷艳梅、林劲松、周中华、孙铭辉在分会场参加2021年全国海关全面从严治党工作会议。

▲29日 关长、党委书记高玉潮主持召开1月形势分析及工作督查例会。

关领导高玉潮、刘旭参加北京市委理论学习中心组学习。

2月

▲1日 关长、党委书记高玉潮以视频形式主持召开2021年北京海关工作会议、全面从严治党工作会议。

关领导高玉潮、孙仁宏、刘旭、尹鹏飞、石文来、冷艳梅、林劲松、周中华、孙铭辉参加2020年北京海关领导班子和署管干部年度考核暨北京海关党委干部选拔任用工作“一报告两评议”。

党委书记、关长高玉潮参加北京海关纪检监察工作会议。

▲3日 关长、党委书记高玉潮参加疫情防控领导小组会暨协调机制会。

▲5日 关领导高玉潮、孙仁宏、石文来、冷艳梅、周中华、孙铭辉参加北京市纪委十二届六次全会。

▲7日 关领导高玉潮、周中华在北京海关分会场参加2021年全国海关缉私工作会议暨全国打私办主任会议。

▲8日 关领导高玉潮、冷艳梅参加首都严格进京管理联防联控协调机制会议。

▲**9日**　党委书记、关长高玉潮主持召开党委扩大会议暨统筹口岸疫情防控和促进外贸稳增长工作指挥部会议。

关领导高玉潮、高瑞峰、林劲松赴海淀海关调研。

关领导高玉潮、高瑞峰赴中国航空集团有限公司交流座谈。

▲**10日**　关领导高玉潮、高瑞峰、孙铭辉陪同北京市副市长杨晋柏到北京海关调研慰问。

关领导高玉潮、高瑞峰、孙铭辉赴首都机场海关督导并慰问一线关员。

▲**11日**　关长、党委书记高玉潮参加市领导“统筹抓好疫情防控和城市运行各项工作，确保春节假期安全有序”视频检查调度。

▲**12日**　倪岳峰署长视频连线慰问首都机场海关一线关员。活动结束后，高玉潮关长通过电话向此次参与保障的工作人员及一线值守关员致以节日问候。

▲**18日**　关长、党委书记高玉潮参加2021年深化“疏解整治促提升”促进首都生态文明与城乡环境建设推动首都高质量发展动员大会。

▲**22日**　党委书记、关长高玉潮主持召开党委扩大会议，传达学习习近平总书记在党史学习教育动员大会上的重要讲话。

关长、党委书记高玉潮参加北京海关二级巡视员徐京生同志光荣退休仪式。

关领导高玉潮、刘旭、高瑞峰、石文来、周中华参加北京市委理论学习中心组学习（扩大）会议。

▲**24日**　关长、党委书记高玉潮参加医药健康产业调度会。

▲**25日**　党委书记、关长高玉潮主持召开北京海关党委理论学习中心组学习暨2021年2月形势分析及工作督查例会。

▲**26日**　关领导高玉潮、孙仁宏、刘旭、尹鹏飞、石文来、冷艳梅、林劲松、周中华、孙铭辉参加驻署纪检监察组“现场监管与外勤执法权力寻租”专项整治工作动员部署视频会议。

3月

▲**1日**　关长、党委委员高玉潮参加北京市突发事件应急委员会第十七次全体会议暨全国两会安全保障工作部署会议。

▲**2日**　关领导高玉潮、高瑞峰参加北京市营商环境调度会。

▲**3日**　关长、党委书记高玉潮赴甜水园办公区检查指导工作。

▲**5日**　关党委委员集体参加2021年北京海关缉私工作会议。

关长、党委书记高玉潮主持召开考核工作推进会。

▲**8日**　关领导高玉潮、孙仁宏、高瑞峰、尹鹏飞、石文来、冷艳梅、林劲松、周中华、孙铭辉与海科中心座谈交流。

▲**10日**　关长、党委书记高玉潮主持召开关长办公会，研究加快推进2021年

度“三大工程”相关工作。

▲11日 关长、党委书记高玉潮与北京经济技术开发区管委会“两区”办生物产业专班和中关村国际生物试剂物流中心（南平台）相关负责人座谈。

▲12日 关长、党委书记高玉潮以视频形式主持召开“现场监管与外勤执法权力寻租”专项整治动员部署会。

关长、党委书记高玉潮主持召开关长办公会，研究部署重点产品调研工作。

关长、党委书记高玉潮参加北京市“两区”工作领导小组第二次会议。

▲15日 关党委委员在北京海关分会场参加全国海关党史学习教育动员大会。

▲16日 总署署长、党委书记倪岳峰出席海科中心挂牌仪式并到北京海关调研，关领导高玉潮、孙铭辉陪同。

关长、党委书记高玉潮参加北京海关“现场监管与外勤执法权力寻租”专项整治工作培训会议。

▲17日 关长、党委书记高玉潮参加首都严格进京管理联防联控协调机制会议。

关领导高玉潮、高瑞峰与北京冬奥组委物流部部长李燕凌一行座谈。

▲18日 关长、党委书记高玉潮主持召开关长办公会，研究“三大工程”推进工作。

▲23日 关长、党委书记高玉潮主持召开北京海关3月形势分析及工作督查例会。

关长、党委书记高玉潮参加北京海关第一期处级干部学习贯彻党的十九届五中全会精神暨党史学习教育专题培训班开班式。

▲25日 关领导高玉潮、尹鹏飞、林劲松与海科中心主任宋悦谦一行座谈。

关领导高玉潮、林劲松与总署财务司副司长赵燕敏一行座谈。

▲29日 关领导高玉潮、林劲松代表北京海关与中信银行北京分行签署合作备忘录。

▲30日 关长、党委书记高玉潮参加2022年冬奥会和冬残奥会北京市运行保障指挥部礼宾及机场协调保障组第一次会议。

关长、党委书记高玉潮主持召开关长办公会，研究配合总署党委巡视工作相关事宜。

▲31日 党委书记、关长高玉潮参加办公室党支部党员大会，听取支部述职报告并进行民主评议党员。

4月

▲1日 关长、党委书记高玉潮参加首都严格进京管理联防联控机制会。

关长、党委书记高玉潮以视频会议形式主持召开北京海关统筹口岸疫情防控及促进外贸稳增长指挥部会议。

关领导高玉潮、孙仁宏、尹鹏飞、冷艳梅、周中华、孙铭辉在北京海关分会场参加全国海关党史学习教育宣讲报告会。

▲**6日**　关长、党委书记高玉潮主持召开关长办公会，听取配合总署党委巡视工作情况。

▲**8日**　关长、党委书记高玉潮主持召开关长办公会，专题研究北京海关促发展相关工作。

▲**9日**　党委书记、关长高玉潮主持召开“学史·铸魂”红色讲坛暨党委理论学习中心组（扩大）学习。

关长、党委书记高玉潮主持召开“现场监管与外勤执法权力寻租”专项整治工作推进会。

▲**12日**　关长、党委书记高玉潮参加北京市区政府工作交流会暨一季度经济形势分析会。

▲**13日**　党委书记、关长高玉潮主持召开总署党委第一巡视组巡视工作动员会及与关党委见面会。

▲**14日**　关长、党委书记高玉潮参加北京海关“我看建党百年新成就”离退休干部座谈会。

▲**15日**　关领导高玉潮、孙铭辉陪同总署口岸监管司司长王军赴北京大兴国际机场海关调研。

▲**16日**　总署党委第一巡视组听取北京海关党委综合情况汇报，党委书记、关长高玉潮主持会议，关党委委员孙仁宏、尹鹏飞、石文来、冷艳梅、林劲松、孙铭辉参加会议。

▲**21日**　关领导高玉潮、尹鹏飞、孙铭辉陪同驻署纪检监察组组长陶治国参加中央纪委国家监委机关党委党支部主题党日活动。

▲**23日**　关长、党委书记高玉潮主持召开北京大兴国际机场综合保税区筹建工作推进会。

▲**25日**　关长、党委书记高玉潮主持召开4月形势分析及工作督查例会。

▲**26日**　关长、党委书记高玉潮参加国务院第四次廉政工作电视电话会议。

▲**27日**　关长、党委书记高玉潮参加第112次市政府常务会议。

关长、党委书记高玉潮参加首都严格进京管理联防联控协调机制会议。

▲**28日**　党委书记、关长高玉潮参加北京海关配合巡视工作专题研究会议。

▲**29日**　关长、党委书记高玉潮赴税管局（京津）、北京朝阳海关调研。

5月

▲**6日**　关领导高玉潮、杨杰、孙仁宏、尹鹏飞、石文来、冷艳梅、林劲松、周中华、孙铭辉参加队列训练。

▲**8日**　关长、党委书记高玉潮参加北京海关重点产品专项调研情况座谈会。

关长、党委书记高玉潮参加大兴机场海关干部工作会议。

▲**11日**　关领导高玉潮、孙仁宏、尹鹏飞、冷艳梅、林劲松、孙铭辉参加北京市委理论学习中心组学习（扩大）会议。

▲**12日**　关领导高玉潮、尹鹏飞参加拟晋升二级巡视员、二级总监、督办职级

人员座谈会。

▲16日　关长、党委书记高玉潮主持召开北京海关统筹口岸疫情防控和促进外贸稳增长工作指挥部专题会议。

▲17日　关长、党委书记高玉潮参加首都严格进京管理联防联控协调机制会议。

▲18日　关长、党委书记高玉潮主持召开关长办公会，研究新冠肺炎疫情防控有关工作。

关长、党委书记高玉潮参加“北京国际讲堂”。

▲20日　关长、党委书记高玉潮参加北京市领导调研北京大兴国际机场临空经济区建设工作。

关长、党委书记高玉潮与北京口岸协会秘书长王立刚座谈。

关长、党委书记高玉潮主持召开关长办公会，研究新冠肺炎疫情防控有关工作。

▲21日　关长、党委书记高玉潮主持召开新冠肺炎疫情防控工作推进会。

关领导高玉潮、尹鹏飞、孙铭辉参加首都机场海关干部工作会。

关领导高玉潮、尹鹏飞参加天竺海关干部工作会。

▲24日　关长、党委书记高玉潮主持召开北京海关统筹口岸疫情防控和促进外贸稳增长工作指挥部专题会议。

海关总署党委第一巡视组、选人用人巡视检查组听取北京海关党委选人用人和从严管理监督干部情况汇报。关领导高玉潮、尹鹏飞参加会议。

▲25日　关领导高玉潮、杨杰、石文来、冷艳梅、林劲松参加北京海关科技周活动。

关领导高玉潮、尹鹏飞、石文来参加副处级领导干部集体任前谈话。

关领导高玉潮、孙铭辉参加亦庄海关干部工作会议。

▲27日　关领导高玉潮、杨杰、孙仁宏、尹鹏飞、林劲松参加北京市委理论学习中心组学习。

▲28日　关长、党委书记高玉潮主持召开北京海关5月形势分析及工作督查例会。

党委书记、关长高玉潮主持召开北京海关党委巡察工作领导小组2021年第2次会议。

6月

▲1日　关长、党委书记高玉潮参加第116次北京市政府常务会议。

关长、党委书记高玉潮同北京市经济和信息化局座谈。

关领导高玉潮、孙铭辉参加北京市营商环境调度会。

▲2日　关领导高玉潮、杨杰、孙仁宏、尹鹏飞、冷艳梅、林劲松、孙铭辉参加全国深化“放管服”改革着力培育和激发市场主体活力电视电话会议。

▲4日　关领导高玉潮、杨杰听取风

险排查有关工作情况汇报。

关长、党委书记高玉潮主持召开北京海关统筹口岸疫情防控和促进外贸稳增长工作指挥部会议。

▲9日　总署开展对北京海关的新冠肺炎疫情防控专项督查。关领导高玉潮、尹鹏飞、冷艳梅陪同参加。

关领导高玉潮、杨杰、石文来参加北京海关“查隐患、防风险、保安全”专项行动部署动员暨迎接驻署纪检监察组“现场监管与外勤执法权力寻租”专项整治实地检查工作部署视频会。

▲10日　关领导高玉潮、孙仁宏、尹鹏飞、石文来、冷艳梅、林劲松、周中华参加北京市委理论学习中心组学习（扩大）会议。

▲11日　关长、党委书记高玉潮参加中国共产党成立100周年庆祝活动北京市服务保障动员部署会议。

▲15日　关领导高玉潮、孙仁宏、尹鹏飞、冷艳梅、林劲松、周中华在光华路办公区分会场参加全国海关党史学习教育专题党课。

关长、党委书记高玉潮两次主持召开北京海关统筹口岸疫情防控和促进外贸稳增长工作指挥部会议。

关领导高玉潮、冷艳梅、孙铭辉参加全国海关疫情防控工作电视电话会议。

▲16日　关长、党委书记高玉潮主持召开驻署纪检监察组“现场监管与外勤执法权力寻租”专项整治实地检查组见面沟通会。

关长、党委书记高玉潮主持召开北京海关统筹口岸疫情防控和促进外贸稳增长工作指挥部专题会。

关长、党委书记高玉潮以“四不两直”方式督导首都机场海关内部防护及“七一”海关安保工作。

▲17日　关长、党委书记高玉潮在北京会议中心主会场参加北京市“三优一先”表彰大会。

关领导高玉潮、冷艳梅参加首都严格进京管理联防联控协调机制会议。

关长、党委书记高玉潮主持召开财务专题会议。

▲18日　党委书记、关长高玉潮及全体关党委委员现场观赛指导北京海关“学党史、践初心”庆祝中国共产党成立100周年党史、党务知识竞赛决赛。

▲21日　关领导高玉潮、尹鹏飞参加北京海关“光荣在党50年”纪念章颁发仪式。

关长、党委书记高玉潮参加北京冬奥组委暨北京市运行保障指挥部第4次调度会及2021年第3次主席办公会。

▲22日　党委书记、关长高玉潮讲“七一”专题党课。

▲23日　总署党委书记、署长倪岳峰赴基层联系点中关村海关原产地管理科党支部调研指导党史学习教育。关领导高玉潮、尹鹏飞陪同调研并参加座谈。

▲24日　党委书记、关长高玉潮主持

召开党委（扩大）会议，传达学习倪岳峰署长赴中关村海关调研指导党史学习教育时的讲话精神，研究贯彻意见。

▲25日 关长、党委书记高玉潮主持召开6月形势分析及工作督查例会。

关长、党委书记高玉潮主持召开北京海关统筹口岸疫情防控和促进外贸稳增长工作指挥部会议。

▲28日 关领导高玉潮、周中华现场观看庆祝中国共产党成立100周年文艺演出。

▲29日 关长、党委书记高玉潮陪同总署副署长孙玉宁、北京市副市长杨晋柏一行赴天竺综合保税区调研。

▲30日 关长、党委书记高玉潮赴首都机场海关现场督导。

关领导高玉潮、尹鹏飞、石文来、冷艳梅、林劲松、孙铭辉参观"党旗耀京关"基层党建品牌展示。

7月

▲1日 关领导高玉潮、周中华在现场参加庆祝中国共产党成立100周年大会。

▲2日 党委书记、关长高玉潮主持召开党委（扩大）会议，传达学习习近平总书记在庆祝中国共产党成立100周年大会上的重要讲话精神。

▲6日 关领导高玉潮、孙仁宏、石文来、冷艳梅、林劲松、孙铭辉赴北大红楼集体学习。

▲8日 关领导高玉潮、尹鹏飞、石文来、冷艳梅、林劲松、周中华、孙铭辉参加海关总署加强新冠肺炎疫情安全防护工作视频会。

关长、党委书记高玉潮主持召开关务会、统筹口岸疫情防控和促进外贸稳增长工作指挥部会议。

关领导高玉潮、孙铭辉与首都机场集团有限公司董事长、党委书记王长益座谈。

▲9日 关长、党委书记高玉潮参加第120次市政府常务会议。

▲12日 关长、党委书记高玉潮参加市委财经委专题会议。

▲13日 关领导高玉潮、孙铭辉参加北京市人民政府营商环境专题调度会。

▲13—16日 党委书记、关长高玉潮主持召开党史学习教育专题读书班暨党委理论学习中心组（扩大）学习会议。

▲14日 关长、党委书记高玉潮参加首都严格进京管理联防联控协调机制会议。

关领导高玉潮、林劲松陪同总署财务司司长王新平拜会北京市财政局局长吴素芳。

▲15日 关长、党委书记高玉潮主持召开党史学习教育汇报会。

▲20日 关长、党委书记高玉潮主持召开配合审计工作专题办公会。

▲21日 关领导高玉潮、孙铭辉与中国邮政集团有限公司副总经理温少祺

座谈。

▲22 日　关领导高玉潮、孙仁宏、石文来、冷艳梅、林劲松、周中华参加北京市委理论学习中心组学习（扩大）会议。

▲23 日　关长、党委书记高玉潮参加中国共产党北京市第十二届委员会第十七次全体会议。

▲24 日　关长、党委书记高玉潮参加“推进北京国际消费中心城市建设”现场推进会。

▲26 日　党委书记、关长高玉潮主持召开党委会议，专题研究总署党委第一检查组专项整治发现问题整改工作。

党委书记、关长高玉潮主持召开党委会议，迅速学习传达全国海关纪检机构“精准规范问责、强化政治责任”视频会议精神。

▲27 日　关长、党委书记高玉潮参加第 123 次市政府常务会议。

▲30 日　关长、党委书记高玉潮主持召开 7 月形势分析及工作督查例会。

关长、党委书记高玉潮参加北京海关一级巡视员刘旭同志退休仪式。

8 月

▲4 日　驻署纪检监察组组长、总署党委巡视工作领导小组副组长陶治国出席总署党委第一巡视组巡视北京海关党委情况反馈会议。高玉潮关长代表北京海关党委作表态发言。关党委委员参加会议。

驻署纪检监察组组长、总署党委委员陶治国在北京海关听取关党委全面从严治党工作汇报并调研。关党委全体参加会议。

▲5 日　党委书记、关长高玉潮主持召开党委会，迅速传达学习陶治国组长调研讲话精神，专题研究部署贯彻落实举措。

▲6 日　关领导高玉潮、孙仁宏、尹鹏飞、石文来、冷艳梅、林劲松、周中华参加全国海关疫情防控工作视频会议。

关长、党委书记高玉潮主持召开北京海关统筹口岸疫情防控和促进外贸稳增长工作指挥部（扩大）会议暨疫情防控工作动员部署会。

关领导高玉潮、林劲松、孙铭辉同顺义区区长、区委副书记龚宗元座谈。

▲11 日　关长、党委书记高玉潮参加办公室第一党小组党史学习教育专题组织生活会。

▲13 日　关领导高玉潮、孙铭辉与大兴区委副书记、区长、临空区管委会主任王有国一行座谈，双方共同签署合作备忘录。

▲19 日　关长、党委书记高玉潮主持召开 8 月形势分析及工作督查例会暨巡视整改动员会。

关领导高玉潮、冷艳梅、林劲松、孙铭辉参加海关事业单位所属企业脱钩工作视频会议。

关领导高玉潮、周中华参加进一步打击治理“水客”走私健全长效机制视频会议。

▲23日 关领导高玉潮、孙仁宏、尹鹏飞、石文来、冷艳梅、周中华在北京海关分会场参加全国海关学习贯彻习近平总书记“七一”重要讲话精神宣讲报告会视频会议。

▲26日 中央政治局委员、北京市委书记蔡奇，总署署长、党委书记倪岳峰，北京市委副书记、市长陈吉宁赴首都国际机场调研。关长、党委书记高玉潮陪同调研。

▲30日 关领导高玉潮、孙铭辉参加北京市冬奥会专题工作会。

9月

▲1日 关党委全体在北京海关分会场参加总署举办的学习贯彻习近平总书记“七一”重要讲话精神读书班暨宣讲交流会。

关领导高玉潮、尹鹏飞在北京海关分会场参加全国海关党建工作专题培训第一单元动员部署会议。

▲7日 党委书记、关长高玉潮主持召开巡视整改专题民主生活会。

▲10日 关长、党委书记高玉潮参加北京海关一级巡视员马元林同志光荣退休仪式。

▲13日 党委书记、关长高玉潮主持召开专题党委会研究巡视整改工作。

▲24日 关领导高玉潮、孙仁宏、尹鹏飞、冷艳梅、周中华、孙铭辉参加北京市委理论学习中心组学习。

▲26日 关长、党委书记高玉潮主持召开北京海关9月形势分析及工作督查例会暨关务扩大会、全面从严治党推进会。

10月

▲10日 关长、党委书记高玉潮带队赴首都机场P2实验室督导检查并慰问。

▲12日 关领导高玉潮、尹鹏飞陪同天津特派办党委委员、副主任孔忠督导检查北京海关巡视整改阶段性完成情况。

▲14日 关长、党委书记高玉潮主持召开关长办公会，研究巡视整改工作。

▲15日 党委书记、关长高玉潮参加北京市“以案为鉴、以案促改”警示教育大会。

▲18日 关长、党委书记高玉潮在二级指挥中心调研同方威视公司自助验核一体机样机开发应用情况。

▲20日 总署副署长、政治部主任胡伟赴北京海关参加党史学习教育中央第二十一指导组与中关村海关原产地管理科党支部联学联建活动。关领导高玉潮、尹鹏飞陪同参加。

▲21日 关领导高玉潮、孙仁宏、尹鹏飞，一级巡视员徐福华参加北京市委理论学习中心组（扩大）学习。

▲27日 关长、党委书记高玉潮在首都机场海关主持召开北京海关统筹口岸疫情防控和促进外贸稳增长工作指挥部专题会议。

▲**28日** 关长、党委书记高玉潮主持召开10月形势分析及工作督查例会暨关务扩大会。

▲**29日** 关领导高玉潮、尹鹏飞、冷艳梅、孙铭辉参加全国海关疫情防控工作视频会议。

11月

▲**2日** 关领导高玉潮、冷艳梅、孙铭辉参加总署卫生检疫司视频研讨会。

▲**3日** 关领导高玉潮、周中华参加2021年北京市打击走私综合治理领导小组成员单位联席会议。

▲**11日** 关长、党委书记高玉潮主持召开北京大兴国际机场综合保税区工作推进会。

▲**12日** 党委书记、关长高玉潮主持召开党委（扩大）会，传达学习党的十九届六中全会精神。

▲**22日** 关党委全体参加北京市十九届六中全会精神宣讲报告会。

▲**25日** 关领导高玉潮、李春风、孙仁宏、尹鹏飞、石文来、林劲松、周中华参加总署党委理论学习中心组（扩大）学习暨党的十九届六中全会精神专题学习班开班动员会。

关领导高玉潮、李春风、孙仁宏、尹鹏飞、石文来参加北京市委理论学习中心组学习（扩大）会议。

▲**26日** 关长、党委书记高玉潮主持召开11月形势分析及工作督查例会暨关务扩大会。

关领导高玉潮、孙铭辉陪同北京市副市长杨晋柏拜会总署副署长孙玉宁。

▲**30日** 总署副署长、党委委员孙玉宁到北京海关调研北京冬奥会疫情防控和通关服务保障工作。关领导高玉潮、孙铭辉陪同。

12月

▲**1日** 关领导高玉潮、李春风、孙仁宏、尹鹏飞、石文来、冷艳梅、周中华、孙铭辉参加总署党委理论学习中心组（扩大）学习暨党的十九届六中全会精神专题学习班宣讲会。

▲**2日** 党委书记、关长高玉潮主持召开党委理论学习中心组（扩大）学习，深入学习习近平法治思想和宪法相关知识。

▲**6日** 党委书记、关长高玉潮主持召开北京海关党委理论学习中心组（扩大）学习暨党的十九届六中全会精神专题学习班宣讲会。

▲**7日** 党委书记、关长高玉潮主持召开党委理论学习中心组学习，开展党的十九届六中全会专题研讨。

▲**8日** 关领导高玉潮、李春风、石文来、冷艳梅、林劲松参加北京海关新核心机房启动仪式。

▲**9—10日** 驻署纪检监察组组长、总署党委委员王林赴北京海关调研全面从严治党、疫情防控和北京冬奥会通关服务

保障工作。关领导高玉潮、石文来、孙铭辉陪同。

▲**13 日** 党委书记、关长高玉潮主持召开北京海关党委巡察工作领导小组 2021 年第 3 次会议。

▲**14 日** 党委书记、关长高玉潮主持召开北京海关党委理论学习中心组（扩大）学习暨党的十九届六中全会精神专题学习班集中学习、交流研讨会。

▲**17 日** 党委书记、关长高玉潮参加基层联系点首都机场海关查验处查验一科党支部主题党日活动。

▲**21 日** 关长、党委书记高玉潮主持召开 12 月形势分析及工作督查例会暨关务扩大会、隶属海关党委书记述责述廉述党建评议会。

▲**22 日** 总署党委书记、署长倪岳峰在中关村海关调研，并通过视频连线方式听取首都机场海关口岸疫情防控、冬奥会通关服务保障及一线关员情况汇报，连线慰问首都机场海关关员。关领导高玉潮、尹鹏飞陪同调研。

▲**23 日** 关长、党委书记高玉潮主持召开关长办公会，研究冬奥会保障有关工作。

▲**24 日** 关领导高玉潮、孙铭辉陪同总署党委书记、署长倪岳峰赴北京首钢园和北京大兴国际机场综合保税区调研。

▲**28 日** 关领导高玉潮、李春风、孙仁宏、尹鹏飞、石文来、冷艳梅、林劲松参加直属海关单位党委书记述责述廉述党建会议。

▲**29 日** 总署副署长、党委委员王令浚在北京海关调研，实地察看核心机房机柜冷通道和监控室，赴北京冬奥会主物流中心和首都机场海关了解冬奥会物资通关保障、防疫物资储备和冬奥会通关设备等情况。关领导高玉潮、林劲松陪同。

▲**30 日** 关长、党委书记高玉潮参加北京培育建设国际消费中心城市领导小组第一次全体会议。

▲**31 日** 关领导高玉潮、李春风、孙仁宏、尹鹏飞、石文来、冷艳梅、林劲松参加全国海关党史学习教育总结视频会议。

第九篇

附录

2021年北京海关公告

中华人民共和国北京海关
公　告

2021年　第1号

为贯彻落实党中央、国务院关于进一步优化营商环境的重要部署，进一步提升北京口岸跨境贸易便利化水平，特制定以下措施：

一、持续推进简化单证，提升审批备案速度

1. 巩固加强精简报关随附单证改革成效。

继续落实精简报关随附单证的相关措施，企业进口申报环节免予提交合同、装箱单，出口申报环节免予提交合同、发票、装箱单等商业单证。

2. 进一步提升进口检疫审批速度。

全面实施进境（过境）动植物及其产品检疫审批无纸化，对合规的审批申请，原则上3个工作日内完成直属关级核准。对肉类、冰鲜水产品、巴氏杀菌乳等生鲜产品给予优先审批。

3. 大力压缩进口涂料备案办理时间。

将《进口涂料备案申请受理情况通知书》的办理时限压缩在4个工作日内，将《进口涂料备案书》或书面通知备案申请人的办理时限压缩在2个工作日内完成。

4. 进一步提升通关无纸化水平。

进一步推广应用电子版《入境货物检验检疫证明》。企业进口报关时选择申领《入境货物检验检疫证明》的，可在线查询《入境货物检验检疫证明》电子信息。

二、持续推进通关改革，提升通关效率

5. 深化“两步申报”模式改革。

支持鼓励企业采用“两步申报”模式、“提前申报+两步申报”模式报关，有效发挥“提前申报+两步申报+汇总征税”政策叠加优势。

6. **推进“两段准入”监管模式改革。**

在北京关区全面实施进口“两段准入”监管改革。对于符合条件的货物，企业可申请实施转场检查、附条件提离和口岸目的地合并检查。

7. **优化海关查验作业模式。**

继续实施疫情防控期间收发货人可免到场查验，推行灵活查验，对于有特殊运输要求的货物，灵活采取预约查验、下厂查验、入库查验等方式，减少货物搬倒和企业查验等待时间。

8. **优化食品化妆品样品检验监管。**

对进口食品化妆品样品，用于备案注册、研发测试、贸易展示等用途的食品化妆品，除涉及检疫要求外，可免予加贴中文标签、免予抽样检测、免予提供卫生评价资料，备案注册、研发测试用途样品免予提供进口保健食品批准证书和进口非特殊用途化妆品备案凭证或进口特殊用途化妆品行政许可批件。

9. **推进卫生检疫特殊物品监管创新。**

依托中关村检验检疫试验区，实施低风险特殊物品智能审批，特殊物品监管系统核对产品信息后自动完成审批。创新科研用高风险样本风险评估模式。对其进口急需使用的、小批量科研用样本采取快速风险评估模式；简化非商品化样本或实验室交换样本风险评估材料要求。

10. **优化关税技术服务。**

全面推行归类、价格、原产地预裁定服务，引导企业合法合规申报。同时创新涉税前置审核制度，探索因关税技术原因“首错不罚”机制，充分保障守法企业权益。

11. **推进应用通关环节“第三方采信”制度。**

对于进口汽车零部件、电池等需要采样送实验室检测的，可凭第三方认证、检测报告或企业质量安全自我声明快验快放，进一步降低送实验室检测比例。继续对免予办理强制性产品认证的进口汽车零部件实施“先声明、后验证”。

12. **引导企业主动披露违规行为。**

企业主动向海关书面报告其违反海关监管规定的行为并接受海关处理，经海关认定为主动披露的，可从轻、减轻处罚或依法免于处罚。企业通过自查发现少缴或漏缴税款并主动补缴，经海关认定为主动披露的，可依法减免税款滞纳金。

13. **开通冬奥会物资报关绿色通道。**

为2022年冬奥会、冬残奥会等国际活动设立物资通关服务专区，实现即查即放。

三、持续推进口岸协同，加强跨地区通关协作

14. **创新“双枢纽”特色监管模式。**

依托“双枢纽”国际航空机场优势，完善双备降进境航班处置监管流程，建立“一地两场”备降航班应急处置联系机制，提高北京地区航空运输效率。

15. **实施高级认证企业便利化措施互通共享。**

实施京津两地海关高级认证企业便利化措施互认，实现两地高级认证企业免担保等优惠待遇跨关区共享。加强企业信用培育，进一步扩大AEO高级认证企业数量。增设AEO认证企业专用通关窗口，委派专人负责解决突发问题，为AEO认证企业提供精准服务。

16. **支持跨境电商等新业态发展。**

对跨境电商B2B出口，推出“一次登记、一点对接、便利通关、简化申报、优先查验、允许转关、便捷退货”等便利措施。鼓励北京企业通过天津港开展跨境电商B2B出口。支持天津企业通过北京空港开展跨境电商B2C出口。

以上措施自公告发布之日起施行。

特此公告。

北京海关

2021年2月10日

中华人民共和国北京海关
公　告

2021 年　第 2 号

为贯彻落实党中央、国务院关于优化营商环境、促进跨境贸易便利化的重要指示精神，按照《中华人民共和国海关事务担保条例》《中华人民共和国海关进出口货物征税管理办法》和《中华人民共和国海关企业信用管理办法》相关规定，北京海关决定进一步扩大高级认证企业申请免除税款担保试点工作规模。现将有关事项公告如下：

一、北京奔驰汽车有限公司等 100 家海关 AEO 高级认证企业（名单详见附件）可向注册地海关申请参与免除税款担保试点工作，经海关审核通过后，企业作为报关单上的进出口收发货人，可凭企业保证函（参考格式详见附件）办理特定海关业务。

二、免除税款担保试点工作业务范围包括：暂时进出境货物、进境修理货物、正在海关办理减免税审核确认手续的货物、进口租赁货物、进口公式定价货物税款担保的差额部分。

三、参与试点企业发生信用等级下调、被暂停高级认证企业管理措施、担保业务逾期未办理、涉嫌走私违规、欠税等情形的，海关停止其免除税款担保试点资格。

四、北京海关每半年对试点工作成效开展评估，参与试点企业应配合注册地海关做好相关工作。

本公告自发布之日起实施。

特此公告。

附件：1．北京海关高级认证企业免除税款担保试点企业名单（2021 年 2 月）

2．北京海关高级认证企业免除税款担保试点业务专用保证函

北京海关

2021 年 2 月 10 日

附件 1

北京海关高级认证企业免除税款担保试点企业名单（2021 年 2 月）

序号	海关编码	企业中文名称	注册海关
1	1113230149	北京奔驰汽车有限公司	亦庄海关
2	1111640012	SMC（北京）制造有限公司	天竺海关
3	1113240003	SMC（中国）有限公司	亦庄海关
4	1113240171	艾尼克斯电子（北京）有限公司	亦庄海关
5	1113240355	拜耳医药保健有限公司	亦庄海关
6	1105941016	宝马（中国）汽车贸易有限公司	北京朝阳海关
7	1105931251	北京 ABB 电气传动系统有限公司	北京朝阳海关
8	1113210076	北京北方华创微电子装备有限公司	亦庄海关
9	1114930278	北京博格华纳汽车传动器有限公司	通州海关
10	1113230073	北京德尔福万源发动机管理系统有限公司	亦庄海关
11	1108330170	北京发那科机电有限公司	中关村海关
12	1105930284	北京飞机维修工程有限公司	顺义海关
13	1112910071	北京福田国际贸易有限公司	海淀海关
14	111036000B	北京高盟新材料股份有限公司	丰台海关
15	1108910135	北京和利时系统工程有限公司	中关村海关
16	1114910083	北京华腾橡塑乳胶制品有限公司	通州海关
17	11132604ZX	北京集创北方科技股份有限公司	亦庄海关
18	1111930549	北京嘉寓门窗幕墙股份有限公司	顺义海关
19	1113260079	北京京东方茶谷电子有限公司	亦庄海关
20	1113230109	北京京东方光电科技有限公司	亦庄海关
21	1113210067	北京京东方视讯科技有限公司	亦庄海关
22	1113210065	北京京东方显示技术有限公司	亦庄海关
23	1106330035	北京科园信海医药经营有限公司	丰台海关
24	1102930048	北京松下普天通信设备有限公司	顺义海关
25	1102930399	北京索爱普天移动通信有限公司	顺义海关
26	1113230169	北京泰德制药股份有限公司	亦庄海关
27	1113240051	北京通用电气华伦医疗设备有限公司	亦庄海关
28	11139611AV	北京维冠机电股份有限公司	亦庄海关
29	1108341030	北京西门子西伯乐斯电子有限公司	中关村海关
30	1111940142	北京现代摩比斯汽车零部件有限公司	顺义海关

续表

序号	海关编码	企业中文名称	注册海关
31	1111930468	北京现代汽车有限公司	顺义海关
32	1116940058	北京星宇车科技有限公司	平谷海关
33	1108330944	北京兆易创新科技股份有限公司	中关村海关
34	1113960322	北京中石伟业科技股份有限公司	亦庄海关
35	1110960253	北京中用汽车配件有限公司	丰台海关
36	1112910027	北汽福田汽车股份有限公司	海淀海关
37	1108919158	北新建材集团有限公司	中关村海关
38	1114940344	博格华纳汽车零部件（北京）有限公司	通州海关
39	1113240236	博世力士乐（北京）液压有限公司	亦庄海关
40	1105941678	戴姆勒东北亚零部件贸易服务有限公司	北京朝阳海关
41	1113230236	冠捷显示科技（中国）有限公司	亦庄海关
42	1105919117	国航进出口有限公司	北京朝阳海关
43	1111610005	国药空港（北京）国际贸易有限公司	天竺海关
44	1111930513	翰昂汽车零部件（北京）有限公司	顺义海关
45	1113230200	航卫通用电气医疗系统有限公司	亦庄海关
46	1111660114	火凤凰（北京）国际艺术品展览服务有限公司	天竺海关
47	11059409DU	佳能（中国）有限公司	北京朝阳海关
48	1111960179	江河创建集团股份有限公司	顺义海关
49	1113240239	康宁显示科技（中国）有限公司	亦庄海关
50	1111660014	科园信海（北京）医疗用品贸易有限公司	天竺海关
51	1111940074	罗森伯格亚太电子有限公司	顺义海关
52	1115940019	玛氏食品（中国）有限公司	顺义海关
53	1111930547	尼得科压缩机（北京）有限公司	顺义海关
54	1113340002	纽朗包装机械（北京）有限公司	亦庄海关
55	1105910279	瑞钢联集团有限公司	北京朝阳海关
56	1108941142	瑞萨半导体（北京）有限公司	中关村海关
57	1108310286	赛尔网络有限公司	中关村海关
58	1105941006	三星（中国）投资有限公司	北京朝阳海关
59	1108340289	神州数码（中国）有限公司	中关村海关
60	1113240081	松下电气机器（北京）有限公司	亦庄海关
61	1105940705	松下电器（中国）有限公司	北京朝阳海关
62	1105940406	索尼（中国）有限公司	北京朝阳海关
63	1113930382	铁科克诺尔干线铁路车辆制动盘制造（北京）有限公司	亦庄海关
64	1113240203	瓦里安医疗设备（中国）有限公司	亦庄海关
65	1118940040	万都（北京）汽车底盘系统有限公司	平谷海关

续表

序号	海关编码	企业中文名称	注册海关
66	1111940105	威乐（中国）水泵系统有限公司	顺义海关
67	1113240064	威讯联合半导体（北京）有限公司	亦庄海关
68	1105940311	西门子（中国）有限公司	北京朝阳海关
69	1108940996	小米通讯技术有限公司	中关村海关
70	1108919289	中广核铀业发展有限公司	中关村海关
71	1107919018	中国北方车辆有限公司	海淀海关
72	1102919020	中国船舶重工国际贸易有限公司	北京西城海关
73	1102919315	中国电建集团海外投资有限公司	中关村海关
74	1108919082	中国电子进出口国际电子服务股份有限公司	中关村海关
75	1108919118	中国电子器材有限公司	中关村海关
76	1101919021	中国纺织机械和技术进出口有限公司	北京朝阳海关
77	1101919251	中国港湾工程有限责任公司	北京东城海关
78	1105919023	中国国际石油化工联合有限责任公司	北京朝阳海关
79	1108919052	中国国际图书贸易集团有限公司	中关村海关
80	1102919044	中国国际医药卫生公司	北京西城海关
81	1108919071	中国技术进出口集团有限公司	中关村海关
82	1108919299	中国建筑股份有限公司	中关村海关
83	1108919225	中国进口汽车贸易有限公司	中关村海关
84	1101919250	中国路桥工程有限责任公司	北京东城海关
85	111391009E	中国南航集团进出口贸易有限公司北京分公司	亦庄海关
86	1102919153	中国能源工程股份有限公司	北京西城海关
87	1102919059	中国石油工程建设有限公司	北京西城海关
88	1102919123	中国石油物资有限公司	北京西城海关
89	11089697DW	中国水电建设集团国际工程有限公司	中关村海关
90	1108919226	中国医药对外贸易公司	中关村海关
91	1108919068	中国仪器进出口集团有限公司	中关村海关
92	1102919056	中国原子能工业有限公司	北京西城海关
93	1108919017	中国重型机械有限公司	中关村海关
94	1106919249	中海油中石化联合国际贸易有限责任公司	丰台海关
95	1113219005	中航技进出口有限责任公司	亦庄海关
96	1108919426	中建材国际贸易有限公司	中关村海关
97	1113230225	中芯北方集成电路制造（北京）有限公司	亦庄海关
98	1113240108	中芯国际集成电路制造（北京）有限公司	亦庄海关
99	1105919192	中信金属股份有限公司	北京朝阳海关
100	1113240331	住化华北电子材料科技（北京）有限公司	亦庄海关

附件 2

北京海关高级认证企业免除税款担保
试点业务专用保证函

编号：__________

企业名称：

海关十位编码：

法定代表人：

或授权代理人：

地址：

联系电话：

________海关：

按照北京海关高级认证企业申请免除税款担保试点工作有关规定，我司特向贵关提供如下保证：

一、我司兹开立以贵关为唯一受益人，总金额为不超过人民币________元（大写）________（小写）的不可撤销保证文书，为我司办理________海关事务的________应税货物需缴纳的海关税款、滞纳金承担保证责任。

二、本保证文书自________年____月____日起开始生效，有效期至________年____月____日。本保证文书对上述有效期届满前已发生的法律义务在有效期届满后 180 天内依然有效。

三、本保证文书有效期内，我司承诺将严格按照海关的法律法规及管理制度履行法律义务，及时办理通关手续，按期缴纳税款及滞纳金。

四、本保证文书不得转让，不可撤销，不得贴现，不得用于抵押。我司对除贵关以外的任何组织或个人不承担保证责任。

（业务办理联系人：________ 联系方式：____________）

保证人（公章）

法定代表人或授权代理人（签字或签印）

年 月 日

中华人民共和国北京海关
公　告

2021 年　第 3 号

为进一步规范海关事务担保业务，现暂停高级认证企业申请免除税款担保试点工作。相关担保业务按照现行法律、行政法规有关规定办理。

本公告自发布之日起施行。

特此公告。

北京海关

2021 年 8 月 27 日

中华人民共和国北京海关
公　告

2021年　第4号

为支持办好中国国际服务贸易交易会，落实《财政部　海关总署　税务总局关于中国国际服务贸易交易会展期内销售的进口展品税收政策的通知》（财关税〔2021〕42号）的相关规定，现将2021年至2023年期间举办的中国国际服务贸易交易会（以下简称“服贸会”）展期内销售的进口展品享受税收优惠政策操作指引公告如下：

一、展期内销售的进口展品申请

展商通过北京市国际服务贸易事务中心指定的有关单位向北京市国际服务贸易事务中心一次性提出展期内销售进口展品申请。展商应提供以下材料：

（一）参展展品报关相关信息材料；

（二）展期内销售进口展品清单目录；

（三）展商所在展馆展位；

（四）销售合同、协议等；

（五）组展单位对展商参展确认函；

（六）北京市国际服务贸易事务中心认为应该提供的其他文件或材料。

二、申请受理及确认

北京市国际服务贸易事务中心应对展商提交的申请内容及材料进行审核，同时对照“服贸会”展期内销售的进口展品税收政策文件进行确认。经北京市国际服务贸易事务中心确认的，出具《中国国际服务贸易交易会享受税收优惠政策展品确认清单》（以下简称《确认清单》，具体格式详见附件1）、《中国国际服务贸易交易会进境物资证明函》（以下简称《物资证明函》，具体格式详见附件2），并加盖北京市国际服务贸易事务中心公章。

三、海关申报

北京市国际服务贸易事务中心指定的有关单位持《确认清单》《物资证明函》及相关报关单证，统一以有纸形式向海关进行申报。报关单填制规范如下：

（一）境内收货人填写为：北京市国

际服务贸易事务中心指定的有关单位的名称；

（二）境外发货人填写为：《确认清单》所列展商或北京市国际服务贸易事务中心确定的其他参展企业；

（三）监管方式填写为：一般贸易（代码：0110）；

（四）征免性质填写为：服贸会留购展品（代码：926）；

（五）征减免税方式填写为：特案（代码：4）；

（六）备注栏中应注明：《确认清单》相应编号。

以展览品形式进境并在展期内销售展品的报关，由北京会展中心海关统一受理。

四、海关办理通关手续

北京会展中心海关对《确认清单》《物资证明函》中的内容进行审核确认，按照现有规定审核报关单及随附单证，符合政策规定的审核通过，并免税放行。经审核不符合享受税收优惠政策规定的，按照现行有关规定办理进口通关、征税手续。

五、通关保障联络人及联系方式

马 立 北京海关关税处征管二科 85736441

殷 喆 北京海关行邮监管处暂时进出境监管科 85736594

高 举 北京会展中心海关展览品监管一科 85735980

王 乐 北京市国际服务贸易事务中心 13811217684

特此公告。

附件：1. 中国国际服务贸易交易会享受税收优惠政策展品确认清单

2. 中国国际服务贸易交易会进境物资证明函

北京海关

2021 年 9 月 3 日

附件 1

中国国际服务贸易交易会享受税收优惠政策展品确认清单

北京海关：

经我单位确认，以下商品为________年中国国际服务贸易交易会享受税收优惠政策展品。

特此确认。

展商：　　　　　　　　　　　　　　　　编号：

序号	商品编码	商品名称	规则型号	数量	计量单位	货值（元）	币种	货值（美元）	原产地	暂时进境报关单号	对应贸易代理商	备注
合计												

确认单位盖章：北京市国际服务贸易事务中心公章

附件 2

中国国际服务贸易交易会进境物资证明函

证明人：北京市国际服务贸易事务中心　　　　　　　　　　编号：

<table>
<tr><td>贸易国别</td><td></td><td>运输工具</td><td></td><td>进境日期</td><td></td></tr>
<tr><td>提（运）单号</td><td colspan="3"></td><td>毛重（Kg）</td><td></td></tr>
<tr><td>监管方式</td><td colspan="3">□展览品 □保税货物 □转关 □其他</td><td>数量（件数）</td><td></td></tr>
<tr><td>境内收发货人</td><td colspan="3"></td><td>十位编码</td><td></td></tr>
<tr><td rowspan="2">申报单位</td><td colspan="3"></td><td>十位编码</td><td></td></tr>
<tr><td colspan="5">联系人：　　　　　　　　联系方式：</td></tr>
<tr><td colspan="6">证明事项：
兹证明此票货物为________年中国国际服务贸易交易会物资，仅用于该展会。北京市国际服务贸易事务中心承诺按照海关规定及时办理有关手续。
经办人：
证明人：（公章）
年　　月　　日</td></tr>
<tr><td colspan="2">联系人：</td><td colspan="4">联系电话：</td></tr>
<tr><td colspan="6">备注：</td></tr>
</table>

（正本：主管地海关留存　副本 1：退运出境时交出境地海关　副本 2：证明人留存）

北京海关首次荣获“光荣在党 50 年”纪念章名单

杜士英　刘淑卿　高金聪　薛斌山　李鸣琴　朱宝贵　王春莲　王振坤　刘立芳
张　坤　张育森　孙素珍　左桐岐　张治民　张瑞岩　珊　丹　洪　泽　田玉荣
高玉花　马淑荣　林振康　朱克璧　孙民富　张玉霞　于计宣　李延兴　李增光
王俊海　李文普　史淑芳　贾玉善　杨凤桐　刘运忠　魏仲田　杨树芳　姚金岭
王振发　茹水泉　耿秉晋　黄福娣　李竹平　葛清造　刘申茹　贝亚男　龚玉罗
付德珩　王均银　夏金伶　甄广霄　蔡美扬　刘志富　王贵增　李福琛　张文元
冯志文　邹胜利　李忠民　王连生　宋世林　周嗣乾　唐建国　沈顺娣　王继军
刘建军　孙树清　张忠祥　董金海　刘家樑　高建华　李德山　张传欣　单建华
王楚平　张砚甲　王忠栋　都平发　孙方勇　武国栋　王平江　陈春丽　张自强
杨贺喜　徐永利　武国成　刘广生　郝景奎　杨立元　王　永　李庆祝　杨焕章
卜长安　陈秀凤　刘春荣　唐德高　唐树山　王　伟　吴凤荣　武春茹　张英林
郑国勇　周起春　邹卫鹰

“中国海关史料丛书” 编委会